DE LA CONDITION DES MINEURS

DEVANT LA LOI PÉNALE

A la mémoire de mon Père,

Jean-Octave-Marie DUSSON,

ancien notaire.

A ma Mère.

DE LA

CONDITION DES MINEURS

DEVANT LA LOI PÉNALE

THÈSE POUR LE DOCTORAT

Soutenue devant la Faculté de Droit de Bordeaux, le 23 Juin 1900
à 2 heures et demie du soir.

PAR

HENRI DUSSON

AVOCAT A LA COUR D'APPEL DE BORDEAUX

> « Quelque opinion qu'on ait sur les
> » dogmes religieux, encore faut-il
> » reconnaître cette vérité élémen-
> » taire de sociologie : que les reli-
> » gions sont un frein moral de premier
> » ordre et, plus encore, un ressort
> » moral. Le Christianisme, en parti-
> » culier, a été défini un système
> » complet de répression pour toutes
> » les tendances mauvaises. »
>
> A. FOUILLÉE.

PARIS

COURRIER LITTÉRAIRE DE LA PRESSE

48, Rue Mazarine, 48

1900

FACULTÉ DE DROIT DE L'UNIVERSITÉ DE BORDEAUX

MM. BAUDRY-LACANTINERIE, ✠, ❂ I,, doyen, professeur de *Droit civil*.

SAIGNAT, ✠, ❂ I., assesseur du Doyen, professeur de *Droit civil*.

BARCKHAUSEN, O. ✠, ❂ I., professeur de *Droit administratif*.

DE LOYNES. ❂ I., professeur de *Droit civil*.

VIGNEAUX, ❂ I., professeur d'*Histoire du Droit*.

LE COCQ ✠, ❂ I., professeur de *Procédure civile*.

LEVILLAIN, ❂ I., professeur de *Droit commercial*.

MARANDOUT, ❂ I., professeur de *Droit criminel*.

DESPAGNET, ❂ I., professeur de *Droit international public*.

MONNIER. ❂ I., professeur de *Droit romain*.

DUGUIT, ❂ I., professeur de *Droit constitutionnel et administratif*.

DE BOECK, ❂ I., professeur de *Droit romain*.

DIDIER, ❂ I., professeur de *Droit maritime* et de *Législation industrielle*.

CHÉNEAUX, professeur adjoint, chargé des cours de *Droit civil comparé* et de *Droit civil approfondi* (Doctorat).

SAUVAIRE-JOURDAN, agrégé, chargé des cours de *Législation et Économie coloniales* et d'*Économie politique* (Doctorat).

BENZACAR, agrégé, chargé du cours d'*Économie politique* (Licence).

MM. SIGUIER, ❂ A., *secrétaire*.

PLATON, ❂ I., ancien élève de l'École des Hautes-Études, *sous-bibliothécaire*.

CAZADE, *Commis au secrétariat*.

COMMISSION DE LA THÈSE

MM. MARANDOUT, professeur, *président*.

VIGNEAUX, professeur. ⎱ *suffragants*.

BENZACAR, agrégé. ⎰

PRÉFACE

1. — Des quatre périodes qui se partagent la vie humaine : enfance, adolescence, âge mûr, vieillesse, les deux premières ont toujours attiré d'une façon particulièrement bienveillante l'attention des artistes et des savants, ou, pour mieux dire, de cette partie de l'humanité qui pense et réfléchit. Le législateur ne pouvait rester en arrière. Il a dû, lui aussi, se préoccuper de la jeunesse (*des mineurs*, dirons-nous en langage technique), dans ses rapports soit avec la justice civile, soit, — et c'est le point qui nous intéresse, — avec la justice pénale. Moins heureux en cela que l'artiste, le législateur, celui du moins qui fait la loi pénale, est obligé de soigner les plaies morales, comme le médecin les douleurs physiques : rôle ingrat, sans doute, mais plein d'une majestueuse noblesse. Nous verrons, dans le cours de cette étude, si le législateur français a su remplir à l'égard des mineurs cette mission si difficile et si délicate, qui peut se résumer en deux mots : punir et réformer.

2. — « L'homme, » dit M. Bertauld, « est un être intelligent et libre : » intelligent, il comprend et apprécie ce qui est bien, ce qui est mal; » libre, il a le pouvoir de préférer le bien au mal; et, s'il préfère le mal » au bien, il a conscience d'exercer son choix à ses périls et risques. »

3. — Cette pensée met bien en lumière les deux termes essentiels de la responsabilité : intelligence et liberté, et en donne comme une définition. L'intelligence, c'est la faculté de discerner le bien du mal; la liberté, c'est la puissance de choisir entre le bien et le mal, la faculté interne de se déterminer à accomplir un acte : en un mot, c'est le libre arbitre; d'autre part, c'est aussi la faculté externe d'agir ou de ne pas agir. La liberté présuppose l'intelligence, mais cette dernière peut exister sans la liberté. Ces deux conditions sont du reste cumulativement exigées :

« *Il n'y a ni crime ni délit,* » dit l'article 64 du Code pénal, « *lorsque le prévenu était en état de démence au temps de l'action, ou lorsqu'il a été contraint par une force à laquelle il n'a pu résister;* »

Elles sont indispensables dans tous les cas, et quel que soit le rôle de l'agent dans la perpétration de l'acte incriminé : d'où cette conclusion naturelle que l'homme seul peut être responsable aux yeux du législateur.

4. — La consommation d'un fait contraire à la loi pénale ne suffit donc pas à elle-seule pour entraîner l'application d'une peine. L'homme ne ressemble pas à l'animal dont le fouet et le bâton châtient les inconscientes incartades. A côté du fait, ou élément matériel de l'infraction, se place en outre l'élément moral : il faut la responsabilité chez l'individu, et la responsabilité suppose à son tour l'existence préalable nécessaire de ces deux conditions : l'homme a compris qu'il faisait mal, — il a librement agi. La responsabilité entraîne l'imputabilité : imputer un fait à quelqu'un, c'est affirmer conséquemment qu'il en est en premier lieu la cause efficiente, et en second lieu la cause éclairée.

5. — Nous pouvons établir en principe que l'intelligence et la liberté sont l'apanage de tout être humain régulièrement constitué et placé dans des conditions normales d'existence : par suite, la responsabilité sera la règle générale; l'irresponsabilité, l'exception. Toutefois, une doctrine philosophique, représentée en Italie par l'école sociologique et défendue en France par les *Archives d'anthropologie criminelle et de science pénale,* conteste formellement ce point de départ. D'après l'école italienne et les partisans du *déterminisme,* le libre arbitre n'est qu'une pure illusion; le crime n'est que le résultat d'une organisation anormale et défectueuse de l'agent : d'où cette conséquence qu'il ne saurait y avoir pour lui de responsabilité pénale, puisque les actes par lui commis sont l'effet d'une force irrésistible. C'est revenir, qu'on le veuille ou non, à l'antique Fatalité! Il ne manque plus qu'un Eschyle ou un Sophocle pour immortaliser dans des drames lugubres le souvenir des crimes accomplis par un Eyraud ou un Ravachol et nous apitoyer sur la vaine résistance opposée par ces malheureux au bras qui les pousse irrésistiblement dans l'abîme. Inutile d'insister : nous n'avons point ici à discuter une doctrine que ses conséquences désastreuses suffisent d'ailleurs à condamner.

6. — Loin de nous cependant la prétention de faire de la responsabilité une règle absolue : il peut, en effet, se rencontrer des occasions où l'agent a manqué soit d'intelligence, soit de liberté. Nombreuses même sont les causes susceptibles de lui enlever l'une ou l'autre au point d'en faire un irresponsable; mais la plus intéressante est bien sans contredit celle qui résulte de la faiblesse de l'âge. Empruntons encore quelques lignes de M. Bertauld : « Si l'homme, » dit cet auteur, « naît » avec des facultés qui le prédestinent à la société et à l'appréciation de » la loi morale, principale règle des rapports sociaux, ces facultés ne se » développent qu'avec le temps; et la vie matérielle, en quelque sorte » animale, se prolonge un certain nombre d'années, avant de céder sa » place à la vie morale, dont l'avènement ne s'opère que longuement et » progressivement. » — Effectivement, il existe entre le corps et la raison, entre l'homme animal et l'homme intellectuel, une sorte d'antagonisme qui se révèle aux regards de l'observateur le moins attentif. Dans la première période de l'existence, celle de l'*infantia* proprement dite, la raison est tellement étouffée qu'elle semble n'exister pas; l'instinct seul, ou à peu près, fait agir le petit être. Est-il besoin de remarquer que pendant cette période, qui se prolonge plus ou moins, d'après les sujets, il ne peut être question d'imputabilité? « *Infantem innocentia consilii tuetur* » : c'est presque puéril à force d'évidence.

7. — Mais, peu à peu, la raison s'éveille; elle commence à briser les liens qui la retenaient captive; bientôt elle sera rivale de l'instinct, en attendant de régner à son tour en souveraine maîtresse sur ce corps qui fut son maître. Nous sommes dans la seconde période, celle qu'on peut appeler, d'un terme large, l'adolescence. Ici la responsabilité du sujet suit une marche parallèle à celle de sa raison et de sa liberté. Mais, comme ces facultés n'ont pas encore atteint leur entier développement, cette responsabilité sera toujours mitigée; en sorte que punir un jeune homme de quatorze ans comme un homme de vingt-cinq ou trente ans, constituerait une criarde injustice, propre à révolter la conscience populaire et par suite à énerver, voire même annihiler, l'exemplarité de la peine. Cette dernière devra être atténuée, afin que le juge puisse rétablir l'équilibre entre la répression et la responsabilité.

8. — Cette question de l'influence de l'âge en matière pénale nous a paru assez intéressante pour arrêter quelques temps notre attention. Nous allons y consacrer les pages suivantes, tout en nous efforçant d'en faire une étude aussi complète que nous le permettra le modeste bagage de nos connaissances.

Bordeaux le 18 janvier 1900.

DE LA CONDITION DES MINEURS
DEVANT LA LOI PÉNALE

CHAPITRE PREMIER

Le Mineur dans l'Histoire

9. — Cicéron définit l'Histoire « *testis temporum, lux veritatis, vita memoriæ, magistra vitæ, nuntia vetustatis.* » En aucune autre matière, peut-être, plus qu'en droit, la justesse de ces paroles n'apparaît avec autant d'évidence. Que d'institutions, sans le flambeau de l'Histoire, resteraient incompréhensibles; que d'autres, alors même qu'elles ne présentent aucune obscurité, revêtent un intérêt tout nouveau de la possibilité où l'on se trouve de remonter à leurs origines et de les comparer à elles-mêmes durant la chaîne ininterrompue des siècles écoulés ! Aussi nous a-t-il semblé très utile, avant de commencer l'exposé de notre sujet, de jeter un coup d'œil en arrière, et de nous demander quelle a été la situation du mineur au point de vue pénal chez les Romains d'abord, puis dans notre ancien droit français et dans notre droit intermédiaire.

10. — Le peuple romain étant à son origine un peuple essentiellement rude et matériel, sa législation, comme celle de tout peuple, reflétait son état d'âme, avec ses qualités bonnes ou mauvaises, rudesse, matérialisme, caractère essentiellement pratique. Ainsi, au point de vue du développement de l'homme, il n'avait pris en considération que la nature, la suivant pas à pas dans sa marche, échelonnant d'après elle les différents âges de la vie humaine, basant enfin son appréciation sur deux phénomènes purement physiques : la parole et la puissance génératrice. La parole, parce que les parties devaient prononcer elles-mêmes les formules consacrées, les termes sacramentels, au moyen desquels s'accomplissaient les actes du vieux droit quiritaire : la puissance génératrice, parce que, sans elle, le mariage est impossible. Du développement de la civilisation naquirent des idées plus justes; la jurisprudence, le droit prétorien et finalement le droit impérial abandonnèrent peu à peu ces considérations par trop matérielles, pour s'attacher à des appréciations plus intellectuelles basées sur le développement moral de l'individu, et c'est ainsi que s'établirent les périodes suivantes :

11. — En premier lieu l'Enfance, période indéterminée, où l'homme ne parle pas, mais dont la durée, nécessairement courte, ne s'étend guère au-delà de deux ans, époque où d'habitude le bébé commence à s'exprimer. Cette interprétation, que révèle l'étymologie du mot *infans*, est d'ailleurs corroborée par les jurisconsultes eux-mêmes. Citons au hasard : Ulpien au Digeste, Constantin, dans une constitution au Code : « ... *qui fari non potest...,* » disent-ils, « ... *priusquam fari possit...,* *qui fari potest...,* etc. (1). » Théophile, l'un des rédacteurs des *Institutes*, définit encore l'infans, dans sa paraphrase grecque : *celui qui ne peut pas encore parler, par exemple, celui qui est encore à la mamelle ou peu au-dessus de cet âge :* « Οἱ ἔτι θηλάζοντες, καὶ οἱ μικρῷ μείζονες, — qui adhuc lactant, ant his paulo majores. » — Les infantes, ajoute la Jurisprudence, n'ont aucune intelligence des choses sérieuses : « Οὐδεμίαν ἔχειν αἴσθεσιν νομίζοντα . (2). »

12. — En second lieu, l'âge au-dessus de l'Enfance : cette période commence avec la faculté de parler et se termine à l'apparition de la puberté. La Jurisprudence philosophique la subdivisa en deux parties : elle distingua *l'âge plus près de l'Enfance que de la puberté*, et, en sens inverse, *l'âge le plus près de la Puberté que de l'Enfance* : «'Επειδή

---

(1) Ulpien, l. 1, 2. D. de *Administratione et periculo tutorum*, XXVI, 7.
Constantin. l. 26. C. VIII, 53.
Nota. — Pour tous les textes du Digeste et du Code, nous renvoyons le lecteur à l'édition Mommsen et Krueger.
Théophile, paraphrase grecque des Institutes, III, 19 : *De inutilibus Stipulationibus.* § 9. Edit. Reitz, 1751.

(2) Théophile, loc. cit.

δὲ πούπιλλον εἶπον, καθολικῶς μάνθανε, ὅτι ἡ τοῦ πουπίλλου ἡλικία εἰς τρία διαιρεῖται· τῶν γὰρ πουπιλλων οἱ μέν εἰσιν *infantes*,........ οἱ δὲ λέγονται πρόξιμοι *infantiæ*, οἷον οἱ ἀρξαμενοι λαλεῖν καλῶς, οἱ δὲ πρόξιμοι *pubertati* (1). »

13. — Toutefois, elle assimilait l'infanti proximus à l'infans ; cette assimilation fut même achevée au Bas-Empire par une constitution de Théodose au sujet de l'acceptation des hérédités maternelles : désormais il n'y aura plus à distinguer si la faculté de la parole a été plus ou moins précoce, plus ou moins tardive : « ... *Sive maturius, sive tardius, filius* » *fandi sumat auspicia* (2). » — Quant au *pubertati proximus*, c'est-à-dire, à celui qui avait atteint l'âge de sept ans, on lui reconnaissait quelque intelligence *(aliquem intellectum)*, mais non le jugement *(animi judicium)*.

14. — En troisième lieu la puberté, période dont le commencement correspond à l'apparition de la puissance génératrice. Le Pubère, d'après la Jurisprudence, jouissait de l'intelligence et du jugement.

15. — Enfin, la majorité de vingt-cinq ans, période introduite par la lex Plætoria, au VI⁰ siècle de Rome, sanctionnée surtout par le droit prétorien et qui reposait sur cette considération que l'homme avait atteint son plein développement moral.

16. — Mais quel était le point précis séparant chacune des trois premières périodes ? — A vrai dire, il n'en existait pas ; on en était réduit aux approximations, vu l'impossibilité matérielle où l'on se trouvait, dans une matière où tout est relatif, d'établir des chiffres délimitant nettement des périodes qui variaient avec chaque individu. Cependant les médecins et les philosophes de l'antiquité avaient, dans leurs travaux, propagé une ingénieuse théorie, d'après laquelle, de sept ans en sept ans, tous les éléments constitutifs de cet agrégat qu'on appelle l'homme se trouvent renouvelés, provoquant une révolution organique qui s'exerce à la fois sur le physique et sur le moral. Cabanis, en nos temps modernes, a reproduit et développé cette théorie dans un mémoire intitulé : *Rapports du physique et du moral de l'homme* (3). Les jurisconsultes romains s'en

---

(1) Théophile, loc. cit.
(2) Arcadius, Honorius et Théodose, l. 8. C. théod , *de maternis bonis*, VIII, 18.
(3) Cabanis, '' mémoire.

approprièrent quelque chose et l'introduisirent dans le droit. Dès lors, la tendance de leurs écoles, du moins celle des Proculéiens, fut de fixer uniformément pour les hommes le moment de la puberté à quatorze ans révolus. Cette fixation était faite au temps de César, ainsi que le prouvent les bronzes récemment découverts à Osuna : « Que les édiles, » y est-il dit, fassent exécuter les travaux de fortifications confor- » mément aux décrets des décurions, pourvu qu'ils n'obligent pas à » travailler malgré eux ceux qui ont moins de quatorze ans ou plus de » soixante ans (1). — *Uti decuriones censuerint, ita muniendum curanto* » *(ædiles), dum ne invito ejus opera exigatur qui minor annorum XIIII* » *ant major annorum LX natus erit.* » — Justinien, aux Institutes, con- sacra législativement cette doctrine en ces termes : « Dans une sainte » constitution, que nous avons déjà promulguée, nous avons décidé que » la puberté commence pour les hommes dès l'instant où ils ont accom- » pli leur quatorzième année. — *Sancta constitutione promulgata puber-* » *tatem in masculis post quartum decimum annum completum illico ini-* » *tium accipere disposuimus (2).* » — Dans ce texte, Justinien fait allusion à une constitution qu'il avait, en effet, rendue en l'an 529, et dans laquelle il disait : « Abrogeant une coutume inconvenante, en ce qui » concerne l'examen de la puberté chez les hommes, nous ordonnons » ce qui suit : de même que les femmes sont censées nubiles à l'âge de » douze ans accomplis, de même aussi que les hommes soient regardés » comme pubères, dès que leur quatorzième année est révolue, et « qu'ainsi cesse un examen corporel tout à fait malséant. — *Indecoram* » *observationem in examinanda marum pubertate resecantes, jubemus,* » *quemadmodum feminæ post impletos duodecim annos omnimodo pubes-* » *cere judicantur, ita et mares, post excessum quatuordecim annorum,* » *puberes existimentur, indagatione corporis inhonesta cessante (3).* »

17. — Les termes de cette constitution, paraphrasés d'ailleurs dans le texte des institutes précité, nous révèlent qu'un motif de décence avait

----

(1) Bronzes d'Osuna, *Tabula tertia*, XCVIII : dans Bruns, *Fontes Juris*. Edit. 1893, p. 132.

(2) Instit., I, *Quibus modis tutela finitur*, 22, princip.

(3) Justinien, l. 3. C. *Quando curatores vel tutores esse desinant*, V, 60.

déterminé les jurisconsultes à fixer à douze ans, d'une façon uniforme, l'époque de la nubilité, afin d'éviter une recherche blessante pour l'honneur de la jeune fille, « *inspectionem habitudinis corporis... quod in feminis et antiquis impudicum esse visum est..*, (1). »

18. — Pour être complet, mentionnons au passage que le préteur avait introduit dans son édit une autre distinction entre les majeurs et les mineurs de vingt-cinq ans, sans s'arrêter à la théorie des périodes septennales, et cela, dit Ulpien, parce que, pour les mineurs de vingt-cinq ans, il appert « *fragile esse et infirmum hujusmodi ætatium consilium, et multis captionibus suppositum, multorum insidiis expositum,* » tandis que, au-delà de cet âge, « *compleri virilem vigorem constat* (2). »

19. — En résumé donc, le droit romain admettait les disctinctions suivantes dans l'âge des personnes :

1° L'Enfance ;

2° L'âge plus près de l'Enfance que de la Puberté ;

3° L'âge plus près de la Puberté que de l'Enfance ;

4° La Puberté ;

5° Enfin, la Majorité de vingt-cinq ans.

20. — De l'exposé qui précède se dégage la question de savoir quelles étaient les conséquences pénales attachées à chaque degré de l'échelle des âges. La réponse n'est pas très aisée. Le droit romain, au point de vue civil, avait acquis un prodigieux développement, à tel point qu'on n'ose plus faire l'éloge de cette raison écrite, dont se sont inspirées toutes les législations modernes. Mais le droit criminel romain n'a été que fort peu étudié en France, où l'on professe pour lui une sorte de défaveur. Il nous faut aller chez nos voisins, les Allemands, pour trouver sur la matière des études sérieusement développées. Et pourtant le Droit criminel, toujours en rapport, nous l'avons déjà dit, avec le développement des libertés et de la civilisation d'un peuple, avait dû atteindre le plus remarquable degré de perfection, surtout à cette époque brillante de la

---

(1) Instit., loc. cit.

(2) Ulpien, l. 1, pr. D. *de minoribus viginti quinque annis*, IIII, 4.

République où le peuple romain aurait pu s'écrier, avec non moins de vérité que l'Auguste Cornélien :

« Je suis maître de moi comme de l'Univers ! »

M. Ferdinand Walter, professeur à l'Université de Bonn, a nettement établi ce point en étudiant dans leurs détails les délits, les peines, les juridictions spéciales, la procédure criminelle et les procédures spéciales de l'ancienne Rome. M. Rambaud exagère donc un peu lorsque, dans son beau livre sur *Les Actes des Martyrs*, il s'écrie avec une indignation, d'ailleurs bien légitime : « On peut déclarer ouvertement que » les jurisconsultes romains n'ont jamais connu, ni soupçonné, les pre- » miers éléments de droit pénal. La définition des délits, la classification » des peines avec leur proportionnalité et leur gradation, les règles les » plus élémentaires sur la responsabilité morale, les questions d'inten- » tion, de préméditation, de complicité, rien n'a été prévu ou étudié, et » l'on ne s'est pas même demandé *si des enfants, dès l'âge le plus tendre,* » *ne devaient pas être traités comme des criminels* (1). »

21. — Si nous pouvons reprocher à M. Walter, et surtout à son traducteur, M. Picquet-Damesme, de peindre le tableau sous des couleurs trop brillantes, nous reprocherons bien davantage à M. Rambaud de le peindre trop en noir. L'éminent écrivain a sans doute été induit en erreur par une phrase où Pline le Jeune, parlant des chrétiens, ne sait pas s'il faut distinguer les âges, et si les enfants les plus jeunes ne doivent pas être traités comme les hommes les plus robustes : « *Nec medio-* « *criter haesitari,* » dit-il, « *sitne aliquid discrimen aetatum, an quamlibet* » *teneri nihil a robustioribus differant* » (2). — M. Rambaud semble en être arrivé à sa conclusion par ce raisonnement bien simple : puisque Pline manifeste des hésitations, c'est que, à son époque, la loi pénale romaine n'a pas fait encore aux mineurs une situation spéciale; autrement, ces incertitudes ne se comprendraient pas de la part d'un homme comme Pline, dont la science juridique était au moins égale à celle des magistrats de son siècle. — C'est trop généraliser. La vérité est qu'à

---

(1) Rambaud. Le Droit criminel Romain dans les Actes des Martyrs, p. 4.
(2) Pline. Lettres, X, xcvii.

l'égard des chrétiens la légalité faisait place à l'arbitraire le plus révoltant; mais nous allons voir tout à l'heure que les mineurs ont été l'objet
d'une sollicitude, pour ainsi dire, constante de la part des jurisconsultes
et empereurs romains. A chaque instant, dans les textes, Papinien,
Ulpien, Paul, Tryphoninus, Constantin, prennent en considération la
faiblesse de l'âge, la responsabilité morale, l'intention, la préméditation.

22. — A leur tour, MM. Quérénet et Guillaud, dans des thèses par
ailleurs sérieusement documentées, portent sur cette page du droit romain
une appréciation qui, pour être reproduite de **M.** Ortolan, ne nous en
paraît pas moins un peu superficielle.

23. — Mais, comme on pourrait nous demander d'étayer notre argumentation, nous avons, conformément à l'adage plusieurs fois séculaire
« *Sapiens nihil affirmat quod non probet*, » poursuivi dans le Digeste, le
Code, les Institutes, nos investigations à l'effet d'atténuer les critiques
rigoureuses que certains auteurs n'ont pas ménagées au droit romain.
Nous ne prétendons pas affirmer que ce droit romain, si décrié, ait dit
le dernier mot sur la question des mineurs. Non, certes! Mais, s'il offre
des lacunes, si le côté procédural est laissé dans l'ombre, si même nous
n'y trouvons pas, pour l'application des peines, d'échelle générale analogue à celle de nos articles 67 et 69, s'il laisse une large place à l'arbitraire, nous ajoutons qu'il serait tout au moins puéril d'exiger d'une
législation passée les perfectionnements qui sont un fruit direct de l'expérience des âges, des progrès de la civilisation, et que nos législateurs
modernes sont loin, d'ailleurs, d'avoir atteinte, même à la lueur des
principes, soi-disant immortels, puisés dans le *Contrat Social*, même à
la lueur des doctrines métaphysiques et des théories humanitaires pro-
fessées par Robespierre, Marat... et **M.** Lombroso.

24. — Entrons maintenant dans le détail, en nous arrêtant en premier lieu sur les *infantes* et les *infanti proximi*. — Les enfants au-dessous de sept ans, ne pouvant commettre aucun délit, ne sont pas punis,
attendu qu'à cet âge il est impossible de se faire une idée du droit, ni
d'avoir une volonté criminelle. Les textes suivants nous l'apprennent (1):

---

(1) Parmi les textes que nous allons citer, il en est qui se réfèrent plutôt au Droit
civil. Mais, comme on appliquait, à Rome, en matière pénale, les mêmes distinctions

25. — Ulpien, l. 5, 2, D., *Ad legem Aquiliam*, IX, 2.

Quærimus, si furiosus damnum dederit, an legis Aquiliæ actio sit? — Et Pegasus negavit : quæ enim in eo culpa sit, cum suæ mentis non sit? — Et hoc est verissimum. Cessabit igitur Aquiliæ actio, quemadmodum, si quadrupes damnum dederit, Aquilia cessat, aut si tegula ceciderit. Sed et si infans damnum dederit, idem erit dicendum. Quodsi impubes id fecerit, Labeo ait, quia furti tenetur, teneri et Aquilia eum : et hoc puto verum, si sit jam injuriæ capax.

Nous demandons, étant donné qu'un furiosus a occasionné un dommage, s'il y a lieu d'appliquer l'action de la loi Aquilia! — Pégase a dit que non : quelle faute, en effet, peut-on lui reprocher, puisqu'il n'est pas maître de sa raison? — C'est parfaitement vrai! En conséquence, l'action de la loi Aquilia cessera de s'appliquer, de même qu'il n'y a pas lieu de l'appliquer, si le dommage est causé par un animal ou la chute d'une tuile. — Mais si le dommage provient d'un enfant? Notre réponse sera la même. Si c'est un impubère qui commet le fait dommageable, Labéon dit que, comme il est tenu de l'action furti, il est aussi tenu de l'action aquilienne. C'est vrai, à mon sens, si, du moins, l'impubère est déjà capable d'injure.

26. — Modestin, l. 12. D., *Ad legem corneliam de sicariis et veneficis*, XXXXVIII, 8.

Infans vel furiosus, si hominem occiderint, lege Cornelia non tenentur, cum alterum innocentia consilii tuetur, alterum fati infelicitas excusat.

Si un infans ou un furiosus vient à tuer un homme, la loi Cornélia ne lui est pas applicable, attendu que l'un est protégé par l'innocence de son intention, et que l'autre trouve une excuse dans l'infortune de sa destinée.

27. — Les impubères n'échappent pas absolument à tout châtiment,

---

de période qu'en matière civile, nous avons cru pouvoir, étant donnée l'analogie, rapprocher les uns des autres des textes tirés de ces deux branches de la législation romaine.

s'ils sont *doli capaces* : ce qui est un point à examiner d'après la nature de chaque infraction. Le juge statue donc sur la responsabilité des enfants, depuis l'âge de sept ans jusqu'à l'âge de quatorze ans.

28. — Ulpien, l. 23. D., *de Furtis*, XXXXVII, 2.

Impuberem furtum facere posse, si jam doli capax sit, Julianus libro vicensimo secundo digestorum scripsit : item posse cum impubere damni injuria agi, quia id furtum ab impubere fit. Sed modum esse adhibendum ait : nam in infantes id non cadere. — Nos putamus cum impubere culpae capace Aquilia agi posse. Item verum est quod Labeo ait, nec ope impuberis furto facto teneri eum.

L'impubère peut commettre un furtum, s'il est déjà capable de dol, écrit Julien au livre vingt-deux de ses digestes. C'est ainsi, dit-il, qu'on peut agir contre un impubère pour dommage injuste, parce qu'un impubère est capable de vol. Mais il faut garder une juste mesure, car cela n'atteint pas les infantes. — Quant à nous, nous estimons que, contre un impubère capable d'astuce, on peut agir par la loi Aquilia. Il est vrai aussi de dire avec Labéon, que la complicité d'un impubère dans l'accomplissement d'un larcin, ne le fait pas tomber sous le coup de cette loi.

29. — Claudius Saturninus, l. 16, 3, D., *de Pœnis*, XXXXVIII, 19.

Persona dupliciter spectatur, ejus qui fecit et ejus qui passus est : aliter enim puniuntur ex isdem facinoribus servi quam liberi, et aliter, qui quid in dominum parentemve ausus est quam qui in extraneum, in magistratum vel in privatum. In ejus rei consideratione aetatis quoque ratio habeatur.

La personne doit être envisagée au double point de vue du sujet actif et du sujet passif : en effet, pour les mêmes crimes, les esclaves sont punis autrement que les hommes libres; autre aussi sera le châtiment de l'homme qui a commis un attentat contre un étranger, un magistrat ou un simple particulier. Dans l'appréciation de ce point on prendra aussi l'âge en considération.

30. — Paul, l. 108, D., *de diversis regulis juris antiqui*, L, 17.

Fere in omnibus pœnalibus judi-

Dans presque tous les jugements

ciis et aetati et imprudentiæ succur-
ritur.

pénals, on a égard à l'âge et à l'imprévoyance.

31. — Alexandre, l. 7, C., *de Pœnis*, IX, 47.

Impunitas delictis propter aetatem non datur, si modo in ea quis
sit in quam crimen quod intendi-
tur cadere potest.

L'impunité n'est point accordée
aux délinquants à raison de leur
àge, pourvu, néanmoins, que l'auteur du fait incriminé soit à un âge
où il peut en être rendu responsable.

32. — Ulpien, l. 23, 2, D., *de Aedilicio edicto*. XXI, 1.

Excipitur etiam ille qui capitalem
fraudem admisit. Capitalem fraudem admittere est tale aliquid delinquere, propter quod capite punien-
dus sit : veteres enim fraudem pro
pœna ponere solebant. Capitalem
fraudem admisisse accipiemus dolo
malo et per nequitiam : ceterum si
quis errore, si quis casu fecerit,
cessabit edictum. Unde Pomponius
ait neque impuberem, neque furio-
sum capitalem fraudem videri admisisse.

Il y a aussi exception pour celui
qui a commis un crime capital.
Commettre un crime capital, c'est
tomber dans une faute pouvant entraîner la peine capitale : nos anciens, en effet, employaient d'habitude *fraus*, pour *pœna*. En parlant de crime capital nous enten-
dons dire qu'il a été commis avec
intention mauvaise et méchanceté ;
car, si l'erreur ou le hasard a seul
occasionné le fait, il n'y aura plus
lieu d'appliquer l'édit. Ce qui fait
dire à Pomponius que ni l'impubère, ni le furiosus ne semblent
pouvoir commettre un crime susceptible d'entraîner la peine de
mort.

33. — Ulpien, l. 1, 15, D., *Depositi vel contra*, XVI, 3.

An in pupillum, apud quem sine
tutoris auctoritate depositum est,
depositi actio detur, quæritur. Sed
probari oportet, si apud doli mali
jam capacem deposueris, agi posse,
si dolum commisit : nam et in quantum locupletior factus est datur

Un pupille chez qui l'on a fait un
dépôt sans l'autorisation de son
tuteur est-il tenu de l'action depositi? telle est la question. Il faut répondre affirmativement, si vous
avez fait le dépôt chez un pupille
déjà capable de dol et qu'il ait commis un dol, car l'action est donnée

actio in eum et si dolus non intervenit.

contre lui dans la mesure de son enrichissement, alors même qu'il n'y a aucun dol à lui reprocher.

34. — Ulpien, l. 3, 2 D., *de Tributoria actione*, XIIII, 4.

Si ipsius pupilli dolo factum sit, si ejus aetatis sit ut dol capax sit, efficere ut teneatur, quamvis scientia ejus non sufficiat ad negotiationem.

Si le pupille lui-même a causé le fait par son dol, et s'il se trouve à un âge où le dol puisse lui être imputé, il en résulte qu'il est tenu, quoique son expérience ne lui donne pas le droit de faire du commerce.

35. — Ulpien, l. 4, 26, D., *de doli mali et metus exceptione*, XXXXIIII, 4.

De dolo autem ipsius minoris viginti quinque annis exceptio utique locum habebit : nam et de pupilli dolo interdum esse excipiendum nequaquam ambigendum est ex ea aetate, quæ dolo non careat. Denique Julianus quoque saepissime scribsit doli pupillos qui prope pubertatem sunt, capaces esse.

Quant au dol du mineur de vingt-cinq ans, l'exception en sera toujours admise; car, même pour un pupille, l'exception de dol doit parfois être admise, on n'en saurait douter, s'il se trouve à un âge où la malice ne lui est pas étrangère. Enfin, Julien, lui aussi, a écrit très souvent que les pupilles qui approchent de la puberté sont capables de dol.

36. — Ulpien, l. 13, 1, D., *de dolo malo*, IIII, 3.

In causæ cognitione versari Labeo ait ne in pupillum de dolo detur actio, nisi forte nomine hereditario conveniatur. Ego arbitror et ex suo dolo conveniendum, si proximus pubertati est, maxime si locupletior ex hoc factus est.

Il dépend de l'examen d'une affaire, dit Labéon, que l'action de dolo ne soit pas donnée contre un pupille, à moins qu'il ne soit poursuivi pour une question d'héritage. Quant à moi, j'estime que le pupille doit être poursuivi pour son dol, s'il est tout à fait proche de la puberté, surtout s'il en est résulté pour lui un enrichissement.

37. — Les textes suivants ont trait à des délits spéciaux :

38. — Ulpien, l. 5, 2, D., *ad Legem Aquiliam*, IX, 2 : *vide supra*, même texte *in fine;*

39. — Ulpien, l. 23, D., *de Furtis*, XXXXVII, 2 : *vide supra*, même texte;

40. — Instituts, IV, *De obligationibus quæ ex delicto nascuntur*, 1, 18.

In summa sciendum est quæsitum esse, an impubes rem alienam amovendo furtum faciat. Et placet, quia furtum ex affectu consistit, ita demum obligari eo crimine impuberem, si proximus pubertati sit et ob id intellegat se delinquere.

Qu'on sache bien, surtout, qu'on s'est demandé si un impubère, en dérobant la chose d'autrui, commet un larcin. La réponse est celle-ci : comme le larcin dépend de l'intention, l'impubère sera tenu de ce chef, s'il est proche de la puberté, et s'il comprend, par suite, qu'il a commis une faute.

Ce dernier texte est emprunté de Gaius : *Comm.*, III, 208.

41. — Ulpien, l. 2, 19, ·D., *Vi bonorum raptorum et de turba*, XXXXVII, 8.

Vi bonorum raptorum actio in impuberem, qui doli mali capax non est non dabitur, nisi servus ipsius vel familia ejus admisisse proponantur, et servi et familiæ nomine noxali vi bonorum raptorum actione tenetur.

L'action vi bonorum raptorum ne sera pas donnée contre un impubère qui n'est pas capable d'un dol, à moins que son esclave ou sa familia ne soient représentés comme ayant commis le vol, auquel cas il est tenu et pour son esclave et pour sa familia de l'action noxale vi bonorum raptorum.

42. — Ulpien, l. 3, 1, D., *de Injuriis et famosis libellis*, XXXXVII, 10.

Sane sunt quidam qui facere non possunt, ut puta furiosus et impubes, qui doli capax non est : namque hi pati injuriam solent, non facere. Cum enim injuria ex affectu facientis consistat, consequens erit dicere hos, sive pulsent, sive convicium dicant, injuriam fecisse non videri.

Il en est assurément qui ne peuvent commettre d'injure : tels, par exemple, le furiosus et l'impubère qui n'est pas capable de dol : ces derniers habituellement souffrent l'injure, mais ne la font pas. Comme, en effet, l'injure dépend de l'intention de celui qui la fait, il sera logique de dire que l'impubère et le furiosus, soit qu'ils frappent, soit qu'ils disent des insultes, ne paraissent pas faire une injure.

43. — Galus, l. 111, princip., D., *de diversis regulis juris antiqui*, L, 17.

Pupillum qui proximus pubertati sit capacem esse et furandi et injuriæ faciendæ.	Le pupille qui est proche de la puberté est capable d'acccomplir et un larcin et une injure.

44. — De même on dit avoir pour l'âge tel égard que de raison dans les crimes de faux, d'assassinat, de viol, de sépulture et dans le cas d'infraction au Sénatus-Consulte Silanien :

45. — Paul, l. 22, princ., D., *de Lege Cornelia de falsis et de senatus cousulto Liboniano*, XXXXVIII, 10.

Impuberem in hoc edictum incidere dicendum non est, quoniam falsi crimine vix possit teneri, cum dolus malus in eam ætatem non cadit.	L'impubère ne tombe pas sous le coup de cet édit, parce que c'est à peine s'il peut être tenu du crime de faux, étant donné qu'à cet âge on n'est pas capable de dol.

46. — Constantin, l. 1, 6, C., *de Falsa Moneta*, IX, 24.

Viduas autem ac pupillos speciali dignos indulgentia credidimus, ut viduæ nec in proximo constitutæ domo sua vel possessione careant, si nulla apud ipsas tam gravis conscientiæ noxa resideat, impuberes vero, etiamsi conscii fuerint, nullum sustineant detrimentum, quia ætas eorum quid videat ignorat.	Les veuves et les pupilles nous ont paru dignes d'une indulgence spéciale; en sorte que les veuves, même habitant le voisinage, ne sont dépouillées ni de leurs maisons, ni de leurs biens, pourvu qu'elles n'aient pas eu la moindre connaissance d'un fait si criminel; quant aux impubères, alors même qu'ils auraient eu connaissance du crime, ils n'en éprouveront aucun préjudice, parce que leur âge ne leur permet pas de comprendre ce qu'ils voient.

47. — Constantin, l. 4, C. Théod., *de falsa moneta*, IX, 21 : même texte que le précédent.

48. — Dioclétien et Maximien, l. 5, C., *ad legem corneliam de sicariis*, VIIII, 16.

Si quis te reum Corneliæ legis de	Si quelqu'un te déclare passible

sicariis fecerit, innocentia purgari crimen, non adulta ætate defendi convenit.

de la loi Cornelia sur les assassins, il convient que ton innocence efface le crime, et que la jeunesse de ton âge soit ton défenseur.

49. — Ulpien, l. 3, 1, D., *de Sepulchro violato*, XXXXVII, 12.

Prima verba ostendunt eum demum ex hoc plecti qui dolo malo violavit. Si igitur dolus absit, cessabit ejusdem. Personæ igitur doli non capaces, ut admodum impuberes, item omnes, qui non animo violandi accedunt, excusati sunt.

Les premières paroles montrent que celui-là seul est frappé par cette action qui a violé un sépulcre avec une intention dolosive. Si donc le dol manque, elle ne s'appliquera pas. En conséquence, les personnes qui ne sont pas capables de dol, telles que les tout jeunes impubères, et, en général, tout ceux qui s'approchent d'un sépulcre, sans intention de le violer, sont excusables.

50. — Ulpien, l. 1, 32, D,, *de Senatus Consulto Silaniano et Claudiano*, XXVIIII, 5.

Impubes servus vel ancilla nondum viripotens non in eadem causa erunt : aetas enim excusationem meretur.

L'esclave impubère ou l'esclave non encore nubile ne seront pas traités de la même façon, car leur âge mérite une excuse.

51. — Mæcianus, l. 14, D., *eod. tit.*, XXVIIII, 5.

Excipiuntur senatus consulto Silaniano impuberes servi. Trebius autem Germanus legatus etiam de impubere sumi jussit supplicium et tamen non sine ratione : nam is puer nec multum a puberi ætate aberat et ad pedes domini cubuerat cum occideretur, nec postea cædem ejus prodiderat. Ut enim opem ferre eum non potuisse constabat, ita silentium præstitisse etiam postea certum erat, et his dumtaxat impuberibus senatus consulto par-

Sont exceptés du sénatus-consulte Silanien les esclaves impubères. Toutefois, Trebius Germanus, lorsqu'il était légat, envoya au supplice un esclave encore impubère, et non sans raison : car cet esclave, d'une part, était à un âge voisin de la puberté, d'autre part, était couché aux pieds de son maître au moment de l'assassinat, et n'avait pas dans la suite dénoncé le meurtre. Il n'avait pu porter secours à son maître, c'était certain; mais il avait aussi gardé le silence

ci credebat, qui tantum sub eodem tecto fuissent : qui vero ministri vel participes cædis fuissent et ejus ætatis , quanquam nondum puberis, ut rei intellectum capere possent, his non magis in cæde domini quam in ulla alia causa parci oportere.

dans la suite, c'était non moins certain; et Trébius croyait que seuls bénéficient de l'indulgence du sénatus-consulte les impubères qui n'ont fait que se trouver sous le même toit; mais les exécuteurs ou les complices du crime et ceux qui se trouvent à un âge où, quoique impubères, ils peuvent avoir l'intelligence du fait ne doivent pas être plus excusés pour le meurtre de leur maître que pour toute autre faute.

52. — Nous arrivons aux mineurs de vingt-cinq ans, c'est-à-dire, à ceux qui ont plus de quatorze ans et moins de vingt-cinq. Ceux-ci peuvent seulement, dans des circonstances particulières, prétendre à quelque considération et à quelque atténuation de peine, mais jamais dans les crimes d'adultères ou de *stuprum* :

53. — Tryphoninus, l. 37, 1, D., *de Minoribus XXV annis, IV, 4.*

In delictis autem minor annis viginti quinque non meretur in integrum restitutionem, utique atrocioribus, nisi quatenus interdum miseratio ætatis ad mediocrem pœnam iudicem produxerit. Sed ut ad legis Juliæ de adulteriis coercendis præcepta veniamus, utique nulla deprecatio adulterii pœnæ est, si se minor annis adulterum fateatur. Dixi, nec si quid eorum commiserit quæ pro adulterio eadem lex punit, veluti si adulterii damnatam sciens uxorem duxerit aut in adulterio deprehensam uxorem non demiserit, quæstumve de

Pour ces délits, le mineur de vingt-cinq ans ne mérite pas la restitutio in integrum, du moins pour les plus graves, si ce n'est dans la mesure où parfois la pitié inspirée par l'âge aura déterminé le juge à n'appliquer qu'une peine infime. Mais, pour en venir aux dispositions de la loi Julia sur la répression des adultères, en aucun cas, aucune remise de peine n'existe pour le mineur de vingt-cinq ans qui se reconnaît coupable d'adultère. Même solution, si le mineur a commis un de ces faits que la même loi punit à l'égal de l'adultère, par exemple, s'il a épousé sciemment une femme condamnée

3

adulterio uxoris fecerit, pretiumve pro comperto stupro acceperit, aut domum præberit ad stuprum adulteriumve in eam committendum : et non sit ætatis excusatio adversus præcepta legum ei qui, dum leges invocat, contra eas committit.

pour adultère, s'il n'a pas renvoyé sa femme surprise en flagrant délit d'adultère, s'il a retiré des bénéfices de l'adultère de sa femme, ou s'il a reçu un prix pour la découverte d'un stuprum, ou s'il a prêté sa maison pour qu'on y commît un stuprum ou un adultère : que l'âge ne soit pas une excuse contre les dispositions de la loi en faveur de celui qui, alors qu'il invoque les lois, viole leurs dispositions.

54. — Ulpien, l. 9, 2, D., *eodem titulo.*

Nunc videndum minoribus utrum in contractibus captis dumtaxat subveniatur, an etiam delinquentibus: ut puta dolo aliquid minor fecit in re deposita vel commodata vel alias in contractu, an ei subveniatur, si nihil ad eum pervenit? et placet in delictis minoribus non subveniri. nec hic itaque subvenietur. nam et si furtum fecit, vel damnum injuria dedit, non ei subvenietur. Sed si, cum ex damno dato confiteri possit ne dupli teneatur, maluit negare : in hoc solum restituendus sit, ut pro confesso habeatur. Ergo et, si potuit pro fure damnum decidere magis quam actionem dupli vel guadrupli pati, ei subvenietur.

Voyons maintenant, au sujet des mineurs, si, dans les contrats, il faut venir en aide à ceux-là seulement qui sont trompés, ou bien encore à ceux qui commettent un délit : par exemple, un mineur a commis un dol en matière de dépôt, de commodat, autrement dit, en un contrat quelconque : faut-il lui venir en aide s'il n'en a retiré aucun profit? La règle est qu'en matière de délits on ne vient pas en aide aux mineurs et cette solution s'appliquera à notre mineur. Si donc il a commis un furtum ou occasionné un dommage, on ne lui viendra pas en aide. — Mais, si à l'occasion d'un délit, alors qu'il aurait pu avouer pour n'être pas condamné au double, il a préféré nier?... Dans ce cas, qu'il soit considéré comme ayant avoué, et soit restitué en conséquence. Par suite aussi, au cas où il aurait pu transiger sans s'exposer à souffrir l'action au double ou au quadruple, on lui viendra en aide.

55. — Ulpien, l. 14, 8, D., *ad legem Juliam de adulteriis coercendis*, XXXXVIII, 5.

Si minor duodecim annis in domum deducta adulterium commiserit, mox apud cum ætatem excesserit cœperitque esse uxor, non poterit jure viri accusari ex eo adulterio quod ante ætatem nupta commisit, sed vel quasi sponsa poterit accusari ex rescripto divi Severi, quod supra relatum est.

Si une mineure de douze ans, épousée, a commis un adultère et que bientôt après elle parvienne à l'âge nubile, et commence à être épouse, elle ne pourra, en vertu du droit de l'homme, être accusée d'un adultère qu'elle a commis alors qu'elle était mariée sans avoir l'âge requis, mais elle pourra être accusée à titre de quasi épouse, en vertu du rescrit précité du divin Sévère.

56. — Papinien, l. 37, D., *eod. tit.*

Si minor annis adulterium commiserit, lege Julia tenetur, quoniam tale crimen port pubertatem incipit.

Si un mineur de vingt-cinq ans a commis un adultère, il est passible de la loi Julia, parce qu'un tel crime peut être commis dès la puberté.

57. — Papinien, l. 39, 4, D., *eod. tit.*

Fratres denique imperatores Claudiæ crimen incesti propter ætatem remiserunt, sed distrahi coniunctionem illicitam iusserunt, cum alias adulterii crimen, quod pubertate delinquitur, non excusetur ætate.

Les empereurs frères remirent à Claudia le crime d'inceste, à cause de son âge, mais ordonnèrent de rompre une union illicite, tandis que généralement le crime adultère, commis à l'époque de la puberté, n'est pas excusé par l'âge.

58. — Papinien, l. 39, 7, D., *eod tit.*

Incestum autem, quod per illicitam matrimonii coniunctionem admittitur, excusari solet sexu vel ætate.

L'inceste commis au moyen de l'union illicite du mariage est excusé d'habitude par le sexe ou par l'âge.

59. — Sévère et Antonin, l. 1, C., *Si adversus delictum suum*, II, 34.

In criminibus quidem ætatis suffragio minores non iuvantur : etenim malorum mores infirmitas

Dans les crimes, l'excuse de l'âge ne profite pas aux mineurs, car les mœurs des criminels ne peuvent

animi non excusat. Sed, cum delictum non ex animo sed ex contractu venit, noxa non committitur,
etiamsi pœnæ causa pecuniæ damnum inrogatur : et ideo minoribus
et in hac causa in integrum res-
titutionis auxilium competit.

trouver dans l'âge une excuse.
Mais, lorsque le délit provient non
du cœur, mais d'un contrat, il n'y
a pas faute, alors même qu'à titre
de peine un dommage pécuniaire
a été infligé : anssi, dans ce cas, le
bénéfice de la restitutio in integrum est accordé aux mineurs.

60. — De l'ensemble de ces textes, il résulte que l'*infans* et le *proximus infanti* ne sont jamais punissables ; de sept ans à quatorze ans, le juge apprécie le degré de la culpabilité dans chaque circonstance particulière et peut considérer l'âge comme une cause d'atténuation. En tout cas, la peine de mort ne sera pas appliquée à l'impubère : il peut cependant être déporté, ainsi que le prouve le passage suivant des Institutes (liv. 1, tit. XXII : *quibus modis tutela finitur*, par. (1) : « La fin de la tutelle résulte » du fait que les impubères sont condamnés à la déportation. — *Finitur* » *tutela, si… sint… impuberes… deportati.* » — Du moment que la puberté est atteinte, la culpabilité est entière et les peines sont encourues dans leur intégrité, sauf de rares exceptions.

61. — Tels sont les quelques aperçus que les dimensions de cet ouvrage nous ont permis de recueillir, concernant l'influence de l'âge dans le Droit pénal romain. Arrivons maintenant à notre ancienne juris-prudence criminelle, et voyons l'application qu'elle a faite des principes du droit romain.

62. — Nous avons vu plus haut (page 13) qu'une constitution de Théodose avait achevé entre l'*infanti proximus* et l'*infans* l'assimilation commencée par la Jurisprudence romaine. S'appuyant sur cette consti-tution, nos anciens jurisconsultes tombèrent dans une profonde confu-sion. Il leur parut impossible, en effet, d'attacher une influence juridique au seul fait matériel que l'impubère commence à parler, et le mot *infans*, c'est-à-dire, celui *qui fari non potest*, prit dans leur langue cette nou-velle signification : « *Celui qui ne parle pas ou n'a pas une intelligence* » *sérieuse de ce qu'il dit.* » — Ils en arrivèrent ainsi à nous présenter de **la manière suivante** les diverses évolutions de l'âge en droit romain : d'après eux, l'Enfance se continuait jusqu'à sept ans accomplis ; la puberté commençait à douze ans pour les femmes et à quatorze ans pour les hommes : d'où cette conséquence, que l'âge plus proche de l'enfance que de la puberté se plaça arithmétiquement pour les femmes, entre sept ans et neuf ans et demi, et, pour les hommes, entre sept ans et dix ans et demi. Les applications des textes romains furent donc profondément modifiées : tout ce qu'ils avaient dit de l'*infans* fut appliqué au mineur de sept ans ; tout ce qu'ils avaient dit de l'*infanti proximus* fut appliqué au mineur de neuf ans et demi ou dix ans et demi, suivant les sexes.

63. — De cette méprise d'interprétation, découlent les règles qu'ont adoptées l'ancienne Jurisprudence et nos vieux auteurs sur l'âge d'imputabilité, règles que quelques mots suffisent à résumer :

l'*infans*, c'est-à-dire, le mineur de sept ans n'est jamais punissable ;

l'*infanti proximus*, c'est-à-dire, celui qui se trouve entre sept ans et neuf ans et demi ou dix ans et demi, ne l'est pas non plus ;

au-dessus de cet âge, l'impubère est punissable, mais la peine peut être mitigée selon l'appréciation du juge.

64. — En voulons-nous la preuve ? — Ecoutons quelques instants deux de nos vieux auteurs, Jousse et Muyart de Vouglans : « Les enfants, » écrit Jousse dans son *Traité de Justice Criminelle*, « c'est-à-dire, ceux qui
» n'ont pas encore atteint l'âge de sept ans, étant incapables de malices
» et n'ayant point assez de raison pour savoir ce qu'ils font, sont entière-
» ment exempts de crimes et, par conséquent, ne doivent être punis
» d'aucune peine, même pour l'homicide qu'ils pourraient commettre.
» Il en est de même de celui qui est dans un âge peu éloigné de l'en-
» fance, c'est-à-dire, au-dessous de neuf ans et demi pour les femmes et
» dix et demi pour les hommes. »

65. — « Mais, » continue Muyart de Vouglans (1), « si le crime a été
» commis dans un âge plus voisin de la puberté que de l'enfance, comme
» alors on peut présumer dans celui qui le commet une capacité suffi-
» sante pour discerner le bien et le mal, la Loi ne veut pas qu'il soit
» absolument exempt de peine ; mais seulement que cette peine soit
» moindre que celle qui doit s'infliger à ceux qui ont commis le crime

---

(1) **Muyart** de Vouglans, *Les Loix Criminelles*, liv. I, tilt. V, p. 27.

» dans la pleine puberté, qui est l'âge où la raison commence à se per-
» fectionner; et, pareillement, elle veut que les derniers soient moins
» punis que ceux qui sont dans un âge où la raison est parvenue à sa
» pleine maturité, qui est celui de la majorité.

66. — « En un mot, comme la raison a ses degrés particuliers, la
» loi veut aussi que la punition soit réglée suivant les différents degrés
» de l'âge, de manière que celle qui doit s'infliger à celui dont l'âge
» approche de la puberté, ne soit pas aussi rigoureuse que celle qui se
» prononce contre le pubère; de même que celle qui doit s'infliger à
» celui-ci, ne doit pas être aussi forte que celle prononcée contre un
» majeur, lequel doit être puni dans toute la rigueur de la peine ordi-
» naire du crime. »

67. — Rien de plus logique : dans notre ancien droit, en effet, les
peines étaient arbitraires, et cette gradation progressive, laissée à l'esti-
mation du juge, s'accommodait parfaitement avec ce principe, aujour-
d'hui rigoureusement banni de nos Codes. Observons, d'ailleurs, que la
jurisprudence dont nous venons d'exposer un aperçu, ne présentait rien
d'absolu. La maxime « *Malitia supplet ætatem* » permettait au juge d'y
déroger dans des cas exceptionnels, à l'égard des impubères et des
mineurs : « Au surplus, comme l'expérience fait voir qu'il y a de certains
» esprits prématurés dont la malice prévient l'âge, et d'autres plus tar-
» difs, dans lesquels la raison commence à peine à se développer, même
» dans les temps plus voisins de l'âge de puberté; voilà pourquoi la
» Loi a cru devoir s'en rapporter principalement à la prudence du juge
» sur ce point (1). »

68. — On dérogeait encore à cette jurisprudence pour certains crimes
atroces, tels que ceux de lèse-majesté divine ou humaine, d'assassinat,
d'empoisonnement : « Il faut observer, en même temps, que les consi-
» dérations que mérite l'âge ne doivent avoir lieu que pour les crimes
» ordinaires, et non pour ceux qui sont tellement atroces de leur nature,
» qu'aucune circonstance ne peut les excuser, comme sont ceux de lèse-
» majesté, d'assassinat et autres, qui supposent nécessairement du dol
» et de la réflexion dans celui qui les commet (2). »

---

(1) Muyart de Vouglans. loc. cit.
(2) Muyart de Vouglans, loc. cit.

69. — De même, nos anciens auteurs nous citent des cas d'impubères condamnés à être enfermés à temps ou pour toujours, même à être exposés à une potence. Mieux que cela, on avait imaginé pour les impubères des peines spéciales, telles que le Fouet sous la custode et la pendaison sous les aisselles : « On distingue deux sortes de fouets, suivant notre » jurisprudence : l'un qui s'inflige publiquement par la main du bour- » reau, l'autre qui s'inflige dans l'intérieur de la prison par les mains du » questionnaire ou du geôlier : celui-ci, qu'on appelle autrement Fouet » sous la custode, ne s'emploie qu'envers les enfants au-dessous de la » puberté. Ce dernier étant par cette raison moins regardé comme une » peine, que comme une simple correction, il n'emporte point, par con- » séquent, la note d'infamie comme le précédent (1). » — La règle, tou- tefois, ne va pas sans exceptions : notamment un édit de Henri IV, sur les chasses, rendu en juin 1601, applique le fouet sous la custode, sans distinction d'âge, dans ses articles 12, 17, 18 et 20.

70. — Quant à la pendaison sous les aisselles, « cette peine, qui a été » introduite dans notre jurisprudence, ne s'emploie que contre les im- » pubères, et non adultes, qui ont participé à des crimes graves pour » lesquels ils seraient dans le cas de subir le dernier supplice, s'ils étaient » d'un âge plus avancé. »

71. — « Mais, pour que cette peine ne devienne pas mortelle, les » juges doivent avoir attention de ne l'ordonner que pour durer une » heure tout au plus. Nous avons là-dessus l'exemple du jeune frère de » Cartouche, qui y fut appliqué pendant deux heures et qui en mourut. » Cependant, Bruneau rapporte un arrêt du 22 décembre 1683, qui con- » damna à la même peine, pendant deux heures, un petit garçon de la » Ferté-Bernard, lequel n'en mourut point, et fut renfermé à l'Hôpital- » Général (2). » Jousse nous rapporte que ce petit garçon avait mis du poison dans un pot-au-feu, par ordre de son père, et avait ainsi occa- sionné la mort de quatre personnes.

72. — Tels sont les principes sur lesquels s'appuyait notre ancienne

---

(1) Muyart de Vouglans, *Les Loix Criminelles*, liv. II, tilt. IV, page 63.
(2) Muyart de Vouglans, *Les Loix Criminelles*, liv. II, tilt. IV, page 65.

législation, au point de vue de l'influence de l'âge sur l'imputabilité pénale. La Révolution arriva, qui bouleversa subitement notre vieux droit pénal, comme elle bouleversa toutes choses ; elle biffa le passé d'un trait de plume avant d'avoir préparé l'avenir ; si bien que, du jour au lendemain, l'antique société française se trouva comme un grand corps désagrégé, sans gouvernement, sans lois, sans institutions, sans tribunaux.

73. — Dans une loi du 25 septembre 1791, intitulée « Code Pénal, » l'Assemblée Constituante inaugura quelque chose de nouveau dans la matière. Elle supprima les anciennes distinctions d'âge pour ne conserver plus qu'une limite unique, celle de seize ans accomplis : d'où seulement deux périodes, l'une au-dessous, l'autre au-dessus de cet âge. Ce système est encore en vigueur dans notre Code actuel : nous l'apprécierons plus tard. Au titre V de cette loi de 1791, nous lisons ce qui suit :

« Art. 1. — Lorsqu'un accusé, déclaré coupable par le jury, aura » commis le crime pour lequel il est poursuivi avant l'âge de seize ans » accomplis, les jurés décideront, dans les formes ordinaires de leurs » délibérations, la question suivante : *Le coupable a-t-il commis le crime* » *avec ou sans discernement?* »

74. — Remarquons, en passant, dans ce texte une obscurité résultant d'une construction vicieuse. A première vue, il semblerait signifier ceci : les jurés n'auront à se préoccuper de la question de discernement qu'autant que le criminel est poursuivi avant l'âge de seize ans : ce qui est un non-sens monstrueux. Il eût été plus correct et plus élégant de s'exprimer ainsi : « *Lorsqu'un accusé, déclaré coupable par le jury, aura* » *commis, avant l'âge de seize ans, le crime pour lequel il est poursuivi...* » — La forme ! c'est bien là vraiment ce qui préoccupait le législateur révolutionnaire. On avait dédaigneusement renversé le temple de l'ancienne jurisprudence : il fallait, sur les ruines écroulées, édifier le nouveau monument. Qu'il offrît des bizarreries ou des aspects grotesques, ce n'était là qu'une question de détail à laquelle les *Pères* n'avaient garde de s'arrêter. D'ailleurs, le fait de rédiger des textes clairs et précis n'a jamais été, semble-t-il, le cauchemar des assemblées parlementaires. **Mais passons !...**

« Art. 2. — Si les jurés décident que le coupable a commis le crime
» sans discernement, il sera acquitté du crime ; mais le tribunal crimi-
» nel pourra, suivant les circonstances, ordonner que le coupable sera
» rendu à ses parents, ou qu'il sera conduit dans une maison de correc-
» tion pour y être élevé et détenu pendant tel nombre d'années que le
» jugement déterminera, et qui, toutefois, ne pourra excéder l'époque à
» laquelle il aura atteint l'âge de vingt ans. »

75. — Remarquons, ici encore, que notre *multiple* législateur nous
parle sérieusement des maisons de correction ! Quant à les organiser...
N'insistons pas !

« Art. 3. — Si les jurés décident que le coupable a commis le crime
» avec discernement, il sera condamné ; mais, à raison de son âge, les
» peines suivantes seront commuées :

« Si le coupable a encouru la peine de mort, il sera condamné à vingt
» années de détention dans une maison de correction ;

« S'il a encouru les peines des fers, de la réclusion dans la maison de
» force, de la gêne ou de la détention, il sera condamné à être enfermé
» dans *la* maison de correction *(quelle maison?...)* pendant un nombre
» d'années, égal à celui pour lequel il aurait encouru l'une des dites
» peines à raison du crime qu'il a commis. »

« Art. 4. — Dans les cas portés en l'article précédent, le condamné
» ne subira pas l'exposition aux regards du peuple, sinon lorsque la
» peine de mort aura été commuée en vingt années de détention dans
» une maison de correction, auquel cas l'exposition du condamné aura
» lieu pendant six heures, dans les formes qui sont ci-dessus prescrites. »

76. — Ainsi donc, quand le coupable aura moins de seize ans, le
juge devra se poser la question de savoir si l'accusé a commis le crime
avec ou sans discernement. En cas de réponse négative, l'acquittement
s'impose, mais le tribunal criminel a le droit d'ordonner, selon les circonstances, que l'acquitté soit rendu à ses parents, ou conduit dans une
maison de correction pour y être élevé et détenu pendant un certain
temps. — En cas de réponse affirmative, le mineur sera condamné, mais
avec une atténuation de peine nettement déterminée par la loi.

Mais, aussitôt que la seizième année est accomplie, les peines ordinaires deviennent applicables au mineur dans toute leur sévérité.

77. — A quelle influence le législateur a-t-il obéi en s'arrêtant à l'âge de seize ans accomplis? — Le choix de ce chiffre pourrait, nous semble-t-il, se rattacher à un vestige historique, vestige toutefois bien difficile à saisir, tant étaient variables dans nos anciens usages les conditions d'âge, relativement aux diverses matières de droit public ou de droit privé. Bouteiller, par exemple, nous dit dans sa *Somme Rural*, sous la rubrique : « *De ceux qui peuvent être advocats en cour et quels non.* —

» Veu du faict de l'advocacerie, il s'ensuit montrer quels gens peuvent
» estre advocats en cour, et quels non. Et premier :

» Mineurs d'aage.

» Si sçachez que du fait d'advocacerie par le droit escrit sont privés
» mineurs de seize ans, pour la raison que trop grand ieunesse et petite
» constance est encores en eux (1). » — En parlant de « droit escrit, »
Bouteiller fait allusion au droit romain, dont nous allons d'ailleurs citer
un passage pour comparer le texte latin avec la traduction qu'en a faite
l'éminent jurisconsulte. C'est un fragment d'Ulpien au Digeste : « *Ini-*
» *tium autem fecit prætor ab his qui in totum prohibentur postulare. in*
» *quo edicto aut pueritiam aut casum excusavit. pueritiam : dum mino-*
» *rem annis decem et septem, qui eos non in totum complevit, prohibet*
» *postulare, quia moderatam hanc ætatem ratus est ad procedendum in*
» *publicum, qua ætate aut paulo maiore fertur Nerva filius et publice de*
» *iure responsitasse* (2). — Le préteur commence par ceux auxquels il
» interdit d'une façon absolue de postuler (postulare). Dans cet édit, la
» jeunesse ou certaines éventualités constituent des causes d'incapacité.
» La jeunesse, disons-nous : effectivement, à ceux qui sont âgés de
» moins de dix-sept ans et qui ne les ont pas totalement accomplis, il
» interdit de postuler, parce qu'il suppose au jeune homme, à l'âge de
» dix-sept ans, assez de maturité d'esprit pour aborder les procès publics.
» A cet âge, et même plus jeune encore, Nerva, le fils, donnait des con-
» sultations publiques de droit. » — Où le Droit romain écrivait dix-sept
» ans, Bouteiller traduisait par seize.

---

(1) Bouteiller, *Somme Rural*, liv. II, tiltre 2, page 673.
(2) Ulpien, l. 1, 3, D., *de Postulando*, III, 1.

78. — Dans une déclaration promulguée à Versailles le 17 novembre 1690, Louis XIV disait : « ... voulons et nous plaît qu'à l'avenir ceux » qui voudront étudier en droit canonique ou civil y soient admis, lors- » qu'ils seront entrés en la dix-septième année, pour, après s'être inscrit » et y avoir étudié deux ans et fait les actes de baccalauréat et de licencié, » en la manière accoutumée, pendant lesdites deux années, être reçus avo- » cats. » Cette disposition se retrouve encore dans la loi du 22 ventôse, an XII, — en bon français : loi du 13 mars 1804, — sur l'organisation des écoles de Droit : « Les écoles de Droit, dit l'article premier, seront » organisées successivement dans le cours de l'an XIII et de l'an XIV. » Les étudiants *ne pourront y être admis avant seize ans.* »

79. — Quoi qu'il en soit des origines de ce système, si **nous le com**parons à celui de l'ancien droit français, nous arrivons aux conclusions suivantes : le système nouveau est inférieur à l'ancien à trois points de vue : d'abord, dit-on, il ne correspond pas absolument aux données actuelles de la science; en second lieu, il laisse à l'appréciation discré- tionnelle et variable du magistrat, l'âge où des poursuites peuvent avoir lieu contre l'enfant; enfin, — et c'est là une véritable *inelegantia juris,* — il établit deux majorités, l'une, *pénale*, commençant dès la première seconde de la dix-septième année, l'autre, *civile*, qui part du jour où se trouve accomplie la vingt-unième année. — Mais le nouveau système présente sur l'ancien l'avantage d'une extrême simplicité résultant de l'établissement d'une limite unique.

80. — Nous verrons plus loin ce qu'il faut penser de ces critiques ou de ces louanges; mais, auparavant, consacrons quelques pages à par- courir les principales législations étrangères.

CHAPITRE II

Le Mineur dans les diverses législations contemporaines

81. — Pour apprécier sainement une législation, il ne faudrait pas croire qu'il suffit de la discuter jusque dans ses moindres détails, d'en connaître les mérites et les défauts, de rechercher ses origines et les diverses fluctuations qui l'ont conduite au point où nous la considérons aujourd'hui : c'est là, sans doute, pour une étude juridique, la partie capitale; mais s'arrêter à ce degré, quelque perfectionné qu'on le suppose, constituerait un procédé de spécialiste, procédé à courte vue, qui consiste à se renfermer dans un cercle étroit dont on ne sort pas. Pour faire effectivement œuvre de science, le jurisconsulte, tout en scrutant dans ses replis les plus intimes la matière juridique qui s'offre à ses méditations, doit s'élever par un élan de la pensée dans des régions plus élevées, d'où son regard promène au-delà des frontières de son pays; il examine ce que décident les législations étrangères sur la question dont il s'occupe; il pèse, il compare, et souvent ce jurisconsulte, surtout quand il est Français, constate avec une douce satisfaction que les autres peuples, dans la rédaction de leurs différents codes, se sont inspirés des lois de sa patrie.

82. — Une digression dans ce sens nous a donc semblé l'indispensable complément de notre étude sur les mineurs; nous avons cru intéressant de rechercher comment les diverses questions d'âge décrites au chapitre précédent ont été réglementées dans les Codes modernes de pénalité, sous l'influence soit de l'ancienne jurisprudence européenne, soit de la science philosophique, soit, enfin, de notre Code pénal. Chacun de ces Codes ne reproduira pas les quatre ou cinq périodes signalées par notre analyse : telle ici fera défaut, telle autre ne se rencontrera pas ailleurs ; quelquefois même le nombre des périodes se trouvera augmenté par la subdivision de l'une d'elles en plusieurs autres. — Même variété au point de vue de l'âge où commence et finit chacune de ces périodes dans les diverses législations. Le caprice du législateur, ou mieux le hasard, semble avoir présidé seul à l'établissement des limites qui les séparent. — On pourrait croire du moins que certains éléments, tels que les influenes climatériques, ou le développement plus précoce de l'homme chez les races méridionales, ont joué un rôle important dans la fixation de ces limites : il n'en est rien ! Au contraire, les législations positives se trouvent souvent en contradiction avec ces facteurs de la criminalité dont l'influence pourtant semblait de nature à s'imposer.

I. — ANGLETERRE

83. — A l'égard des Enfants, la loi anglaise est assez rigoureuse. D'après elle, un mineur de sept ans n'est pas *doli capax* : par consequent, pendant cette période, pas d'imputabilité ni de châtiment possibles. — De sept ans à quatorze ans, nous voyons continuer la présomption générale d'innocence en faveur de l'enfant ; néanmoins, l'imputabilité est possible, bien qu'exceptionnelle, et, dès lors, doit se poser cette question : *l'enfant a-t-il agi avec discernement ?* — Au cas de négative, la loi le renvoie dans une maison de réformation et autorise à mettre une partie de la dépense à la charge des parents : combinaison très ingénieuse dont les résultats sont, paraît-il, satisfaisants ; car, en prenant la famille par la bourse, comme on dit vulgairement, elle l'incite à exercer sur l'enfant une surveillance plus active. — Si la réponse est affirmative, l'enfant est justiciable des juridictions de droit commun et peut être condamné aux peines ordinaires, même à la peine capitale, toujours par application de cette vieille maxime : « *Malitia supplet ætatem.* » — « C'est ainsi, » disait déjà Blackstone (1), « qu'un garçon de dix ans et un autre de neuf

---

(1) Blackstone, *Commentaire sur le Code Criminel d'Angleterre*, traduction de l'abbé Coyer, tome I, chap. 2, p. 20

» souffrirent la mort pour avoir tué leur camarade, parce qu'il fut prouvé
» dans la procédure, qu'après le meurtre, l'un s'était caché pour n'être
» pas arrêté, et l'autre avait caché le corps ; signe qu'ils avaient eu la
» conscience du crime, avec le discernement du bien et du mal.........
» mais, en pareil cas, la loi veut que l'évidence de la malice, qui supplée
» à l'âge, soit claire comme le jour et hors de toute contestation. » — Au-
dessus de quatorze ans, le mineur perd le bienfait de la présomption
d'innocence et devient passible des mêmes peines que le majeur. Cette
règle ne comporte d'exceptions, jusqu'à l'âge de vingt-et-un ans, qu'à
l'égard de certaines contraventions qui consistent dans des omissions de
faire « *consisting of mere non feazance*. » Blackstone va nous en dire la
raison (1) : « La loi d'Angleterre exempte un mineur, au-dessous de vingt-
» un ans, de certaines peines attachées à des transgressions communes,
» surtout si c'est par omission ; par exemple, elle condamne à une
» amende et, au défaut de paiement, à la prison, celui qui s'est refusé
» à la réparation d'un pont, d'un grand chemin ou autre devoir de cette
» espèce ; le mineur, au-dessous de vingt-un ans, n'est pas soumis à ces
» peines, *parce que, n'ayant pas encore la disposition de son bien, il ne
» peut satisfaire à l'amende.* »

84. — Toutefois, depuis une vingtaine d'années, la loi anglaise s'est
départie quelque peu de son antique rigueur, surtout depuis l'acte de
1879 (2). Cet acte, intitulé *Loi pour amender la législation relative à la
juridiction sommaire*, mérite, vu son importance, que nous l'analysions,
du moins dans la partie relative aux mineurs. Il distingue, dans son
article 49, deux classes de personnes parmi les mineurs de seize ans :
les Enfants *(child)*, c'est-à-dire, les individus âgés de moins de douze ans,
et les Personnes jeunes *(young person)*, c'est-à-dire, les individus âgés
de moins seize ans.

85. — En matière d'homicide, l'enfant doit nécessairement comparaître devant le jury ; s'il a commis tout autre fait *indictable*, — autrement dit, de la compétence du jury, — la cour de juridiction sommaire

---

(1) Blackstone, loc. cit.
(2) *Annuaire de législation étrangère*, année 1879, p. 34.

peut statuer sommairement; mais elle n'y est pas obligée : la loi lui donne un pouvoir d'appréciation; de plus, les parents ou le tuteur de l'enfant ont également le droit de s'opposer, — et la Cour doit les en prévenir, — à ce que l'enfant soit jugé autrement que par un jury.

86. — Lorsque la Cour de juridiction sommaire juge un enfant pour un fait qui, de droit commun, est de la compétence du jury, elle applique les mêmes peines que si l'enfant avait été traduit devant le jury. Toutefois, elle ne peut jamais condamner à la servitude pénale : elle doit substituer à cette peine un emprisonnement dont la durée ne saurait en aucun cas excéder un mois; si la peine encourue est une amende, elle ne pourra en aucun cas excéder quarante shillings. A l'une de ces deux peines, si le coupable est un garçon, la Cour peut ajouter, ou même substituer six coups de fouet au plus, d'une poignée de verges de bouleau *(a birch rod)*, qui seront administrés à l'enfant à huis-clos, par un constable, « en présence de l'inspecteur ou de tout autre officier de » police d'un grade plus élevé que le constable, et aussi en présence, » s'ils le désirent, des parents ou du tuteur de l'enfant » (art. 10).

87. — Le long article dont nous venons de faire l'analyse ne préjudicie pas au droit de la Cour d'envoyer l'enfant dans une école d'amélioration *(reformatory shool)* ou dans une école industrielle, et ne permet pas de punir un enfant qui, dans l'opinion de la Cour, n'est pas âgé de plus de sept ans et n'a pas une capacité suffisante pour commettre un crime. Est-il besoin de faire remarquer que, si la peine prononcée à l'occasion d'un fait indictable ne peut s'élever au-dessus d'un mois de prison ou d'une amende dépassant quarante shillings, elle ne peut, à plus forte raison dépasser ce maximum, lorsqu'il s'agit d'un fait moins grave?

88. — La Cour de juridiction sommaire est aussi compétente pour juger certains faits qui, de droit commun, seraient de la compétence du jury *(indictable)*, lorsqu'ils ont été perpétrés par des personnes jeunes *(young person)*, c'est-à-dire, par des individus âgés de plus de douze ans et de moins de seize ans. Toutefois, nous devons apporter les deux restrictions suivantes : la compétence de la Cour est moins étendue, — la peine est plus forte que s'il s'agissait d'enfants.

89. — Et d'abord la compétence de la Cour n'embrasse plus, comme précédemment, tous les faits *indictable* autres que l'homicide, mais seulement certaines infractions limitativement énumérées par la première colonne de la première cédule de la loi de 1879, (art. 11); en voici l'énumération :

1° Le vol simple;

2° Tous les délits que les lois en vigueur déclarent punissables des mêmes peines que le vol simple;

3° Le vol ou larcin au préjudice des personnes;

4° et 5° Le vol et l'abus de confiance par un employé ou par un domestique;

6° Le recel des objets volés;

7° La complicité par aide, provocation, conseil ou entremise (*procuring the commission*) d'un vol simple, ou d'un des délits que les lois en vigueur déclarent punissables des mêmes peines que le vol simple, du vol ou larcin au préjudice des personnes, du vol par un employé ou domestique;

8° Les tentatives des mêmes délits;

9° Les délits prévus par les lois sur les chemins de fer, soit contre les personnes, soit contre les propriétés;

10° Les contraventions aux lois sur les postes, de la compétence du jury (*first cedule, first column*).

90. — En second lieu, si l'accusé est reconnu coupable, trois partis s'offrent à la Cour; elle peut condamner le coupable : ou bien à payer une amende qui ne peut excéder dix livres, ou bien à subir un emprisonnement, avec ou sans travail forcé, pour une durée qui ne pourra dépasser un maximum de trois mois; ou bien, enfin, si la personne jeune est un garçon entre douze et quatorze ans, « la Cour, si elle le juge con-
» venable, pourra, comme addition à l'une des deux peines, ou comme
» substitution à toute autre peine, ordonner que la personne jeune sera
» fouettée, à huis-clos, par la main d'un constable, de douze coups au
» plus, d'une poignée de verges de bouleau, en présence de l'inspecteur
» ou de tout autre officier d'un grade plus élevé que le constable, et
» aussi en présence, s'ils le désirent, des parents ou du tuteur, » (art, 11,
in fine).

91. — D'ailleurs, comme pour les enfants, la Cour conserve sa liberté d'action ; elle peut juger ou renvoyer la personne jeune devant le jury ; l'accusé, — mais non plus ses parents ou son tuteur, — conserve ici encore le droit de réclamer ce renvoi, et la Cour doit le prévenir de cette faculté que la loi lui reconnaît.

92. — Une loi du 22 septembre 1893 (1), intitulée : *Loi qui amende la législation relative aux écoles de correction (reformatory schools)* est venue étendre les pouvoirs des Cours de juridiction sommaire ; nous allons donner une courte analyse de ses dispositions.

93. — Lorsqu'un jeune délinquant, âgé de moins de seize ans, est l'objet de poursuites judiciaires, la Cour de juridiction sommaire, devant laquelle il comparaît, peut, tout en le frappant, ou au lieu de le frapper d'une peine conformément à la loi, ordonner qu'il sera envoyé dans une maison de correction reconnue *(a certified reformatory school)*, et cela, sous deux conditions : il faut, en premier lieu, que, à la suite d'un acte d'accusation *(on indictment)*, ou par la Cour elle-même, le mineur soit convaincu d'avoir commis une infraction punissable de servitude pénale ou d'emprisonnement ; en second lieu, le délinquant ne doit pas avoir moins de douze ans, ou bien il faut qu'il ait commis antérieurement une première infraction punissable de servitude pénale ou d'emprisonnement. Dans cette maison de correction, l'enfant sera retenu pendant une période de trois ans au moins et de cinq ans au plus ; toutefois, cette période doit être d'une durée telle, qu'elle arrive à expiration vers le moment, ou avant le moment, où le délinquant atteindra l'âge de dix-neuf ans.

94. — Indépendamment des autres pouvoirs reconnus à la Cour, celle-ci peut ordonner que le délinquant sera envoyé en prison, ou, — avec le consentement de celui qui l'occupe, — dans un lieu qui, n'étant pas une prison, est considéré comme *convenable* par la Cour. La durée de l'internement n'excédera pas sept ou quatorze jours, suivant les cas ; elle sera même abrégée, si, dans un avenir plus rapproché, l'élargissement du prévenu est ordonné, son envoi dans une maison de correction prononcé, ou s'il est pris quelque autre disposition à son égard, en vertu de la loi précédente ou de toute autre loi. La personne visée par l'ordon-

---

(1) *Annuaire de législation étrangère,* année 1891, p. 31.

nance d'internement est obligée de détenir l'enfant, ainsi qu'il est prescrit, et, si le délinquant s'échappe, celui-ci peut être appréhendé, sans qu'il y ait lieu à délivrance de mandat; il peut aussi être reconduit au lieu de détention.

95. — Telle est, dans ses grandes lignes, l'économie de la législation anglaise sur les mineurs. Nous lui faisons un grave reproche : celui d'admettre la peine de mort contre des enfants. Quelque partisan que nous soyons de la nécessité de cette peine, il nous paraît profondément révoltant et inhumain d'en faire l'application à des êtres à peine sur le seuil de la vie, de voir marcher à l'échafaud de tout jeunes enfants pour des crimes dont leur raison, quelque précoce que nous la supposions, n'a pu leur dévoiler toute l'énormité et chez lesquels subsiste toujours, par conséquent, une part plus ou moins grande d'irresponsabilité. N'est-ce pas là une extension abusive de la maxime « *Malitia supplet ætatem?* » — La pitié inspirée par l'âge suffirait seule à faire rejeter ce procédé barbare; mais il y a plus : au moment où va tomber une tête si frêle, il est impossible que la main du bourreau ne tremble pas, que le public ne se détourne pas avec horreur, et dès lors, — effet regrettable ! — tombe toute l'exemplarité du châtiment.

96. — Cette critique faite, nous sommes plus à l'aise pour reconnaître que, dans son ensemble, la législation anglaise sur les mineurs, témoigne d'un grand esprit de sagesse, et nous ne pouvons, notamment, qu'approuver très chaleureusement des dispositions comme celles qui laissent le mineur libre de choisir la juridiction qu'il préfère, et celles qui mettent à la charge des parents dont l'enfant est interné dans une maison de correction, une partie des frais d'entretien.

II. — ALLEMAGNE

97. — Le Code pénal de l'empire allemand, qui, après avoir été voté pour la Confédération de l'Allemagne du Nord, le 31 mai 1870, a été étendu à tout l'Empire par une loi du 15 mai 1871 (1), se signale par les

---

(1) *Annuaire de législation étrangère,* année 1871, p. 80 et 97.

dispositions suivantes. — Aux termes de l'article 55 : « Ne peut être
» poursuivi celui qui, au moment de l'action, n'avait pas accompli sa
» douzième année. » Cette disposition fixe très sagement une limite d'âge
minima, au-dessous de laquelle l'imputabilité disparaît, mais elle constitue une innovation : en effet, le Code prussien, à l'exemple du Code
pénal français, n'avait point établi au profit de l'enfant, quel que fût son
âge, une présomption d'irresponsabilité ; mais la plupart des législations
de l'Allemagne, auxquelles s'est rallié le nouveau Code sur ce point,
avaient fixé à dix, douze ou quatorze ans, l'âge à partir duquel un enfant
peut être déclaré responsable. — Une loi du 26 février 1876 (1), rendue
dans le but de modifier certains articles du Code pénal, a complété l'article 55 de la manière suivante : « Seront néanmoins appliquées, les
» mesures propres à assurer la garde et l'amendement de l'enfant établies
» par les lois des divers États. En particulier, l'enfant pourra être placé
» dans une maison d'éducation ou de correction, lorsque les autorités
» chargées du contrôle des tutelles (*Vormundschaftsbehorde)* auront
» déclaré le fait constant et autorisé la détention. »

98. — A partir de l'âge de douze ans jusqu'à celui de dix-huit ans,
on doit examiner la question de discernement : « Tout individu pour-
» suivi pour un fait commis par lui après avoir accompli sa douzième
» année, mais avant d'avoir dix huit ans révolus, sera acquitté, lorsqu'il
» aura été reconnu avoir agi sans discernement » (art. 56, al. 1). —
Mais le juge de répression conserve le droit d'envoyer l'enfant acquitté
dans une maison d'éducation ou de correction : « En ce cas (au cas d'ac-
» quittement) le jugement décidera si le prévenu sera rendu à sa famille
» ou s'il sera placé dans une maison d'éducation ou de correction. Il
» sera détenu dans cet établissement aussi longtemps que l'autorité
» administrative compétente le jugera nécessaire ; il ne pourra, toute-
» fois, y être retenu au-delà de sa vingtième année » (art. 56, al. 2). —
Le lecteur n'a pas manqué de souligner au passage la particularité renfermée dans ce dernier texte : en effet, ce n'est pas le juge qui fixe le
temps pendant lequel l'enfant sera détenu dans la maison de correction ;

---

(1) *Annuaire de législation étrangère,* année 1876, p 135 et 111.

c'est à l'autorité administrative qu'il appartiendra de retenir le coupable ou de le relaxer, selon la manière dont il se sera conduit. Pour notre part, nous approuvons cette mesure, car il semble logique de confier à celui qui est chargé de réformer l'enfant le droit d'apprécier à quel moment, cette réforme étant accomplie, le coupable peut quitter la maison : le temps fixé par le juge peut n'être pas suffisant ou dépasser la juste mesure. Peut-être, cependant, le législateur allemand eût-il bien fait d'établir un minimum de détenti...

99. — Si le Mineur est déclaré avoir agi avec discernement, il sera condamné, mais les peines seront atténuées ainsi qu'il suit :

« 1° Si la peine encourue est la mort ou la réclusion à perpétuité, il » sera condamné à un emprisonnement de trois à quinze ans ;

» 2° Si la peine est celle de la détention à perpétuité, cette détention » sera prononcée pour la durée de trois à quinze ans ;

» 3° Si la peine est celle de la réclusion ou toute autre peine que la » réclusion, la peine prononcée ne pourra être inférieure au minimum, » ni s'élever au-dessus de la moitié du maximum fixé par la loi.

» La réclusion sera dans ce cas remplacée par un emprisonnement » d'égale durée :

» 4° En cas de délit ou de contravention, le tribunal pourra, dans les cas » les moins graves, se contenter d'infliger une réprimande au prévenu ;

» 5° Le juge ne pourra appliquer la peine de la privation des droits » civiques en général, ni de certains droits civiques en particulier ; il ne » pourra, non plus, prononcer le renvoi sous la surveillance de la police. » Les peines corporelles devront être subies dans des établissements » spécialement affectés à la détention des jeunes délinquants » (art. 57).

100. — Cet article, d'après nous, exagère un peu l'atténuation de la peine. Il est bon, sans doute, de se montrer indulgent envers la jeunesse, mais il ne faut pas que cette commisération dégénère en faiblesse et devienne un encouragement à la dépravation, déjà trop prématurée, des nouvelles couches sociales.

101. — La loi prussienne du 13 mars 1878 sur le placement des enfants laissés sans surveillance (1), dispose que les enfants au-dessous

---

(1) *Annuaire de législation étrangère*, année 1878, p. 111

de douze ans ne peuvent être frappés d'aucune condamnation pénale proprement dite. Au-dessous de six ans, ils ne peuvent être enlevés à leurs parents; entre six et douze ans ils peuvent être placés dans une famille ou dans un établissement d'éducation ou de correction. Pour bien marquer la situation particulière de l'enfant au point de vue pénal, la loi décide que c'est une sorte de juridiction de famille, le tribunal de tutelle, compétent ordinairement pour surveiller la gestion des tuteurs, qui décidera si l'enfant doit être enlevé à ses parents et à qui il doit être confié.

III. — AUTRICHE

102. — Le Code pénal autrichien du 27 mai 1852, distingue :

1° L'âge de l'enfance jusqu'à la dixième année accomplie. Tous les actes coupables commis pendant cette période peuvent, en général, ne pas être imputés, et leur correction est simplement abandonnée aux parents ;

2° L'âge de la minorité s'étend du commencement de la onzième année jusqu'à quatorze ans accomplis. Les actes qui ne peuvent être imputés comme crimes, à cause seulement de la minorité de l'auteur, doivent être punis comme contraventions. Par contre, la punition des délits et contraventions des mineurs est simplement réservée aux parents, éventuellement aussi aux autorités de police ;

3° Ce n'est qu'avec la quatorzième année accomplie que commence la majorité et, en conséquence, la responsabilité pénale complète. Pourtant, le jeune âge (de 14 à 20 ans) est encore une circonstance atténuante (art. 46, lettre a, et 264, lettre a), et d'après l'article 52, dans ce cas, on ne peut prononcer la peine de mort ou la peine du cachot à perpétuité, qu'on remplace par le cachot grave de dix à vingt ans.

IV. — BELGIQUE

103. — Le Code belge de 1867, contrairement aux Codes étrangers dont nous nous sommes occupés jusqu'ici, n'admet pas de période de non imputabilité. Depuis la naissance jusqu'à l'âge de seize ans accomplis, la question du discernement doit être examinée. Si le mineur a agi sans discernement, il sera acquitté; mais il pourra être mis à la disposition du gouvernement pour un temps qui ne dépassera pas l'époque où il aura accompli sa ving-et-unième année, (art 72). S'il est décidé qu'il a agi avec discernement, il sera condamné, mais la peine sera atténuée (art. 73).

104. — Cependant, ainsi que le fait remarquer M. Appleton (1), la Belgique, qui, jusqu'à présent, n'avait fait que des réformes de détail, est sur le point d'adopter un régime qui paraît devoir assurer dans une large mesure la sécurité de la société.

105. — Pour connaître l'idée mère qui a présidé à la réforme projetée et en grande partie réalisée, nous ne pouvons mieux faire que de reproduire les remarquables paroles prononcées par M. le professeur Prins, inspecteur général des prisons belges, à la séance de la Société générale des prisons, du 16 mars 1892 (2).

106. — « En Belgique », dit-il, « le ministre de la justice, M. Le Jeune,
» a, dès son arrivée aux affaires, considéré la question des enfants
» comme l'une des questions essentielles du droit pénal ; il y a consacré
» tous ses efforts et il est parvenu à réaliser des progrès importants dont
» je vais vous entretenir.

107. — « Permettez-moi de vous dire un seul mot de la question de
» principe elle-même. Pour moi, la fixation d'un âge de responsabilité
» de l'enfant est une question qui, prise isolément, est, pour ainsi dire,
» insoluble. S'il s'agit du discernement juridique, c'est-à-dire, de celui
» qui consiste à savoir que le vol est puni, qu'il y a des gendarmes, de
» la police et des prisons, il me paraît évident que l'enfant a ce discerne-
» ment à tout âge; plus on descend bas dans l'échelle sociale, plus l'en-
» fant a vite ce discernement juridique, car c'est surtout dans les classes
» inférieures que l'enfant apprend très vite qu'il y a de la police et des
» prisons.

---

(1) Jean Appleton. *De la Fixation d'un âge d'irresponsabilité pénale*, p. 12.

(2) *Bulletin des prisons*, 1892, p. 121 et suiv.

108. — « Si, au contraire, il s'agit du discernement social; de ce
» discernement qui consiste à savoir qu'il y a une vie droite et honnête
» et une autre qui ne l'est pas, je crois que l'enfant de certains bas-
» fonds sociaux ne l'a jamais, parce que, pour avoir le discernement
» entre le bien et le mal, il faut pouvoir choisir. Or, il y a beaucoup
» d'enfants qui n'ont que l'exemple du mal sous les yeux : ils ne peu-
» vent donc pas choisir. Par conséquent, votre article 66, qui correspond
» à notre article 72, n'est qu'une forme abstraite, et ne répond pas à la
» réalité.

109. — « La vérité, me semble-t-il, c'est que, depuis le Code de 1810,
» l'aspect des choses a absolument changé de face ; ce qui était une ques-
» tion d'appréciation de degré d'intelligence chez un jeune coupable,
» est devenu aujourd'hui un problème social important. L'accroissement
» de la criminalité, la progression effrayante de la récidive, l'impuis-
» sance des systèmes pénitentiaires et des institutions philanthropiques,
» quand il s'agit des adultes, ont montré qu'il faut aller à la racine du
» mal, c'est-à-dire, à l'enfance coupable ; et, comme l'enfance coupable,
» c'est l'enfance abandonnée ; comme l'enfance abandonnée est la vic-
» time de son milieu malsain, on a fini, peu à peu, par comprendre qu'il
» faut aller à cette enfance, non pas pour la punir, mais pour la protéger
» contre son milieu, et lui fournir un milieu normal, à la place du milieu
» anormal qui est le sien.

110. — « Si l'enfant des classes dirigeantes n'était pas entouré de
» soins, d'attentions, si on ne prenait pas pour lui ces précautions infi-
» nies que nous prenons pour veiller sur chacune de ses actions, qui
» sait ce qu'il deviendrait ?

111. — « Au contraire, quand on voit de près les bas-fonds sociaux,
» la promiscuité affreuse des rues et des taudis, il y a une chose qui peut
» étonner, c'est qu'on trouve encore chez ces enfants déshérités, autant
» de force de résistance au mal. D'ailleurs, pour les enfants traduits en
» justice, beaucoup sont de très braves enfants, qui ont fait ce que font
» beaucoup d'enfants des classes aisées, avec cette différence que, pour
» ceux-ci, il y a des remontrances, parfois des corrections manuelles ;
» parmi ceux qui ne sont pas traduits en justice et appartiennent aux
» bas-fonds sociaux, il y a beaucoup d'êtres très dangereux qui n'ont pas

» été poursuivis, parce que l'occasion ne s'est pas présentée, mais qui
» sont pervers et deviendront plus tard des criminels.

112. — « En fait, c'est le hasard qui décide souvent des poursuites ;
» c'est la police constatant une peccadille et ne voyant pas un fait plus
» grave, ou bien c'est l'occasion du mal qui a été offerte à l'un de ces
» enfants et qui n'a pas été offerte à l'autre.

113. — « Et, puisqu'il n'y a, en somme, qu'une nuance entre les
» enfants traduits en justice et ceux qui ne le sont pas, à plus forte rai-
» son, me semble-t-il, n'y a-t-il qu'une nuance parmi ceux qui sont
» poursuivis, entre les enfants acquittés pour avoir agi sans discerne-
» ment et ceux que le juge condamne, parce qu'il trouve le degré de
» discernement dont la loi lui parle.

114. — « C'est ainsi que, peu à peu, l'idée de la bienfaisance, de la
» protection, l'emporte invinciblement dans l'esprit sur l'idée de la
» répression.

115. — « Auprès de vous, Messieurs, il n'y a pas à insister sur ce
» point : j'ai vu, par les discussions antérieures, que l'on est à peu près
» d'accord ici pour admettre que la prison, pour le mineur de seize ans,
» est une mesure absurde et qu'il faut écarter autant que possible de
» l'enfant, non seulement au point de vue de la prison, qui n'est pas
» outillée pour l'enfant, mais dans l'intérêt de l'enfant lui-même, parce
» que, mettre l'enfant en prison quelque temps et le rendre ensuite à la
» société avec son casier judiciaire et une tare indélébile, c'est le perdre
» inévitablement.

116. — « Cette question n'est plus discutée. Le principe de la peine
» peut évidemment subsister pour les faits très graves, mais, dans tous
» les pays, c'est l'exception. La plupart des enfants, comme vous le disait
» votre éminent collègue, M. le président Flandin, ce sont des auteurs de
» petits vols, de larcins sans importance ; eh bien, pour ces enfants-là, tout
» le monde est d'accord sur ce point, que la peine passe au second plan.
» Dès lors, le principe de la responsabilité pénale et de l'âge de la res-
» ponsabilité, qui est le fondement de la peine, s'efface avec celle-ci et
» passe également au second plan.

117. — « Remarquez que, en parlant ainsi, on n'aborde nullement
» le principe de la responsabilité ; le problème du libre arbitre reste

» entier, seulement ce n'est pas là la question qui se pose. Il ne s'agit
» pas de rechercher quel est le degré de discernement de l'enfant ; il s'agit
» de rechercher si l'enfant a une famille, un milieu organique, s'il ne
» faut pas lui donner cet appui qui lui manque et sans lequel le déve-
» loppement social est une impossibilité absolue.

118. — « Chez nous, dans cet ordre d'idées, le ministre de la justice
» vient d'accomplir les réformes dont je veux vous entretenir un ins-
» tant. On pourrait les résumer en disant que l'on a fait triompher le
» régime de la bienfaisance sur le régime de la répression. »

119. — Telles sont, aussi clairement développées que possible, les
considérations sur lesquelles le législateur belge s'est appuyé. Entrons
maintenant dans les détails.

120. — Le premier pas dans la voie des réformes a été fait par un
arrêté du 7 juillet 1890. Pour apprécier le progrès réalisé, il faut se rappeler ce qu'était, jusqu'à cette époque, le système belge : ce n'est pas là
un aperçu inutile, puisque la législation des belges a de grandes ressem-
blances avec la nôtre, que leur article 72 est notre article 66, et que, par
conséquent, la question soulevée chez nous par l'article 66 se présente à
propos de leur article 72.

121. — Les enfants simplement mendiants, ou vagabonds, qui
n'avaient commis aucune espèce d'infraction, qui n'étaient l'objet d'aucune poursuite, c'est-à-dire, les enfants simplement abandonnés, appartenaient au régime de la bienfaisance, aux écoles de bienfaisance ; ils y
étaient à la charge des communes ; les enfants coupables de l'article 72,
ceux qui étaient traduits en justice et qu'on acquittait faute de discernement, étaient mis à la disposition du gouvernement et placés par lui
dans des écoles de réforme qui appartenaient au service des prisons ;
c'étaient donc de véritables établissements pénitentiaires, comme nos
écoles de correction. Or, comme l'état moral des deux catégories d'enfants est identique, en ce sens que, parmi les enfants du régime de la
bienfaisance, il y avait, à côté, de très braves enfants, des enfants extrêmement vicieux ; et, comme, parmi les enfants soumis au régime de la
répression, il y avait, à côté d'enfants vicieux, des enfants excellents ;
comme dans les deux groupes il y avait, en un mot, des bons et des
vicieux, partant de cette idée, et se basant sur la réalité, l'arrêté de 1890

a décidé que les deux groupes seraient confondus, c'est-à-dire, qu'ils passeraient tous à l'administration de bienfaisance, que tous les établissements qui étaient séparés sous le nom d'établissements pénitentiaires et d'établissements de bienfaisance, seraient désormais confondus sous le nom d'écoles de bienfaisance de l'état.

122. — C'est donc par le service de la bienfaisance que se fait désormais le classement entre les bons et les vicieux : ce classement était légal autrefois, il est maintenant administratif.

123. — Cet arrêté est déjà un progrès, puisqu'il augmente le rôle de la bienfaisance au détriment de la répression. Mais, cela fait, un second progrès restait à accomplir. L'arrêté dont nous parlons s'occupe d'abord des enfants qui échappent à la poursuite, puis de ceux qui n'échappent pas à la poursuite, mais qui échappent à la peine, parce que le juge dit : il n'y a pas discernement. Or, il y a une troisième catégorie, ce sont les enfants condamnés à la prison. Le plus grand nombre de ces enfants sont les auteurs de très légers délits, de vols très peu importants, soit à cause des conditions dans lesquelles ils les ont commis, soit à cause du peu de préjudice occasionné ; et, précisément à raison du peu de gravité des faits et du jeune âge des coupables, les juridictions préparatoires renvoyaient ces enfants devant le juge de paix, tribunal de simple police, et le juge de paix les condamnait à quelques jours de prison.

124. — Cette troisième catégorie d'enfants est, en Belgique, très nombreuse : elle constitue même la majorité des enfants. En 1890, l'année où la réforme a été accomplie, les juges de paix ont condamné prés de 9,000 enfants de moins de seize ans, à des peines variant de un à sept jours de prison ; et, parmi ces enfants, il y en a 2,439 qui avaient moins de douze ans.

Il fallait arracher ces enfants à la prison ; car un séjour en prison, loin de leur faire aucun bien, peut leur occasionner un mal irréparable, si, à l'expiration de cette courte peine, on les rend à leur milieu.

125. — Eh bien, c'est l'œuvre de la loi du mois de novembre 1891. C'est une loi pour la répression du vagabondage et de la mendicité ; on a intercalé dans cette loi quelques dispositions sur la protection de l'enfance. L'article 25 donne au juge de paix le droit, au lieu de condamner le mineur de seize ans, de le renvoyer des poursuites ou de le mettre à la disposition du gouvernement jusqu'à sa majorité. La question du discernement, la question de l'âge de la responsabilité a disparu. Il y a acquittement ou il y a remise à l'administration de la bienfaisance, non pas suivant les circonstances subjectives, mais suivant les circonstances objectives du fait, suivant les circonstances dans lesquelles l'enfant a agi. C'est ainsi que, pour ces milliers d'enfants qui passaient par la prison, depuis l'application de l'article 25 de la loi, la prison est supprimée, il y a remise au gouvernement, et nous dirons bientôt ce que celui-ci en fait.

126. — Cependant, il nous faut, au préalable, parler d'une quatrième catégorie d'enfants : ceux qui ont été condamnés à la prison pour des faits plus sérieux et, par conséquent, à une peine plus longue. A leur égard, la législation actuelle contient une lacune effrayante. Pour les trois catégories que nous avons appelées enfants condamnés pour des peccadilles, enfants abandonnés, enfants poursuivis et acquittés, l'État les protège. Dès lors, il ne peut laisser les enfants de cette quatrième catégorie à eux-mêmes et, après la prison, les rendre à leur milieu déplorable, dans des conditions mille fois plus désastreuses que celles dans lesquelles ils se trouvaient. Il faut évidemment que le système de protection s'étende à tous; l'article 26 de la loi y prévoit ainsi :

« Art. 26. — Les cours et tribunaux pourront, lorsqu'ils condamneront à l'emprisonnement un individu n'ayant pas l'âge de dix-huit ans accomplis, ordonner qu'il restera à la disposition du gouvernement depuis l'expiration de sa peine, jusqu'à sa majorité. »

127. — De cette façon, l'enfant condamné à une peine d'emprisonnement plus longue est, quand il sort de prison, remis, comme les autres, à l'État, qui doit prendre pour lui des mesures protectrices. Il est évident que cet article s'inspire à la fois de la logique et de l'humanité, puisqu'il fait de la protection pour ceux-ci, comme il en fait pour les premiers : encore une fois, ce n'est pas la gravité du fait qu'il faut considérer, c'est le milieu où l'enfant a vécu.

128. — Pour être complet, nous devons signaler encore le projet de loi sur la protection de l'enfance, bien qu'il ne soit pas voté en ce moment; il contient des mesures destinées à sauvegarder le sort des enfants; et c'est pour cela que, désireux de signaler l'ensemble des mesures relatives à l'enfant, nous ne pouvons passer ce projet sous silence.

129. — Parmi les articles du projet de loi, les uns empêchent les poursuites contre les enfants de moins de dix ans; la loi ne s'occupe pas de leur degré de responsabilité; mais elle décide que, en ce qui concerne ces enfants, il ne s'agit ni de poursuites, ni de prison, mais de bienfaisance. Il faut les remettre à l'autorité, et, quelle que soit la gravité du fait commis, ils ne sont ni poursuivis, ni condamnés; le législateur donne au président du tribunal de première instance le droit de les mettre jusqu'à leur majorité, sur la réquisition du ministère public, à la disposition du gouvernement.

130. — Enfin, les autres articles empêchent, toutes les fois que cela est possible, la comparution d'un enfant de moins de seize ans, à une audience publique : ces enfants n'iront plus devant les tribunaux. L'article 13 donne aux chambres préparatoires, à la chambre du conseil et à la chambre des mises en accusation, le droit d'acquitter, sans mettre en mouvement l'appareil flétrissant de la justice. On veut écarter de l'esprit des jeunes enfants les impressions pénibles et démoralisantes d'un débat public. Mais le correctif nécessaire est toujours là : la mise à la disposition du gouvernement, quand la situation l'exige. Voici le texte des articles :

« Art. 12. — Nul ne sera traduit en justice pour une infraction qu'il » aurait commise, alors qu'il n'avait pas atteint l'âge de dix ans accomplis.

« Art. 13. — L'enfant qui n'a pas atteint l'âge de seize ans accomplis » ne peut être mis en jugement qu'en vertu d'une ordonnance de la » chambre du conseil ou de la chambre des mises en accusation.

« S'il apparaît dans l'instruction préparatoire que l'enfant, qui n'avait » pas atteint l'âge de seize ans accomplis au moment du fait, a agi sans » discernement, une ordonnance de non-lieu sera rendue.

« Il en sera de même, lorsque, s'agissant d'une infraction commise » par un enfant qui n'avait pas atteint l'âge de quatorze ans accomplis, » la chambre du conseil, ou la chambre des mises en accusation, esti- » mera que, à raison de l'âge de l'inculpé et eu égard à ses antécédents, » l'infraction ne présente pas une gravité suffisante pour motiver des » poursuites contre un enfant.

« Art. 14. — L'enfant qui, avant d'avoir atteint l'âge de dix ans
» accomplis, a commis ou tenté de commettre un acte que la loi pénale
» qualifie homicide volontaire ou crime d'incendie, celui qui a été
» acquitté comme ayant agi sans discernement, celui à l'égard duquel
» une ordonnance de non-lieu a été rendue, ainsi qu'il est dit à l'article
» 13, peuvent, sur la réquisition du ministère public, être mis à la dis-
» position du gouvernement, jusqu'à leur majorité, par une ordonnance
» du président du tribunal de première instance, dans le ressort duquel
» ils ont leur résidence. »

131. — En résumé, on peut dire qu'en Belgique, dans ces conditions,
toute l'enfance coupable ou abandonnée, à quelques exceptions près, est
recueillie par l'administration de la bienfaisance qui, dès lors, prend
dans ce domaine le rôle prédominant qu'elle doit avoir, au point de vue
de l'intérêt de l'enfant, comme de la société; et l'on verra de plus en
plus, prétend M. Prins, lorsque ce système fonctionnera, que l'intervention de la justice répressive est une superfétation : elle deviendra de
plus en plus un rouage sans action et elle finira par tomber, comme
tombent les organes inutiles... Acceptons-en l'augure!

132. — Maintenant vient la question capitale, celle qui domine le
débat; on peut dire : tout cela est très bien, mais il faut que l'État ait
l'outillage nécessaire pour agir; que va-t-il faire de ces enfants?... C'est
le nœud du problème. En général, on reproche avec raison aux administrations d'avoir des procédés trop rigides, trop uniformes; or, ici,
pour arriver à un résultat, il faut de la souplesse, de la variété, car les
catégories d'enfants sont multiples. Certainement, un régime administratif uniforme, s'il était un régime purement paternel, serait un régime
trop doux pour les enfants vraiment vicieux; et, si le régime était purement un régime disciplinaire sévère, il serait trop rigoureux pour les
enfants bons. Il importe donc de différencier le régime suivant les catégories, de séparer tous les groupes d'enfants, d'éviter toutes les promis-
cuités de groupes, de donner aux uns une certaine liberté et aux autres
une direction sévère, une discipline rigoureuse qui se rapproche d'un
régime correctionnel.

133. — L'âge des enfants abandonnés, qui disparaît, ou dont l'appréciation devient plus ou moins inutile, quand il s'agit du juge répressif et

de la responsabilité pénale, prend au contraire, quand il s'agit du traitement à infliger par l'administration, une importance capitale; ici l'âge reprend ses droits, il faut séparer les petits des grands, il faut absolument veiller à ce que, pendant toute la durée de l'éducation par l'État, les petits puissent arriver à l'âge de la majorité sans avoir rencontré les enfants corrompus, vicieux, les adultes, qui peuvent avoir sur eux une mauvaise influence. La séparation des petits et des grands, est donc une œuvre capitale, et le ministre de la justice l'a considérée comme tellement importante, qu'il a introduit dans la loi une disposition spéciale, l'article 29, qui dit formellement ceci :

« Art. 29. — Les individus qui n'auront pas dépassé l'âge de treize » ans accomplis, à la date de leur entrée dans une école de bienfaisance » de l'État, resteront, pendant toute la durée de leur internement, com- » plètement séparés des individus entrés à un âge plus avancé.

« De même, les individus entrés dans une école de bienfaisance de » l'État, à l'âge de plus de treize ans accomplis et moins de seize ans » accomplis, resteront, pendant toute la durée de leur internement, » séparés des individus entrés à un âge plus avancé. »

134. — Ces dispositions créent aussi des catégories spéciales d'enfants, et ce ne sont pas des catégories administratives, ce sont des catégories légales; les deux groupes, une fois placés dans un établissement de bienfaisance, ne peuvent jamais se rencontrer.

135. — En prenant ces articles comme point de départ, on a organisé six sections d'enfants. Elles sont dédoublées : il y en a six pour les garçons et six pour les filles. Les six grandes sections sont les suivantes :

Il y a une section pour les enfants au-dessous de treize ans, c'est le régime paternel; il y a ensuite deux sections pour les enfants de treize à seize ans, une section pour le régime paternel, une section pour le régime sévère; Il y a une section au régime sévère pour les enfants de seize à dix-huit ans; enfin, il y a deux dépôts pour les mendiants et les vagabonds de dix-huit à vingt et un ans.

136. — Ainsi, les petits et les grands sont complètement séparés; il y a des catégories légales qui, pendant la durée de la mise à la disposition de l'autorité, ne peuvent jamais se rencontrer et ont des régimes différents.

137. — Pour les petits enfants, qui seront placés avant treize ans et pourront peut-être rester jusqu'à vingt et un ans sous la garde de l'État, il y a un véritable régime paternel ; l'établissement n'est même pas clôturé, il a l'aspect d'un pensionnat, les enfants peuvent sortir et se promener, les parents sont invités à venir les voir le plus possible : — on leur accorde une réduction de 50 p. 100 sur le prix du voyage. — Le dimanche ils viennent trouver leurs enfants, se promènent avec eux, et les reconduisent le soir, comme s'ils venaient les voir dans un pensionnat.

138. — Et l'on veut tellement écarter des yeux de l'enfant jusqu'à l'apparence de l'appareil judiciaire, on veut si bien éviter l'impression pénible qui en résulte, que, lorsque l'enfant est mis à la disposition du gouvernement, l'État le fait chercher dans sa famille, quand c'est une fille, par une religieuse ; quand c'est un garçon, par un surveillant en bourgeois. Cela coûte cher, mais c'est, paraît-il, de l'argent bien placé.

139. — Ce n'est pas encore tout. Il y a un dernier point à signaler. Il serait évidemment mauvais que l'enfant remis au gouvernement fût jusqu'à vingt et un ans dans un engrenage dont il ne pût pas sortir ; un engrenage a beau avoir été bien graissé, fonctionner avec douceur, ce n'en est pas moins un engrenage et il ne faut pas que l'enfant y soit pris nécessairement jusqu'à vingt et un ans. Aussi, les cadres administratifs sont-ils très mobiles, très flexibles. Ils peuvent s'ouvrir à volonté ; en vertu des articles 30, 31 et 32 de la loi, le gouvernement peut rendre l'enfant conditionnellement à ses parents ou à son tuteur, à n'importe quelle époque, même au début. Ainsi, on a remis un enfant au gouvernement ; une enquête démontre dès le début qu'on s'est trompé et que la famille, qu'on croyait peu digne de sympathie, est au contraire honorable et peut garder l'enfant : on le lui rend immédiatement ; on peut faire cela pendant toute la durée de la mise à la disposition du gouvernement. — L'enfant est remis à cette condition que, s'il se conduit mal, ou si la famille n'offre pas de garanties, il sera repris. L'État peut aussi, d'après le texte de la loi, le libérer définitivement à n'importe quel moment. Enfin, également en vertu de la loi, l'État peut placer l'enfant, au bout de six mois d'observation, soit chez des cultivateurs, soit chez des artisans, soit dans des établissements publics ou privés, d'instruction ou de charité. — Depuis que le système est appliqué, un grand nombre d'enfants ont été placés ainsi en apprentissage ; parmi les enfants placés, il y a eu des enfants simplement malheureux, abandonnés, qui n'avaient pas commis d'infractions ; mais il y a eu aussi beaucoup d'enfants remis à l'État, parce qu'ils avaient été traduits en justice pour vols, larcins, etc., et les placements ont admirablement réussi.

140. — Le rouage indispensable à l'œuvre du placement, ce sont les comités de patronage qui fonctionnent en Belgique avec un grand dévouement et d'après une procédure régularisée. Rien n'est livré au hasard ; les comités font une enquête sérieuse sur les nourriciers où on veut placer les enfants ; l'école de bienfaisance donne son avis, et, après un échange de correspondance officielle et de bulletins officiels, dont la formule est consacrée par des circulaires, les enfants sont placés sous le contrôle de l'État et de ces comités de patronage.

141. — Tel est l'ensemble des mesures prises dans ces derniers temps en Belgique. M. Prins y voit la preuve qu'il y a moyen, en enlevant l'enfant au Code pénal, de garantir à la fois la société et l'enfant, mieux, l'un et l'autre qu'on ne l'a fait jusqu'à présent. A son point de vue, comme au point de vue du législateur belge, l'idéal pour les enfants jusqu'à l'âge de seize ans, serait de leur donner ce qui est, pour ainsi dire, la juridiction naturelle de l'enfant, ce qui a été la juridiction naturelle dans les tribus primitives, ce qui est aussi la juridiction naturelle pour l'enfant des classes aisées : c'est l'extension de la juridiction du père de famille, c'est un tribunal paternel, en un mot, le tribunal de tutelle allemand, composé d'hommes qui s'occupent de l'enfant, investis d'une juridiction donnée par la loi, et de la mission de faire le triage des enfants coupables et abandonnés, de renvoyer les uns à la famille, en lui recommandant de veiller sur eux, de donner les autres à l'État, pour que, à défaut de la famille, l'autorité en ait la garde, et, enfin, de renvoyer la petite minorité à la justice répressive pour qu'elle les juge.

142. — Pour faire ce triage, le tribunal de tutelle aurait comme base d'appréciation, non pas le degré de responsabilité pénale, mais le degré de garantie sociale offert par l'enfant et par le milieu où il est né.

143. — Cette législation témoigne d'une grande sollicitude pour la jeunesse ; mais n'exagère-t-elle pas la clémence à l'égard des jeunes malfaiteurs?... Nous sommes de ceux qui répondraient affirmativement ; nous irons même jusqu'à dire qu'elle nous semble exposer la société à un danger très grave. Il est clair, en effet, que, séduits par les avantages et la douceur de ce régime, nombre d'enfants qui souffrent chez eux de la faim, du froid et de toutes les privations, commettront des délits dans le but unique de s'arracher à cette vie de souffrance et de bénéficier d'un système d'éducation si paternel. Les parents seront bien souvent les premiers à les y pousser : pourquoi travailleraient-ils? pourquoi useraient-ils leurs forces pour fournir à leur famille le pain de chaque jour? L'État est si bon père que, moyennant quelques délits de peu d'importance, il se charge d'assurer l'avenir des enfants. On le voit, c'est la porte ouverte aux spéculations malsaines.

V. — BRÉSIL

144. — Dans le Code brésilien, il y a présomption d'innocence jusqu'à quatorze ans. Au-dessous de cet âge les mineurs ne sont point considérés comme coupables des crimes qu'ils ont commis ; seulement, ils sont tenus de réparer sur leurs biens le préjudice qu'ils ont causé. Et, s'il est prouvé qu'ils ont agi avec discernement, ils peuvent être enfermés dans des maisons de correction. — A quatorze ans la présomption favorable cesse pour le mineur ; mais le juge peut lui infliger une peine inférieure d'un tiers à la peine réservée au crime, car, jusqu'à ving et un ans, son âge seul constitue une circonstance atténuante, qui doit entraîner une diminution de châtiment.

VI. — EGYPTE

145. — Le Code pénal égyptien du 13 novembre 1883, partage la vie humaine en trois périodes : la première va de la naissance à l'âge de sept ans ; la seconde s'étend de sept à quinze ans ; la troisième commence à partir de la seizième année et se prolonge jusqu'à la mort.

146. — Pendant la première période, l'irresponsabilité est complète :
« L'inculpé qui n'aura pas atteint l'âge de sept ans ne sera pas mis en
» jugement » (art. 56).

147. — Entre sept et quinze ans, — deuxième période, — doit se
poser la question de discernement. Les conséquences de la réponse sont
assez clairement indiquées par les textes suivants :

« Art. 57. — Si l'inculpé a plus de sept ans, mais moins de quinze
» ans, il est statué à son égard d'après les règles suivantes :

« Art. 58. — S'il n'a pas agi avec discernement, il sera acquitté ;
» toutefois, la Cour, ou le tribunal, décidera s'il doit être remis à ses
» parents, ou bien s'il doit être confié à telle personne honorable, ou tel
» établissement agricole, industriel ou d'enseignement, public ou privé,
» qui consentirait à s'en charger, pendant un temps qui ne pourra se
» prolonger au-delà de sa vingtième année ;

« Art. 59. — S'il est décidé que l'inculpé qui a moins de quinze ans
» a agi avec discernement, il sera condamné à un emprisonnement de
» cinq à dix ans, s'il a encouru la peine de mort, ou les travaux forcés,
» ou la détention, ou l'exil à perpétuité ;

« Art. 60. — Si la peine encourue est celle des travaux forcés à temps,
» la détention à temps, ou l'exil à temps, il sera puni d'un emprisonne-
» ment pour un temps égal au quart au moins et au tiers au plus de la
» peine à laquelle il aurait dû être condamné. Dans ces trois cas, il pourra
» être mis sous la surveillance de la haute police pendant cinq ans au
» moins et dix ans au plus. Si le prévenu a encouru la peine de l'inter-
» diction des droits civiques, il sera puni d'un emprisonnement de six
» mois à trois ans. »

148. — Voici maintenant quelque chose d'analogue à ce que décide
l'article 68 de notre Code pénal : « Dans les cas ci-dessus, l'inculpé qui
» n'aura pas de complices ayant plus de quinze ans, sera jugé par les
» juges correctionnels. »

149. — En matière de délits, l'article 62 décide : « Si l'inculpé ayant
» moins de quinze ans est poursuivi pour un délit, il sera, au cas où il
» aurait agi avec discernement, condamné à une peine qui ne pourra
» excéder le tiers de celle à laquelle il aurait dû être condamné. »

150. — Au-dessus de quinze ans, le coupable est passible des peines dans toute leur sévérité (1).

VII. — ESPAGNE

151. — Dans le Code pénal espagnol, l'enfant est irresponsable jusqu'à neuf ans : « No delinquen, y por consiguiente, están exentos de » responsabilidad criminal... 2° El menor de nueve años (2) » (art. 8, al. 1 et 2).

152. — Entre neuf et quinze ans, le juge devra poser la question de discernement, et ce point sera pour le tribunal l'objet d'une déclaration expresse. Au cas de négative, le mineur est considéré comme irresponsable : « No delinquen... 3° el mayor de nueve años y menor de 15, a » no ser que huya obrado con discernimiento.

« El tribunal hará declaración expresa sobre este punto para impo-» nerle pena ó declararlo irresponsable » (art. 8-3°, al. 1 et 2).

153. — Quand le mineur est déclaré irresponsable, il est rendu à sa famille, et, s'il ne se trouve personne pour se charger de son éducation, il est placé dans une maison de bienfaisance : « Cuando el ménor sea » declarado irresponsable, en corfomidad con lo que se establece en este » número y en el que precede, será entregado á su familia con encargo » de vigilarlo y educarlo. A falta de persona que se encargue de su vigi-» lancia y educación, sera llevado á un éstablecimiento de beneficencia » destinado a la educacion de huérfanos y desamparados, de donde no » soldrá sino al tiempo y con las conditiones prescritas para los acogi-» dos » (art. 8-3° al. 3).

154. — S'il est reconnu que le mineur a agi avec discernement, l'application de la peine est laissée à la discrétion du Tribunal, mais cette peine doit être inférieure au moins de deux degrés à la peine fixée par la loi pour le délit commis : « al menor de 15 años, major de nueve,

---

(1) Barbier, *Codes égyptiens*, le Caire 1881.
(2) *Codigo penal*, publicado por la redaccion de el consultor de los ayuntamientos, 1888, p. 11, 13, 34.

» que no esté exento de responsabilidad por haber declarado el Tri-
» bunal que obró con discernimiento, se le impondrá una pena discre-
» cional, pero siempre inferior en dos grados, por lo menos, á la seña-
» lada por la ley al delito que hubiere cometido » (art. 86, al. 1).

155. — Entre quinze et dix-huit ans, l'âge est considéré comme une circonstance atténuante, et l'on applique toujours au coupable la peine immédiatement inférieure à celle fixée par la loi : « Son circunstancias atenuantes : ... 2º La de ser el culpable menor de 18 años » (art. 9-2º). — « Al mayor de 15 años y menor de 18, se aplicará siempre, en el grado » que corresponda, le pena immediatamente inferior á la señalada por » la ley » (art. 86, al. 2).

VIII. — GRÈCE

156. — Le Code pénal de 1833 admet les règles suivantes : — Jusqu'à dix ans, non imputabilité; — de dix à quatorze ans, nous trouvons ici encore la question du discernement à résoudre, et atténuation des peines au cas de réponse affirmative sur cette question. — Au-dessus de quatorze ans, il y a lieu à l'application des peines ordinaires. — Cette législation de la Grèce ressemble beaucoup à celle de l'Autriche.

IX. — HONGRIE

157. — Au point de vue pénal, la Hongrie est régie actuellement par le Code du 29 mai 1878, le premier qu'ait eu ce royaume en cette matière depuis les temps les plus reculés. Il faut remonter au moyen-âge pour trouver les monuments législatifs qui l'ont immédiatement précédé. Ce n'est pas que la Hongrie n'ait essayé à maintes reprises de combler cette lacune : depuis un siècle, en effet, trois projets avaient vu le jour : le premier en 1791, le deuxième en 1837 et le troisième en 1843. Mais pour une raison ou pour une autre, aucune n'aboutit. En 1852, le Code pénal autrichien, paru le 27 mai de la même année, fut appliqué à la Hongrie; par le diplôme du 20 octobre 1860, elle recouvra ses lois criminelles qu'elle conserva jusqu'à la promulgation du Code depuis si longtemps attendu.

158. — Quelle situation le Code pénal hongrois fait-il aux mineurs ? — Il établit trois périodes (1) : la première va de la naissance à l'âge de douze ans; la seconde se termine à l'âge de seize ans et la troisième prend fin à l'âge de vingt ans accomplis.

159. — Pendant la première période, le mineur est couvert par une présomption absolue d'irresponsabilité : « Celui qui, lorsqu'il a commis » un crime ou un délit, n'avait pas accompli sa douzième année, ne peut » être l'objet de poursuites pénales » (art. 83).

160. — Pendant la seconde période, la question du discernement doit être posée. Si le discernement n'a pas existé, le mineur est acquitté, mais peut être placé dans une maison de correction jusqu'à sa vingtième année : « Celui qui, lorsqu'il a commis un crime ou un délit, était âgé » de plus de douze ans, mais n'avait pas accompli sa seizième année, » ne peut être puni pour cet acte, s'il n'avait pas le discernement néces- » saire pour en reconnaître la criminalité. — Ce mineur pourra, toute- » fois, être condamné à être placé dans une maison de correction, mais » sans pouvoir y être détenu au-delà de sa vingtième année » (art. 84).

S'il est reconnu, au contraire, que le mineur était capable de discer- nement, une condamnation s'ensuivra, mais la peine sera largement atténuée : « Les personnes de l'âge indiqué dans l'article précédent, qui, » au moment de l'acte, étaient capables d'en reconnaître la criminalité, » seront punies d'après les règles suivantes :

» 1° Pour un crime puni de mort ou de la maison de force à perpé- » tuité, de deux à cinq ans de réclusion ;

» 2° Pour un crime puni de cinq à quinze ans de maison de force ou » de prison d'état, de deux ans de réclusion au maximum, dans le pre- » mier cas, et, dans le second, de la prison d'état pour la même durée ;

» 3° Pour tout autre crime, de deux ans de prison au maximum ;

» 4° Pour un délit, des peines de simple police.

» La destitution d'emploi et la suspension de l'exercice des droits

---

(1) *Code pénal hongrois*, traduit par MM. Martinet et Dareste, p. 49.

» politiques, ne peuvent être prononcées contre les personnes qui sont
» punies d'après les dispositions de cet article » (art. 85).

161. — Si nous avons reproché à la législation allemande sa trop
grande indulgence, nous reprocherons, à bien plus forte raison, à
celle-ci d'être une prime à la criminalité des jeunes gens. L'atténuation
de peine formulée par cet article dépasse toute mesure; elle constitue à
nos yeux un véritable danger social. Les apprentis du crime peuvent se
livrer en toute sécurité à l'assassinat et au brigandage : ils sont assurés
d'une quasi impunité; car, enfin, infliger à un meurtrier, pour tout
châtiment, la peine de deux ans de réclusion, n'est-ce pas le comble de
la dérision?... Encore, si ce n'était que dérisoire, le mal ne serait pas
grand; mais, par une excessive faiblesse, cette législation ouvre la voie
aux vengeances personnelles; et vraiment, si nous n'étions disciples
d'une religion qui ordonne le pardon des injures même les plus graves,
nous serions bien près d'excuser la *vendetta*, en face d'une loi sottement
indulgente, qui laisse la vie et les biens des citoyens exposés à tous les
attentats.

162. — Nous avons vu que le paragraphe 4 de l'article 85, précité,
punit les délits d'une peine de simple police. Ce cas est prévu et réglé
par l'article 32 du Code des contraventions, ainsi conçu (1) : » Les peines
» de police à prononcer dans les cas prévus par le paragraphe 4 de l'ar-
» ticle 85 du Code pénal des crimes et des délits, pour les délits commis
» par des mineurs, peuvent s'élever jusqu'à la moitié du maximum des
» peines déterminées par le Code pénal; toutefois, les arrêts ne peuvent
» dépasser six mois, ni l'amende mille florins.

» Dans le cas de concours de plusieurs délits, ou de délits avec des
» contraventions, la durée des arrêts peut être élevée jusqu'à huit mois,
» et l'amende à quinze cents florins.

» La conversion de l'amende sera régie par les dispositions de l'ar-
» ticle 22. Toutefois, la durée des arrêts ne pourra dépasser trois mois,
» si l'amende est la seule peine, et neuf mois si elle est prononcée avec
» les arrêts.

---

(1) Opus cit., p. 177.

» Les dispositions des articles 18 et 19 sont applicables à l'exécution
» des arrêts.

» A tous autres égards, les dispositions du Code pénal devront s'ap-
» pliquer, y compris le caractère punissable de la tentative et la pres-
» cription. »

163. — Citons ici, pour la complète intelligence de la matière, les
articles auxquels se réfère le texte que nous venons de transcrire. Et,
d'abord, comment est régie la conversion de l'amende dont s'occupe
l'alinéa 3? — L'article 22 répond : « Lorsque le jugement ne prononcera
» qu'une amende, il déterminera aussi, en même temps, la durée des
» arrêts qui lui seront substitués, au cas où elle serait irrécouvrable.

» Pour cette conversion, l'amende ne dépassant pas deux florins ne
» pourra être remplacée par plus de douze heures d'arrêts.

» L'amende de deux à dix florins sera remplacée par un jour d'ar-
» rêts et ainsi de suite, à raison d'un jour par chaque somme de dix
» florins. »

164. — L'alinéa 4 de l'article 85, renvoie à son tour aux articles 18
et 19 pour l'exécution des arrêts; il nous suffit de les transcrire : « Les
» arrêts, dit l'article 18, sont subis dans la prison de l'autorité adminis-
» trative et, si les circonstances le permettent, en cellule.

» Le condamné aux arrêts peut s'entretenir à ses frais, et il ne peut
» être obligé au travail, sauf le cas prévu à l'article suivant. » Et l'article 19 continue ainsi : « Dans les lieux où il existe des maisons de cor-
» rection, les individus condamnés à plus de trois jours d'arrêts, qui
» n'ont pas accompli leur vingtième année, subissent leur peine dans
» cette maison, et ils sont assujettis, dans ce cas, au travail établi par
» le règlement intérieur de l'établissement. »

165. — Notons, *currente calamo*, que les maisons de correction pour
les jeunes détenus, dont nous parlent tous ces textes, sont fondées et
entretenues au moyen du produit des amendes, après affectation réglée
par le ministre de la justice (art. 27) (1), et qu'enfin, les personnes
punies en vertu de l'article 85 du Code pénal, doivent être séparées des
autres détenus pendant toute la durée de leur peine.

---

(1) Une loi du 20 février 1887 est venue prescrire que le quart seulement du produit

166. — Arrivons à la troisième période, celle comprise entre seize et vingt ans. Ici le mineur est passible de toutes les peines, hormis celle de mort et la prison de force à perpétuité : « Celui qui n'avait pas accompli » sa vingtième année au moment où il a commis un crime ne peut être » condamné à mort, ni à la maison de force à perpétuité » (art. 87). — » Lorsque des individus âgés de moins de vingt ans, » ajoute l'article 42, « sont condamnés à la prison, le tribunal, en vue de leur amendement, » peut prescrire dans son jugement qu'ils subiront dans l'isolement la » totalité de leur peine, si elle ne dépasse pas six mois, et, dans les » autres cas, une portion de cette peine qui ne sera pas supérieure à six » mois.

. « Le tribunal peut aussi ordonner, par son jugement, que ces jeunes » condamnés, au lieu d'être soumis au régime de l'isolement, seront » conduits dans une maison de correction. Dans le cas même où le juge- » ment ne s'en explique pas, si cette mesure paraît néanmoins utile à » l'amendement du condamné, elle peut être ordonnée par le ministre » de la justice, sur la proposition de la commission de surveillance. »

167. — En matière de contravention, la minorité ne produit d'effets » que dans les cas prévus par les articles 65 et 66 : « Dans les lieux où » il existe des maisons de correction, les jeunes vagabonds âgés de » moins de seize ans, seront envoyés par l'autorité dans une maison de » correction, pour y recevoir l'éducation pendant un temps qui pourra » s'étendre jusqu'à une année.

A ces termes de l'article 65, l'article 66 n'ajoute qu'un mot : « Les » dispositions de l'article 65 sont applicables aux enfants qui mendient. »

X. — ITALIE

168. — L'Italie vit aujourd'hui sous l'empire du Code pénal du 30 juin 1889, exécutoire depuis le 1er janvier 1890. Avant la guerre qui suivit le

---

des amendes, serait affecté au soulagement des condamnés libérés indigents et à l'entretien d'établissements de correction pour les jeunes détenu·. Il existe sur la matière une autre loi des 1-19 décembre 1892.

traité de Villafranca, le Code du 26 octobre 1839, dit *Code albertin*, régissait le Piémont et la Sardaigne ; — le Code autrichien du 1er septembre 1852, le Lombardo Vénitien ; — le Code édicté le 1er janvier 1821, les duchés de Parme et de Plaisance ; — le Code du 1er mai 1856, le duché de Modène ; — le Code du 29 juin 1853, revisé par la loi du 8 avril 1856, la Toscane ; — le Code du 1er septembre 1819, les Seux-Siciles ; — le règlement grégorien du 10 novembre 1832, les États de l'Église. Les évènements qui se sont succédé depuis le traité de Villafranca, sans priver la Toscane de sa législation, amenèrent la promulgation de deux Codes nouveaux, dont l'autorité s'est étendue, la Toscane exceptée, sur toute la péninsule : au Nord et au Centre, le Code subalpin du 20 novembre 1859 ; — au Midi, le même Code, mais amendé et devenu la législation sardo-nopolitaine, en vertu d'un décret émané de la lieutenance générale du royaume, le 17 février 1861 ; tels sont les trois Codes qui ont, au point de vue pénal, régi les diverses contrées de l'Italie, jusqu'au 31 décembre 1889 (1).

169. — Le Code actuel s'applique à toute l'étendue du royaume. Le système admis par lui est plus compliqué que les systèmes dont l'étude nous a occupé jusqu'à maintenant ; il distingue, en effet, jusqu'à cinq périodes :

170. — Durant la première, — de la naissance à neuf ans accomplis, — l'enfant peut, malgré la présomption absolue d'irresponsabilité qui le couvre, être enfermé sur une ordonnance du président du tribunal, rendue à la requête du ministère public, dans un établissement d'éducation et de correction, jusqu'à sa majorité : « Art. 53. — Nulle poursuite n'est à exercer contre celui qui, au moment où il a commis le » fait, n'avait pas accompli neuf ans.

« Néanmoins, si le fait est prévu par la loi comme délit passible de » l'*ergastolo* ou de la réclusion, ou bien encore de la détention pour une » durée d'un an au moins, le président du Tribunal civil, à la requête » du ministère public, peut ordonner, par une mesure révocable, que le » mineur sera enfermé dans un établissement d'éducation et de correction,

---

(1) Lacointa, *Code pénal Italien :* Introduction, p. XX et Code, p. 40.

» pour un temps qui ne dépasse pas l'âge de la majorité; ou bien, il
» peut enjoindre aux parents, ou à ceux qui ont la charge de l'éducation
» du mineur, de veiller sur sa conduite, sous peine, au cas d'inobser-
» vation et si le mineur commet un délit quelconque, d'une amende qui
» peut atteindre deux mille livres. »

171. — Pendant la deuxième période, dont les limites sont neuf et
quatorze ans, il existe un doute sur la culpabilité de l'enfant, et, par
suite, il faut résoudre, préalablement à toute sentence, la question de
discernement. Le discernement n'existe-t-il pas, il en résulte un acquittement pour le mineur, sauf l'application des mesures que nous venons
de décrire : « Celui qui, au moment où il a commis le fait, avait accompli
» neuf ans, mais non encore quatorze, s'il n'est pas constaté qu'il ait
» agi avec discernement, ne peut être frappé d'aucune peine. Néan-
» moins, si le fait est prévu par la loi comme un délit passible de l'*er-
» gastolo*, ou de la réclusion, ou bien de la détention pour un an au
» moins, le juge peut prescrire l'une ou l'autre des mesures indiquées
» au paragraphe de l'article précédent » (art. 54, al. 1). — Au contraire,
au cas où le Tribunal admet le discernement, le mineur sera condamné,
mais avec les atténuations de peine indiquées par les alinéas suivants
de notre article 54 : « Lorsqu'il est constaté qu'il (le mineur)a agi avec
» discernement, la peine établie relativement à l'infraction commise
» est diminuée d'après les règles suivantes :

» 1° A l'*ergastolo*, est substituée la réclusion de six à quinze ans ;   .

» 2° Les autres peines sont appliquées avec les réductions détermi-
» nées aux n°s 3 et 4 de l'article 47 ; »

Par suite : « Art. 47 ..... 3° — S'il s'agit de peines temporaires excé-
» dant douze ans, la durée en est limitée de trois à dix ans ; — si les
» peines dépassent six ans, mais non douze, la durée est limitée d'un an
» à cinq ans, et, dans les autres cas, la peine est abaissée à une durée
» inférieure à la moitié de celle qui aurait été appliquée ;

» 4° La peine pécuniaire est réduite à la moitié. »

172. — Revenons à l'article 54 : « Si la peine encourue est restric-
» tive de la liberté personnelle, dans le cas même où elle est substituée
» à une peine pécuniaire, le coupable qui, à l'époque de la condamna-

» tion, n'avait pas encore accompli dix-huit ans, subit la peine dans une
» maison de correction.

« L'interdiction des fonctions publiques et la soumission à la sur-
» veillance spéciale de l'autorité de sûreté publique ne lui sont pas
» applicables; »

173. — A partir du moment où la quatorzième année est accomplie,
la responsabilité du mineur est complète. Néanmoins, le Code pénal italien partage encore en deux périodes le laps de temps qui s'écoule jusqu'au moment de la majorité, c'est-à-dire, jusqu'à l'âge de vingt et un
ans révolus. Mais, pour être reproduite du Code sarde, cette complication ne nous en paraît pas moins illogique. Dès l'instant, en effet, qu'on
arrive à l'âge d'imputabilité certaine, il suffit pour la diminution de
pénalité générale, d'une période entre cet âge et celui de la majorité
pénale. Les nuances à mettre, en outre, dans la peine durant cet intervalle, ne sont que des nuances individuelles et toutes relatives, auxquelles
doivent suffire la latitude laissée au juge entre le minimum et le maximum, ainsi que les autres moyens ordinaires d'atténuation ;

174. — Quoi qu'il en soit, — troisième période, — « art. 55. — Celui
» qui, au moment où il a commis le fait, avait accompli quatorze ans,
» mais non encore dix-huit, est puni d'après les règles suivantes :

» 1° A l'*ergastolo* est substituée la réclusion de douze à vingt ans ;

» 2° Lorsqu'il s'agit d'une peine temporaire qui dépasse douze ans,
» elle est appliquée pour une durée de six à douze ans : si la peine excède
» six ans, mais non douze, elle est appliquée pour une durée de trois à
» six ans, et, dans les autres cas, la peine est réduite à la moitié ;

» 3° La peine pécuniaire est diminuée d'un tiers.

» Si, à l'époque de la condamnation, le coupable n'a pas encore
» accompli dix-huit ans, le juge peut ordonner que la peine restrictive
» de la liberté personnelle soit subie dans une maison de correction, et
» ni l'interdiction des fonctions publiques, ni la soumission à la surveil-
» lance spéciale de l'autorité de sûreté publique ne sont appliquées ; »

175. — Quatrième période : « Art. 56. — Celui qui, au moment où
» il avait commis le fait, avait accompli dix-huit ans, mais non encore
» vingt et un, est frappé de la réclusion pour vingt-cinq à trente ans, si
» la peine édictée relativement à l'infraction commise est l'*ergastolo*, et,

» dans les autres cas, le peine établie quant à l'infraction est diminuée
» d'un sixième ; »

176. — Passé vingt et un ans, nous tombons dans la cinquième et dernière période, celle où les peines sont applicables dans leur intégralité.

177. — A la critique que nous avons déjà formulée, nous en ajouterons une autre ; le Code italien nous semble, en effet, d'une part, fixer à un âge trop tendre le moment de l'entière responsabilité du délinquant, d'autre part, reculer d'une façon trop exagérée l'âge de la majorité pénale. Nous expliquerons plus tard notre manière de voir à ce sujet. Dans son ensemble, autrement, cette législation conserve au châtiment une rigueur suffisante et nous paraît digne des plus grands éloges.

XI. — LOUISIANE

178. — Dans la Louisiane, le Code criminel préparé par Edouard Livingston décide que l'enfant au-dessous de dix ans ne peut pas être poursuivi, qu'aucun de ses actes ne saurait être incriminé.

179. — De dix à quinze ans, il y a lieu de décider si le discernement a existé. Alors même qu'il y a eu discernement, l'enfant est excusé s'il a commis le crime sur l'ordre ou d'après les instigations des personnes qui ont autorité sur lui.

180. — Au dessus de quinze ans et jusqu'à la majorité, la peine est réduite de moitié, et cette peine est commuée en apprentissage sous la surveillance du gardien de la prison d'État, qui le fait instruire dans une profession.

181. — D'après une loi du 10 juillet 1892, tout enfant qui mendie dans la rue, ou de porte en porte, est assimilé à un vagabond. Les officiers de police doivent remettre ces enfants aux maisons de refuge et asiles choisis d'après l'origine religieuse desdits enfants. Ceux-ci seront détenus et instruits dans le métier pour lequel ils auront le plus d'aptitude, jusqu'à ce qu'on puisse les placer en apprentissage.

XII. — LUXEMBOURG

182. — La loi du 18 juin 1879, portant revision du Code pénal luxembourgeois, reproduit dans ses articles 71 à 75, les dispositions des articles

66, 67, 68 et 69 de notre Code français. La peine de mort n'est pas prononcée contre les individus âgés de moins de dix-huit ans : elle est remplacée par celle des travaux forcés à perpétuité.

XIII. — PAYS-BAS

183. — Le Code pénal français de 1810 avait été introduit en Hollande, en même temps que les autres Codes français, par un décret impérial du 1er mars 1811. Dès que la Hollande eut recouvré son indépendance, au mois de décembre 1813, un des premiers actes du nouveau gouvernement fut de le maintenir provisoirement, en y introduisant plusieurs modifications. Bientôt après, la loi fondamentale du 29 mars 1814 prescrivit la rédaction d'un nouveau Code pénal. L'exécution du projet fut lente, car ce n'est que le 3 mars 1881 que, voté par les deux Chambres, il fut sanctionné par le Roi.

184. — Ce Code n'admet pas d'imputabilité au-dessous de dix ans : « Un enfant n'est pas poursuivi en justice avant l'âge de dix ans. — Si » le fait commis rentre dans la qualification d'un délit emportant l'em- » prisonnement et pouvant être poursuivi autrement que sur plainte, » ou constitue la contravention spécifiée à l'article 432 (1), le juge civil, » à la requête du ministère public, peut ordonner que l'enfant soit placé » dans un établissement d'éducation de l'État, jusqu'à l'âge de dix-huit » ans au plus. — Le même juge peut toujours ordonner la mise en » liberté » (art. 38).

185. — Passé l'âge de dix ans jusqu'à l'âge de seize ans accomplis, se présente la question de discernement. Est-il reconnu que le mineur est incapable de discernement, aucune peine ne lui sera infligée.

« En cas de poursuite criminelle dirigée contre un enfant, à raison » d'un fait commis avant qu'il ait atteint l'âge de seize ans, le juge exa- » mine s'il a agi avec discernement. — S'il n'est pas évident qu'il ait » agi avec discernement, aucune peine ne lui est appliquée » (art. 39, alin. 1 et 2).

---

(1) Article 432. — Est puni d'une détention de douze jours au plus, celui qui mendie en public.

Mais le juge pourra ordonner le renvoi de l'enfant dans une maison d'éducation de l'État, jusqu'à l'âge de dix-huit ans au plus; il faut noter, toutefois, que le Code des Pays-Bas restreint cette faculté au cas présentant la particularité suivante : « Si le fait commis rentre dans la quali-
» fication d'un délit emportant l'emprisonnement et pouvant être pour-
» suivi autrement que sur plainte, le juge peut ordonner que l'enfant
» soit placé dans un établissement d'éducation de l'État jusqu'à l'âge de
» dix-huit ans au plus.

« Le même juge peut toujours ordonner la mise en liberté, » (art. 39, al. 3 et 4).

L'enfant qui a agi avec discernement sera condamné, mais verra sa peine atténuée dans les proportions suivantes :

« S'il est évident que l'enfant a agi avec discernement, le maximum
» des peines principales fixées pour le fait punissable, est diminué d'un
» tiers.

« Quand il s'agit d'un délit emportant l'emprisonnement à perpé-
» tuité, l'emprisonnement est infligé pour quinze ans au plus.

« Les peines accessoires mentionnées à l'article 9 b, 1° et 4°, ne sont
» pas appliqués » (art. 39, al. 5, 6 et 7) (1).

186. — Au-dessus de seize ans, le mineur rentre dans la catégorie des délinquants ordinaires (2).

XIV. — ROUMANIE

187. — En ce qui concerne les circonstances qui suppriment ou atténuent la culpabilité, le Code roumain de 1864 reproduit, sous quelques modifications, la loi française.

188. — La loi française, articles 66 à 69, traite différemment les mineurs de moins de seize ans, selon qu'ils ont agi avec ou sans discernement : au second cas, elle supprime la peine; au premier, elle atténue

---

(1) Art. 9. b. — Peines accessoires : 1° La destitution de certains droits; — 4° la publication du jugement.

(2) Willem Joan Wintgens, *Le Code pénal des Pays-Bas*, p. 12.

la peine et soumet le coupable, même s'il a commis un crime, à la juridiction des tribunaux correctionnels. Ce système a été adopté par le législateur roumain pour les enfants de huit à quinze ans révolus ; il l'a étendu même en partie aux mineurs de quinze à vingt ans ; les peines qui leur sont applicables se réduisent à un emprisonnement de trois à quinze ans, s'il s'agit d'un crime entrainant les travaux forcés, et, dans les autres cas, à un emprisonnement égal en durée à la moitié ou même au tiers de celui qui eût frappé un agent ordinaire (art. 62 à 65).

XV. — RUSSIE

189. — Le Code pénal russe, dans son édition de 1885 actuellement en vigueur, exclut absolument toute responsabilité jusqu'à l'âge de sept ans.

190. — De sept à dix ans, les jeunes délinquants sont remis à leurs parents, en vue d'une correction domestique.

191. — Le troisième degré va de dix à quatorze ans : la peine n'est pas subie, si l'inculpé a agi sans discernement; au cas contraire, ou bien les peines ordinaires sont modérées, ou bien on lui applique des mesures spéciales, comme l'éducation obligatoire dans un couvent, l'emprisonnement, la correction paternelle, et, depuis 1886, l'éducation dans un établissement de correction pour les jeunes criminels. Il en est de même des mineurs de quatorze à dix-sept ans (4e degré), que les tribunaux estiment avoir agi sans discernement.

192. — Quant aux mineurs de quatorze à vingt et un ans (5e degré) qui ont agi avec discernement, on leur applique les peines ordinaires, quoique dans une mesure atténuée.

193. — La responsabilité pénale complète est encourue à vingt et un ans.

194. — Depuis 1880, a été instituée, sous la présidence du ministre de la justice et du chef de la section de législation, une commission spéciale chargée de préparer le projet d'un nouveau Code pénal basé sur la législation nationale et étrangère et sur les principes scientifiques. Les travaux de cette commission attendent à courte échéance leur achèvement. Voici, en quelques mots, les dispositions du futur Code pénal : il

déclare irresponsable l'enfant qui n'a pas atteint dix ans révolus; mais il offre à la société des moyens de protection contre la précocité des instincts pervers. L'enfant peut être « placé, dans les formes à ce spé-
» cialement prescrites, ou d'après l'arrêt du tribunal, dans un établis-
» sement d'éducation, ou mis sous la surveillance responsable de ses
» parents ou d'autres personnes qui voudront en accepter les soins. »
Remarquons la responsabilité imposée aux personnes qui auront à sur-
veiller l'enfant; il sera établi que leur surveillance a été insuffisante, si l'enfant commet un nouvel acte prévu par la loi pénale : ils n'en suppor-
teront pas seulement la responsabilité civile, ils encourront encore cer-
taines peines. Reproduisons, à ce propos, en nous l'appropriant, une critique très juste de M. Albert Desjardins (1) : « Cette dernière idée, » dit l'éminent auteur, « ne nous semble pas heureuse : elle n'est pas de
» nature à encourager ceux qui voudraient se dévouer à l'éducation et
» à la réhabilitation, déjà difficiles par elles-mêmes, d'un enfant placé
» par sa naissance et par ses premières années dans de mauvaises con-
» ditions : il ne faut pas rendre le dévouement trop périlleux. Une sur-
» veillance dont les conséquences sont si redoutables, ne saurait être
» imposée qu'à des parents; la loi la rend obligatoire pour les tuteurs,
» ce qui est aller bien loin; toutes autres personnes n'en peuvent être
» chargées que de leur consentement : s'en présentera-t-il beaucoup?... »

195. — Quand l'enfant a de dix à dix-sept ans, les juges doivent se poser la question de discernement. A-t-il agi sans discernement, il est assimilé au mineur de dix ans. A-t-il agi avec discernement, il est puni; mais ce n'est pas dans les termes du droit commun; à cet âge, le châtiment normal consiste à être placé dans un asile d'amendement; par malheur, les établissements de ce genre sont d'origine récente et en petit nombre dans l'Empire.

196. — La Commission a eu la sagesse de prévoir une situation dont les diverses législations ne s'occupent pas en général. Puisqu'il s'agit de responsabilité, c'est au moment de l'action qu'il faut se reporter pour savoir quel était alors l'âge de l'inculpé; mais, une fois celui-ci condamné,

---

(1) *Code pénal russe*, 1884, p. 26.

il n'est pas indifférent de savoir à quel âge il est parvenu : s'il a dix-huit
ans, ce n'est plus dans un établissement spécial, c'est dans une prison
qu'il sera toujours placé ; mais une compensation lui sera accordée : le
temps pendant lequel il devrait être privé de liberté sera réduit de
moitié.

Que le mineur de dix-sept ans soit placé dans un établissement spécial ou dans une prison, la condamnation qu'il encourt ne le place pas
pour l'avenir sous le coup de la récidive.

197. — La Commission laisse au Code de procédure pénale à s'occuper
de la juridiction devant laquelle doit comparaître le mineur accusé d'un
crime ; mais elle pense qu'il ne faut pas le renvoyer au jury. La longueur
et la solennité de la procédure suivie devant le jury produiraient sur
l'enfant une mauvaise impression ; il prendrait rang parmi les tristes
héros du jour et se piquerait de cette fausse hauteur d'âme qui conduit
aux plus grands crimes.

XV *bis*. — FINLANDE

198. — Le Grand-Duché de Finlande, qui est réuni à la Russie, possède une constitution propre et une législation spéciale, complètement
différente de celle de la Russie. La situation politique actuelle de ce pays
date de la Diète de Borgo (1809), qui consacra l'annexion opérée par les
armées russes. Toutefois, depuis cette époque jusqu'en 1889, la Finlande
continua à être régie, en principe, par le Code suédois de 1734, en
matière criminelle comme en matière civile. Le 19 décembre 1889, fut
promulgué le nouveau Code pénal, en vigueur depuis le 1er janvier 1891.
Ce Code, au point de vue de l'âge requis pour l'imputabilité et la responsabilité en matière pénale, fait les différences suivantes :

199. — Un enfant qui n'a pas encore atteint sa quinzième année n'est
pas responsable pénalement. Cependant, suivant les circonstances, le
tribunal peut ordonner qu'un enfant qui a accompli sa septième année
soit placé dans un établissement public d'éducation, ou soit corrigé à la
maison par ses parents, ou celui sous la garde duquel il se trouve. Si
les parents, ou celui qui prend soin de l'enfant, négligent la correction

qu'il est de leur devoir d'infliger, l'autorité exécutive peut s'en charger.

L'enfant peut être gardé dans l'établissement public d'éducation aussi longtemps que l'autorité compétente l'estime nécessaire, cependant pas au delà de sa dix-huitième année accomplie, à moins que le représentant légal de l'enfant n'autorise un séjour plus long dans l'établissement, auquel cas ce séjour peut aller jusqu'à la vingtième année accomplie.

Il ne faut cependant pas interpréter ces dispositions à la lettre; car, suivant l'ordonnance d'exécution, un enfant remis à l'établissement d'éducation, doit, autant que possible, être placé dans une famille pour y être élevé sous la surveillance de l'établissement, s'il ne doit pas être gardé auparavant dans l'établissement, eu égard à son âge, à sa perversité, ou à d'autres circonstances. Les dispositions plus détaillées sur ces établissements d'éducation sont réservées à des ordonnances spéciales.

200. — Lorsque le coupable est âgé de quinze ans accomplis, mais n'a pas atteint dix-huit ans, il y a lieu de réduire en sa faveur la peine normale, selon les règles posées par la loi.

XVI. — SERBIE

201. — L'article 51 du Code pénal du 27 mars 1860 établit de la manière suivante les limites de la responsabilité d'après l'âge :

1° Période d'irresponsabilité absolue, jusqu'à sept ans;

2° Période où la responsabilité dépend de l'existence chez l'inculpé du discernement nécessaire pour comprendre la culpabilité de son action, de sept à quatorze ans;

3° Période où le discernement de la culpabilité est présumé, la loi admettant cependant des circonstances atténuantes, jusqu'à vingt et un ans;

A partir de de la vingt-et-unième année, la responsabilité existe complète.

XVII. — SUÈDE ET NORWÈGE

202. — I° Suède. — D'après la loi pénale du 16 février 1864, la capacité pénale commence, en principe, à l'âge de quinze ans. « Une action

» punissable ne l'est plus, excepté dans les cas spécifiés au § 2, lorsqu'elle
» est commise par des enfants n'ayant pas encore accompli leur quinzième
» année ; cependant le tribunal peut ordonner, suivant les circonstances,
» que l'enfant recevra une correction à son domicile de la part de ses
» parents ou de ceux qui en ont la garde et l'éducation, ou sera placé
» dans une maison d'éducation publique, s'il a des ressources suffi-
» santes » (art. 1) (1). Les crimes spécifiés dans le § 2, sont ceux entraî-
nant la peine de mort ou une peine de plus de deux ans de travaux forcés
et pour lesquels la capacité commence à l'âge de quatorze ans. Trans-
crivons cet article : « Si une action ordinairement punie de la peine de
» mort ou des travaux forcés de plus de deux années, est commise par
» celui qui a plus de quatorze ans, mais moins de quinze, et s'il est
» établi qu'il possédait le discernement nécessaire pour comprendre sa
» culpabilité, le coupable doit être puni au maximum des travaux for-
» cés pendant quatre ans, s'il eût été passible de la peine de mort, et
» des travaux forcés au maximum de deux ans. s'il en eût été passible
» pendant un temps plus long.

« Les effets prévus au chapitre 2, paragraphe 19, ne peuvent s'ap-
» pliquer au prévenu de cet âge » (art. 2) (2).

203. — La jeunesse, depuis l'âge de quinze ans jusqu'à l'âge de dix-
huit ans, entraîne seulement un adoucissement de la peine, dans les
conditions déterminées par l'article 3 : « Si l'infraction, » dit cet article,
« est commise par celui qui a accompli sa quinzième, mais non sa dix-
» huitième année, la peine de mort ou celle des travaux forcés à per-
» pétuité sera réduite aux travaux forcés de six à dix ans ; et de même
» les travaux à temps seront abaissés à la moitié de la moindre peine
» édictée pour l'infraction, pas cependant au-dessous de deux mois.

« Lorsque l'infraction entraine les effets indiqués au chapitre 2, § 19,
» le tribunal décide, suivant les circonstances, si ces effets doivent être
» prononcés. »

---

(1) Raoul de la Grasserie, *Les Codes Suédois*, titre pénal, chapitre V , articles 1 à 4.
(2) Il s'agit dans ce chapitre 2, paragraphe 19, de la privation des droits civiques.

204. — Signalons une dernière conséquence de la minorité : elle est renfermée dans l'article 4 : « L'infraction commise par celui qui n'a pas » dix-huit ans révolus ne peut lui être comptée pour le calcul de la » récidive, lorsque celle-ci entraîne une aggravation de peine. »

205. — II° Norwége. — La Norwége vit sous l'empire du Code pénal général de 1842, mais modifié en plusieurs points au cours des années 1866, 1874, 1889 et 1890. D'après ce Code, les enfants au-dessous de dix ans ne peuvent pas être condamnés.

206. — Les garçons, entre dix et quinze ans, sont habituellement punis de la verge ou de la prison de huit à soixante jours. Dans les cas très graves on peut même appliquer les travaux forcés jusqu'à concurrence de neuf ans; mais on peut aussi, dans les cas moins graves, remplacer la peine corporelle ou la prison par une réprimande.

Au lieu et placé de ces peines, le juge peut ordonner que le garçon soit placé dans un établissement de correction jusqu'à sa dix-huitième année.

Dans tous ces cas, il faut supposer que l'auteur a agi avec discernement; sinon, le tribunal ne peut ni infliger une peine, ni ordonner la détention dans une maison de correction, mais l'autorité scolaire et l'administration des pauvres prennent sous leur surveillance ces enfants moralement abandonnés.

En ce qui concerne les jeunes filles, on ne peut leur infliger un châtiment corporel que si elles n'ont pas encore atteint leur douzième année. Du reste, la loi prévoit pour les jeunes filles les mêmes peines que pour les garçons; en fait, cependant, on ne leur applique pas la peine de la verge, et il est impossible de les enfermer dans des maisons de correction, puisqu'il n'en existe pas pour elles.

207. — Les jeunes gens entre quinze et dix-huit ans ne peuvent pas être condamnés à la peine de mort. Du reste, il existe pour eux des adoucissements dans les peines.

208. — Dans le projet du nouveau Code pénal d'importantes modifications sont proposées pour les délits des jeunes gens. Comme en Suède et en Finlande, on veut fixer la majorité pénale, c'est-à-dire, l'âge au-dessous duquel on ne peut pas punir, à quatorze ans; on remplacera la peine par des mesures d'éducation.

XVIII. — SUISSE

209. — 1° Suisse Romande. — Bornons-nous, ici, à quelques généralités. Tous les Codes des cantons composant la Suisse Romande admettent, contrairement au Code français, une période pendant laquelle l'enfant ne peut être condamné. Le Code de Fribourg (article 60) interdit même toute poursuite. En revanche, le système français de la question du discernement a été imité partout, et c'est au jury qu'appartient, en matière criminelle, le droit de la trancher (le projet vaudois l'abolit). La question délicate de la création d'une période intermédiaire entre la fin de l'âge critique et l'âge adulte est résolue affirmativement par les Codes du Valais (art. 92), de Fribourg (art. 63), et de Neufchâtel (art. 84) : ces deux derniers seulement, en cas de réclusion perpétuelle. Les autres Codes imitent le Code français et assimilent l'adolescent à l'homme fait.

210. — II° Tessin. — Le Code Tessinois du 1er juillet 1873 distingue cinq périodes d'âge. La culpabilité pleine et entière est admise après l'âge de vingt ans. Celui qui n'a pas atteint l'âge de dix ans n'est pas responsable. De dix à quatorze ans, on doit poser la question de savoir si l'agent a agi avec discernement. Si le discernement est admis, la peine doit être réduite de deux à trois degrés. S'il n'y a pas eu de discernement, le juge ordonne de pourvoir à l'éducation du mineur aux frais de la famille ou de la commune. Pour un délinquant de l'âge de quatorze à dix-huit ans, on diminue les peines d'un à deux degrés; entre dix-huit et vingt ans, la peine n'est plus réduite que d'un degré.

XIX. — TURQUIE

211. — C'est l'article 40 du Code pénal promulgué le 25 juillet 1858 qui règle en Turquie la condition des jeunes criminels. Mais cet article, très obscur, a dû être interprété et complété par une circulaire ministérielle, en date du 25 mars 1874. Pour comprendre ces dispositions, il faut se rappeler qu'en droit musulman la majorité se constate *ex habitu* *corporis;* lorsque les signes de la puberté se sont manifestés, on est majeur, à supposer, toutefois, qu'un garçon ait douze ans, et qu'une jeune fille ait neuf ans accomplis. A défaut de signes de puberté, on est majeur à sa quinzième année. Le système du Code pénal ottoman et de la circulaire précitée déclare les enfants au-dessous de treize ans irresponsables ; ils sont, en cas d'infraction punissable, remis à leurs parents sous caution, et, si la caution n'est pas fournie, emprisonnés par les soins de la police « *pendant un temps convenable.* » Entre treize et quinze ans, ce sont des adolescents à défaut de signes de puberté ; mais, si les signes en question se sont manifestés, il faut considérer les jeunes délinquants comme des adultes pleinement responsables. Les adolescents ayant agi sans discernement sont soumis à la même loi que les enfants au-dessous de treize ans ; ceux qui ont agi avec discernement sont punis de l'emprisonnement correctionnel, lors même qu'ils se seraient rendus coupables d'un crime.

212. — Il nous a paru intéressant de rechercher si, en Asie, les législations qui nous sont connues renferment quelques particularités au sujet des mineurs. Nous en avons trouvé dans le Code annamite et dans le Code japonais.

XX. — ANNAM

213. — Le Code annamite ne s'occupe des mineurs qu'au point de vue de la *question* (1). L'article 369 dit à ce propos : « Les personnes de » quinze ans et au-dessous, dont l'enfance a droit à la bienveillance, » seront, lorsqu'elles auront commis quelque faute, dispensées d'être » soumises à l'emploi des supplices de la question devant les tribunaux. » Et un peu plus loin l'article ajoute : « Les enfants de dix ans et au- » dessous ne peuvent pas être appelés en témoignage... » Ce texte est exactement reproduit du Code chinois.

---

(1) Philastre, *Le Code annamite*, t. 2, p. 656. Paris, 1876.

XXI. — JAPON

214. — Le Code présenté au Sénat japonais par le ministre de la justice, au mois d'août 1877, ne le cède en rien aux Codes européens les plus perfectionnés. Il distingue quatre périodes (1). Pendant la première période, qui s'arrête à douze ans accomplis, l'irresponsabilité est absolue et la peine nulle, sauf internement facultatif dans une maison spéciale : « Il n'y a pas d'infraction, » dit l'article 91, « lorsque l'inculpé avait » moins de douze ans accomplis au moment de l'action.

« Néanmoins, le tribunal peut, suivant les circonstances et la gravité » du fait, ordonner que l'enfant subisse un emprisonnement *de garde*, » dans un établissement pénitentiaire spécial, pendant un temps déter- » miné qui ne peut excéder la seizième année accomplie. »

Entre douze et seize ans, le tribunal doit résoudre la question de discernement. Si le discernement n'est pas reconnu, aucune peine n'est infligée à l'inculpé, sauf internement facultatif comme ci-dessus, mais jusqu'à un âge plus avancé. L'inculpé a-t-il agi avec discernement, la peine est abaissée dans les proportions déterminées par l'article 92 que voici : « Si l'inculpé avait plus de douze ans et moins de seize ans » accomplis au moment de l'action, le tribunal doit se prononcer spé- » cialement sur le point de savoir s'il a agi avec ou sans discernement.

« Si le mineur est déclaré avoir agi sans discernement, aucune peine » ne lui est appliquée, mais il peut être détenu, conformément à l'article » précédent, jusqu'à sa vingtième année accomplie.

« S'il est déclaré avoir agi avec discernement, il jouit d'une excuse » légale, et la peine de l'infraction est abaissée de deux à trois degrés. »

A partir de seize ans jusqu'à vingt ans, l'âge n'est plus qu'une excuse légale dont l'article 93 nous indique les conséquences :

« Si l'inculpé avait plus de seize ans et moins de vingt ans accomplis » au moment de l'action, il jouit encore d'une excuse légale, et la peine » est abaissée d'un à deux degrés. »

---

(1) *Code Japonais*, p. 26 et 27. Tokio, 1879,

Enfin, au delà de vingt ans accomplis, la responsabilité est entière.

215. — Ainsi donc, et pour résumer en quelques mots les pages précédentes, toutes les nations, sauf l'Annam, la Belgique et le Luxembourg, admettent une période d'irresponsabilité absolue.

216. — Admettent deux périodes :

1° L'Annam : 1 à 15 ans, *au point de vue de la question seulement*; — 15 ans et au-delà;

2° La Belgique : 1 an à 16 ans; — 16 ans et au delà;

3° Le Luxembourg : 1 an à 16 ans; — 16 ans et au-delà.

217. — Admettent trois périodes :

1° L'Angleterre : 1 an à 7 ans; — 7 ans à 14 ans; — 14 ans et au delà;

2° L'Allemagne : 1 an à 12 ans; — 12 ans à 18 ans; — 18 ans et au delà;

3° Le Brésil : 1 an à 14 ans; — 14 à 21 ans; — 21 ans et au delà;

4° L'Égypte : 1 an à 7 ans; — 7 ans à 15 ans; — 15 ans et au delà;

5° La Finlande : 1 an à 15 ans; — 15 ans à 18 ans; — 18 ans et au delà;

6° La Grèce : 1 an à 10 ans; — 10 ans à 14 ans; — 14 ans et au delà;

7° Les Pays-Bas : 1 an à 10 ans; — 10 ans à 16 ans; — 16 ans et au delà;

8° La Roumanie : 1 an à 8 ans; — 8 ans à 15 ans; — 15 ans à 20 ans en certains cas; — 15 ans et au delà;

9° La Suède : 1 an à 14 ans ou à 15 ans, suivant les cas; — 15 ans à 18 ans; — 18 ans et au delà;

10° La Turquie : 1 an à 13 ans; — 13 ans à 15 ans; — 15 ans et au delà.

218. — Admettent quatre périodes :

1° L'Autriche : 1 an à 10 ans; — 10 ans à 14 ans; — 14 ans à 20 ans; — 20 ans et au delà;

2° L'Espagne : 1 an à 9 ans; — 9 ans à 15 ans; — 15 ans à 18 ans; — 18 ans et au delà;

3° La Hongrie : 1 an à 12 ans; — 12 ans à 16 ans; — 16 ans à 20 ans; 20 ans et au delà;

4° Le Japon : 1 an à 12 ans; — 12 ans à 16 ans; — 16 ans à 20 ans; — 20 ans et au delà;

5° La Louisiane : 1 an à 10 ans; — 10 ans à 15 ans; — 15 ans à 21 ans; — 21 ans et au delà;

6° La Serbie : 1 an à 7 ans; — 7 ans à 14 ans; — 14 ans à 21 ans; — 21 ans et au delà;

7° La Norwège : 1 an à 10 ans; — 10 ans à 15 ans, pour les garçons, ou à 12 ans, pour les filles, mais au point de vue des châtiments corporels seulement; — 15 ans à 18 ans; — 18 ans et au delà.

219. Admettent cinq périodes :

1° L'Italie : 1 an à 9 ans; — 9 ans à 14 ans; — 14 ans à 18 ans; — 18 ans à 21 ans; — 21 ans et au delà;

2° La Russie : 1 an à 7 ans; — 7 ans à 10 ans; — 10 ans à 14 ans; — 14 ans à 17 ans ou 21 ans; — 21 ans et au delà;

3° La Suisse (canton du Tessin) : 1 an à 10 ans; — 10 ans à 14 ans; 14 ans à 18 ans; — 18 ans à 20 ans; — 20 ans et au delà.

220. — Après cette digression à travers les principales nations du globe, revenons à notre pays, pour y étudier, dans tous ses détails, la situation faite au mineur par notre législation pénale.

CHAPITRE III

Le Mineur dans notre législation : vue d'ensemble
et examen de trois questions controversées

221. — A la fin de notre chapitre premier, nous reproduisions le système inauguré par la loi du 25 septembre 1791, en esquissant à grands traits les critiques formulées à son endroit par la majorité des auteurs. Les principes de la loi de 1791, ajoutions-nous, ont passé dans notre Droit actuel, dont ils forment la base depuis 1810. Le moment est venu de les discuter ; mais, pour en donner, au préalable, une idée d'ensemble, nous allons résumer les articles qui ont trait à notre sujet.

222. — Jusqu'à l'âge de seize ans, le mineur est couvert, dans notre loi pénale, par une présomption d'irresponsabilité, qui peut être détruite, d'ailleurs, ainsi qu'on va le voir. Cette présomption est-elle confirmée par les faits, le jeune délinquant traduit en justice sera acquitté ; mais il sera, selon les circonstances, remis à ses parents, ou conduit dans une maison de correction, pour y être élevé et détenu pendant tel nombre d'années que le jugement déterminera et qui, toutefois, ne pourra excéder l'époque où il aura accompli sa vingtième année (art. 66).

223. — Est-il établi, au contraire, que le mineur a agi avec discernement, il sera condamné à une peine, dont l'article 67 détermine les proportions, mais qui ne pourra jamais être que correctionnelle.

224. — Enfin, au cas où l'individu âgé de moins de seize ans, n'a pas de complices présents au-dessus de cet âge, et est prévenu de crimes autres que ceux que la loi punit de la peine de mort, de celle des travaux forcés à perpétuité, de la peine de la déportation ou de celle de la détention, l'article 68 crée en sa faveur le bénéfice de compétence, en le rendant justiciable des tribunaux correctionnels.

225. — Telle se présente notre loi! Est-elle aussi arriérée qu'on l'a déclaré? — Est-elle en contradiction avec la science? — Est-il bien exact qu'il résulte une *inelegantia juris* de l'existence simultanée de deux majorités, l'une pénale, l'autre civile? — Autant de questions qui seront éclairées, nous l'espérons, par la discussion à laquelle nous allons nous livrer.

226. — Un premier point qui doit retenir notre attention, c'est que notre législation, contrairement à la plupart des législations étrangères, ne fixe pas un âge au-dessous duquel le mineur ne saurait être poursuivi : est-ce un tort?

D'autre part, elle arrête à seize ans la période qu'on est convenu d'appeler minorité pénale : certains criminalistes voudraient voir reculer cette limite à dix-huit ans : que faut-il en penser?

Ne faudrait-il pas au moins, entre seize et vingt et un ans, abaisser le niveau des peines?

Ces trois questions ont été souvent et longuement débattues par les auteurs, dans les divers congrès pénitentiaires et au sein des sociétés qui s'occupent de l'enfance coupable; nous allons donc nous y arrêter un instant.

Section I. — Y a-t-il lieu de fixer par une disposition légale un âge d'irresponsabilité pénale ?

227. — L'article 66 de notre Code pénal, nous l'avons vu, a bien fixé à seize ans l'âge à partir duquel la responsabilité absolue est supposée chez l'individu, mais il n'a établi aucune limite au-dessous de laquelle on doit tenir le mineur pour complètement irresponsable : il se contente de partager la vie humaine en deux périodes seulement. Ce système a soulevé bien des polémiques. Beaucoup d'esprits, cédant aux impulsions d'une philanthropie sincère, mais naïve, et d'un sentimentalisme nerveux, le condamnent aujourd'hui comme « arriéré » pour beaucoup de raisons, dont la principale est peut-être que la plupart des autres nations ont adopté un *modus vivendi* nouveau : n'oublions pas que l'amour de l'imitation entraîne souvent les hommes. D'autres, « les traînards » ceux-là, soutiennent, au contraire, que l'article 66 présente la meilleure des solutions, qu'on doit en conséquence en maintenir la teneur, sauf à y ajouter quelques compléments. Inutile d'affirmer que le dernier mot n'a pas été dit; plus que jamais « *adhuc sub judice lis est!* »

228. — Essayons de condenser les arguments que les deux camps s'opposent mutuellement; la chose n'est certes pas facile, étant donné qu'ils sont noyés souvent dans une phraséologie plus ou moins enchevêtrée, dont on a peine à les dégager clairement. Nous résumerons, en premier lieu, les opinions émises par les adversaires du Code pénal.

229. — Dès l'abord, nous rencontrons les lignes suivantes de M. Rossi, toutes remplies d'une éloquence émue (1). « Il est, » dit cet auteur, « entre
» le jour de la naissance d'un homme et l'âge de seize ans, un point où
» la présomption d'innocence s'affaiblit assez pour que l'acte individuel
» mérite d'être examiné. Mais, avant d'atteindre ce point, la présomption
» d'innocence est tellement forte, qu'elle doit dominer sans partage, et
» ne point admettre d'examen. Placer sur la sellette un enfant qui n'a
» pas huit ou neuf ans accomplis, c'est un scandale, c'est un acte affli-
» geant, qui n'aura jamais l'assentiment de la conscience publique. C'est
» une éducation qu'il faut donner à ces petits infortunés : on ne peut
» songer à leur infliger une peine. Qui pourrait la prononcer avec une
» parfaite conviction de la culpabilité de l'accusé? Qui pourrait affirmer
» que la condamnation ne serait pas un mouvement de haine contre le
» fait en soi, plus encore qu'une appréciation impartiale de la culpabi-
» lité de son auteur? »

230. — Sous l'inspiration de ces lignes, MM. Chauveau et Faustin Hélie (2), signalant cette lacune de notre loi pénale, ont pu écrire que la

---

(1) Rossi, *Traité de Droit pénal*, t. II, p. 33.
(2) Chauveau et Faustin Hélie, t. I, 1887, p. 512 et suiv.

justice et l'humanité réclament une distinction entre les enfants en bas âge et les autres mineurs de seize ans, car il est un âge, celui de la première enfance, où l'innocence de l'agent est une certitude : la loi, par suite, aurait tort de livrer à la justice des enfants dans lesquels il est impossible de supposer un discernement quelconque de l'action qu'ils ont commise ; elle doit empêcher qu'un jugement public ne flétrisse une vie à peine commencée, alors surtout que l'innocence est évidente. Les lignes suivantes résument les arguments et la manière de voir de ces auteurs.

231. Fixer une limite d'âge minima ne constituerait, à leur avis, une innovation que dans notre législation. Les Codes d'Angleterre, d'Autriche, de la Louisianne, et bien d'autres encore, n'ont-ils pas déjà réalisé ce perfectionnement qu'avait connu le droit romain ? Il y a donc chez les législateurs une quasi unanimité à reconnaître un âge d'irresponsabilité absolue : peu importe la limite assignée à cette période. Les cas d'intelligence tout à fait précoce qui peuvent se présenter ne sont que de rares exceptions, insuffisantes pour compromettre la sûreté publique. D'ailleurs, ajoutent-ils, la commission de la Chambre des Pairs avait pris en considération ce point de vue moral, lorsqu'elle déposait, au moment de la revision du Code pénal, un amendement ainsi conçu : « Si l'indi-
» vidu est âgé de moins de douze ans, le tribunal pourra ordonner, sur
» la réquisition du ministère public, que le jugement aura lieu en Chambre
» du Conseil, les parents du prévenu dûment appelés, et en présence de
» son conseil. » On disait à l'appui : « La loi ne nous a pas paru avoir tout
» prévu ; il y a un âge auquel le discernement ne peut être mis en question.
» On ne peut le dire dans la loi, car il diffère selon les individus ; mais c'est
» une chose tout à fait affligeante que de voir paraître sur les bancs des
» cours d'assises ou de la police correctionnelle de malheureux enfants.
» La commission a cru parer à cet inconvénient en établissant un âge
» an-dessous duquel le tribunal pourrait ordonner que le jugement
» n'aurait pas lieu en audience publique, mais en Chambre du Conseil.
» Elle a fixé l'âge de douze ans ; elle a pensé que, lorsque l'accusé avait
» moins de douze ans, il ne pouvait y avoir intérêt pour la société à faire
» paraître cet enfant devant le public. » Néanmoins, cet amendement
fut repoussé pour les raisons suivantes : d'abord, il est de principe que

les débats et le jugement soient publics en matière criminelle ; en second lieu, la Charte n'a autorisé d'exception à cette règle que dans le seul cas où l'ordre ou les mœurs seraient compromis par la publicité ; enfin, il suffit que la sagesse des magistrats puisse concilier le principe de la publicité des débats avec les égards dus à l'enfance.

232. — Au reste, cette proposition, fût-elle passée, n'aurait pas atteint le but que ses auteurs paraissaient désirer. MM. Chauveau et Faustin Hélie le reconnaissent volontiers : « elle n'eût point sauvé l'en-» fant accusé de la contagion du vice, de la lèpre des prisons ; elle ne » l'eût point préservé de la flétrissure morale dont un jugement peut » irréparablement empreindre de jeunes imaginations, et, en lui ôtant » les garanties de la publicité de l'audience, elle n'eût point empêché la » publicité du jugement. Le but de la Chambre des Pairs n'aurait été » atteint qu'en fixant une limite jusqu'à laquelle les actes de l'enfance » n'auraient pu être incriminés. »

233. — Quant à cette limite, les deux auteurs, contrairement à l'opinion de M. Rossi, qui propose neuf ans, ne voient aucun inconvénient à la reculer jusqu'à dix ans.

234. — Écoutons maintenant la théorie de M. Ortolan : « Les facul-» tés morales de l'homme, » dit-il, « pas plus que ses facultés physiques, » ne se produisent tout d'un coup. La nature accomplit son œuvre pas » à pas, suivant une gradation générale pour l'humanité dans son » ensemble et spéciale pour chaque individu. Chaque jour, chaque » moment, dans le cours régulier des choses, amène son progrès. » — L'homme, dès sa naissance, porte en lui le principe de toutes ces facultés psychologiques, facultés qui se développent parallèlement aux facultés physiques. Chez l'enfant dont les saillies intelligentes nous émeuvent tous les jours, quand la raison morale se sera-t-elle développée ?... On n'en sait rien au juste. Les impulsions sensuelles et un commencement de libre arbitre se disputent en lui la première place. Durant les premières années surtout, ce qu'on prend pour les manifestations d'une volonté tenace, n'est le plus souvent que l'effet d'une sollicitation physique, qui prédomine. Comment donc apprécier l'acte commis par un enfant ? La règle scientifique est bien simple : l'enfant a-t-il manqué tout à la fois de liberté et de raison morale, ou de raison morale seulement? il n'y aura pas imputabilité; a-t-il agi dans l'exercice de ces deux facultés, sans néanmoins que la raison ait atteint un développement normal? il y a culpabilité moindre. Le difficile est d'appliquer cette règle en droit positif. Faut-il, par exemple, abandonner au juge toute latitude d'appréciation pour chaque inculpé dans chaque cause? Mais ce serait l'abdication du législateur et la porte ouverte à toutes les variations arbitraires des décisions individuelles. Faut-il au contraire que le législateur, prenant une moyenne suivant le peuple pour lequel il statue, détermine certaines limites d'âge entre lesquelles pourront se mouvoir les dispositions de la loi pénale? Ce serait peut-être le meilleur parti, à condition, cependant, que le juge conserve une latitude suffisante pour tenir compte des nuances particulières de chaque cause.

235. — « La science rationnelle a donc à rechercher quelles sont les
» les diverses périodes à distinguer, dans le cours du développement
» humain, jusqu'à l'âge où l'homme réunit en lui les conditions voulues
» pour entrer dans l'application des règles communes et des dispositions
» pénales ordinaires. »

236. — « Cela posé, n'est-il pas un âge, n'importe pour le moment
» lequel, prenez trois, quatre, cinq ou six ans, si vous voulez, n'est-il
» pas un âge où il est certain que la conception du juste et de l'injuste,
» en d'autres termes, la raison morale, n'existe pas chez l'enfant et
» qu'aucune imputabilité pénale ne saurait avoir lieu contre lui? — Ne
» serait-il pas ridicule de voir mettre en accusation un enfant qui n'est
» pas encore sorti de cet âge? Laissera-t-on, en principe, au magistrat
» le droit de le faire, tout en s'en remettant à son bon sens pour ne pas
» user de ce droit? Lui laissera-t-on l'hésitation sur la limite à laquelle
» il devra s'arrêter, d'où le défaut d'unité, les variations individuelles?
» Et quel inconvénient y aurait-il à fixer cette limite, en la tenant, si
» l'on veut, plutôt au-dessous, qu'au-dessus de la moyenne? Cette pre-
» mière période s'offre donc tout raisonnablement et presque forcément
» à la délimitation du législateur. »

237. — A cette première période en succède une seconde, qui commencera, selon les opinions, à six, sept, huit ans, peu importe, et ne s'achèvera qu'au moment où il devient indubitable que l'homme, en règle générale, possède une claire notion du juste et de l'injuste. Entre les deux points limites, se posera, pour chaque individu et dans chaque cause, la question de savoir si le délinquant avait ou n'avait pas une raison morale suffisamment développée, et, par suite, le discernement de son acte. Au cas de négative, il n'y aura pas imputabilité ou, du moins, pas de culpabilité pénale; l'affirmative, au contraire, entraînera l'imputabilité, mais la culpabilité sera moindre.

238. — Arrive une troisième époque où le doute cesse. Un agent normalement constitué possède une notion du juste et de l'injuste suffisante pour constituer l'imputabilité avec la culpabilité pénale. Mais alors se pose cette double question : la majorité pénale doit-elle coïncider avec la majorité civile? Comment se gradue la culpabilité durant cet intervalle?

239. — En premier lieu, l'on peut répondre que la notion du juste et du mal moral, quoique plus spirituelle, se développe et atteint son point culminant avant la notion de l'utile, c'est-à-dire, de l'intérêt matériel. Tel qui n'est pas capable de démêler ce qu'il peut y avoir d'avantageux ou de désavantageux dans un marché proposé, dans une obligation à contracter, dans une aliénation à faire, ni de se garantir des pièges qui lui seraient tendus à cet égard, pourra déjà discerner sans aucun doute que telle action ou telle inaction constitue une violation du droit. Aussi, l'âge où commence la certitude d'imputabilité pénale doit-il nécessairement précéder celui de la majorité civile. Toutefois, — et voici la réponse à la deuxième question, — comme la raison n'est pas encore arrivée à son parfait épanouissement, que ses forces sont encore contrariées quelque peu par les entraînements de la jeunesse, il semble que l'application des peines ordinaires ne puisse pas avoir lieu avant la majorité civile, époque où l'une et l'autre des deux notions précitées sont perçues par l'homme, entièrement et exactement. De sorte qu'il devient indispensable d'ajouter une quatrième période à partir de laquelle la pénalité de droit commun est désormais applicable. Puis, pour sortir du vague et formuler des limites précises, M. Ortolan propose d'adopter les périodes septennales : 1° depuis la naissance jusqu'à sept ans accomplis, non imputabilité ; — 2° de sept ans accomplis jusqu'à quatorze ans, imputabilité douteuse, question à résoudre : en cas d'affirmative, culpabilité moindre; — 3° de quatorze ans accomplis jusqu'à vingt et un ans,

7

imputabilité certaine et culpabilité plus élevée que dans le cas précédent, mais non encore au niveau commun ; — 4° à vingt et un ans accomplis, culpabilité au niveau commun, application des peines ordinaires. « Ce » système, » conclut-il, « aurait l'avantage de procéderpar périodes régu- » lières d'un même chiffre, ce qui équivaut presque, pour la simplicité, » à n'en avoir qu'une seule ; d'être d'accord avec les données de la » science physiologique dans ses traditions les plus antiques, confir- » mées par quelques auteurs modernes ; enfin, de former terme » moyen au milieu de la variété des chiffres reçus dans les Codes divers » et de comprendre même ceux de ces chiffres qui sont le plus commu- » nément répandus. »

240. — On argumente encore, en faveur d'une réforme, du scandale qui résulte de la comparution d'enfants trop jeunes en cour d'assises ou en police correctionnelle. Avec l'article 66, en effet, le ministère public peut traduire des enfants en justice, quel que soit leur âge, et l'on a des exemples de poursuites contre des enfants de moins de sept ans.

241. — Les partisans du *statu quo* ont opposé comme réponse une circulaire du 26 mai 1855 (1), dans laquelle le ministre de la justice recommande aux membres du ministère public de ne pas poursuivre les enfants au-dessous de l'âge de sept à huit ans, car, sauf des cas absolument exceptionnels, la responsabilité de leurs actes ne peut être imputée à ces enfants.

242. — Les réformateurs retournent aussitôt cette arme contre leurs adversaires en présentant, à leur tour, une nouvelle circulaire du ministre de la justice, en date du 11 mars 1876 (2) et ainsi conçue :

« Monsieur le Procureur Général,

» M. le Ministre de l'Intérieur me fait connaître que le nombre des

---

(1) *Recueil Gillet*, n° 3585.
(2) *Bulletin officiel du ministère de la justice*, année 1876, p. 16.

» enfants acquittés comme ayant agi sans discernement et envoyés dans
» des maisons de correction, en exécution de l'article 66 du Code pénal,
» tend, depuis plusieurs années, à s'accroître dans des proportions très
» considérables.

« Par une circulaire du 26 mai 1855, l'un de mes prédécesseurs a
» déjà recommandé que, à moins de circonstances graves, des pour-
» suites ne soient pas dirigées contre des enfants âgés de moins de seize
» ans, lorsqu'ils paraissent avoir agi sans discernement. Les parquets
» sont surtout invités à s'abstenir à l'égard des enfants au-dessous de
» huit ans, aucune responsabilité légale ne pouvant, sauf dans des cas
» exceptionnels, leur être imputée.

« Le nombre des prévenus envoyés dans des maisons de correction
» n'a cependant pas cessé d'augmenter : il était, au 31 décembre 1875,
» de 10070, chiffre supérieur à celui qui avait motivé les observations
» du 26 mai 1855. »

243. — Les termes de cette circulaire semblent bien montrer, dit-
on, que les prescriptions ministérielles ne sont pas toujours observées
et le scandale redouté peut se produire à chaque instant.

244. — Un autre argument est tiré de l'influence corruptrice que la
prison peut exercer sur les enfants et de l'inutilité ou du non sens qu'il
y a à infliger une amende aux enfants, puisqu'ils sont généralement
dans l'impossibilité de la payer : « Qu'il s'agisse, d'ailleurs, de la prison
» ou de l'amende, toute peine correctionnelle proprement dite inflige
» à l'enfant la flétrissure perpétuelle du casier judiciaire et compromet
» ainsi gravement son avenir » (1). — Or, les dernières statistiques
nous démontrent que beaucoup de jeunes enfants sont condamnés journellement à de courtes peines d'emprisonnement (2) :

---

(1) Jean Appleton, op. cit. p. 7.
(2) *Bulletin de la Société des prisons*, 1892, p. 161.

| ANNÉES | GARÇONS | FILLES | TOTAL | ACQUITTÉS purement et simplement | REMIS à leurs parents | ENVOYÉS EN CORRECTION (Art. 66 C. P.) | | CONDAMNÉS | | | OBSERVATIONS |
						pour un an ou moins	pour plus d'un an	à l'amende	à l'emprisonnement pour un an ou moins	pour plus d'un an	
1881	5.389	918	6.307	456	1.352	504	1.482	992	967	54	(A). — Parmi les 48,908 mineurs de seize ans jugés correc…nellement, de 1881 à 7…8, on en compte 1.560 qui l'ont été en vertu de l'article 68 du Code pénal; c'est une moyenne annuelle de 195 et une proportion de 3 p. 100.
1882	5.050	755	5.805	333	1.715	398	1.480	910	943	26	
1883	4.816	762	5.578	437	1.838	294	1.287	1.047	670	5	
1884	5.007	771	5.778	413	1.767	317	1.402	1.068	803	8	
1885	5.009	752	5.761	412	1.874	339	1.213	1.158	736	29	
1886	4.937	659	5.596	450	1.892	379	1.175	952	739	9	
1887	5.781	951	6.732	257	2.454	516	1.236	1.334	834	1	
1888	6.342	1.009	7.351	481	2.481	582	1.372	1.214	861	»	
TOTAUX	42.331	6.577	(A) 48.908	3.239	16.233	3.329	10.747	8.675	6.553	132	
Moyenne annuelle	5.291	822	6.113	405	2.029	416	1 343	1.084	819	17	
Proportion..	87 %	13 %	»	7 %	33 %	7 %	22 %	18 %	13 a/o	»	

245. — Cette marche ascendante dans le nombre des enfants condamnés à de courtes peines, trouve une explication dans ce fait que beaucoup de magistrats ne veulent absolument pas de la maison de correction ; ceux-là, on ne les convaincra jamais ; on aura beau leur dire que la maison de correction s'est modifiée, qu'elle est devenue, dans bien des colonies pénitentiaires, une véritable maison d'éducation et de réforme, jamais, de parti pris, ils n'enverront les enfants en correction. Ce groupe, qui tend à diminuer à Paris, existe surtout en province. Or, ce sont les jeunes enfants, surtout, qui pourraient bénéficier d'une éducation réformatrice ; en les condamnant, on leur inflige la marque du casier judiciaire, on les voue à la récidive ; en les plaçant dans des maisons d'éducation et de correction, suivant le cas, on peut les sauver de la récidive, réformer leur moralité et leur éducation, en un mot, les sauver : « Il n'y a qu'un remède au mal, » dit M. Appleton (1) : « interdire » purement et simplement, par la fixation d'un âge d'irresponsabilité, » l'application aux plus jeunes enfants des peines correctionnelles. Cette » réforme doit être complétée par le perfectionnement des maisons de » correction, et l'adjonction à ces établissements de maisons d'éducation » d'un caractère hospitalier, où les enfants plus facilement réformables » seront placés sous un régime paternel. »

246. — Aux raisons jusqu'ici développées les réformateurs ajoutent encore que, à notre époque, surtout depuis quelques années, l'idée de protection, de bienfaisance, se substitue peu à peu pour l'enfance à l'idée de répression (2). Les tendances générales des législations, appuyées par les vœux de nombreux congrès pénitentiaires, montrent qu'il y a là une voie de réformes et de progrès où la France ne peut refuser de s'engager en restant isolée en Europe.

247. — Les législations étrangères ont laissé de côté la question de discernement, toujours si obscure, et sur laquelle nous reviendrons plus loin ; elles se sont préoccupées, surtout, de déterminer les mesures propres à assurer le relèvement de l'enfance coupable ; elles ont eu pour

---

(1) Jean Appleton, op. cit., p. 7.
(2) Jean Appleton op. cit, p. 11.

unique but de rechercher si on devait soustraire l'enfant coupable à
son milieu, où il puisait les principes de corruption et d'infamie, à qui
on devait le confier, à quel régime on devait le soumettre. M. le profes-
fesseur Prins, exposant le système que la Belgique va inaugurer, résumait ainsi le but que les diverses législations, suivies sur ce point par la
Belgique, avaient en vue : « C'est ainsi, » disait-il, « qu'on peut conce-
» voir un système où l'âge de la responsabilité pénale, où la question
» de discernement devient tellement accessoire, qu'elle disparaît com-
» plètement devant les questions d'ordre social, qui prennent le dessus. »

248. — Il ne s'agit plus, par conséquent, dans cette théorie, de savoir
si l'enfant est ou non philosophiquement responsable, mais quelles sont
les mesures que la société, dans les limites de son intérêt, a le droit et
le devoir de prendre à l'égard des enfants coupables, pour sa protection
et la leur : « Au fond, » continue M. Appleton, « la question a changé de face
» depuis 1810 ; la grosse préoccupation du législateur d'aujourd'hui, ce
» n'est pas l'examen de la responsabilité du criminel, c'est la lutte
» contre la récidive. Avant tout, il faut réduire à son minimum le
» nombre des criminels d'habitude, des irréconciliables, qui ne vivent
» que du produit de leurs délits et qui auront le temps de faire beau-
» coup de mal, avant qu'on ait pu les mettre dans l'impossibilité de
» nuire. Lorsqu'un jeune enfant, issu d'un milieu où il n'a sous les yeux
» que l'exemple du vice, comparaît devant un tribunal correctionnel, il
» porte déjà en germe tous les instincts du récidiviste futur. Ces germes,
» il faut les arracher, avant qu'ils aient eu le temps de se développer :
» il faut faire œuvre préventive, en redressant ces natures qu'une forte
» et vigilante éducation peut ramener au bien » (1).

249. — A l'heure actuelle donc, étant donné les préoccupations d'humanité et d'éducation sociale qui inspirent les législateurs, il n'y aurait
aucun inconvénient à fixer un âge au-dessous duquel l'irresponsabilité
devrait être considérée comme absolue.

250. — Mais les honorables adversaires du Code pénal ne vont pas
jusqu'à dire que l'enfant ne doit pas être traduit en justice tant qu'il n'a

---

(1) Jean Appleton, op. cit., p. 2.

pas atteint l'âge où la loi le déclare responsable : ils se rendent compte, en effet, qu'on serait alors obligé de livrer les plus jeunes enfants à l'arbitraire et aux lenteurs de l'administration, et leur situation n'en serait certes pas améliorée, car, devant les tribunaux, ils trouvent sans retard une sollicitude vigilante et éclairée.

251. -- C'est précisément à ce point de vue que, lors du Congrès d'Anvers de 1894, M. Levoz, substitut du procureur du Roi à Verviers, critiquait le projet de loi sur la protection de l'enfance. L'exposé des motifs de ce projet de loi s'exprimait en effet ainsi : « ..... En l'absence » de toute disposition de ce genre dans le Code pénal, on voit citer à » comparaître devant les tribunaux des enfants de neuf ans, de huit ans » même, évidemment incapables de comprendre la portée de l'acte qu'on » leur reproche et la procédure dont ils sont l'objet. Le résultat de » pareilles comparutions ne peut être que l'acquittement, accompagné » parfois de la mise à la disposition du gouvernement pour un temps » déterminé. Mais, même dans le cas où cette dernière mesure se justifie, il semble inutile de mettre en mouvement tout l'appareil de la » justice répressive, sans autre résultat que d'infliger une flétrissure à » l'enfant irresponsable en lui créant des antécédents judiciaires. »

252. — Eh bien, cette défense est inutile, au point de vue de M. le substitut Levoz. Les magistrats, en effet, s'abstiendront d'envoyer devant les tribunaux les enfants de moins de dix ans, si cette mesure ne s'impose absolument : et ils s'abstiendront plus encore qu'anciennement, puisque les comités de patronage seront préalablement intervenus. Il est des cas, ajoute l'honorable substitut, et nous en avons vu plusieurs exemples, où des poursuites peuvent produire de bons résultats. Il arrive que la mise à la disposition du gouvernement d'enfants de moins de dix ans est nécessaire, l'exposé des motifs le reconnaît. Parfois aussi la comparution des enfants et des parents devant le tribunal peut faire sur eux une profonde impression et empêcher la récidive (1).

253. — Comme nous le voyons, M. Levoz admet la comparution des enfants devant un tribunal correctionnel ; d'autres préféreraient le tri-

____

(1) Congrès international d'Anvers 1891, 1ᵉ question, 1ʳᵉ section, p. 10 et 11.

bunal civil; d'autres, une juridiction plus paternelle encore, analogue au tribunal de tutelle institué en Allemagne. Les avis sont partagés sur ce point. Mais cette juridiction, quelle qu'elle soit, ne pourrait en aucun cas infliger aux mineurs au-dessous de l'âge de responsabilité, ni prison, ni amende; elle ne pourrait leur infliger la marque ineffaçable d'une inscription sur le casier judiciaire; elle ne pourrait leur fournir les éléments de la récidive. Elle ne devrait avoir d'autre droit que de les soumettre à une éducation réformatrice, soit en les faisant interner dans une maison de correction, soit en leur faisant donner, quand ils s'en montreraient dignes, un système d'éducation paternelle.

254. — Passons dans le camp adverse, le camp des *traînards*, comme on dit avec une pointe d'ironie. L'ironie nous laisse impassible; nos adversaires ne l'ont d'ailleurs pas inventée : Socrate l'avait cultivée bien longtemps avant eux.

255. — On veut que, au-dessous d'un certain âge, le mineur soit considéré comme ayant agi sans discernement et, par suite, acquitté. C'est là créer une présomption ; or, poser une présomption, c'est, comme on l'a dit quelquefois, pour le législateur opérer un tour de force, puisqu'il tranche d'avance une question de fait. Il ne doit se le permettre que s'il y a nécessité ou grande utilité. Affirmer qu'un enfant au-dessous d'un certain âge, au-dessous de dix ans, par exemple, ne peut être moralement, pénalement responsable de son fait, c'est statuer sur l'inconnu, et nous croyons que notre législateur a bien fait de ne pas se prononcer à cet égard. Il a probablement pensé que, dans la nature même des choses, il y avait une limite qui ne serait jamais franchie par le juge.

256. — Dupin aîné a dit: « L'absurde est une borne à toutes lois ! » Il ne peut, en effet, se présenter qu'un petit enfant soit traîné en justice : aucun juge d'instruction, aucun magistrat ne commettra un pareil acte de folie. Mais tout le monde sait qu'on rencontre malheureusement des enfants précoces dans la voie du mal, et qu'un enfant de neuf ans, — nous prenons cet âge parce qu'on s'arrête généralement à la limite de dix ans, — peut témoigner dans sa conduite et ses actions d'une volonté déjà perverse. Admettons que cet enfant, qui commet le mal avec discernement, qui, par conséquent, est coupable, ne reçoive aucun châtiment; le public n'aura-t-il pas le droit de manifester sa surprise et son mécontement, dans les cas infiniment rares où le fait se présentera?

257. — Le système de nos adversaires peut d'ailleurs conduire à des situations bizarres. Qu'on imagine un enfant qui a commis un fait dommageable avec discernement : il doit être condamné aux dommages-intérêts, quel qu'en puisse être le montant (1). Eh bien, un enfant riche, qui se sera mis dans ce mauvais cas, sera peut-être privé de toute sa fortune, alors qu'aucune peine ne pourrait lui être infligée.

258. — Il faut, à notre avis, abandonner la décision aux lumières et au bon sens des magistrats. Qu'on demande des garanties ayant une valeur supérieure aux décisions des juges d'instruction, qu'on prenne toutes les précautions possibles, rien de mieux; mais interdire absolument toute poursuite, n'est-ce pas excessif? D'ailleurs, à notre époque, des inquiétudes à cet égard n'ont guère de raison d'être; car, certainement, l'humanité, la prudence, la bonté à l'égard des enfants dominent dans notre société.

259. — La seconde objection que nous formulons est tirée de l'intérêt social, qui exige qu'on se protège contre ceux qui font le mal, quel que soit leur âge. Si un enfant de quatre ou cinq ans est assez précoce pour commettre des crimes, il ne présente pas moins de danger qu'un adulte. On est donc en droit de se garantir contre lui.

260. — Eh bien, dans l'état actuel de la loi et de la Jurisprudence, peut-on dire que la société est absolument désarmée? ne peut-elle pas, tont en se protégeant elle-même, faire une part très large à la pitié qu'on doit à un enfant, chez lequel le sens moral n'a pas atteint son complet développement? Mais qu'on lise donc l'article 66 du Code pénal! On y verra que le tribunal correctionnel n'est pas du tout obligé d'envoyer en correction l'enfant qui comparaît devant lui : il peut le remettre à ses parents. Souvent aussi il le confie à une société particulière ou publique, à *titre officieux*. Il est regrettable que ce placement ne puisse être rendu obligatoire; car, si nous n'admettons pas qu'on fixe une limite d'âge, nous trouvons excellent qu'on fournisse au tribunal la pos-

____

(1) Nous combattrons plus loin cette jurisprudence.

sibilité de placer l'enfant dans un établissement privé ou d'assistance publique, où le jeune délinquant restera obligatoirement, établissement qui sera tout à la fois une sorte de maison de correction mitigée et de préservation sociale (1). Nous avons la conviction, — et cette conviction est fortifiée par les faits dont nous avons été maintes fois le témoin, — que les tribunaux apprécieront humainement, largement, justement, suivant les circonstances, s'il y a lieu de protéger la société contre un enfant très jeune, ou, au contraire, en le remettant à sa famille, de le rendre à la liberté complète. Si l'on a un reproche à faire aux magistrats, c'est plutôt de témoigner aux enfants une bienveillance qui va jusqu'à l'exagération. Faire une loi nouvelle pour enchaîner leur pouvoir d'appréciation, en les obligeant à prononcer l'acquittement, serait adopter à leur égard une mesure de défiance tout à fait injustifiée.

261. — Et puis, ne l'oublions pas, le principe souverain de la responsabilité est aujourd'hui fortement battu en brèche. Sous le couvert d'une prétendue science, on émet tous les jours les théories les plus hardies, qui, si nous n'y prenons pas garde, saperont par la base notre droit pénal tout entier. N'y aurait-il pas un danger réel à introduire dans la loi, sous les formes les plus douces et les plus philanthropiques, sous le prétexte séduisant de la pitié qu'on doit à l'enfance, une exception au principe de la responsabilité? A notre point de vue, ce serait un précédent fâcheux, dont on pourrait s'autoriser demain, peut-être, pour créer, à raison du sexe ou de tel ou tel vice de conformation, une nouvelle classe d'irresponsables, en dehors des aliénés. On s'étonnerait d'autant plus d'une mesure comme celle que nous combattons, que c'est précisément par suite de l'initiative de la magistrature que se fondent un peu partout des comités judiciaires pour la défense de l'enfance, et que les garanties les plus larges lui sont assurées par l'envoi des dossiers à la grande instruction.

262. — La loi actuelle, nous le répétons, nous parait l'expression du

---

(1) Une loi toute récente, des 19-21 avril 1898, permet aujourd'hui aux tribunaux de faire officiellement ce qu'ils faisaient jusqu'ici officieusement Nous en reparlerons plus loin, page?10 Nous regrettons que les modifications apportées par cette loi n'aient pas été insérées dans l'art. 66.

bon sens. N'est-elle pas, plus que toute autre, favorable à l'enfant? Elle le place, jusqu'à l'âge de seize ans, dans une situation qui fait présumer son irresponsabilité; et, à l'occasion des faits qui lui sont imputés, se pose toujours à son endroit la question de discernement. Qu'importe, dès lors, qu'il ait huit, dix ou quinze ans? la loi le couvre de la même sollicitude maternelle; elle appelle sur lui toute la bienveillance et l'attention du juge. S'il est reconnu qu'il a commis sans discernement l'acte incriminé, une immunité complète lui est assurée : « il sera acquitté, » dit la loi. Dans le cas contraire, il sera condamné ; mais l'article 67 le traite avec une bienveillance toute particulière et bien légitime : d'abord, en effet, la peine qu'on lui inflige est considérablement abaissée; puis il est envoyé, pour la subir, non point dans une prison, mais dans une maison de correction où l'on essaie de le ramener dans la voie du bien par de sages conseils et une éducation appropriée à son âge et à sa condition.

263. — Pourquoi, d'ailleurs, voudrait-on fixer un âge d'irresponsabilité pénale? Parce que les autres peuples ont introduit dans leur Code cette innovation? La raison en elle-même n'est pas bien sérieuse. Elle l'est d'autant moins que les législations qu'on nous cite présentent entre elles une véritable cacophonie. Pourquoi? parce que, en pareille matière, il est impossible, chacun le comprend, de formuler une règle absolue. Ainsi, tel pays du Nord admet la responsabilité à partir de six ou sept ans, alors que, par une étrange anomalie, tel pays du Midi, où la précocité est cependant plus grande, ne l'accepte qu'au-dessus de dix ou douze ans. Ajoutez que la cacophonie qu'on remarque dans l'Europe devrait se reproduire également dans notre France. Un Picard, en effet, ressemble-t-il à un Provençal? un Normand à un Béarnais? un Lorrain à un Gascon? et, en considérant la même latitude, un Breton est-il le sosie d'un Bourguignon ou d'un Parisien?

264. — Enfin, la création d'une classe de jeunes irresponsables, quel que soit l'âge adopté, aurait nécessairement une funeste conséquence. C'est par les vols à l'étalage que débutent les mineurs de seize ans; ils pénètrent ensuite dans les maisons et pratiquent l'effraction, puis ils s'organisent en bandes pour accomplir ces délits. Eh bien, ceux qu'on aura déclarés irresponsables seront toujours choisis pour mener à fin les vols projetés par leurs aînés; c'est dans cette catégorie qu'on ira recruter les agents d'exécution.

265. — Donc, pour conclure cette longue discussion, nous émettons l'avis que le législateur du Code pénal a bien fait de ne pas fixer une limite au-dessous de laquelle l'enfant devrait être considéré comme irresponsable. Le système adopté par l'article 66 est le seul qui soit conforme à la prudence et au bon sens. L'introduction dans nos lois d'une innovation comme celle qu'on réclame constituerait un recul et non pas un progrès.

266. — Est-ce à dire que tout nous semble parfait dans cet article 66? qu'il n'y ait aucune modification à y apporter? Tel n'est pas notre sentiment. Nous sommes, par exemple, les premiers à souhaiter l'adjonction d'une disposition destinée à régulariser ce qui se pratique officieusement dans nombre de tribunaux, c'est-à-dire, à permettre que l'enfant reconnu comme ayant agi sans discernement, au lieu d'être envoyé dans une maison de correction, soit remis à tel ou tel service d'assistance publique, à tel ou tel établissement de bienfaisance, offrant les garanties nécessaires pour son amendement et son éducation morale (1). Cela peut se faire sans grand trouble, sans atteinte aucune à l'économie de nos finances et sans dépenses pour les départements et les villes. Nous voudrions que cette remise à une institution charitable ou le renvoi en correction pussent être ordonnés par les juges jusqu'à vingt et un ans accomplis. Tout le monde est d'accord pour reconnaître que de vingt à vingt et un ans les jeunes gens qui, encore mineurs, retombent sous la direction de leurs parents peuvent alors subir une mauvaise impulsion, capable de détruire tout le bien opéré par la maison de correction. On nous dira, peut-être, que la loi du 24 juillet 1889, *sur la protection des enfants maltraités ou moralement abandonnés*, permet de pallier un peu cet inconvénient, en prononçant, en certains cas, contre les parents indignes, la déchéance de la puissance paternelle. Remède illusoire, car alors le jeune libéré restera sans direction aucune : ce qui ne vaut guère mieux !

---

(1) Ce vœu est aujourd'hui réalisé par la loi des 19-21 avril 1898. Voir plus loin.

267. — Il est encore une réforme à laquelle notre approbation est acquise d'avance. Elle consisterait à faire juger les mineurs sans publicité, en présence seulement des témoins, des parents et des défenseurs, et à les maintenir, pendant la prévention, sous le régime de la séparation individuelle.

268. — Voici, pour donner corps à ces desiderata, le projet de loi que nous serions heureux de voir voter par les Chambres :

« Article unique. — L'article 66 du Code pénal est ainsi modifié :

« Article 66. — Lorsque le prévenu ou l'accusé aura moins de seize
» ans, s'il est décidé qu'il a agi sans discernement, il sera acquitté ; mais
» il sera, selon les circonstances, ou bien remis à ses parents, ou bien
» confié à la garde d'un particulier ou d'une famille honorable, d'une
» institution charitable ou de l'assistance publique, ou bien conduit
» dans une colonie pénitentiaire pour y être élevé et détenu pendant tel
» nombre d'années que le jugement déterminera et qui, toutefois, ne
» pourra excéder l'époque où il aura accompli sa vingt et unième
» année.

« Les débats auront lieu sans publicité.

« Pendant tout le cours de l'instruction, le mineur devra toujours
» être soumis au régime de la séparation individuelle. »

SECTION II. — La minorité pénale devrait-elle être reculée jusqu'à dix-huit ans ?

269. — Cette seconde question divise, elle aussi, depuis longtemps les philosophes et les jurisconsultes.

270. — Déjà, en 1832, lors des discussions que souleva la réforme du Code pénal, un député, M. Teulon, l'avait agitée à la tribune et avait proposé de décider que la question de discernement serait posée jusqu'à l'époque où le mineur a accompli sa dix-huitième année : « La disposi-
» tion du Code, » disait-il, « me parait cent fois plus absurde et plus bar-
» bare que la peine de mort elle-même, car elle peut avoir pour effet de
» faire appliquer cette peine à un enfant. Le Code pénal, en fixant à
» seize ans l'âge auquel est attachée la présomption légale que l'accusé

» a agi avec discernement, me paraît avoir complètement méconnu les
» lois qui président au développement de l'intelligence humaine. Il n'est
» pas vrai qu'un jeune homme de seize ans ait le bon sens, la maturité,
» surtout l'habitude de la réflexion qu'il aura dans un âge plus avancé.
» Il n'est pas vrai qu'il ait sur ses passions l'empire qu'il acquerra pro-
» bablement sur elles avec quelques années de plus ; et, lors même qu'on
» me citerait l'exemple d'individus de cet âge chez qui se seraient ren-
» contrés l'instinct qui pousse au crime, les combinaisons qui en cal-
» culent l'exécution, la férocité qui étouffe les remords, je répondrai que
» la ques'ion n'est pas de savoir si toutes les circonstances peuvent se
» rencontrer ou même se rencontrent ordinairement chez les criminels
» de seize ans, mais au contraire de savoir s'il n'est pas quelques cas,
» quelque rares qu'ils puissent être, où les mêmes circonstances ne se
» rencontrent pas. Voilà, ce me semble, comment la question doit être
» posée. »

271. — Elle a été soulevée à nouveau par M. Bournat, le 12 mars
1870, à l'une des séances de la commission d'enquête sur le régime des
établissements pénitentiaires, et, en 1890, au Congrès de Saint-Pétersbourg, M. le professeur Joly l'a traitée avec un grand talent.

272. — C'est donc à seize ans que la loi pénale considèle l'adolescent
comme adulte. Mais, ainsi que le fait observer M. Guillot, que de fois
cet adulte n'est-il encore qu'un enfant, au point de vue de l'intelligence !
s'il lui échappe une défaillance, on lui appliquera la loi commune, et,
par suite, le juge se verra dans l'impossibilité de lui accorder le pardon
de sa faute : la condamnation intervenue en fera l'hôte précoce des maisons centrales et des bagnes et l'échafaud lui-même ne s'arrêtera pas
devant sa jeunesse.

273. — Au-dessous de seize ans, on est un mineur, c'est-à-dire, un
être dont le discernement, présumé beaucoup moindre, peut même
s'abaisser jusqu'à faire complètement défaut. La responsabilité n'existe
pas de droit, elle doit être constatée en fait par le juge.

274. — Sans doute, vient un moment où l'homme, sortant de la
minorité, entre dans la période de l'entière responsabilité.

« Mais, seize ans, n'est-ce pas trop tôt pour tous ces malheureux qui
» sont gâtés plutôt qu'ils ne sont mûrs, qui ont été élevés dans ces

» ténèbres où les notions du juste et de l'injuste ne leur apparaissent
» que comme des ombres indécises, et où ne pénétrait aucune lumière
» venant de l'éducation ?

« L'âge de dix-huit ans, au contraire, ne marque-t-il pas une période
» importante dans la capacité légale de l'adolescent ?·

« C'est à ce moment seulement qu'il peut être émancipé, que les lois
» sur le travail cessent de le protéger et lui laissent la pleine disposition
» de lui-même et qu'il peut entrer dans l'armée. N'est-ce pas une con-
» tradiction injuste de dire qu'à seize ans l'homme est tellement déve-
» loppé qu'il n'est plus temps de le soumettre à une éducation réformatrice
» et qu'il n'y a plus qu'à le livrer à la prison des adultes, et de le consi-
» dérer, d'autre part, comme si peu en possession de toutes ses forces
» morales et physiques que, jusqu'à dix-huit ans, la loi lui impose toutes
» sortes d'interdictions protectrices et qu'il n'entre qu'à vingt et un ans
» dans sa pleine capacité légale ? » (1).

275. — La décision prise par le Code pénal a subi maintes fois l'as-
saut des critiques que ne lui ont ménagées ni les jurisconsultes, ni les
législateurs, et dont nous avons vu M. Teulon se faire une première fois
l'interprète en 1832. L'important, dit-on, n'est pas de voir si le développement de l'instinct criminel et de la perversité se rencontrent d'habitude chez les criminels de seize ans, mais de savoir s'il n'y a pas de cas
où ils ne se rencontrent pas : or, pour un certain nombre de mineurs, il
est évident que la loi suppose un développement complet et présume,
par suite, une responsabilité qu'ils sont bien loin de posséder.

Voilà pourquoi beaucoup d'esprits distingués ont demandé depuis
longtemps et demandent toujours qu'une loi nouvelle vienne porter de
seize à dix-huit ans le point de départ de la majorité pénale.

276. — Que l'on songe, disent-ils, aux crises du développement physique et intellectuel, aux impressions et aux émotions premières de la
jeunesse, aux troubles d'imagination qui s'éveillent, aux élans brusques
de tempérament, aux passions que peuvent ignorer ceux mêmes
qui les subissent. Que l'on suppute les événements et les causes mul-

---

(1) Guillot, *Paris qui souffre,* p. 330.

tiples qui agissent sur l'enfance et dont elle est le jouet, les actes dont l'importance et la nature même échappent à leurs auteurs. Que l'on recherche les influences qu'exerce le milieu sur les êtres débiles qui s'y meuvent, celle de l'hérédité ou de l'éducation, celle des exemples et des conseils reçus, des excitations et des perversités qui abondent surtout dans les grands centres de population et dont le danger est si grand partout où la vigilance des parents et tuteurs reste insuffisante. On comprendra combien est complexe et grave le problème intéressant les âges et périodes de la vie où l'enfant, le jeune homme et la jeune fille sont à considérer selon les cas, soit comme des êtres irresponsables, qu'il s'agit tout simplement de soigner, de guérir et d'élever ; soit comme des individus déjà conscients, mais dont la responsabilité est encore incertaine et vacillante ; soit, enfin, comme de véritables criminels et délinquants dont la précocité peut être due en partie à des causes dont ils n'étaient pas maîtres, mais dont les méfaits sont assez conscients pour réclamer une punition véritable.

277. — C'est faire le bien que combattre le mal. Punir des enfants, les corriger, c'est travailler à les amender, à faire des hommes. Les nécessités de bon ordre dans le présent ne peuvent, à l'égard de la jeunesse, être séparées des idées d'avenir. Tout système de répression se lie, pour ce qui la concerne, aux systèmes d'éducation. Le magistrat qui apprécie et qui juge doit garder une part des sentiments d'un père pour ceux qui sont encore des enfants, si dégradés qu'on les suppose ; son devoir le plus strict est d'agir toujours envers des enfants comme si leur perte ne pouvait être fatale, comme si la somme de mal pouvait toujours diminuer en eux et la somme de bien s'accroître toujours. De semblables malades nul ne doit désespérer.

278. — C'est précisément pour qu'on puisse réformer en eux ce qui n'est pas irrémédiablement vicieux que les mineurs sont envoyés par la loi dans des maisons de correction, qui devraient être surtout des maisons d'éducation. Mais, quand sonnera pour eux l'heure où, sortant de ces établissements, ils seront rendus à la liberté, il est à craindre que les excellents résultats obtenus par l'éducation ne soient promptement étouffés et anéantis par les influences mauvaises qui les entoureront de tous côtés. Si le mineur pouvait, à sa sortie des établissements d'éducation, devancer l'appel de la classe et s'engager, il trouverait, pense-t-on, dans la discipline militaire, de grandes chances d'amélioration.

279. — Malheureusement se dresse contre cette louable prétention la loi du 15 juillet 1889, dont l'article 59 porte : « Tout Français, ou natu» ralisé Français, comme il est dit aux articles 11 et 12 de la présente » loi, ainsi que les jeunes gens qui doivent être inscrits sur les tableaux » de recensement, ou qui sont autorisés par les lois à servir dans l'ar» mée française, et les jeunes gens nés en pays étranger d'un Français » qui aurait perdu la qualité de Français, peuvent être admis à contrac» ter un engagement volontaire dans l'armée active, aux conditions » suivantes : ..... 3° n'avoir jamais été condamné pour vol, escroquerie, » abus de confiance, attentat aux mœurs et n'avoir subi aucune des » peines prévues par l'article 5 de la présente loi, à moins qu'il ne » veuille contracter son engagement pour un bataillon d'infanterie légère » d'Afrique. »

280. — L'article 5, auquel fait allusion l'article 59, considérant que le service dans l'armée est un honneur, a créé un certain nombre de cas d'exclusion, et ordonne d'envoyer dans les bataillons d'infanterie légère d'Afrique, outre les individus reconnus coupables de crimes et condamnés seulement à l'emprisonnement par application de l'article 463 du Code pénal, ceux qui ont été condamnés correctionnellement à trois mois de prison au moins pour outrage public à la pudeur, vol, escroquerie, abus de confiance ou attentat aux mœurs ou qui ont été l'objet de deux condamnations au moins, quelle qu'en ait été la durée, pour l'un de ces délits. Au surplus, voici le texte de l'article :

« Les individus reconnus coupables de crimes et condamnés seule» ment à l'emprisonnement par application de l'article 463 du Code » pénal;

« Ceux qui ont été condamnés correctionnellement à trois mois de » prison au moins pour outrage public à la pudeur, pour délit de vol, » escroquerie, abus de confiance ou attentat aux mœurs, prévu par l'ar» ticle 334 du Code pénal;

« Ceux qui ont été l'objet de deux condamnations au moins, quelle qu'en » soit la durée, pour l'un des délits spécifiés dans le paragraphe précédent, » sont incorporés dans les bataillons d'infanterie légère d'Afrique. »

8

281. — Ainsi donc, les dispositions sévères de cette loi privent nombre de jeunes condamnés des chances de réhabilitation qu'ils pourraient trouver dans l'accomplissement de leur service militaire. C'est là précisément que puisent leur principal argument ceux qui veulent réformer la minorité pénale. Et certains d'ajouter :

Les quelques semaines qu'un jeune condamné aura passées en prison, presque inoccupé, car il est difficile de donner un travail intéressant et productif à ceux qui ne font que passer, n'auront pas servi à son amendement. S'assoupissant, en quelque sorte, dans une vie toute matérielle, trouvant sa nourriture, sinon succulente, au moins toute prête, couchant dans un lit meilleur que les bancs des promenades, il sortira avec une volonté amoindrie et une dignité avilie; ces quelques semaines ne l'auront ni moralisé, ni intimidé; elles ne lui auront inspiré ni le dégoût de l'inconduite, ni l'effroi de la punition, ses réflexions pouvant l'amener tout simplement à cette conclusion que, en somme, le régime de la prison n'a rien de bien dur et qu'on y peut revenir sans crainte.

282. — N'est-ce pas, d'ailleurs, le sort qui l'attend trop souvent? La vie honnête lui sera devenue plus difficile; les mauvais sujets qu'il connaissait avant son arrestation vont avoir bien plus de prise sur lui; si, pour se placer, il a besoin de montrer son casier, on le renverra; s'il veut s'engager, ou s'il est appelé au service, sa condamnation va encore se dresser contre lui; on lui répondra :

« L'armée, où tout parle de l'honneur, où nos fils sont obligés de ser-
» vir, n'est pas faite pour vous; nous ne voulons pas de votre contact;
» il n'y a que les bataillons de disciplinaires qui puissent vous recevoir,
» et c'est là que vous serez incorporé; vous y retrouverez vos compa-
» gnons habituels, ceux qui, comme vous, ont porté l'uniforme de la
» prison. »

283. — Sans doute, ces bataillons ont eu des pages glorieuses; il s'y est rencontré plus d'une fois des héros, d'admirables soldats, qui, sur les champs de bataille, ont noblement racheté les fautes qu'ils avaient commises; ceux qui les voyaient au feu ne voyaient plus en eux des flétris et les saluaient comme des braves qui, n'ayant pas su bien vivre, savaient au moins bien mourir.

Mais la guerre, — heureusement pour l'humanité! — ne sévit pas continuellement; on n'a pas tous les jours des occasions de monter de la situation dégradée du malfaiteur dans la phalange des héros, d'effacer, par un beau dévouement et le baptême du sang, les taches qui souillent un passé peu recommandable. Il y a, tout au contraire, dans ces garnisons lointaines, de longues heures d'oisiveté, par suite, un danger moral incessant pour celui qui, possédé de la ferme volonté de se relever, avait jeté un regard d'espérance vers l'état militaire et les devoirs qu'il comporte; au lieu de trouver un milieu qui lui permette de se faire une vie nouvelle, il rencontre encore les néfastes camaraderies dont l'influence l'avait entraîné au mal!

284. — Et, puisque nous parlons de la loi du 15 juillet 1889, signalons au passage la bizarre contradiction qui existe entre les deux articles 5 et 59 ci-dessus transcrits.

Un jeune homme de dix-sept ans, par exemple, condamné pour vol à une peine inférieure à trois mois de prison, ne pourra pas s'engager dans un régiment de France; mais arrivé à vingt et un ans, il sera incorporé avec sa classe dans les conditions normales. Nous sommes là dans le domaine de l'incompréhensible. Ainsi donc, cet homme qu'on refuse à dix-huit ans, on l'acceptera, quand aura sonné sa vingtième année, si, du moins, il n'a pas encouru de condamnation nouvelle, alors qu'il aura eu dans l'intervalle toutes les chances de se pervertir complètement!... Comme on retrouve bien, dans les détails de ce genre, l'incohérence qui préside dans les parlements à la confection des lois!

285. — Cette contradiction est reproduite, d'ailleurs, de la loi du 27 juillet 1872, sur le recrutement de l'armée. Cette loi commençait par poser en principe, dans son article 7, que « sont exclus du service militaire et ne peuvent à aucun titre servir dans l'armée : — 1° Les individus qui ont été condamnés à une peine afflictive ou infamante; — 2° Ceux qui, ayant été condamnés à une peine correctionnelle de deux ans d'emprisonnement et au-dessus, ont, en outre, été placés par le jugement de condamnation sous la surveillance de la haute police et interdits, en tout ou en partie, des droits civiques, civils ou de famille. »

Et, dans son article 46, parlant des engagements, elle disait : « Tout

» Français peut être autorisé à contracter un engagement volontaire
» aux conditions suivantes : ..... 6° Être porteur d'un certificat de
» bonne vie et mœurs, délivré par le maire de la commune de son der-
» nier domicile... Le certificat... doit... attester qu'il n'a jamais été con·
» damné à une peine correctionnelle pour vol, escroquerie, abus de
» confiance ou attentat aux mœurs... »

286. — Ainsi donc, à condition de ne pas encourir de condamnation
à deux ans de prison, le jeune homme dont on n'avait pas voulu à l'âge
de dix-huit ans, parce qu'il avait subi une peine correctionnelle minime
à l'occasion des délits ci-dessus spécifiés, entrait, au moment de l'appel
de sa classe, dans les rangs de l'armée régulière.

287. — Toutefois, cette différence, dans la loi de 1872, pouvait s'expliquer : tout le monde n'était pas soldat. En repoussant l'engagé, on
pouvait espérer l'éloigner définitivement de l'armée.

Il n'en est plus de même avec la loi de 1889. Tout le monde étant
aujourd'hui tenu au service, ces mêmes jeunes gens, qu'on refuse ainsi
à dix-huit ans, devront être acceptés dans les conditions ordinaires deux
ans après.

288. — D'ailleurs, la loi de 1872 était moins rigoureuse que ne l'est
celle de 1889 : elle n'attachait l'exclusion de l'armée qu'à des condamnations de nature particulièrement grave ; autrement, les condamnés étaient
admis à servir dans les conditions ordinaires. Persévéraient-ils dans le
bien, l'œuvre de leur relèvement moral n'était pas interrompue ; dans le
cas contraire, ils se heurtaient à leurs chefs dont le pouvoir disciplinaire
faisait un sage contrepoids à la bienveillance de la loi. Les chefs militaires, en effet, auxquels étaient signalés les antécédents de leurs
hommes, exerçaient sur les suspects une surveillance très active, et, à
la première incartade, les envoyaient en Afrique. Tandis qu'aujourd'hui,
avec la loi de 1889, les rangs de l'armée régulière, sont impitoyablement
fermés à tout homme qui a eu le malheur d'encourir trois mois de prison pour outrage public à la pudeur, vol, escroquerie, abus de confiance,
attentat aux mœurs. C'est vers l'Afrique qu'on le dirige. Signalons, par
acquis de conscience, un correctif dans l'article 5, *in fine* : « Après un
» séjour d'une année dans ces bataillons, les hommes désignés au pré-
» sent article, qui seraient l'objet de rapports favorables de leurs chefs,

» pourront être envoyés dans d'autres corps par le ministre de la
» guerre. » — Si l'on recherchait combien de fois ce texte a reçu son
application dans la pratique ? !...

289. — Nous voilà donc fixés sur les dispositions de la loi du 15 juillet 1889. Pour peu que nous réfléchissions, nous comprendrons maintenant sans difficulté le raisonnement de ceux qui veulent réformer le
Code pénal. Il est très simple.

En reculant à dix-huit ans la limite de la minorité pénale, on permettra aux magistrats, au lieu de condamner le mineur à la prison, de
l'envoyer dans les maisons de correction ; et, dans ces conditions, l'engagement militaire pourra succéder à la discipline correctionnelle. Au
moment de sa libération, le mineur verra s'ouvrir devant lui plusieurs
voies : ou bien il s'engagera, ou bien il essaiera de se faire une situation
dans les douanes, les compagnies de chemins de fer, ou autres administrations, dont l'entrée lui sera facilitée par la production d'un certificat
de bonne conduite et d'un extrait pour néant du casier judiciaire.

290. — Le résultat le plus clair du système actuel, c'est que le
mineur, après avoir subi dans la prison une première flétrissure, va
consommer sa perte dans les bataillons d'Afrique, grâce aux mauvais
exemples dont il sera journellement le témoin ; de plus, quand il sera
libéré, eût-il mérité et obtenu un certificat de bonne conduite, le fait seul
d'avoir servi dans un corps recruté de condamnés sera comme une tare
qui, toute sa vie s'attachant à ses pas, lui causera peut être un préjudice
incalculable. S'il postule un emploi, il se heurte à toutes sortes de difficultés. Presque partout l'extrait du casier judiciaire, dont la production
est exigée, fait obstacle à son admission, ou entrave son avancement.
L'unique et peut être très légère condamnation qu'il a encourue le voue,
pour quelques temps du moins, à une existence misérable et périlleuse.

291. — Donc le système actuel engendre un état de choses regrettable. La loi du 26 mars 1891 aurait pu, ce semble, y porter quelque
remède, quelque adoucissement ; mais, contre l'attente et la pensée certaine de celui qui l'a inspirée (1), et dont le nom lui a été si justement

---

(1) M. Bérenger.

donné, le condamné qui en a bénéficié se trouvait, jusqu'à ces derniers temps, sur le même pied que celui auquel elle a été refusée.

292. — Aux termes de l'article 2, alinéa 2, de cette loi : « Elle (la » suspension de la peine) ne comprend pas non plus les peines acces- » soires et les incapacités résultant de la condamnation. » Après avoir consulté M. le Garde des Sceaux sur l'interprétation dont ce texte est susceptible, M. le Ministre de la Guerre avait asssimilé à une incapacité les dispositions des articles 5 et 59 de la loi du 15 juillet 1889, dispositions qui interdisent aux condamnés y énumérés de servir autrement que dans les bataillons d'Afrique. Voici, d'ailleurs, un extrait de la séance du Sénat du 12 avril 1893 *(Journal Officiel* du 13 avril 1893) reproduisant la réponse faite à ce sujet par M. de Freycinet, à l'honorable M. Bérenger, incidemment à la discussion du projet de loi portant organisation de l'armée coloniale :

« M. le Ministre de la Guerre. — Messieurs, je n'ai pas l'intention » de discuter incidemment une question aussi grave que celle qu'a sou- » levée l'honorable M. Bérenger ; mais je tiens à rappeler en deux mots » les motifs de la fin de non recevoir qui lui a été opposée.

« Il nous a, en effet, demandé d'incorporer dans les conditions ordi- » naires, c'est-à-dire, dans les corps de troupes, indistinctement avec » tous les jeunes gens de la classe, les hommes qui ont été l'objet d'une » condamnation, mais dont la peine est suspendue conditionnellement.

« Nous avons été guidés par une double considération. Je ferai » remarquer que, en ce qui concerne les personnes auxquelles l'hono- » rable M. Bérenger fait allusion, il a dit qu'elles avaient été condamnées » conditionnellement. Or, c'est la peine qui est conditionnelle ; mais la » condamnation est parfaitement réelle.

« Voix nombreuses. — C'est cela !

« M. Bérenger. — La condamnation est effacée au bout de cinq ans » de bonne conduite. *(Dénégations).*

« M. le Ministre de la Guerre. — C'est l'effacement qui est condi- » tionnel au bout de cinq ans, mais la condamnation n'en est pas moins » réelle jusqu'à ce terme.

« Avant de consulter mon collègue, M. le Garde des Sceaux, je me » suis inspiré d'opinions qui se manifestaient autour de moi avec une

» grande netteté. J'ai rencontré, en effet, dans tous les rangs de l'armée,
» une vive répugnance à admettre sur le pied d'égalité dans la famille
» militaire des hommes qui auraient antérieurement commis certains
» actes et qui auraient été condamnés pour ces faits.

« M. LE COLONEL MEINADIER. — Très bien !

« M. LE MINISTRE DE LA GUERRE. — Certaines personnes, et l'hono-
» rable M. Bérenger est du nombre, estiment qu'il y a là une exagéra-
» tion de sentiment; mais ce scrupule de délicatesse existe *(Très bien !*
» *Très bien !)*, et le Ministre de la Guerre doit, plus que personne, en
» tenir compte. *(Nouvelle approbation sur un grand nombre de bancs).*
» C'est sous l'empire de ce sentiment que j'ai consulté M. le Garde des
» Sceaux, et sa réponse n'a fait que le fortifier par une considération
» d'ordre juridique.

« M. le Ministre de la Justice estime que cette sorte d'incapacité dont
» j'ai parlé, suit l'homme qui a été condamné, — peut être le mot inca-
» pacité n'est-il pas exact dans l'espèce, mais il s'explique par analogie,
» — de même que vous refusez à ces condamnés l'exercice de leurs
» droits civiques et électoraux, nous pensons qu'ils sont atteints dans
» leurs droits militaires et qu'ils ne peuvent pas figurer dans les rangs
» de l'armée au même titre et à côté des autres jeunes gens. *(Très bien !*
» *Très bien !)*.

« Mais le sentiment qui m'a surtout guidé est celui auquel j'ai fait
» allusion tout à l'heure, c'est-à-dire, un scrupule de délicatesse et
» d'honneur militaires. Avant de résoudre la question en sens contraire,
» je crois qu'il faudrait y réfléchir mûrement : c'est pourquoi je prie le
» Sénat de ne pas se prononcer incidemment sur une motion de cette
» importance. » *(Approbation sur un grand nombre de bancs).*

293. — Ainsi donc, la clémence dont faisait preuve le juge envers le
jeune prévenu, en lui accordant le bénéfice de la loi Bérenger, n'avait
qu'un résultat immédiat : lui éviter la promiscuité de la prison; mais
elle ne pouvait l'arracher aux bataillons d'Afrique dont le milieu est
aussi néfaste que celui de la prison.

294. — Et nombreux sont les mineurs qui se trouvent dans cette
situation malheureuse. Notre statistique judiciaire, qui n'a pas prévu la
question actuelle, n'a pas, il est vrai, donné de tableaux séparés pour

les prévenus ou les accusés de seize à dix-huit ans. Mais nous pouvons nous renseigner d'une manière approximative et suffisante, en consultant les colonnes qui comprennent les prévenus de seize à vingt et un ans.

L'année 1887 avait vu condamner à l'emprisonnement 14,557 mineurs de cet âge. L'année 1891 en a vu condamner 17,345. De la première à la dernière année de cette période, l'ascension a été continue et régulière, avec cette seule exception, que l'année 1889, année d'exposition universelle, année, par conséquent, d'excitation et de plaisir, a vu le chiffre le plus élevé : 17,402. Encore une fois, nous ne savons pas exactement quelle est la part précise des adolescents de seize à dix-huit ans, mais nous avons tout lieu d'être convaincu qu'ils concourent à ces totaux proportionnellement, ou à peu près, à l'importance de leur nombre dans l'ensemble total des mineurs de seize à vingt et un ans.

295. — En dépit du poids et de la valeur des considérations que nous venons d'analyser, quelque grande que soit l'autorité de ceux qui les ont formulées, nous estimons que le législateur a bien agi en fixant à seize ans l'âge de la majorité pénale, et qu'il n'y a pas lieu de réformer sur ce point l'article 66. Parler de discernement, quand il s'agit d'enfants qui, sans être fous, ni idiots, ne sont cependant que des enfants, rien de mieux ; le développement de l'enfance est si complexe et soumis à tant d'influences diverses que, le non discernement ne fût-il qu'une fiction, cette fiction serait utile et légitime. Mais il y a une limite à tout, et vraiment, avec les progrès modernes, ne semble t-il pas étonnant, voire même choquant, de se demander si un mineur qui a passé l'âge de seize ans, possède réellement le discernement de ses actes.

296. — Il existe, en effet, aujourd'hui un fait indéniable : c'est le développement de plus en plus précoce des facultés sociales de la jeunesse. Cette constatation n'a pas été faite seulement en France ; le même phénomène a été vérifié aux États-Unis et en Europe, dans toutes les contrées où, depuis quarante ans environ, une sorte de défaveur s'attache à l'agriculture, sous prétexte qu'elle ne serait pas suffisamment rénumunératrice.

« On ne saurait le contester, » dit l'honorable M. Darbot (1), « l'in-

<hr>

(1) *Journal Officiel* du 28 mars 1893. Séance du 27 mars 1893, discours de M. Darbot

» dustrie du sol traverse une crise qui remonte déjà loin et ne paraît
» pas près de finir. Et, quand on pense au rôle considérable qu'elle
» remplit dans les activités, dans les labeurs de toute nature, à la quan-
» tité de main d'œuvre qu'elle emploie, à la nature, à la variété, à l'im-
» portance des produits qu'elle livre sur le marché, on est bien obligé
» de reconnaître que, de sa prospérité ou de sa décadence, dépend la
» prospérité ou la décadence du pays. . . . .

    « La population agricole baisse d'une année à l'autre, au point que,
» de 54 °/₀ qu'elle était de la population totale, il y a trente ans, elle
» est tombée de nos jours à 37. De fait, nos campagnes se dépeuplent ; la
» plupart de nos villages ont perdu progressivement un cinquième, un
» quart et même un tiers de leurs habitants, et, au total, deux millions
» des leurs les ont abandonnés et se sont réfugiés dans les villes pour y
» disputer le travail de l'ouvrier de l'industrie.

    « Par suite de cette émigration, la surface des terres incultes a aug-
» menté, la valeur de la propriété foncière a baissé, dit-on, d'au-moins
» vingt-cinq milliards, et l'abondance de la main d'œuvre dans l'usine
» y a amené un excès de production qui elle-même, par la force des
» choses, a produit l'abaissement des salaires, le chomage et la grève ! »

297. — Les campagnes sont donc délaissées par une partie des géné-
rations nouvelles que séduit et captive l'attrait de la ville. Là, l'existence
est plus animée et semble plus agréable ; le travail y reçoit une rétribu-
tion beaucoup plus large et l'aisance que certains se sont acquise éveille
l'envie et les appétits de presque tous. Là, se sont relâchés, par suite de
la décadence de l'apprentissage, les liens qui maintenaient jadis l'adolescent. Là encore, se sont multipliés presque à l'infini les petits métiers
faciles, vite appris, vite lucratifs. Or, l'argent trop rapidement acquis
profite rarement. L'épargne est le fruit du labeur.

298. — Dans le nouveau monde, comme dans l'ancien, les mêmes
causes ont engendré les mêmes effets. Partout le développement des
milieux urbains au détriment des campagnes et surtout la diffusion de
l'enseignement primaire, ont hâté la précocité de l'enfant et l'ont engagé
ou, plutôt, précipité dans la voie du mal. Les criminels les plus nombreux et les plus dangereux se rencontrent, depuis quelques années,
parmi les jeunes gens. Cette précocité constitue une des marques carac-

téristiques et l'un des traits les plus douloureux de notre temps. La rue est le théâtre où les jeunes malfaiteurs font leur stage et débutent dans la pratique du crime ; ils y arrivent, d'ailleurs, de plus en plus jeunes. Aujourd'hui le vice cynique n'attend pas le nombre des années, à tel point qu'on rencontre des gamins de quatorze à quinze ans vivant de la prostitution des filles publiques (1).

299. — Eh bien, est-il admissible qu'on fournisse au magistrat la possibilité d'exempter de tout châtiment des souteneurs de dix-sept ans, alors même que, se contentant de simples vols, ils ne sont pas encore allés jusqu'à l'assassinat ? Mais ce serait une prime à l'audace des malfaiteurs, ce serait un défi jeté à l'opinion publique et, en France particulièrement, ce serait soulever les protestations indignées des honnêtes gens.

300. — On nous répondra que nous avons tort de généraliser un phénomène qui n'est encore qu'une exception, même dans les départements où il se manifeste le plus largement. Sans doute, cet exode vers les grandes villes est tout à fait regrettable ; mais, enfin, les campagnes ne ressemblent pas encore à des déserts ; très considérable est le nombre des enfants qui naissent et grandissent loin des villes et des centres miniers et industriels. Or, ces derniers, soustraits aux influences pernicieuses au sein desquelles s'agitent leurs petits camarades des grandes villes, conservent d'habitude les défauts propres à leur âge : l'imprévoyance, la crédulité, le manque de réflexion. Quelques-uns même ne s'en dépouillent qu'à la longue. En tout cas, si les mineurs, quels qu'ils soient, urbains ou ruraux, ont communément à seize ans l'intelligence de leurs actes, ils n'ont qu'un discernement proportionné à la faiblesse de leur âge. Si la lucidité de leur esprit leur permet de comprendre le crime, elle ne peut en calculer les suites et les périls. Leur perversité n'est pas doublée de l'expérience de la vie.

301. — Très bien ! mais les auteurs de cette réponse n'oublient qu'un détail : c'est que la combinaison de l'article 463 du Code pénal et de la loi du 26 mars 1891 permet aujourd'hui de tenir un compte exact de

---

(1) Enquête de 1881, déposition du Préfet de police.

toutes ces considérations et de ne frapper le délinquant qu'en proportion de sa culpabilité. D'ailleurs, ainsi que nous le disions plus haut, on rencontre chez les adolescents de seize à dix-huit ans un **grand** nombre de criminels souvent récidivistes : il ne faut pas enlever à la société les armes qu'elle peut avoir contre eux. Que ferait-on de ces mineurs de seize à dix-huit ans acquittés comme ayant agi sans discernement ? « Nous les ferions entrer dans des maisons de correction, » répondent les partisans de la réforme ; mais immédiatement se présentent de graves objections.

302. — Pourquoi envoyer dans des maisons de correction ces enfants de plus de seize ans ? parce qu'ils n'y subiront pas le contact démoralisant de la prison ? Ce serait là une bien mauvaise combinaison :

« Souvent la peur d'un mal nous conduit dans un pire ! »

Sans doute, les enfants n'auront pas le contact de la prison ; mais cette influence néfaste qu'on leur veut éviter, ils l'exerceront en retour sur les enfants qu'ils viennent y rejoindre et que bientôt ils contamineront. Si l'on redoute pour eux la promiscuité des prisons, il faut, pour les amender, recourir à l'emprisonnement cellulaire. On nous dira, peut-être, qu'il y a bien dans les maisons de correction des adolescents de dix-huit ans : nous n'en disconvenons pas ; mais ces adolescents y sont entrés fort jeunes ; la connaissance qu'ils avaient de la longue durée de leur détention les a rendus plus dociles : l'éducation et l'habitude ont fait le reste.

303. — Plus un enfant arrive jeune dans une maison de correction, moins l'œuvre de son redressement moral présente de difficultés ; quand on y reçoit des enfants de quinze à seize ans, nés et grandis au sein des grandes villes, il est rare qu'ils ne soient pas déjà profondément pervertis et les essais de régénération se heurtent à une corruption et une paresse invétérées. Déjà, à cet âge, ils sont flétris au moral. Souvent ils ont fait partie de bandes de jeunes malfaiteurs et sont au courant des divers genres de vols. En un mot, ils arrivent avec un degré d'avancement dans l'immoralité et dans le mal, qui les rend non seulement peu susceptibles d'amendement, mais qui constitue, en outre, un danger pour leurs camarades sur lesquels ils exercent, le plus souvent, une influence de nature à compromettre les résultats que l'on peut obtenir par l'éducation correctionnelle. — Que serait-ce avec des enfants au-dessus de seize ans?... On ne peut obtenir un résultat sérieux que si le séjour dans la maison est suffisamment prolongé, à cause du temps perdu à l'arrivée et surtout aux approches de la libération où l'enfant ne songe plus qu'à la liberté qu'on va lui rendre. Le profit retiré par les adolescents de seize à dix-huit ans serait donc bien incertain; en tout cas, il ne compenserait pas le mal fait par eux aux autres enfants, si bien qu'il nous paraîtrait indispensable, comme conséquence directe du recul de la minorité légale jusqu'à l'engagement, de créer des établissements d'éducation correctionnelle où seraient envoyés spécialement les mineurs de quinze à dix-huit ans.

304. — En faveur du maintien du *statu quo*, nous ajouterons encore qu'il y a lieu de ne pas aggraver la contradiction existant entre le Code pénal et le Code Civil.

Aux termes de l'article 477 du Code civil, le mineur parvenu à l'âge de quinze ans révolus peut être émancipé par son père, ou, à défaut du père, par sa mère. A seize ans, il peut donner par testament la moitié des biens dont la loi permet au majeur de disposer (art. 904 du C. civ.) Ainsi, celui-là même que la loi civile estime notamment capable de passer des baux dont la durée n'excédera pas neuf ans, de recevoir ses revenus, d'en donner décharge et de faire tous les actes n'étant que de pure administration (art. 481 du C. civ.), est présumé par la loi pénale n'avoir pas la connaissance nécessaire à l'appréciation de ce qui est licite ou défendu ! N'y a-t-il pas là une anomalie bien singulière?

305. — Toutefois, si nous croyons que l'âge de seize ans doit être conservé, ainsi que l'a décidé la Commission extra parlementaire de la revision du Code pénal, nous reconnaissons le bien fondé des objections que soulève l'incorporation de certains mineurs dans les bataillons d'Afrique, quoique, pourtant, ces inconvénients sont considérablement atténués, depuis qu'une loi du 1er mai 1897 a mis en harmonie la loi militaire avec la loi du 26 mars 1891. Ainsi qu'on va le voir, ce résultat n'a été que difficilement obtenu : c'est à la persévérante initiative de M. Bérenger qu'est due cette heureuse innovation.

306. — En effet, nous avons déjà mentionné une tentative en ce sens, faite le 12 avril 1893. Mais il y en a eu d'autres. Le 1er juillet 1892, le Sénat discutait en première délibération une proposition de loi, adoptée par la Chambre des députés, et qui, réformant l'avant-dernier alinéa de l'article 59 de la loi sur le recrutement, devait permettre aux engagés volontaires de bénéficier des dispositions de l'article 23 ; l'honorable M. Bérenger, profitant de l'occasion, dans un magnifique discours digne à tous égards de sa grande intelligence et de son grand cœur, et qui est à lire par tous ceux qui s'intéressent à ces questions de minorité, M. Bérenger, disons-nous, proposa au Sénat la modification des articles 5, 48 et 59 de la même loi du 15 juillet 1889 : « Il s'agit, » disait-il, « d'améliorer
» la condition que la loi sur le recrutement fait à toute une catégorie de
» jeunes soldats. La question n'est pas délicate en elle-même ; c'est une
» question de justice et de préservation sociale, encore plus que d'hu
» manité ; mais elle le devient, à cause des préventions, souvent justi
» fiées malheureusement, qui se rencontrent dans un grand nombre
» d'esprits contre les individus dont je veux vous entretenir.

« Ce sont, en effet, des malheureux qui, en général, ont peu d'amis,
» dont on ne s'occupe guère qu'avec une certaine indifférence, parfois
» avec dédain, et dont il faut cependant que l'on s'occupe, si on veut
» résoudre enfin, dans la mesure du possible, cette grosse question de
» la reproduction toujours croissante de la récidive.

« Je veux parler des jeunes gens qui, avant l'âge du service militaire,
» ont eu le malheur d'avoir encouru dans leur vie une condamnation.
» Si cette condamnation a été grave, si elle a été répétée, ils méritent,
» sauf exception, peu d'intérêt ; mais, si elle a été légère et unique, on
» ne peut oublier qu'ils n'ont pas atteint vingt et un ans, que leur faute
» a peut-être été une faute de légèreté ou d'entraînement, qu'elle a,
» d'ailleurs, pu être rachetée, depuis qu'elle a été subie, qu'ils ne méritent
» pas, par conséquent, d'être traités comme des criminels dangereux.

« Or, la législation qui résulte de la loi de 1889 est, sans distinction,
» très rigoureuse à leur égard. Elle crée, pour tous ceux d'entre eux
» qui ne sont pas irrémédiablement perdus, la situation la plus inaccep
» table et les expose, malgré tous les efforts qu'ils ont pu faire pour se
» relever, à se voir presque fatalement ramenés aux conditions les plus

» propres à les rejeter dans le désordre, par l'impossibilité de se créer
» une existence honnête..... »

307. — Et, continuant à développer sa pensée, l'orateur prétend, avec beaucoup de raison, que, maintenir ces dispositions de la loi de 1889, c'est se mettre en contradiction flagrante avec tous les efforts que fait la législation civile pour détourner de la récidive le condamné susceptible d'être relevé, et, en particulier, l'enfant.

308. — La législation civile, en effet, a, depuis quelques années, fait beaucoup dans ce sens. A l'étranger, comme chez nous, toutes les lois sont combinées, à l'heure actuelle, pour chercher à ressaisir le condamné en qui peuvent subsister encore de bons sentiments. Le meilleur moyen qu'on en trouve est de le séparer des éléments mauvais qui l'ont perdu et peuvent encore le corrompre.

La loi de 1875, sur le régime cellulaire, quel a été son but? Mais uniquement celui-là.

« Et la loi que vous avez faite récemment, » continue l'orateur, « cette
» loi de 1891, aujourd'hui si largement appliquée, qui permet au juge,
» après avoir prononcé la peine, de dispenser l'individu de subir le con-
» tact de la prison..... : quel a été son but? Si elle est bonne, et je crois
» qu'elle l'est, son but n'a-t-il pas été, avant tout, d'isoler l'homme qui
» a été accidentellement coupable de condamnés de profession qui
» achèveraient de le perdre?. . . . .

« Il y a deux cas qui appellent l'un et l'autre une modification spé-
» ciale de la loi. Pour le conscrit qui arrive avec sa classe au corps, tout
» en respectant la disposition, pourtant bien rigoureuse, qui le condamne
» à servir, au-delà d'une certaine durée de la peine subie, au bataillon
» d'Afrique, je demande simplement qu'il puisse, par une décision spé-
» ciale du Ministre de la Guerre, rendue après enquête sur sa conduite,
» être relevé de cette humiliation. . . . .

« Le second se rattache plus directement encore à la proposition qui
» vous est aujourd'hui soumise et que vous venez de voter. Cette seconde
» partie, en effet, est relative à l'article 59 et aux conditions mêmes de
» l'engagement volontaire que vous venez de modifier. Ici je demande
» tout simplement que les conditions du service militaire soient les
» mêmes pour l'engagé volontaire ayant subi certaines condamnations

» que pour le jeune soldat qui arrive au corps appelé par la loi avec sa
» classe. »

309. — Ainsi s'exprimait M. Bérenger ; son amendement, qui avait
rallié les signatures de MM. Jules Simon, Léopold Thézard, Eugène
Gouin, fut converti par le Sénat en projet de loi, sur un rapport de
M. Bardoux, au nom de la Commission de l'armée, les 13 et 21 juillet
1893. Ce projet était ainsi conçu :

« *Article unique.* — Les articles 5, 48, 59 de la loi du 15 juillet 1889
» sont modifiés ainsi qu'il suit :

« Article 5. — Les individus reconnus coupables... sont incorporés
» dans les bataillons d'infanterie légère d'Afrique.

« Toutefois, sur la proposition du préfet, et après enquête, l'autorité
» militaire pourra affecter à d'autres corps ceux de ces jeunes gens dont
» la conduite, depuis leur sortie de prison, aura été reconnue satisfai-
» sante. »

310. — Le projet ajoutait à l'article 5 un alinéa ainsi conçu : « D'une
» manière générale, les hommes qui ont été condamnés pour les faits visés
» à l'article 5, mais auxquels il aurait été fait application de la loi du
» 26 mars 1891, ne doivent pas être considérés comme condamnés, tant
» que leur peine aura été suspendue. »

« Article 48. — Les dispositions des deux derniers paragraphes seront
» appliquées aux hommes qui, après avoir quitté l'armée active, ont
» encouru les condamnations spécifiées à l'article 5.

« Toutefois, ces derniers ne seront affectés aux bataillons d'infanterie
» légère d'Afrique qu'un an après leur sortie de prison, et par une déci-
» sion du Ministre de la Guerre, rendue sur la proposition du préfet,
» après enquête sur leur conduite depuis ce moment.

« Les périodes d'exercice auxquelles ils pourraient être astreints, au
» cours de l'année qui suit leur sortie de prison, ne seront accomplies
» qu'après qu'il aura été statué sur leur affectation comme hommes de
» la disponibilité, de la réserve de l'armée active ou de l'armée terri-
» toriale. »

« Article 59. — L'engagé volontaire doit : 1° .....; 2° .....; 3° n'avoir
» jamais été condamné pour vol, escroquerie, abus de confiance, attentat
» aux mœurs et n'avoir subi aucune des peines prévues par l'article 5

» de la présente loi ; à moins qu'il ne veuille contracter son engagement
» pour un bataillon d'infanterie légère d'Afrique, ou qu'il ne justifie
» d'une décision prise par le Ministre de la Guerre, après enquête sur
» sa conduite depuis sa sortie de prison. La demande de l'intéressé
» sera transmise par le préfet qui y joindra son avis motivé. L'engage-
» ment ne sera reçu que pour cinq ans dans tout corps autre que les
» bataillons d'infanterie légère d'Afrique. »

311. — Sur ce projet, M. Léopold Thézard fit quelques observations :

« La modification votée à l'article 5 est conçue dans les termes que
» voici :

« *D'une manière générale, les hommes qui ont été condamnés pour les*
» *faits visés à l'article 5, mais auxquels il aurait été fait application de*
» *la loi du 26 mars 1891, ne doivent pas être considérés comme condam-*
» *nés, tant que leur peine aura été suspendue.*

« Ces mots — *d'une manière générale,* — qui sont en tête de cette
» disposition, semblent indiquer que cette règle nouvelle régit, non pas
» seulement la disposition même de l'article 5, mais toutes les autres
» dispositions de la loi modifiée, et notamment celle de l'article 59. En
» conséquence, j'entendrais cet article 59 sur l'engagement volontaire, en
» ce sens, que les jeunes gens condamnés pour n'importe quel délit, mais
» dont la peine aurait été suspendue, à raison de circonstances favora-
» blement appréciées par les tribunaux, en vertu de la loi du 26 mars
» 1891, auraient le droit de s'engager, sauf, bien entendu, approbation
» de M. le Ministre de la Guerre. L'article 59 ne comprendrait ainsi dans
» ses exclusions et dans ses limitations que ceux qui auraient été con-
» damnés purement et simplement, sans application de cette loi.

« Il résulterait de cette interprétation, qui, pour moi, résulte textuel-
» lement de l'addition que vous avez faite à l'article 5, que les jeunes
» gens qui ont eu le bénéfice de la loi Bérenger, quelles que soient les
» causes et l'étendue de leur condamnation, peuvent s'engager purement
» et simplement, même pour moins de cinq ans, même sans une enquête
» faite par le préfet.

« J'avoue que j'aurais accepté, *à priori,* une disposition moins large ;
» j'aurais parfaitement admis que ces jeunes gens, même condamnés

» avec application de la loi de suspension des peines, dès lors que les
» délits auraient eu en eux-mêmes une certaine gravité, fussent soumis
» à une enquête du préfet et qu'ils ne pussent s'engager que pour cinq
» ans.

« Mais, l'interprétation plus favorable qu'autorise le texte de la Com-
» mission est, en réalité, sans danger; car, du moment où tous les enga-
» gements sont subordonnés à l'appréciation de l'autorité militaire, il
» appartiendra à celle-ci de faire l'application de ces règles, de n'ad-
» mettre les engagements qu'en connaissance de cause et pour la durée
» qu'elle croira devoir fixer. Seulement, ce qu'il faut bien préciser et ce
» qui me paraît très utile à dire, sauf à y revenir en deuxième déli-
» bération (et sur ce point je m'en remets à la commission, qui pourra
» donner au texte tous les développements nécessaires), c'est que la loi
» autorisera les engagements volontaires dans l'armée, même ailleurs
» que dans les bataillons d'Afrique, pour les jeunes gens condamnés
» pour n'importe quelle cause, dès lors qu'ils auront obtenu le bénéfice
» de la loi Bérenger; mais en même temps, et comme correctif néces-
» saire, demeureront réservées dans tous les cas, l'appréciation et l'ap-
» probation de M. le Ministre de la Guerre, qui pourra toujours refuser
» l'engagement, ou en fixer les conditions, si, malgré l'application faite
» par les tribunaux de cette loi de faveur, l'intéressé ne lui paraît pas
» absolument digne de sa bienveillance. »

312. — Pour donner satisfaction aux observations de M. Thézard, la
Commission modifia le projet primitif et soumit au Sénat, dans la séance
du 21 juillet 1893, la rédaction que voici :

Article unique. — Les articles 5, 48 et 59 de la loi du 15 juillet 1889
» sont modifiés ainsi qu'il suit :

« Article 5. — Sont incorporés dans les bataillons d'infanterie légère
» d'Afrique :

« Les individus reconnus coupables de crimes et condamnés seule-
» ment à l'emprisonnement par application de l'article 463 du Code
» pénal;

« Ceux qui ont été condamnés correctionnellement à trois mois
» d'emprisonnement au moins, pour outrage public à la pudeur, pour
» délit de vol, escroquerie, abus de confiance ou attentat aux mœurs,

» prévu par l'article 334 du Code pénal, à moins que leur peine n'ait été
» suspendue par application de la loi du 26 mars 1891 ;

« Ceux qui ont été l'objet de deux condamnations au moins, quelle
» qu'en soit la durée, pour l'un des délits spécifiés dans le paragraphe
» précédent.

« Toutefois, sur la proposition du préfet, et après enquête, l'autorité
» militaire pourra affecter à d'autres corps ceux de ces jeunes gens dont
» la conduite, depuis leur sortie de prison, aura été reconnue satisfai-
» sante » *(Le reste de l'article sans changement)*.

« Article 48. — Les dispositions des deux derniers paragraphes seront
» appliquées aux hommes qui, après avoir quitté l'armée active, ont
» encouru les condamnations spécifiées à l'article 5.

« Toutefois, ces derniers ne seront affectés aux bataillons d'infan-
» terie légère d'Afrique qu'un an après leur sortie de prison, et par une
» décision du Ministre de la Guerre, rendue sur la proposition du préfet,
» après enquête sur leur conduite depuis ce moment.

« Les périodes d'exercice auxquelles ils pourraient être astreints, au
» cours de l'année qui suit leur sortie de prison, ne seront accomplies
» qu'après qu'il aura été statué sur leur affectation comme hommes de
» la disponibilité, de la réserve de l'armée active ou de l'armée terri-
» toriale. »

« Article 59. — L'engagé volontaire doit : 1° .....; 2° .....; 3° n'avoir
» jamais été condamné pour vol, escroquerie, abus de confiance, attentat
» aux mœurs et n'avoir subi aucune des peines prévues par l'article 5 de
» la présente loi, à moins qu'il ne veuille contracter son engagement
» pour un bataillon d'infanterie légère d'Afrique ou qu'il ne justifie d'une
» décision prise par le Ministre de la Guerre, après enquête sur sa con-
» duite depuis sa sortie de prison. La demande de l'intéressé sera trans-
» mise par le préfet qui y joindra son avis motivé. L'engagement ne
» sera reçu que pour cinq ans dans tout corps autre que les bataillons
» d'infanterie légère d'Afrique.

« Les mêmes dispositions sont applicables aux individus visés au
» troisième paragraphe de l'article 5, dans le cas où leur peine aurait
» été suspendue par application de la loi du 26 mars 1891. »

313. — Il ne nous paraît pas que, en réformant le texte du projet, la

Commission l'eût amélioré : au contraire! Avec la rédaction nouvelle, en effet, l'application de la loi Bérenger ne devait profiter qu'aux individus mentionnés en l'alinéa 3 de l'article 5, c'est-à-dire, aux individus condamnés à une peine correctionnelle de trois mois d'emprisonnement et au-dessus, et qui arrivent au corps avec la classe. Pour les engagés volontaires l'application de la loi Bérenger eût été de nul effet : elle ne leur évitait pas par elle-même les bataillons d'Afrique; l'engagement dans un corps ordinaire ne leur était ouvert qu'en vertu d'une décision du Ministre de la Guerre. L'eussent-ils souvent obtenue?

314. — Quant au dernier alinéa de l'article 59, il était d'une obscurité compacte. « Les individus visés au troisième paragraphe de l'article 5 » sont, comme nous venons de le dire, les jeunes gens condamnés à une peine correctionnelle de trois mois d'emprisonnement et au-dessus, et qui arrivent au corps avec la classe : or, quelles peuvent bien être les « dispositions » qui leur « sont applicables? »

315. — Ce nouveau texte répondait-il aux observations de l'honorable M. Thézard? traduisait-il surtout le sentiment profondément humanitaire auquel avait obéi M. Bérenger, en demandant au Sénat la modification des articles susvisés?

316. — Quoi qu'il en soit, transmis à la Chambre des députés, ce projet de loi fut renvoyé à la Commission de l'armée, dont le rapporteur, général Riu, déposa son rapport le 11 juillet 1894. Le rapporteur était hostile au projet; il estimait que la disposition de l'article 5 suffisait : « Après un séjour d'un an dans les bataillons d'Afrique, les hommes » qui seraient l'objet de rapports favorables de leurs chefs pourront être » renvoyés dans d'autres corps par le Ministre de la Guerre. » Mais nous savons que, dans la pratique, cette disposition est à peu près lettre morte.

317. — Le Conseil général de la Seine, dans sa séance du 20 mai 1895, adopta un vœu présenté par M. Clairin et demandant que le projet de loi voté par le Sénat, les 17 et 21 juillet 1893, soit mis dans le plus bref délai à l'ordre du jour de la Chambre des députés et voté par elle dans son intégralité.

318. — Cette réforme, si souvent demandée par M. Bérenger, a été enfin réalisée par la loi des 1er-4 mai 1897, *modifiant, en faveur des hommes*

*auxquels il aura été fait application de la loi du 26 mars 1891, les articles
5, 48 et 59 de la loi du 15 juillet 1889 sur le recrutement de l'armée.*
Elle est due à l'initiative de M. Paul Dussaussoy, qui déposa une proposition en ce sens sur le bureau de la Chambre, dans sa séance du 18 juin
1896. Votée sans discussion par la Chambre, le 2 avril 1897, transmise
au Sénat le 3 avril, elle fut définitivement adoptée, le 8 du même mois,
sur un rapport favorable de M. de Verninac.

319. — L'unique article qui la compose est ainsi formulé : « L'article
» 5 et les trois derniers paragraphes de l'article 48 de la loi du 15 juillet
» 1889 ne s'appliquent pas aux hommes qui auront bénéficié de la loi
» du 26 mars 1891.

« Les conditions prescrites aux paragraphes 3° et 4° de l'article 59
» de la loi du 15 juillet 1889 ne sont pas exigées des hommes ayant
» bénéficié de la loi du 26 mars 1891, qui contracteront des engagements
» volontaires de quatre ou cinq ans.

« En cas d'inconduite grave durant leur présence sous les drapeaux,
» ces hommes pourront, sur la proposition de leur chef de corps et par
» décision ministérielle, être envoyés aux bataillons d'infanterie légère
» d'Afrique, ou, en temps de paix, à des compagnies spécialement désignées, pour accomplir leurs périodes d'exercices.

« Les inscrits visés au paragraphe 2 de l'article 7 de la loi du 24
» décembre 1896 bénéficient des dispositions du présent article et
» peuvent également, en cas d'inconduite grave, recevoir, par décision
» ministérielle, une destination disciplinaire dans les mêmes conditions
» que les hommes du recrutement. »

« Cette loi a pour but, » lisons-nous dans le rapport de M. de Verninac, « de faire disparaître l'espèce d'antinomie qui existe entre les dispositions si humaines et si bienfaisantes de la loi de sursis et les prescriptions rigoureuses de la loi du 15 juillet 1889. . . . .

« Je n'ai pas à insister, ici, sur les considérations d'ordre si élevé
» sur lesquelles repose la loi Bérenger et qui en font, à mon avis, l'une
» des plus belles réformes introduites dans notre législation pénale. Il
» me suffira de rappeler que l'une des principales a été ce désir si généreux, mais en même temps si sage, de ramener au sentiment du devoir,
» par la menace de la peine qui reste suspendue sur sa tête, celui qui,

» après une première faute, est encore susceptible de relèvement, en le
» soustrayant à la promiscuité délétère de la prison. N'est-il pas évident
» que l'envoi de ce condamné sous condition dans un corps de troupe
» en grande partie composé de repris de justice va directement contre
» l'esprit, sinon contre la lettre, de la loi de 1891? Car le contact démo-
» ralisant qu'elle a voulu épargner au condamné conditionnel l'est cer-
» tainement, bien qu'à un degré moindre, à la caserne comme à la pri-
» son, et, d'autre part, la tache résultant de la condamnation portée sur
» le casier judiciaire, que la loi Bérenger a voulu effacer de plein droit,
» au bout de cinq ans d'une conduite sans reproche, ne sera-t-elle pas
» remplacée par la flétrissure indélébile portée sur le livret individuel
» du soldat qui aura servi dans les *zéphyrs?*...

« La proposition qui vous est soumise vise aussi le cas de l'engage-
» ment volontaire (§ 2). Aux termes de l'article 59 de la loi du 15 juillet
» 1889, la faculté de contracter un engagement volontaire est considérée
» comme une faveur réservée à ceux qui n'ont jamais encouru de con-
» damnations. La logique rigoureuse aurait conduit à affranchir com-
» plètement de ces dispositions les condamnés ayant bénéficié de la loi
» Bérenger. Toutefois, les auteurs de la proposition ont pensé que, le
» nombre des engagements de trois ans autorisés chaque année étant
» extrêmement limité, il fallait réserver cette faveur aux jeunes gens
» dont la conduite a toujours été irréprochable et n'admettre les con-
» damnés conditionnels qu'à contracter des engagements de quatre ou
» cinq ans. »

320. — Cette loi a été complétée par deux circulaires ministérielles :
l'une du 23 juin 1897 (*Bulletin officiel du Ministère de la guerre*, 97, part.
règlem., p. 880), l'autre du 29 juillet 1897 (*Journal Officiel* du 30 juillet).

321. — Il est une autre mesure qui, sans rien bouleverser dans notre
législation, pourrait produire de bons effets.

Les bataillons d'Afrique, dispersés dans tout le Sud de l'Algérie et de
la Tunisie le Kreider, Laghouat, le Keftales, Batna, fournissent de
nombreux détachements. L'autorité militaire pourrait, peut-être, faire
un choix et réunir dans certaines compagnies ceux qui, n'ayant pas été
jugés dignes de servir en France, ne sont pas cependant absolument
réfractaires à toute idée de redressement. On éviterait ainsi de mauvais

exemples et des fréquentations pernicieuses. Ceux qui se conduiraient mal seraient renvoyés au bataillon, de même que ceux du bataillon qui se conduiraient mieux seraient renvoyés dans les compagnies spéciales.

322. — En 1892, le Comité de défense des enfants traduits en justice émettait le vœu « que M. le Ministre de la Guerre étudie s'il n'y a pas
» moyen d'affecter dans les bataillons d'infanterie légère d'Afrique des
» compagnies spéciales aux mineurs désignés dans l'article 5, qui ont été
» condamnés avant l'âge de seize ans, que ces compagnies soient sépa-
» rées des autres compagnies du bataillon, comme résidence, et que l'in-
» corporation dans ces compagnies n'ait jamais lieu qu'après une enquête
» favorable. »

323. — Des considérations d'ordre militaire ont fait repousser jus-
qu'à ce jour les efforts des sociétés de patronage, qui, désireuses de chercher le salut de l'adolescent dans la discipline militaire, auraient voulu, au moins, atténuer l'absolutisme de la loi, en donnant au Ministre de la Guerre le droit d'accorder des dispenses aux sujets les plus méritants.

324. — Ainsi, nous pensons qu'il faut bien se garder de reculer à dix-huit ans l'âge de la majorité pénale : la réforme à réaliser, d'après nous, consiste à permettre à l'autorité militaire, dans certains cas, de recevoir les engagements dans les corps de troupe réguliers et faire dans les bataillons d'Afrique certaines catégories.

325. — Néanmoins, nous devons reconnaître que beaucoup de crimi-
nalistes, en présence de la fâcheuse influence de la prison sur les jeunes condamnés, proposent de reporter la majorité pénale à l'âge de dix-huit ans : « Ce ne sont pas les théoriciens, » fait observer M. Guillot, « qui
» ont formulé ce vœu présenté pour la première fois en 1832, à l'oc-
» casion de la réforme du Code pénal. Ce sont, au contraire, les hommes
» pratiques, dont les opinions se sont formées au contact des faits, et
» qui ont constaté par l'observation journalière combien sont terribles
» les conséquences résultant d'une condamnation prononcée au début
» de la vie, à l'occasion d'un fait souvent bien minime : ce fait consti-
» tuant un délit, les juges sont bien obligés de le punir de la prison,
» pour obéir à la loi, mais ils regrettent en même temps qu'une autre
» solution ne soit pas à leur disposition.

« C'est ainsi que, dans les travaux d'une Commission qui, en mars
» 1870, s'occupa du régime des établissements pénitentiaires et dont les
» intéressantes délibérations furent arrêtées par les évènements de Sep-
» tembre, la thèse du recul de la majorité fut soutenue par tous les
» hommes mêlés à la pratique, soit comme magistrats, soit comme
» administrateurs ou directeurs de patronages, et, à son tour, le rapport
» de la grande enquête de 1875 sur le régime pénitentiaire se rattachait
» à cette opinion. »

326. — Au Congrès de Saint-Pétersbourg, M. Albert Rivière, secrétaire général de la Société des prisons, émettait une proposition dans le
même sens.

327. — Au Congrès d'Anvers de 1894, M. Flandin, vice-président du
Tribunal de la Seine, chargé du rapport sur la quatrième question de la
première section, avait demandé l'adoption de quatre propositions dont
la troisième était ainsi conçue : « Dans les pays où la majorité pénale
» commence à l'âge de seize ans, il serait utile de reculer à l'âge de dix-
» huit ans le point de départ de cette majorité. » Il est vrai que le Congrès d'Anvers de 1894 n'a formulé aucun vœu à ce sujet.

328. — Mais, depuis, la proposition a été reprise et accueillie favo-
rablement : la quatrième section du Congrès pénitentiaire international,
réuni à Paris en Juillet 1895, avait à étudier le question suivante :

Question I. — En ce qui concerne les jeunes garçons, ne convient-il
pas de reculer la limite de la minorité pénale jusqu'à l'âge de l'engagement militaire? (Il faut entendre par minorité pénale la période pendant
laquelle le juge peut prononcer l'acquittement pour manque de discernement, sauf envoi dans un établissement d'éducation correctionnelle).

Sur cette question, la quatrième section du Congrès a émis le vœu
suivant :

« Il convient de fixer la limite de la minorité pénale à l'âge de dix-
» huit ans, à condition que les enfants envoyés dans une maison d'édu-
» cation correctionnelle après l'âge de seize ans ne seront pas confondus
» avec les autres. »

329. — Mais il est à croire qu'une imposante minorité avait dû s'opposer à l'adoption de ce vœu ; car, sur les neuf congressistes chargés de
présenter des rapports au sujet de cette question, cinq se déclarèrent

pour la négative : MM. Cluze (France), Drill (Angleterre), Joly (France), Mullot et Nassoy (France); deux n'exprimèrent pas une opinion bien catégorique : MM. Ferreira-Deusdado (Portugal) et Mauchamp (France); deux, enfin, admirent l'affirmative : MM. Lefuel (France) et Lizzini (Italie).

« En se plaçant au point de vue exclusif de l'amendement à obtenir » pour les pupilles dans les établissements d'éducation correctionnelle, » je ne pense pas, » dit M. Ph. Cluze, « qu'il y ait lieu de reculer la » limite de la majorité pénale jusqu'à l'âge de l'engagement militaire. »

330. — M. Drill, résumant son substantiel rapport, énonce douze propositions, dont la première est ainsi conçue : « *Jusqu'à l'âge de seize* » *ans révolus*, il ne saurait être question de responsabilité pénale, au » sens propre du mot : elle doit être remplacée par l'éducation forcée.

331. — M. Ferreira-Deusdado rapporte, en la faisant sienne, l'opinion du directeur des *Ateliers de Saint-Joseph* d'Oporto : « **La** limite » d'âge ne doit pas dépasser seize ans. Le discernement existe avant cet » âge, bien que le délinquant n'ait reçu aucune éducation, et ce serait » une absurdité que de reculer la limite d'âge jusqu'au moment où le » jeune homme est appelé au service militaire. »

332. — M. Henri Joly combat la question pour des raisons de principe et pour des raisons d'application et de pratique.

333. — *Au point de vue des principes :* les adolescents, en effet, sont de plus en plus précoces; « ils vont en plus grand nombre à l'école, » qu'on a déclarée obligatoire et qu'on a mise à la portée de tous; ils » entrent plus tôt dans les rangs des travailleurs rémunérés; bref, ils » prennent plus vite part aux avantages, aux plaisirs, aux habitudes » bonnes ou mauvaises de la société adulte. Si un adolescent de plus de » seize ans n'a pas le discernement de ce qu'il fait, c'est qu'il a décidé- » ment une tare physiologique et qu'il y a lieu, s'il est dangereux, de » l'enfermer dans un asile, sur l'attestation régulière des médecins. Mais » déclarer qu'un adolescent de dix-sept ans est normal, qu'il n'est point » malade d'esprit et que, cependant, il manque du discernement du bien » et du mal, c'est là, je crois, une contradiction difficile à soutenir. Elle » est difficile à soutenir pour la société en général, qui s'est chargée, non » seulement de l'instruction ordinaire, mais de l'instruction morale et

» civique des enfants et qui tient leur éducation primaire pour ter-
» minée bien avant seize ans. Elle est difficile à soutenir pour la justice
» dont toutes les décisions doivent être rationnelles et sans détours. »

334. — *Au point de vue pratique :* on gâtera, en effet, les maisons
de correction par des mélanges dont elles ne peuvent pas ne pas souffrir; le peu de durée de la détention pour les prévenus de seize à dix-
huit ans empêchera toute réforme sérieuse.

335. — Ecoutons M. Mullot : « Autant j'ai la ferme conviction », dit-il,
« qu'il n'est pas bon de frapper d'une condamnation le mineur de seize
» ans, à tout le moins le mineur simplement délinquant, et que la seule
» mesure rationnelle à prendre à son égard est l'envoi en correction de
» longue durée, autant je serais hésitant à admettre la prolongation de
» la minorité pénale. »

336. — « En France, » continue M. Nassoy, « la minorité pénale cesse
» pour le jeune garçon qui a plus de seize ans. Serait-il désirable que
» cette minorité fût reculée jusqu'à l'âge de l'engagement militaire? Nous
» ne le croyons pas : ceux, en effet, qui, pendant de longues années, se
» sont consacrés à l'éducation des pupilles de nos colonies deviennent
» malgré eux fort sceptiques pour l'irresponsabilité déclarée des jeunes
» garçons, lorsqu'ils ont atteint seulement l'âge de quatorze ans... » (1)

337. — Donc, si les efforts de la majorité des jurisconsultes semblent
combinés pour faire reporter la majorité pénale à l'âge où les engagements militaires peuvent être contractés, c'est-à-dire, à l'âge de dix-huit
ans, des hommes considérables s'opposent à ce qu'on modifie le *statu
quo*. En nous rangeant à l'avis de ces derniers, nous nous croyons en
bonne compagnie; nous le répétons, cette réforme ne nous paraît pas
nécessaire; elle est même inutile depuis que le projet de loi déposé par
M. Bérenger en 1893 a été repris et voté. Et puis, soyons plus vigilants,
plus humains *pour les enfants de moins de seize ans :* alors, *pour les
enfants de seize à dix-huit ans,* le problème deviendra moins aigu. Les
mesures individuelles de clémence suffiront aux cas exceptionnels, sans

---

(1) V⁵ Congrès pénitentiaire international (Paris, 1895) : Rapports de la quatrième section, p. 7 à 48.

qu'il soit nécessaire d'introduire dans nos lois un principe au moins très douteux.

338. — Les limites vraies de la pleine responsabilité sont impossibles à établir. Il est certain cependant que, en fixant des conditions et un âge, la loi exerce sur les imaginations et sur les croyances une action positive.

Les gens qni se savent « excusables » d'après le Code, se tiennent tous pour « excusés » d'avance ; et ils comptent tous sur un acquittement qui, d'ailleurs, leur fait de moins en moins défaut.

Reculer sans raison évidente et sans nécessité pressante l'âge de la responsabilité légale, c'est reculer l'époque où l'adolescent est prévenu qu'il doit compter sur les justes exigences de la société et se surveiller en conséquence. C'est lui donner encore une sorte de répit dont malheureusement, à l'heure présente, il n'est que trop porté à abuser.

Section III. — Ne faudrait-il pas que, de seize à vingt et un ans, les peines fussent adoucies ?

339. — Mais, nous dira-t-on, admettons qu'on ne doive pas reculer à dix-huit ans la limite de la majorité pénale : n'y aurait-il pas lieu, au moins, d'adoucir, à l'égard des malfaiteurs qui ont plus de seize ans et moins de vingt et un ans, les rigueurs de la pénalité ordinaire ?

340. — On a fait valoir, en faveur de l'affirmative, des considérations d'un ordre très élevé, puisées beaucoup plus, nous le craignons, dans les tranquilles méditations du cabinet et un sentimentalisme louable que dans la pratique des affaires criminelles.

341. — D'abord, dit-on, un grand nombre de législations étrangères ont adopté une période intermédiaire entre l'âge où le délinquant est considéré comme responsable de ses actes et l'âge de la majorité civile. Elles abaissent dans une certaine mesure, pendant cette période, le niveau habituel des peines.

342. — Et puis, à seize ans, la culpabilité est-elle complète ? Peut-on faire arriver dès lors cette imputabilité, qui est certaine, avec ses conséquences les plus graves, avec toutes les rigueurs de la loi pénale ordinaire, contre une personne dont la raison n'est pas jugée suffisante pour discerner régulièrement les intérêts? N'y aurait-il pas en cela contradiction et injustice? Cette raison n'est pas complète et toute développpée, puisque la capacité civile ne lui est pas même reconnue : comment la culpabilité serait-elle pleine et entière? Bien que la notion du juste domine dans le discernement du délit social, celle de l'utile y est aussi mêlée essentiellement : attendez donc, pour marquer le niveau commun, la plus haute aptitude de culpabilité, que l'une et l'autre de ces notions soient perçues entièrement et exactement par la raison humaine.

343. — D'ailleurs, le législateur semble avoir reconnu lui-même que l'âge de seize ans ne peut former une majorité absolue en matière criminelle et que le principe du Code ne répond pas à tous les besoins de la justice. C'est ainsi que, dans la loi du 27 mai 1885, article 6, il dispense de la relégation les jeunes gens qui n'ont pas atteint vingt et un ans à l'expiration de leur peine.

344. — Dans la loi du 15 avril 1898, *portant modification du décret-loi disciplinaire et pénal du 24 mars 1852, concernant la marine marchande*, on trouve des dispositions analogues : l'article 65 du décret-loi, modifié par la loi nouvelle, qui punit la désertion dans un port de France de la peine de quinze jours à six mois d'emprisonnement, réduit le maximum à deux mois, en faveur des « *déserteurs âgés de moins de vingt et un ans;* » — l'article 66, qui prononce contre la désertion dans un port étranger, la peine d'un mois à un an de prison, abaisse également à trois mois le maximum de cette peine, en faveur des « *déserteurs âgés de moins de vingt et un ans.* »

345. — Le Code lui-même ne punit le ravisseur âgé de moins de vingt et un ans que de la peine de deux à cinq ans d'emprisonnement, au lieu de la peine des travaux forcés à temps qu'il inflige au ravisseur plus âgé.

De même, l'ancien article 22 dispensait de l'exposition publique les condamnés mineurs de dix-huit ans.

346. — Mais, pourquoi ces seules exceptions? N'y aurait-il pas les mêmes motifs de les étendre à la peine de mort et peut-être même encore aux peines perpétuelles? « Si la peine de mort, » dit M. Haus, « est » encore une triste nécessité, du moins elle doit être restreinte à un

» très petit nombre de cas. La vivacité des passions qui animent la jeu-
» nesse, l'absence, à cet âge, d'une perversité endurcie, la certitude de
» parvenir à l'amendement de l'accusé, tout commande à la société d'user
» d'indulgence envers de pareils coupables et de ne pas les envoyer au
» supplice. La peine de mort, exécutée sur des individus de cet âge,
» serait un acte affligeant pour l'humanité et qui n'aurait jamais l'assen-
» timent de la conscience publique : *Miseratio aetatis ad miliorem poenam
» judicium producere debet.* On objectera, peut-être, le système des cir-
» constances atténuantes et l'exercice du droit de grâce. Mais, si l'on doit
» convenir que, dans aucun cas, la peine de mort ne doit être appliquée
» à de jeunes criminels au-dessous de l'âge indiqué, pourquoi la loi ne
» le déclarerait-elle pas formellement? »

Les mêmes raisons pourraient encore être alléguées à l'égard des
peines perpétuelles appliquées à des mineurs de dix-huit et même de
vingt et un ans : car, d'une part, la jeunesse du coupable atténue nécessairement sa faute, et, d'un autre côté, cette jeunesse elle-même ne fait
qu'aggraver la mesure d'une peine qui saisit le coupable à son entrée
dans la vie et le suit jusqu'au tombeau.

347. — Un autre motif vient militer encore pour une atténuation :
c'est l'inégalité d'une peine perpétuelle appliquée à la fois à un mineur
de dix-huit ans et à ses complices plus âgés.

Ce dernier motif est énergiquement développé dans les *Pensées d'un
prisonnier*, livre I, chapitre 7 : *des Peines perpétuelles* : « Un crime a été
commis et deux misérables y ont pris part : quelle peine leur allez-vous
infliger? Une peine égale n'est-ce pas? C'est fort bien! Cependant, l'un
des deux a conçu, résolu, préparé, suggéré le crime, l'autre y a seulement aidé : n'y faites-vous pas de différence?

— Non, la loi n'en fait pas : le complice du crime sera puni comme
son auteur!

— C'est fort bien! Et cette peine égale, enfin, quelle est-elle? Les
galères à perpétuité?

— A perpétuité!

— Pour l'un et pour l'autre?

— Pour l'un et pour l'autre!

— Attendu que la peine doit être égale, n'est-il pas vrai?

— Oui, parce que la peine doit être égale !

— C'est fort bien ! Mais s'ils sont d'âges inégaux ?...

— Je ne puis rien à cela !

— L'un n'a que vingt ans, l'autre en a soixante...

— Je ne puis rien à cela !

— Et celui qui en a soixante est l'instigateur du crime...

— Je ne puis rien à cela !

— Et l'instigateur du crime est incomparablement plus coupable que le jeune insensé dont il a séduit et égaré l'inexpérience...

— Je ne puis rien à cela !

— Vous n'y pouvez rien, juste Dieu ! Mais le plus coupable, qui va mourir tout à l'heure, n'aura que quelques jours de galères et le moins coupable, qui n'est qu'au commencement de sa vie, en aura de vos galères durant cinquante ans ! Et voilà ce que vous appelez des peines égales ! Et voilà pour quelle égalité merveilleuse vous condamnez uniformément à perpétuité ! »

348. — Toutes ces raisons ne sont pas capables d'opérer notre conversion et, sur ce point, comme sur les deux précédents, nos préférences sont pour le système du Code pénal.

349. — Le premier argument, tiré de l'exemple des nations étrangères n'en est pas un, tant qu'on ne nous aura pas démontré que, en agissant ainsi, les nations étrangères ont réalisé un progrès. Bien au contraire, une modification du Code pénal dans le sens demandé constituerait, à nos yeux, un véritable danger social. Sans doute, il est facile d'écrire de belles phrases sur l'inexpérience, l'ardeur et l'emportement de la jeunesse, sur la pitié qu'on lui doit ; il est facile de faire appel aux sentiments d'humanité. Mais le législateur ne doit pas s'appuyer uniquement sur des considérations semblables : c'est à l'observation des faits qu'il doit particulièrement s'astreindre. Or, les faits ont une douloureuse éloquence ; les statistiques criminelles nous révèlent que les malfaiteurs les plus nombreux et les plus dangereux, se rencontrent dans la période qui va de seize à vingt-cinq ans. On nous dit qu'il faut faire une part à la jeunesse pour l'emportement avec lequel elle conçoit ses projets, pour la légèreté avec laquelle elle les exécute ; on nous dit encore que, à l'âge de seize ans, la raison n'est pas toujours assez froide, l'imagination assez maîtrisée, l'esprit assez lucide pour comprendre le crime, pour en calculer les suites et les périls. Nous voudrions bien que cela fût la réalité! Malheureusement, quand on fréquente le monde des prisons, on perd vite toute illusion. En règle générale, le délinquant, entre seize et vingt et un ans, comprend parfaitement le mal et les conséquences qui en résultent; souvent même, il semble en avoir le génie et il arrive qu'on reste confondu, effrayé. devant la précocité des instincts pervers, l'habileté, l'audace inouïe des jeunes malfaiteurs. A vrai dire, les « inexpérimentés » dont on nous parle deviennent de plus en plus l'exception, — *apparent rari*! — surtout dans les grandes villes.

350. — Et l'on voudrait abaisser le niveau des peines pour cette catégorie de criminels? — A quoi bon, puisque les rigueurs actuelles, contre lesquelles on s'élève si vivement, sont incapables d'arrêter le flot montant du crime?... D'ailleurs, la loi réserve la peine de mort et les peines perpétuelles aux infractions les plus graves, à celles qui accusent précisément une perversité spécialement développée. Qu'on nous parle d'entraînement, de fougue juvénile, quand il s'agit de délits peu graves ou de crimes tels que viols, attentats aux mœurs, coups et blessures ayant entraîné la mort sans intention de la donner..., nous l'admettons volontiers; mais il est impossible d'invoquer ces excuses pour des crimes qui font frémir d'horreur et attestent la préméditation, tels que le parricide, l'assassinat, l'empoisonnement, l'infanticide, le vol dans les cas prévus par les articles 381, 382 *in fine*, 383-alinéa 1 du Code pénal... Rien n'atténue de pareils forfaits et le juge doit pouvoir toujours appliquer une peine proportionnée à leur énormité.

351. — En outre, ou bien le jeune délinquant est un récidiviste, ou bien il comparaît pour la première fois devant la justice. S'il est récidiviste, il ne mérite guère d'intérêt; il obéit à l'entraînement du vice plutôt qu'à l'entraînement de l'âge. S'il en est à sa première faute, notre législation pénale fournit au juge les moyens de faire la part de la jeunesse aussi large que possible. Les circonstances atténuantes permettent une application toute bénigne, à son égard, des articles visés par la poursuite du ministère public, et l'application de la loi de sursis vient le plus souvent transformer la condamnation en un simple avertissement. En un mot, le système actuel donne, pour ainsi dire, au juge la faculté de suivre la gamme chromatique des responsabilités : n'est-ce pas assez dire qu'il est le meilleur possible?

352. — Quant à l'argument tiré de l'inégalité d'une peine perpétuelle appliquée à la fois à un mineur de dix-huit ans et à ses complices plus âgés, c'est un pur sophisme. Notons d'abord que la même remarque pourrait être faite toutes les fois que les acteurs d'un crime sont d'âges inégaux. Sans doute, l'un des condamnés mourra avant les autres; mais cette circonstance, essentiellement contingente, prouvera-t-elle qu'il a été moins rigoureusement frappé? Aucunement!... Ce qui fait la gravité des peines perpétuelles, c'est précisément ce caractère de perpétuité, en vertu duquel elles accompagnent l'homme jusqu'au tombeau. La durée de l'existence est un facteur qui ne peut entrer, ici, en ligne de compte : que le condamné vive cinq, dix, quinze, vingt, cinquante ans, peu importe! le fait de mourir au bout de peu d'années n'empêchera pas que la peine ait été perpétuelle à son égard. Ce caractère de perpétuité est absolu. Perpétuel veut dire : « qui dure indéfiniment » : ce terme exclut toute idée de mesure : une chose est perpétuelle ou elle ne l'est pas, mais elle ne l'est pas plus ou moins : c'est donc s'exprimer inexactement que de parler de l'inégalité d'une peine perpétuelle.

353. — A un autre point de vue, les peines perpétuelles, — mort, travaux forcés à perpétuité, déportation, — ne sont, au fond, que l'exclusion de la société sous trois noms différents, avec effusion de sang dans le premier cas, sans effusion de sang dans les deux autres. L'exclusion de la société : voilà, en réalité, ce qui frappe le condamné, toutes les fois que la loi prononce contre l'acte dont il s'est rendu coupable l'une des peines que nous venons d'énumérer. C'est là encore une mesure exclusive de toute idée de plus ou de moins, — on est exclu ou on ne l'est pas, — une mesure qui, par conséquent, frappe d'une manière égale tous ceux qu'elle atteint. La durée plus ou moins longue de la vie n'ajoutera rien à la rigueur de la condamnation prononcée.

354. — D'ailleurs, l'inégalité qu'on prétend exister au détriment du mineur de vingt et un ans se produira aussi au préjudice du complice plus âgé, si le mineur vient à mourir le premier; elle se rencontrera même dans les peines temporaires toutes les fois qu'un condamné décède avant son compagnon.

355. — En résumé, nous ne voyons aucune raison plausible de modifier le *statu quo*, tandis qu'il en existe, au contraire, de sérieuses pour le maintenir : telle est du moins notre opinion.

CHAPITRE IV

Le Mineur, au point de vue des juridictions appelées à le juger

356. — Nous venons de voir que notre Code pénal a fait au mineur de seize ans une situation tout à fait à part, en ce sens que, avant l'accomplissement de sa seizième année, le mineur délinquant est présumé irresponsable : l'application d'une peine est subordonnée à l'établissement préalable de la culpabilité. Au-dessus de seize ans, c'est la présomption contraire que nous trouvons établie.

357. — Nous arrivons, dans ce chapitre, à l'exposé d'un second privilège, créé par la loi en faveur du mineur, et que nous appellerons *le bénéfice de compétence* : il est établi par l'article 68 du Code pénal, dont nous allons, au préalable, reproduire la teneur : « *L'individu âgé de* » *moins de seize ans, qui n'aura pas de complice présent au-dessus de cet* » *âge, et qui sera prévenu de crimes autres que ceux que la loi punit de la* » *peine de mort, de celle des travaux forcés à perpétuité, de la peine de la* » *déportation ou de celle de la détention, sera jugé par les tribunaux cor-* » *rectionnels, qui se conformeront aux deux articles ci-dessus.* »

358. — Le mineur qui se trouvera dans les conditions exigées par cet article, sera donc justiciable de la police correctionnelle et non de la Cour d'assises : c'est ce que nous allons étudier dans une première section.

Une deuxième section sera consacrée à la question de savoir s'il y a lieu de modifier les règles de procédure pénale qui régissent les poursuites dirigées contre les enfants.

Section I. — Quelle est la juridiction chargée de statuer sur les crimes et les délits des mineurs de seize ans?

359. — Le Code pénal de 1810, en classant les infractions en trois catégories : crimes, délits et contraventions, avait créé, en même temps, trois sortes de tribunaux. Aux Cours d'assises étaient déférés les crimes; les tribunaux correctionnels connaissaient des délits; enfin, les tribunaux de simple police prononçaient sur les contraventions. Mû par le désir d'assurer l'unité et la simplicité des lois de procédure, le législateur n'avait attribué à la minorité de seize ans aucune influence sur les règles de la compétence : il se contentait de réduire, en faveur des mineurs, toutes les peines criminelles à un emprisonnement correctionnel, dont les limites extrêmes étaient un an et vingt ans.

360. — Mais renvoyer devant la Cour d'assises des individus qui ne pouvaient jamais être frappés que de peines correctionnelles, n'était-ce pas illogique? Beaucoup le pensèrent et ne ménagèrent pas leurs critiques à la nouvelle législation; on la trouvait contradictoire et contraire au bon sens, si bien qu'on avait essayé de soutenir que, d'après les seules dispositions du Code d'instruction criminelle et du Code pénal, l'individu âgé de moins de seize ans, qui avait commis un fait qualifié crime, ne devait pas toujours être renvoyé devant la Cour d'assises. On s'appuyait sur ce que les accusés âgés de moins de seize ans pouvaient, à raison de cette circonstance, n'être punis que de peines correctionnelles, aux termes de l'article 67 du Code pénal, et on en concluait qu'ils devaient, pour ce motif, être renvoyés devant le tribunal correctionnel. Un arrêt en ce sens de la Cour impériale de Paris, rendu le 2 mars 1811, avait renvoyé devant le tribunal de police correctionnelle deux mineurs, Daniel Nonès et Ferdinand Macet, prévenus d'un vol commis de complicité dans une maison habitée, crime puni de la réclusion par l'article 386 du Code pénal. Sur les conclusions de M. Merlin, procureur général impérial, la Cour de cassation annula l'arrêt rendu par la Cour de Paris, pour les motifs suivants : la peine de la réclusion étant une peine afflictive et infamante (art. 7, C. pén.), il s'ensuivait que le vol en question était un crime (art. 1, C. pén.); ainsi, la connaissance en appartenait aux Cours criminelles, aux termes de l'article 231 du Code d'instruction criminelle de 1808, et les prévenus ne pouvaient être soustraits à la poursuite criminelle à raison de leur âge, puisque cette circonstance d'âge devait, selon les articles 340 et 346 du Code d'instruction criminelle, donner matière à une question dont la décision entrait dans les attributions du jury, et qu'il ne peut y avoir de jury que dans les affaires qui s'instruisent criminellement devant les Cours d'assises. La Cour de cassation concluait de ce qui précède que, en renvoyant lesdits prévenus devant le tribunal de police correctionnelle, la Cour de Paris avait violé les règles de compétence établies par la loi (1).

361. — La loi du 25 juin 1824 vint apporter une dérogation aux règles générales de la compétence et donner satisfaction à l'opinion publique qui, dès cette époque, commençait à s'intéresser à toutes les questions touchant à l'enfance coupable. Elle a eu pour résultat de faire juger par les tribunaux correctionnels des procès dans lesquels on ne pouvait jamais prononcer que des condamnations correctionnelles. Voici, au surplus, ce que disait à la Chambre des députés M. de Peyronnet, alors Garde des Sceaux, dans l'exposé des motifs de l'article 1er de cette loi : « Quoi de plus convenable et même de plus régulier que de faire » juger par les tribunaux correctionnels des procès dans lesquels on ne » peut jamais prononcer que des condamnations correctionnelles? Quoi » de plus convenable que de soustraire à la honte et à la solennité des » jugements criminels les accusés qui n'ont pas atteint l'âge d'homme, » et auxquels, au lieu de supplices, la loi n'inflige encore que des cor- » rections? Quoi de plus utile que d'abréger pour eux le temps de leur » première détention, ce temps dangereux pendant lequel, retenus » nécessairement dans les maisons d'arrêt, ils restent confondus avec » les autres accusés dont on instruit le procès, et reçoivent avec tant de » facilité les enseignements du vice et du crime? »

362. — Malgré la vive opposition du général Foy, qui voyait dans cette disposition une première atteinte au jury, la réforme proposée fut

---

(1) Cass., 4 avril 1811 : Sirey, 1811, 1, 243.

adoptée. Toutefois, elle n'a pas été regardée par tous les criminalistes comme une faveur faite au mineur. D'aucuns se sont demandé si les jurés ne sont pas plus aptes que les juges correctionnels à connaître des crimes des mineurs et à apprécier les questions de moralité et de discernement : « Il est à craindre, » disent MM. Chauveau et Hélie (1), « que les » tribunaux correctionnels, juges permanents, n'apportent, dans le juge- » ment de ces accusés, ces règles fixes que la jurisprudence établit, et » qui peuvent entraîner une fausse appréciation du fait et de l'accusé. » Les jurés ne sont-ils pas les juges naturels des accusés de moins de » seize ans comme des autres accusés? Auraient-ils moins d'indulgence » et de paternité? Un grand inconvénient de ce changement de juridic- » tion est, d'ailleurs, d'apporter dans cette compétence des hésitations » et des difficultés qui embarrassent des règles qui devraient être évi- » dentes pour tous. »

363. — Tel n'est pas notre sentiment. D'abord, nous considérons comme ne reposant sur aucun fondement, le reproche adressé aux juges correctionnels d'être moins portés à l'indulgence que les jurés. D'un autre côté, les jeunes accusés ont tout intérêt, pour la sauvegarde de leur avenir, à ce qu'on fasse autour de leur nom le moins de bruit possible. Or, les audiences de la Cour d'assises offrent beaucoup de solennité, et la publicité qui les entoure est autrement grande que celle qui s'attache aux audiences correctionnelles. Enfin il y aura souvent lieu de ne soumettre le mineur qu'à des mesures d'éducation, et le tribunal sera mieux à même de prendre une décision à cet égard.

364. — Quoi qu'il en soit, l'article 1er de la loi du 25 juin 1824 était ainsi conçu : « Les individus âgés de moins de seize ans, qui n'auraient » pas de complices au-dessus de cet âge, et qui seraient prévenus de » crimes autres que ceux auxquels la loi attache la peine de mort, celle » des travaux forcés à perpétuité, ou celle de la déportation, seront jugés » par les tribunaux correctionnels. »

365. — C'est à la suite de la revision du Code pénal, en 1832, que cet article, légèrement modifié, est devenu l'article 68 du Code pénal.

---

(1) *Théorie du Code pénal,* t. I, p. 520.

Cette substitution a été expliquée, lors de la discussion de la loi de revision, dans les termes suivants : « L'article 1er de la loi du 25 juin 1824 » a déféré aux tribunaux correctionnels les mineurs de seize ans qui se » seraient rendus coupables de crimes autres que ceux auxquels la loi » attache la peine de mort, celle des travaux forcés à perpétuité ou celle » de la déportation. Cette loi devait trouver place dans le projet actuel. » Nous avons pensé que cette disposition ne trouvait pas convenablement » sa place à la suite de l'article 67, qu'il fallait qu'elle fût complètement » isolée de cet article, afin qu'on pût trouver plus facilement les rap- » ports qu'elle a essentiellement tout à la fois avec ce dernier article et » l'article précédent. Il fallait donc trouver une autre place. Cette place » est naturellement celle de l'article 68, qui devient sans objet, au moyen » d'une disposition que vous avez adoptée précédemment » (1).

366. — Voici maintenant le nouvel article 68 : « L'individu âgé de moins » de seize ans, qui n'aura pas de complices *présents* au-dessus de cet » âge, et qui sera prévenu de crimes autres que ceux auxquels la loi » attache la peine de mort, celle des travaux forcés à perpétuité, la » peine de la déportation, ou celle de la détention, sera jugé par les tri- » bunaux correctionnels, qui se conformeront aux articles ci-dessus. »

367. — Cette rédaction diffère à deux points de vue de celle de l'article 1er de la loi de 1824, sur laquelle, par ailleurs, elle est calquée littéralement :

1° Pour que le mineur soit jugé par la Cour d'assises, il ne suffit plus qu'il ait un ou des complices : il faut encore la présence de ces derniers ;

2° Il ajoute aux cas réservés à la Cour d'assises les crimes punis de la peine de la détention.

368. — Aujourd'hui, la règle est donc que le mineur, qu'il ait commis un crime ou un délit, doit être jugé par les tribunaux correctionnels. Cette règle, qui n'est qu'une exception au droit commun, comporte elle-même plusieurs exceptions. Le mineur est justiciable de la Cour d'assises :

---

(1) L'ancien article 68, abrogé par la loi du 28 avril 1832, supprimait, pour les mineurs, la peine de l'exposition publique. — Chauveau et Faustin Hélie, *Théorie du Code pénal*, t. I, p. 519.

369. — 1re *Exception.* — Lorsqu'il a des complices ou coauteurs présents, âgés de plus de seize ans, qui doivent être jugés par la Cour d'assises.

370. — Cette exception a été introduite pour sauvegarder l'indivisibilité de la procédure. Effectivement, on eût été obligé de scinder les poursuites, la Cour d'assises étant seule compétente pour juger les crimes commis par les majeurs de seize ans, et cette scission risquait d'aboutir à des résultats regrettables, les deux juridictions pouvant rendre des jugements contradictoires. Voilà pourquoi le législateur a décidé d'envoyer le mineur, avec ses complices, devant la juridiction criminelle.

371. — Il eût pu décider le contraire, et traduire les uns et les autres devant le tribunal correctionnel. Mais cette détermination faisait bénéficier des individus majeurs d'une mesure bienveillante, introduite spécialement à raison de la faiblesse d'un âge qui n'est plus le leur. Le législateur a reculé devant cette conséquence : il donne, d'ailleurs, dans l'exposé des motifs, les raisons qui ont guidé sa conduite. « Les choses
» étant ainsi pour l'auteur isolé du fait qui aurait plus de seize ans, elles
» doivent certainement rester dans le même état pour le coupable qui
» aurait des complices de moins de seize ans. Pourquoi participerait-il
» à des dispositions bienveillantes que la loi n'aurait établies que par
» égard pour la faiblesse d'un âge qui ne serait plus le sien ? Bien loin
» d'être digne de cette indulgence, il mériterait plutôt qu'on redoublât
» envers lui de sévérité, puisque, indépendamment de son crime, on
» aurait vraisemblablement à lui reprocher d'avoir corrompu l'enfant
» qu'il aurait choisi pour complice. Il ne suffirait pas, d'ailleurs,
» comme à l'égard de l'accusé de moins de seize ans, de changer la
» juridiction ; il faudrait en même temps changer la peine, puisque les
» tribunaux correctionnels ne prononcent pas de peines afflictives. Ainsi,
» l'on ne pourrait faire participer les complices âgés de plus de seize
» ans aux avantages qu'auraient obtenus les accusés de moins de seize
» ans, sans leur accorder, en effet, des avantages plus considérables :
» ce qui blesserait la justice et révolterait la raison. Il faut donc nécessairement que les complices âgés de plus de seize ans continuent à
» être jugés par la Cour d'assises. Mais, dès lors, il est nécessaire aussi

» que les accusés de moins de seize ans, qui ont des complices d'un
» âge plus avancé, continuent d'être jugés dans les mêmes Cours,
» car l'accusation ne peut pas être divisée. Cette division serait dange-
» reuse pour la justice et quelquefois même pour les accusés. Elle
» serait contraire aux maximes admises dans la législation et la juris-
» prudence criminelles; elle serait contraire au but que l'on se propose,
» puisque, en séparant les poursuites, elle multiplierait les débats et les
» jugements : ce qui n'est certainement pas une amélioration. »

372. — D'après la loi de 1824, pour rendre le mineur justiciable de
la Cour d'assises, il suffisait qu'il eût des complices au-dessus de seize
ans. La loi de 1832 veut que les complices soient *présents*. Pourquoi cette
exigence? On n'en trouve nulle part la raison. Les travaux préparatoires
sont muets sur ce point; muets aussi les discours et rapports insérés au
Moniteur. Il faut donc suppléer au silence des textes et deviner la pensée
de derrière la tête du législateur; on la découvre, d'ailleurs, sans difficulté :
c'est que, en effet, si le mineur est seul traduit en justice, l'indivisibilité
de la poursuite n'est plus en cause. Toutefois, un grave inconvénient est
à redouter : si le ou les majeurs dont l'absence a permis de traduire le
mineur devant le tribunal de police correctionnelle viennent à être pris,
ils comparaîtront devant la Cour d'assises, et, dès lors, reparaît la possibilité des décisions contradictoires, si dangereuses pour la justice.

373. — On n'est pas bien fixé sur le sens exact de l'expression *complices présents* : a-t-on voulu dire que le mineur devait être traduit
devant le tribunal correctionnel, quand le majeur est *contumax*? A notre
point de vue, ces mots ont d'abord ce sens; mais ils ont, en outre, une
plus large étendue d'application et le mineur nous paraît justiciable du
tribunal correctionnel toutes les fois que, pour une cause quelconque, la
même poursuite ne peut englober le mineur et ses complices.

374. — *2e Exception* — Le mineur doit encore être jugé par la Cour
d'assises, toutes les fois que l'acte incriminé est de nature à entraîner
l'application d'une peine particulièrement grave : mort, travaux forcés à
perpétuité, déportation, détention.

375. — Plusieurs motifs expliquent cette exception. Elle se justifie
d'abord par cette considération qu'on a voulu, en déférant le mineur à
la police correctionnelle, éviter autour de son nom une publicité fâcheuse,

ménager son avenir et rendre possible son reclassement dans la société. Mais, dans le cas particulier qui nous occupe, la gravité du crime traduit chez son auteur des instincts si précoces et si féroces, que tout espoir d'amendement est désormais illusoire. D'ailleurs, même devant le tribunal correctionnel, comment rendre moins public un acte qui doit peut-être à la jeunesse du malfaiteur l'énorme retentissement dont il a été l'objet?

376. — En outre, l'article 67 remplace en faveur du mineur la mort, les travaux forcés à perpétuité et la déportation, par un emprisonnement de dix à vingt ans dans une maison de correction; or, l'emprisonnement correctionnel étant de cinq ans au maximum, — sauf, bien entendu, le cas de récidive, — on n'a pas voulu que les tribunaux correctionnels fussent à même de prononcer une peine supérieure à celles qu'ils peuvent généralement infliger.

377. — C'est encore la loi de 1832 qui a étendu la compétence de la Cour d'assises au cas où le crime commis par le mineur est de nature à entraîner la peine de la détention, qu'elle venait précisément de créer. La détention est une peine applicable à des crimes politiques, crimes dont la répression doit plus particulièrement être confiée au jury, car, seul, le jury jouit d'une indépendance assez absolue pour les apprécier sainement. Le reproche de sévérité que l'on faisait à tort, croyons-nous, aux magistrats, dans les cas de droit commun, pourrait, peut-être, se trouver justifié dans les causes politiques. C'est là, sans doute, la raison d'être de cette modification dont les travaux préparatoires ne nous indiquent nulle part les motifs.

378. — *3e Exception.* — Elle n'est pas indiquée par l'article 68 du Code pénal. Il s'agit du cas où le fait, quoique qualifié délit, a été commis par la voie de la presse ou autres moyens de publication. L'article 13 de la loi du 26 mai 1819 attribuait à la Cour d'assises la répression des crimes et délits commis par la voie de la presse, sans faire de distinction au point de vue de l'âge de leurs auteurs. Mêmes dispositions dans le chapitre troisième de la loi du 27 juillet 1849. Le décret du 31 décembre 1851, abrogeant cette exception de droit commun, déféra, dans son article 1er, aux tribunaux de police correctionnelle « la connais-
» sance de tous les délits prévus par les lois sur la presse et commis au

» moyen de la parole. » — A son tour, le décret du 17 février 1852, article 25, fait rentrer dans la compétence des tribunaux correctionnels « les » délits commis par la voie de la presse, ou tout autre moyen de publi- » cation, et qui avaient été attribués par les lois antérieures à la compé- » tence des Cour d'assises. » L'exception a été rétablie par l'article 1er de la loi des 15-22 avril 1871, qui fait revivre les dispositions du cha- pitre III de la loi du 27 juillet 1849, sans distinguer entre les délits commis par des agents de moins de seize ans et ceux commis par des agents au-dessus de cet âge. Enfin, l'article 45 de la loi du 29 juillet 1881, modifié par la loi du 16 mars 1893, défère aussi à la Cour d'assises « les » crimes et délits prévus par la présente loi, » sauf les exceptions qu'il énumère.

379. — M. Garraud se demande si la Cour d'assises est bien compé- tente dans cette troisième hypothèse. A notre avis, l'affirmative ne peut faire aucun doute, car, outre que les textes précités, répétons-le, ne font aucune distinction, la juridiction de la Cour d'assises est considérée, en matière de presse, comme une garantie pour l'accusé, garantie dont on doit d'autant moins le priver qu'il n'a pas encore atteint, en l'espèce, l'âge de la pleine responsabilité pénale.

Section II. — Y a-t-il lieu de modifier les règles de procédure pénale qui régissent les poursuites dirigées contre les enfants ? (1)

380. — Nous venons de voir que, en principe, le tribunal correc- tionnel est compétent, depuis la loi du 28 avril 1832, pour connaître des crimes ou des délits commis par les mineurs de seize ans. Mais nombre de criminalistes, pénétrés du désir de diminuer en faveur des enfants la publicité des audiences et de leur procurer une juridiction plus pater- nelle encore, trouvent tout à fait insuffisantes les réformes de 1824 et de 1832.

---

(1) Pour toute cette section, voir les rapports de la quatrième section du V° Congrès pénitentiaire international, Paris 1895. — Lire surtout les substantiels rapports de MM. Bonjean et Thiry.

381. — Nous l'avons dit plus haut, depuis quelques années l'idée de bienveillance et de protection tend à se substituer, chez nous, comme partout ailleurs, à l'idée de répression. Et c'est justice : la plupart du temps, en effet, ces malheureux enfants n'ont commis d'autre crime que celui d'être venus au monde dans la misère, d'avoir été abandonnés et livrés à eux-mêmes. C'est là le crime qu'ils vont expier en subissant l'humiliation de comparaître devant un tribunal correctionnel. Ici, comme partout, apparaît cette différence injustifiée qui sépare le riche du pauvre, ceux qui souffrent de ceux auxquels l'existence réserve ses faveurs et ses sourires. Qu'un enfant riche commette un de ces minimes délits qui provoquent la comparution en justice de tant de petits malheureux : s'il est arrêté, le parquet le fera relâcher aussitôt, parce que l'on considère comme suffisante, pour ramener au respect des lois le jeune délinquant, la correction paternelle qui l'attend au sein de la famille. Et cependant, n'est-il pas plus coupable, cet enfant, que le jeune vagabond sorti des bas-fonds sociaux, qui n'a jamais été soumis à la moindre éducation, qu'on a laissé dans l'ignorance absolue de toute morale, à peu près comme un animal, et qui, privé déjà de toute force de résistance au mal, voit en outre fourmiller autour de lui les occasions de succomber? C'est donc un devoir impérieux pour la société de tenir la balance égale entre ses divers membres : il faut qu'elle fournisse à l'enfant pauvre ce qu'une naissance plus heureuse a donné au riche. Il faut qu'elle l'arrache à son milieu malsain, qu'elle transplante cet être deshérité sur un terrain plus favorable, où il trouvera, non pas la prison, qu'on épargne au riche, mais cette bienveillance qu'il ne rencontre nulle part autour de lui, une éducation soignée, où la bonté et la fermeté s'allieront dans une sage mesure et qui fera de lui un homme de bien, capable de rendre des services à son pays.

382. — Tel est, semble-t-il, le point de vue auquel se sont placés les divers législateurs étrangers qui, dans ces derniers temps, ont modifié, sur ce point, les dispositions de leur loi pénale. Ces questions de discernement et de responsabilité qui ont encore chez nous une si grande importance, ils les ont laissées complètement à l'écart (1). Pour eux,

____

(1) Congrès de Paris, 4ᵉ section. Rapport de M. Thiry, p. 519.

l'unique question à résoudre est la suivante : lorsqu'un enfant commet un crime ou un délit, que vaut-il mieux pour lui? un régime de **redressement** ou la prison? — La réponse ne saurait être douteuse. La prison est absolument incapable d'exercer sur l'enfant une influence réformatrice. Le régime de l'emprisonnement individuel porte atteinte à la raison et compromet la santé; l'emprisonnement en commun, c'est la corruption fatale et irrémédiable.

383. — Trois Congrès, ceux de Stockholm, d'Anvers (1894) et de Paris (1895), ont successivement étudié la question et formulé des propositions à ce sujet.

384. — Le Congrès de Stockholm avait proposé que le placement des enfants vicieux dans les familles ou les établissements publics eût lieu, autant que possible, en évitant l'intervention judiciaire. Le Congrès applaudissait aux efforts tentés en ce sens par certaines législations pour substituer à l'action judiciaire l'intervention d'une autorité pupillaire créée à cet effet (1); il approuvait notamment le système adopté par l'état de Massachussetts et que l'honorable M. William Letchworth résumait en ces termes : « Quand un enfant est cité devant le juge, l'agent » de l'État en est avisé et paraît pour l'enfant, non comme son défenseur, » mais comme un ami désintéressé, qui vient prendre des informations » sur ses antécédents, comme sur ceux de ses parents. Il n'est pas rare, » si les circonstances le permettent, que l'agent se porte garant de la » comparution de l'enfant et qu'il l'emmène avec lui. La sentence reste » alors suspendue; le coupable est ensuite ou restitué à sa famille, ou » mis en pension ailleurs, pour un temps limité par l'agent. Entre temps, » ce dernier le surveille et l'influence par des exhortations amicales. » Quand l'enfant n'est pas incorrigible, on le ramène ainsi à la bonne » conduite sans grande dépense pour l'État, et sans que son nom et » celui de ses parents soient entachés » (2).

385. — Ce système évite toute publicité et tout scandale : c'est là un avantage appréciable, sans doute; mais il est dangereux pour l'enfant, livré sans défense à la discrétion d'une administration qui pourra ne pas

---

(1) Congrès de Paris, 4ᵉ section, p. 392 *in fine.*
(2) Congrès de Paris, 4ᵉ section, p. 393.

respecter toujours la liberté du jeune délinquant. C'est ce qui faisait dire à M. Dohet : « Il est contraire à tout principe qu'un citoyen, fût-ce un » enfant, soit privé de sa liberté, sans avoir été entendu et sans pouvoir » réclamer. »

386. — Si l'intervention judiciaire offre l'inconvénient d'une publicité solennelle, du moins on a l'assurance qu'elle respecte la puissance paternelle, qu'elle comprend la protection due à l'enfance malheureuse ou coupable, qu'elle a le sentiment des devoirs qui lui incombent au point de vue de la sécurité publique ; elle a l'expérience des affaires délicates, elle seule, enfin, est compétente pour qualifier les crimes et les délits commis par les enfants et par les majeurs.

387. — Ne semble-t-il pas que la justice a plus qualité que tout autre, quand il s'agit de prescrire un internement de caractère pénitentiaire et hospitalier, souvent de longue durée ? d'une part, parce que c'est un principe de droit public que la liberté individuelle est aussi respectable chez l'enfant que chez l'adulte, chez l'aliéné que chez l'homme raisonnable, et, d'autre part, l'instruction judiciaire n'a-t-elle pas des moyens plus efficaces de procéder à une enquête approfondie sur les faits et sur la situation de l'enfant et de ses parents ?

On peut vouloir écarter les conséquences de l'intervention judiciaire qui peuvent être fâcheuses pour l'avenir des enfants, mais l'exclusion de cette autorité pourrait être détestable. Il y a des limites à poser, comme l'a compris le Congrès de Stockholm, et il faut seulement chercher une meilleure organisation de l'intervention judiciaire (1).

388. — La commission chargée de préparer la revision du Code pénal s'est occupée de cette question : elle propose d'exempter de toute poursuite correctionnelle le mineur de dix ans ; mais, comme elle n'entend pas lui assurer l'impunité, elle le rend justiciable du tribunal civil, auquel elle laisse le soin, à la requête du ministère public, de le placer dans un établissement d'éducation et de réforme, jusqu'à l'âge de vingt et un ans au plus (art. 57 du projet) (2).

389. — Cet article 57 inspire à M. Dubois les réflexions suivantes (3) :

---

(1) Voisin, *Congrès de Paris*, 4ᵉ section, p. 394 et 395.
(2) Guillot, op. cit., p. 332.
(3) *Congrès de Paris*, 4ᵉ section, p. 396 et 397.

S'inspirant des idées qui ont suscité en Allemagne la création des tribunaux de tutelle, on a pensé que le tribunal civil formerait une juridiction paternelle pour régler la question d'internement. Mais une difficulté s'élève alors pour savoir quelle est l'autorité qui aura compétence pour statuer sur la question de discernement. On a pensé à faire décider la question de discernement seule par le tribunal civil, mais on a vite reconnu que cette question est entièrement liée à la question d'application de la peine; or, soumettre une question de ce genre au tribunal civil, c'est le faire sortir de ses attributions ordinaires. C'était donc opérer le bouleversement de tous les principes que de faire trancher la question de discernement par la juridiction civile, pour réserver l'application de la peine à la juridiction correctionnelle; ce système donnerait lieu à des conflits de juridiction déplorables. On peut supposer le cas, par exemple, où, le tribunal civil ayant déclaré qu'un enfant a agi avec discernement, cet enfant comparaît ensuite devant le tribunal correctionnel pour l'application de la peine; celui-ci déclare ne pas partager l'opinion des juges civils et décide que le mineur a agi sans discernement. Il faudrait alors renvoyer devant une juridiction supérieure : ce serait une complication regrettable.

Il paraît infiniment plus simple et plus juste de maintenir la compétence complète au tribunal correctionnel pour statuer sur l'application de la peine, comme sur la question de discernement.

390. — A notre avis, c'est le seul système rationnel. Confier au tribunal civil la solution de la question de discernement et au tribunal correctionnel l'application de la peine, c'est profondément bizarre. On se demande en vain le but d'une semblable combinaison : la publicité de l'affaire en sera-t-elle atténuée? l'avenir de l'enfant s'en trouvera-t-il plus ménagé? son reclassement social mieux assuré? N'est-il pas plus naturel de laisser au juge chargé d'appliquer la peine le soin d'apprécier le côté moral de l'infraction, alors surtout que l'élément moral est une donnée indispensable pour fixer le *quantum* de la peine? Et puis, il ne faut pas perdre de vue que la majeure partie des tribunaux ne comprennent qu'une chambre. Voit-on d'ici le tribunal se constituant en audience civile pour trancher la question de discernement et en audience correctionnelle pour appliquer la peine? Il ne faudrait pourtant pas, à force de sollicitude pour l'enfance, en arriver à tomber dans le comique.

391. — Nous ne voyons, pour notre part, aucun obstacle à ce que le tribunal correctionnel reste seul compétent. On objectera que l'inconvénient de la publicité subsiste. Mais est-il donc si difficile d'y obvier? Ne peut-on pas décider, par exemple, que le tribunal jugera en chambre du conseil, en présence de l'avocat et des parents?... Dans son rapport au Congrès de Paris de 1895 (1), M. Bonjean, qui n'est partisan ni d'un juge civil ni d'un juge unique, demande que les enfants comparaissent un à un, à huis-clos : « Tout moraliste, » dit-il, « trouve, en effet, bien » regrettable le système qui amène l'enfant au prétoire, confondu avec » les adultes, entendant leur interrogatoire, le récit de leurs actes sou- » vent scandaleux, prenant ainsi des leçons pratiques de ruse, de men- » songe, de cynisme, et emportant une irrémédiable flétrissure de cette » promiscuité infamante, en présence d'une foule toujours trop grande » et surtout beaucoup trop gaie au spectacle de tant de misères. »

392. — M. Bonjean préconise là une solution qui n'est pas nouvelle. Déjà, en 1832, la commission de la Chambre des Pairs avait proposé un amendement tendant à faire juger à huis clos, en chambre du conseil, les enfants de moins de douze ans : « Si l'individu est âgé de moins de » douze ans, la chambre du conseil pourra ordonner, sur le rapport du » juge d'instruction, le ministère public entendu, que les débats auront » lieu à huis clos, les parents du prévenu appelés. S'il n'est pas assisté » d'un conseil, il lui en sera donné un d'office. Le jugement sera pro- » noncé à l'audience publique, hors de la présence du prévenu. »

393. — Nous avons vu plus haut comment M. Chauveau apprécie cet amendement : il n'eût point, d'après le savant auteur, sauvé l'enfant accusé de la contagion du vice qu'il reçoit dans les prisons où il subit sa détention préalable; il ne l'eût point préservé de la flétrissure dont un jugement peut empreindre sa jeune imagination, et, en lui ôtant les garanties de la publicité de l'audience, il n'aurait point empêché la publicité du jugement. — L'amendement fut d'ailleurs rejeté, comme portant atteinte au principe de la publicité des débats en matière criminelle.

---

(1) *Congrès de Paris,* 4ᵉ section, p. 392.

394. — Au Congrès international d'Anvers de 1894, la première section, qui s'occupait des questions relatives à la protection de l'enfance, proposa, comme quatrième question, la question suivante : « *Quelles sont, en matière de procédure pénale, les règles à suivre, dans les poursuites dirigées contre les enfants?* »

395. — M. Flandin, vice-président du tribunal civil de la Seine, chargé d'un rapport sur cette question, proposa de soustraire à la publicité de l'audience, pour les juger en chambre du conseil, les affaires concernant les enfants : « Au mois de mai 1893, » dit-il, « le premier
» Congrès national du Patronage des libérés, tenu à Paris, a étudié cette
» question, et l'avis unanime a été que, dans un intérêt social et de
» haute convenance, on devait épargner à un enfant, souvent reconnu
» comme étant irresponsable, le fâcheux souvenir d'une comparution
» sur le banc des délinquants de droit commun. Le Congrès a décidé
» que, en France, pour les débats des affaires de cette nature, la substi-
» tution de la chambre du conseil du tribunal correctionnel à l'audience
» publique de ce même tribunal devait être une réforme présentée et
» demandée aux pouvoirs publics. » M. Flandin ajoutait : « La question
» a de l'intérêt, elle n'a, jusqu'à présent, rencontré que l'unanimité des
» opinions dans le sens que j'ai indiqué; » — et il terminait son rapport
en proposant l'adoption du vœu suivant :

« *Dans les pays où existe la procédure rapide dite des flagrants*
» *délits, toutes les poursuites retenues par l'autorité judiciaire et concer-*
» *nant des enfants, garçons ou filles, âgés de moins de seize ans, ne doi-*
» *vent jamais être instruites, ni jugées, en flagrant délit. Toutes les pour-*
» *suites doivent être, d'office, l'objet d'une information confiée au juge*
» *d'instruction. Les poursuites concernant les mineurs au-dessous de seize*
» *ans renvoyés devant le tribunal correctionnel ne devraient plus être jugées*
» *en audience publique, mais en chambre du conseil, à huis clos* » (1).

396. — M. Levoz, substitut du procureur du Roi à Verviers, exprima l'opinion contraire : il faut, à son avis, traduire les enfants en justice publiquement : « En agissant autrement, » disait-il, « on supprime les

---

(1) Flandin, Rapport p. 151.

» garanties accordées aux inculpés adultes, notamment les débats publics
» à l'audience. Ne l'oublions pas, il peut s'agir d'une affaire grave et y
» avoir des raisons puissantes pour charger un enfant innocent et ainsi
» faire échapper le vrai coupable. D'ailleurs, répétons-le, la simple com-
» parution à l'audience ne peut entacher l'avenir de l'enfant. Il ne sera
» pas fait mention de la décision qui interviendra au casier judiciaire,
» et, si l'on craint que le jeune inculpé soit exposé aux regards du public,
» le tribunal pourra toujours prononcer le huis-clos (art. 96 de la cons-
» titution belge) » (1).

397. — M. Fernand Thiry, professeur de Droit criminel à l'université de Liége, chargé d'un rapport sur la même question, demandait
aussi la comparution devant le tribunal, mais seulement dans le cas où
l'enfant ne pouvait être laissé à sa famille; dans ce dernier cas, il
repoussait la compétence de la chambre du conseil, et, *à fortiori*, celle
du président du tribunal, proposée par M. le substitut de Hoon, dans
son ouvrage sur l'enfance coupable : « Dans l'hypothèse où la chambre
» du conseil ne croirait pas que l'enfant peut être laissé à sa famille,
» elle le renverrait devant le tribunal correctionnel, lequel aurait à exa-
» miner la question de la mise à la disposition du Gouvernement.

« On nous demandera, peut-être, pourquoi nous ne chargeons pas la
» chambre du conseil de prononcer la mise à la disposition du Gouver-
» nement, comme elle prononce le maintien de l'inculpé dans sa famille;
» cette mesure aurait le grand avantage d'écarter la comparution devant
» le tribunal et d'éviter le dédoublement de la procédure. Nous avouons
» que le système nous séduit beaucoup : nous en avons parlé à d'émi-
» nents magistrats de Liége, qui l'approuvaient. Malheureusement il
» nous inspire une crainte : la mise à la disposition du Gouvernement
» est toujours grave, parce qu'elle constitue une atteinte à l'exercice de
» la puissance paternelle : aussi pensons nous qu'elle ne doit pas être
» prononcée sans un débat public. C'est pour cette raison, sans doute,
» que le projet de loi charge le tribunal de police de statuer sur la
» mesure susdite : si nous choisissons plutôt le tribunal correctionnel,

---

(1) Rapport de M. Levoz, p. 16.

» c'est un peu pour conserver l'harmonie de notre procédure, et surtout
» pour donner, dans les cas graves, une autorité plus considérable à la
» décision qui doit être prise » (1).

398. — Dans une autre partie de son rapport, M. Thiry signalait une
réforme dont le but était d'augmenter les pouvoirs de la chambre du
conseil, au point de vue de l'instruction, et que la législation belge était
sur le point d'adopter :

« Aujourd'hui, la chambre du conseil peut rendre, en ce qui concerne
» un enfant, une ordonnance de non-lieu, en la basant sur l'insuffisance
» des charges, ou sur l'absence de faits ayant un caractère délictueux
» (art. 128), mais il lui est interdit de prononcer une décision semblable
» en invoquant le défaut de discernement. En agissant de la sorte, en
» effet, elle empièterait sur la compétence du tribunal correctionnel, non
» pas précisément parce qu'elle statuerait sur une question d'imputabi-
» lité, — ce qui rentre très bien dans son rôle, — mais parce qu'elle
» déciderait d'une manière implicite qu'il n'y a pas lieu de prononcer la
» mise à la disposition du Gouvernement, question que le tribunal peut
» seul résoudre, et dont, par conséquent, il doit absolument être saisi.

« L'article 20 du projet de loi pour la protection de l'enfance, déposé
» à la Chambre des représentants, dans la séance du 20 juillet 1893, par
» M. le Ministre de la Justice, Le Jeune, modifie cette situation : « S'il
» apparaît dans l'instruction préparatoire, » dit ce texte, « que l'enfant
» qui n'aurait pas atteint l'âge de seize ans accomplis au moment du
» fait, a agi sans discernement, une ordonnance de non-lieu sera ren-
» due » (2). — L'article 21 fait prononcer la mise à la disposition du
Gouvernement par le tribunal de police.

399. — Des excellents rapports de MM. Thiry et Levoz, au Congrès
d'Anvers de 1894, se dégage nettement cette conclusion que le législateur belge se préoccupe beaucoup plus de réformer l'éducation et la
moralité des enfants coupables que de les punir : « Il est évident que la
» pénalité est loin de posséder une puissance suffisamment grande pour
» qu'on l'envisage comme la panacée unique de la criminalité. D'autres

---

(1) Thiry, Rapport sur la 4ᵉ question, 1ʳᵉ section, p. 15.
(2) *Congrès de Paris*, 4ᵉ section, p. 531 et 532.

» moyens, *substitutifs pénaux*, selon l'expression de Ferri, doivent être
» employés dans le même but, et nous ajouterons que ces moyens doivent
» toujours, en considération des inconvénients énormes de la répression,
» être pratiqués en premier lieu.

« Cette observation doit surtout recevoir son application en ce qui
« concerne les jeunes délinquants. D'abord la peine est plus pernicieuse
« pour les enfants que pour les adultes, puisqu'elle est de nature à les
« démoraliser, à les flétrir et à les décourager au début même et pour
« toute la durée de leur existence. Ensuite, la société dispose, à l'égard
« des enfants, d'un moyen de défense spécial, beaucoup plus propre que
« la peine à empêcher les actes délictueux qu'ils seraient enclins à com-
« mettre : ce moyen, c'est l'éducation. Tandis qu'on ne peut imposer des
« mesures d'éducation à un adulte qu'en allant à l'encontre de sa liberté
« juridique, donc en le punissant, l'enfant s'y trouve tout naturellement
» soumis, par le fait même de sa minorité.

« Si un enfant s'est rendu coupable d'une infraction, que l'État, au
» lieu d'appliquer des mesures répressives, toujours dangereuses par la
» contamination qu'elles entraînent, emploie les moyens nécessaires
» pour qu'un changement d'éducation vienne empêcher la récidive en
» corrigeant l'auteur du délit » (1).

400. — M. Levoz concluait en formulant, parmi les résolutions qu'il
proposait au Congrès, les règles suivantes : .....

VI. — Tout enfant, âgé de moins de seize ans, qui aura commis un
fait tombant sous l'application de la loi pénale, ou dont la conduite ou la
moralité laisserait vraiment à désirer, pourra, à la demande ou avec l'assentiment du père ou de la personne sous l'autorité de laquelle il se
trouve, être mis à la disposition du Gouvernement par une ordonnance
rendue par le président du tribunal de première instance.

L'intervention de la famille ne sera pas requise, quand il s'agira d'un
fait qualifié crime ou tentative de crime par la loi.

VIII. — Lorsqu'un mineur, âgé de moins seize ans accomplis, com-
paraîtra devant un tribunal répressif, le juge examinera si le fait qui lui

---

(1) Thiry, *Rapport*, p 2.

est reproché est ou non établi. Dans la négative, il sera renvoyé des poursuites par un jugement établissant formellement son innocence. Dans l'affirmative, il sera admonesté et remis à sa famille, si celle-ci présente des garanties suffisantes, ou bien il sera mis à la disposition du Gouvernement.

Remarquons que, en Belgique, la comparution du mineur de moins de seize ans devant la Cour d'assises ne se présentera pour ainsi dire jamais. Nous avons admis, en effet, que le président du tribunal peut l'empêcher en remettant le jeune accusé aux soins du Gouvernement. Elle ne pourrait se rencontrer que si les charges recueillies n'établissaient pas la culpabilité d'une façon indiscutable et si le président déclarait ne pas être suffisamment éclairé pour rendre son ordonnance.

D'autre part, le projet de loi sur la protection de l'enfance ne permet de mettre en jugement un inculpé de moins de seize ans, sauf devant le tribunal de police, « qu'en vertu d'une ordonnance de la chambre du » conseil ou de la chambre d'accusation. »

XII. — La mise à la disposition du Gouvernement ne sera pas considérée comme une peine, mais bien comme une mesure de protection, prise dans l'intérêt du mineur; elle subsistera jusqu'à la majorité civile de celui-ci. Les décisions rendues en cette matière seront susceptibles d'être portées en appel, soit par le ministère public, soit par ceux sous l'autorité desquels l'enfant se trouve (1).

401. — On se récrie beaucoup contre la publicité de l'audience, mais en réalité ce n'est pas sur ce point qu'existe pour l'enfant le vrai danger. Le danger, il réside dans la promiscuité des enfants avec des camarades encore plus pervertis, soit pendant l'instruction, soit pendant le temps de leur correction. C'est celui-là qu'il faut principalement éviter, et c'est vers ce but que paraissent avoir porté tous les efforts du Congrès.

402. — M. de Chauveron, avocat à la Cour d'appel de Paris, exposa au Congrès la pratique parisienne qui consiste à placer les jeunes prévenus à l'hospice Denfert; on n'y envoie que les enfants non vicieux, pour lesquels, pas plus que pour leurs camarades, le régime en commun de

---

(1) Rapport de M. Levoz. p. 24.

l'hospice n'offre aucun danger. L'assistance publique, d'accord avec les juges d'instruction, reçoit dans son grand hospice des enfants assistés, pendant toute la durée de l'instruction, les enfants qui paraissent dignes de cette marque d'intérêt. Cet essai est dû à l'entente du Conseil général avec la magistrature, ainsi que nous l'apprend M. Rousselle, président de la commission de l'assistance publique, dans le rapport présenté par lui au Conseil général de la Seine sur le service des enfants moralement abandonnés en 1894 : c'est au commencement de 1893 que des membres du Conseil général de la Seine, ayant eu l'occasion d'entendre des magistrats se plaindre de ne pas avoir à leur disposition un asile d'une hospitalité moins dure que celle de la Petite-Roquette, pour y maintenir, pendant la durée de l'instruction, les enfants dignes d'un intérêt particulier, et dont, cependant, la famille inspire trop de défiance pour qu'on puisse les lui remettre, voulurent bien, avec un empressement généreux, offrir à la justice de les recevoir de ses mains, à titre temporaire, dans une partie de l'hospice de la rue Denfert-Rochereau (1).

L'empressement fut si grand des deux côtés dans cette œuvre de bienfaisance que, au bout de quelques semaines, l'asile était ouvert, dans les premiers mois de 1893. On y reçut, dans le courant de l'année, deux cent quatre-vingt-un enfants ; et, sur ce nombre, dix-neuf seulement se montrèrent trop profondément pervertis pour être l'objet de mesures hospitalières, et ils durent retourner à la Petite-Roquette (2).

403. — L'administration, d'accord avec le juge, tient l'enfant en observation pendant un temps plus ou moins long, mais qui n'excède pas un mois, et fait ensuite connaître son appréciation. Supposons-là favorable au jeune enfant ; la première impression du juge n'a pas été démentie : ce n'est pas un de ces mauvais sujets contre lesquels toute autorité se brise ; si on le change de milieu, si on parvient à lui faire une nouvelle famille, il reprendra, comme ces jeunes arbres tordus et débiles, qui se redressent et grandissent dès qu'on les enlève au sol trop pauvre pour les nourrir ou aux vents trop violents pour leur faiblesse.

---

(1) Rousselle, *Rapport général.*
(2) Guillot, op. cit., p. 233.

Dès que le juge est prévenu que l'assistance est satisfaite de l'enfant, et qu'elle est disposée à le recueillir définitivement, il examine si cette proposition, qui ne le lie en aucune façon et lui laisse toute liberté de prendre un autre parti, est conforme aux intérêts de l'enfant, son protégé plutôt que son justiciable. S'il est de cet avis, il rend une ordonnance de non-lieu : son rôle est terminé, celui de l'administration commence (1).

404. — A la suite de ces communications et des rapports de MM. Flandin, Levoz et Thiry, le Congrès international formula, en réponse à la quatrième question de la première section, le vœu suivant :

1° Les règles à suivre, en matière de procédure pénale, dans les poursuites dirigées contre les enfants, doivent avoir pour but, non de les punir, mais de les protéger et de les amender ;

2° Le choix des mesures à prononcer, à l'égard des enfants coupables d'infractions autres que les contraventions de police, réclame un examen psychologique approfondi, effectué à l'aide d'une instruction préparatoire ;

3° Cette instruction doit être dirigée par le ministère public et le juge d'instruction ; un défenseur, choisi par les parents, ou nommé d'office, ainsi qu'un représentant du comité de patronage de l'arrondissement, doivent y être convoqués et y apporter leur collaboration ;

4° La chambre du conseil, ou le juge d'instruction, dans les pays où elle n'existe pas, renvoie le jeune délinquant devant la juridiction répressive compétente, lorsqu'il est présumé coupable d'une des infractions pour lesquelles la loi le déclare exceptionnellement passible d'une peine proprement dite ;

5° En dehors de ces cas, la chambre du conseil ou le juge d'instruction résout la question de savoir s'il y a lieu ou non de laisser l'enfant sous la surveillance de ses parents ou de son tuteur ;

6° Dans l'affirmative, la juridiction susdite aura le droit d'adresser une admonition à l'enfant et aux parents, d'ordonner la restitution des choses provenant du délit et d'exiger le remboursement des frais de justice ;

---

(1) Guillot, op. cit p. 335.

7° Dans la négative, elle opte entre le placement en famille et l'internement dans une école de bienfaisance, et peut statuer sur la question des dommages-intérêts ;

8° La procédure, devant le juge d'instruction et la chambre du conseil, est extraordinaire, sans être publique. La procédure devant le tribunal correctionnel est publique et contradictoire ;

9° La mise à la disposition du Gouvernement doit pouvoir être prononcée d'une manière conditionnelle ;

10° L'enlèvement de l'enfant aux parents, quand il est ordonné, doit être exécuté sans retard, et les comités de patronage peuvent, en cas de nécessité, être chargés provisoirement de la garde de l'enfant ;

11° Il y a lieu de préconiser la création de comités de défense dont le but sera, par une entente entre la magistrature et les œuvres de patronage, d'assurer d'une façon efficace le principe de la présente procédure : protection et amendement ;

12° Les enfants qui doivent être privés de leur liberté, préalablement aux mesures définitives à prendre à leur égard, seront recueillis, par voie de protection préventive, ailleurs que dans une prison.

405. — Le V⁰ Congrès pénitentiaire international, réuni à Paris en 1895, avait à examiner, dans sa section IV, — celle qui s'occupait des enfants, — une quatrième question ainsi formulée :

Par quelle autorité doit-il être statué sur le sort des enfants coupables de fautes ou d'infractions ?

406. — Les dimensions restreintes de cet ouvrage ne nous permettant pas d'analyser les très intéressants rapports qui ont été faits sur la question, nous nous contenterons de reproduire la résolution votée par le Congrès :

Il appartient à l'autorité judiciaire de décider si l'enfant sera remis à la tutelle administrative. Le choix du régime et, s'il y a lieu, le changement à y apporter appartiendront à l'autorité chargée de l'éducation de l'enfant.

407. — De cette longue discussion, nous concluons que le résultat le plus important, celui qu'il faut atteindre à tout prix, c'est réformer l'éducation des enfants. Pour réussir dans cette œuvre si difficile, il faut écarter soigneusement du jeune prévenu tout contact malsain, lui éviter, surtout, le séjour de la prison où il ne trouverait qu'influences néfastes et exemples pernicieux.

408. — Quant à la procédure en elle-même, nous croyons qu'il ne faut jamais avoir recours à la procédure rapide des flagrants délits, que le tribunal correctionnel doit rester compétent pour prononcer sur le sort de l'enfant, sauf à décider, — et nous n'y voyons aucun inconvénient sérieux, — qu'il jugera en chambre du conseil, en présence de l'avocat et des parents du jeune prévenu. La publicité nous parait dangereuse pour l'enfant, en ce sens, qu'il est souvent porté à faire le fanfaron et à chercher dans la salle d'audience des approbateurs de sa faute et de son « attitude crâne. » Combien de fois n'avons-nous pas été le témoin attristé d'un fait si profondément regrettable !...

409. — Terminons par une remarque très juste de M. Appleton (1) :
» Quelque parti qu'on prenne, d'ailleurs, sur la question de compétence,
» la réforme qu'on propose appelle celle du régime de correction auquel
» sont soumis les mineurs. La maison de correction, en effet, ne con-
» vient pas à tous. Si la règle inflexible est nécessaire pour redresser
» les natures vicieuses, une direction plus douce suffira pour ramener
» au bien les égarés d'un instant, les abandonnés plus malheureux que
» coupables. Pour les uns, toute la sévérité des règlements pénitentiaires;
» pour les autres, un régime plus familial, un système d'éducation pater-
» nelle. Il faut donc que les magistrats puissent faire au grand jour ce
» qu'ils font déjà officieusement aujourd'hui : il faut que la loi leur donne
» le droit, lorsque l'examen des faits et des antécédents ne révèle pas
» chez l'enfant une véritable perversité, de confier la garde du jeune
» prévenu, soit à l'assistance publique, soit à un établissement privé de
» nature hospitalière, soit enfin à une famille honorable, qui en pren-
» drait soin, sous la surveillance de l'autorité. Ils pourront ainsi sous-
» traire l'enfant aux influences pernicieuses de son milieu, sans le sou-
» mettre aux rigueurs de la discipline pénitentiaire. »

410. — Les desiderata de M. Appleton ont été réalisés, il n'y a pas longtemps : une loi des 19-21 avril 1898, que nous étudierons plus loin

---

(1) Appleton, op. cit., p. 8.

en détail, permet aujourd'hui aux tribunaux de confier les enfants soit à des particuliers, soit à une société de patronage quelconque, soit, enfin, à l'assistance publique.

CHAPITRE V

Le Mineur au point de vue de la question d'âge

411. — Le bénéfice de compétence étudié, occupons-nous de la question d'âge : elle offre plusieurs obscurités que nous allons successivement envisager.

Section I. — **A quel moment est acquise la majorité pénale ?**

412. — L'article 66, nous l'avons déjà vu, commence par ces mots : « *Lorsque l'accusé aura moins de seize ans...* » On n'est pas d'accord sur le sens à donner à cette expression. Désigne-t-elle tous les individus qui n'ont pas encore seize ans accomplis, ou bien seulement ceux qui ne sont pas entrés dans leur seizième année ? — Le Code pénal de 1791, dans son titre V, première partie, article 1er, s'exprimait en ces termes : « Lorsqu'un accusé, déclaré coupable par le jury, aura commis le crime
» pour lequel il est poursuivi avant l'âge *de seize ans accomplis*, les jurés
» décideront, dans les formes ordinaires de leurs délibérations, la ques-
» tion suivante : Le coupable a-t-il commis le crime avec ou sans discer-
» nement ? »

413. — Il est à remarquer que l'article 66 du Code pénal actuel est conçu dans des termes différents ; il nous parle seulement d'accusé ayant moins de seize ans. Même rédaction dans l'article 340 du Code d'instruction criminelle et dans l'article 4 de la loi du 28 avril 1832, qui l'a modifié : « Si l'accusé *a moins de seize ans...* »

Or, lorsque le législateur entend parler d'années accomplies, il s'en explique catégoriquement, comme dans l'article 66 *in fine* : « L'accusé...

» sera... détenu pendant tel nombre d'années que le jugement détermi-
» nera, et qui, toutefois, ne pourra excéder l'époque *où il aura accompli*
» sa vingtième année. » — Autre exemple dans l'article 70 : « Les peines
» de... ne seront prononcées contre aucun individu âgé de soixante-dix
» *ans accomplis* au moment du jugement. »

414. — Est-il entré dans les intentions du législateur de 1810 de modifier sur ce point spécial la loi de 1791 et d'adopter, comme il l'a fait dans l'article 376 du Code civil, l'âge de seize ans commencés? Certains auteurs l'ont soutenu ; mais l'énorme majorité de la doctrine et la jurisprudence décident que l'article 66 actuel a certainement voulu maintenir l'âge de seize ans accomplis, comme âge de majorité pénale.

415. — Sans doute, on nous objectera qu'il y a lieu d'appliquer ici l'adage « *annus inceptus pro completo habetur.* » Mais cet adage n'est qu'une présomption fort discutable et fort discutée, si bien que, même en matière civile, on refuse quelquefois de l'admettre, notamment dans l'interprétation de l'article 903, relatif à la liberté de disposer (1). Si nous nous plaçons au point de vue grammatical, nous ajouterons, avec M. Dalloz, (2), que le sens des mots ne permet pas de considérer comme âgé de seize ans celui qui est entré seulement dans sa seizième année. Avoir seize ans, cela signifie, en langage usuel, avoir seize fois douze mois : par conséquent, c'est avoir traversé toute sa seizième année et être arrivé à la dix-septième. Donc, tant que la dernière heure de la seizième année n'a pas sonné, l'âge de seize ans n'est pas atteint, la majorité n'est pas acquise et la disposition de l'article 66 est applicable à l'auteur du fait incriminé.

416. — A l'appui de notre interprétation, nous pouvons invoquer la haute autorité de Carnot, Chauveau, Faustin-Hélie, Blanche, dont l'opinion se base sur cet argument que, en matière criminelle, on doit préférer, entre deux interprétations, celle qui est le plus favorable à l'accusé. Or, l'interprétation la plus favorable à l'accusé est celle qui donne à la minorité la durée la plus longue, car, majeur, le coupable est l'objet d'e

---

(1) Baudry-Lacantinerie, *Précis de Droit civil*, 4ᵉ édition, t. II, p, 262 et 263.
(2) Dalloz, *Répertoire alphabétique*, Vᵒ Peine, nᵒ 127.

mesures de répression, tandis que, mineur, il est arraché à des influences démoralisatrices et il est soumis à des mesures d'éducation et de rénovation.

417. — Nous parlions tout à l'heure de la jurisprudence comme favorable à notre interprétation ; plusieurs Cours d'appel, tout au moins, admettent que le mot « *accompli* » doit être suppléé dans la plupart des dispositions de la loi relatives à la question d'âge. Citons au hasard un arrêt du 17 mai 1888, dans lequel la Cour de Nîmes a jugé que « s'il est » vrai que, dans une foule d'articles de nos Codes où il est question de » conditions d'âge, le législateur a fait suivre l'âge de ces mots, — » *accomplis* ou *révolus*, — il est vrai aussi que, dans une foule d'autres, » il ne l'a pas fait et que, néanmoins, dans l'application de ces derniers » articles, on a toujours agi comme si les mots *révolus* ou *accomplis* y » avaient été insérés ; qu'il est de règle que l'âge se compte *de momento* » *ad momentum*, que c'est pour ce motif que l'officier de l'état civil, » lorsqu'il dresse un acte de naissance, doit, non seulement indiquer » l'année et le jour où l'enfant qui lui a été présenté est né, mais encore » *l'heure* » (art. 57 C. civ.) » (1).

418. — Ajoutons un dernier argument tiré des travaux préparatoires de la loi. Dans la séance du 13 février 1810, M. Riboud, membre de la commission de législation, a parlé de seize ans *accomplis* dans son *Rapport au Corps législatif sur la loi formant le Livre II du Code des délits et des peines* : « Pour déterminer l'influence que peut avoir l'âge » de l'individu qui *n'a pas accompli* sa seizième année, il est nécessaire » de faire une distinction, admise dans le Code de 1791, et conservée » dans celui de 1810 : elle a pour objet de vérifier s'il a agi avec discer- » nement, ou non. »

419. — Ainsi donc, nous considérons comme indiscutable, si nous osons nous exprimer ainsi, que la majorité pénale est fixée à *seize ans accomplis* et qu'elle n'est acquise qu'à l'instant où, *de momento ad momentum*, il s'est écoulé seize fois douze mois depuis l'heure de la naissance.

---

(1) Nîmes, 17 mai 1888 : Sirey 1889. 2. 109. — La Cour de Nancy a décidé aussi que la majorité se compte *de momento ad momentum* : 10 mars 1888 : Sirey 1889. 2. 105 : voir la note qui est sous cet arrêt.

Section II. — **A quel moment faut-il se placer pour déterminer la majorité pénale ?**

420. — Pour répondre à cette question, il suffit de lire attentivement l'article 66 du Code pénal ; il établit une présomption de non culpabilité en faveur du mineur de seize ans et ordonne aux juges d'examiner s'il a *agi* avec discernement, ou non. S'il a *agi*, dit le texte : il s'agit donc d'une *action*, et de quelle action l'article pourrait-il s'occuper, si ce n'est de celle qui a motivé les poursuites ?

421. — C'est donc au moment de l'*action* qu'il faut se reporter, pour savoir si l'accusé a plus ou moins de seize ans ; peu importe qu'il ait accompli sa seizième année avant le jugement. Il est clair, en effet, que la culpabilité ne peut s'apprécier qu'au moyen des circonstances qui ont accompagné la perpétration de l'acte. Comment les circonstances postérieures à la faute en elle-même pourraient-elles en modifier la gravité et exercer une influence quelconque sur la culpabilité de l'agent ? De ce que ce dernier comprend, nous le supposons, à l'heure du jugement, l'importance du fait qu'on lui reproche, s'ensuit-il que, au moment du crime, il en ait eu une notion aussi exacte ? Le crime est la résultante d'un état d'âme passager : cet état d'âme ne survit pas à la consommation de l'acte dont il est la cause. C'est lui qu'il faut saisir, qu'il faut analyser, pour savoir s'il s'en dégage pour l'accusé une responsabilité complète, atténuée ou négative. Et l'on ne peut le saisir qu'au moment précis où il se révèle par l'accomplissement d'un fait délictueux.

422. — Ici encore, la doctrine (1) et la jurisprudence paraissent unanimes à soutenir cette version. Dès 1818, la Cour de cassation, dans un arrêt du 17 septembre, reconnut le bien fondé de notre opinion : « attendu, » disait-elle, « que des pièces produites, il demeure constant » que Bertrand Olive, réclamant, était âgé de moins de seize ans, *lors-* » *qu'il a commis le crime* pour lequel il a été condamné, » et elle annula

---

(1) Garraud, *Traité*, I, p. 312, note 26 et les renvois.
Faustin-Hélie, *Pratique criminelle*, II, p. 81.

l'arrêt de la Cour d'assises qui avait omis de faire à cet accusé l'application des articles 66 et 67 du Code pénal (1).

423. — Est-ce que la Cour de cassation se serait déjugée dans un arrêt du 19 avril 1821 ? (2) M. Garraud le prétend ; mais le savant auteur nous semble se méprendre. La Cour pose en principe dans cet arrêt que, si l'accusé n'a pas produit son acte de naissance, il y a présomption légale qu'il n'était point âgé de moins de seize ans *lors du crime* dont il a été déclaré coupable. Qu'il y ait lieu d'admettre la présomption légale dont parle la Cour, c'est ce que nous discuterons plus loin ; il nous suffit, pour l'instant, de faire remarquer à M. Garraud, qui semble n'y avoir pas prêté attention, que la Cour de cassation envisage, dans cet arrêt comme dans le précédent, le moment du crime et que sa décision, sur ce point, du moins, vient à l'appui de la doctrine que nous soutenons.

424. — D'ailleurs, depuis cette époque, dans un arrêt du 26 septembre 1850 (3), la Cour de cassation a très explicitement affirmé que la question de savoir si l'accusé a moins de seize ans, ayant pour objet un fait essentiellement modificatif de la criminalité, doit être posée au jury, toutes les fois que les énonciations de l'arrêt de mise en accusation ou les résultats du débat paraissent l'indiquer. Puisqu'il s'agit d'un fait essentiellement modificatif de la criminalité, c'est le moment où cette criminalité prend naissance, autrement dit, le moment du crime qu'il faut seul considérer.

425. — Un arrêt plus récent de la Cour suprême consacre cette interprétation avec plus de précision encore. Voici l'espèce : un individu avait commis deux vols dans le courant du mois de mars 1880 : il n'accomplissait sa seizième année que le 19 mars de la même année. La Cour d'Orléans l'avait condamné sans se préoccuper de la question de discernement. La Cour suprême a cassé cet arrêt, parce qu'il existait une incertitude complète sur la question de savoir si la perpétration de ces vols avait eu lieu, soit avant le 19 mars, — cas auquel il eût été

---

(1) Cass., 17 septembre 1818 : Dalloz, *Répertoire alphabétique*, V° *Instruction criminelle*, n° 2572, p. 643, note 2.

(2) Cass., 19 avril 1821, *Bulletin des arrêts de la Cour de cassation*, année 1821, p. 167.

(3) Sirey, 1850, 1. 691.

indispensable de déclarer que le prévenu avait agi avec discernement, — soit postérieurement audit jour, condition nécessaire pour permettre l'application pure et simple qui avait été faite par la Cour d'Orléans de l'article 401 du Code pénal. Dès lors, les constatations de l'arrêt étaient insuffisantes pour justifier la condamnation prononcée : cette condamnation, manquant de base légale, ne pouvait être maintenue, et il y avait lieu de casser l'arrêt attaqué.

426. — Aux raisons invoquées jusqu'ici, nous pouvons ajouter ce principe : que le coupable ne doit pas souffrir des lenteurs de la justice. La décision, pour lui, doit être la même que 's'il avai' été pris et condamné à l'instant même où il a commis le crime. Le châtiment suivant immédiatement la faute : ce serait la justice idéale. Pratiquement elle est impossible, mais tous les efforts du législateur doivent tendre vers sa réalisation ; c'est le phare que ne doit jamais perdre de vue l'exégète de la loi.

427. — Notre conclusion est donc qu'on doit se placer au moment de l'infraction, pour savoir si le jeune inculpé est ou non majeur de seize ans.

Section III. — Qui doit prouver la majorité ?

428. — Le mineur de seize ans est protégé par une présomption d'irresponsabilité : c'est là un point qu'il ne faut pas perdre de vue pour arriver à la solution de cette question : « La loi présume, » dit M. Laîné (1), » que le mineur de seize ans a commis le fait sans discernement; elle » ne présume le discernement qu'à compter de l'âge de seize ans. Le » ministère public doit donc établir que l'inculpé avait cet âge. C'est » alors seulement que l'inculpé aura à la fois contre lui la preuve qu'il » est l'auteur du fait et la présomption qu'il en est pénalement res- » ponsable, et devra succomber, s'il ne détruit pas cette dernière charge. » Jusque-là il n'avait aucune preuve à fournir. »

---

(1) Laîné, *Traité élémentaire de Droit criminel*, p. 46.

429. — La production de l'acte de naissance constitue le moyen de preuve régulier et concluant (1) ; et, comme cet acte fait foi jusqu'à inscription de faux, aucune difficulté ne s'élèvera, si le mineur peut en mettre un extrait sous les yeux du juge. Dans le cas contraire, c'est au ministère public de le demander et de le joindre aux pièces (2). Une circulaire du Ministre de la Justice donnait déjà en 1842 des instructions en ce sens. « Il est indispensable, » écrivait le ministre, « de se procu-
» rer, avant le jugement, l'acte de naissance des enfants poursuivis.
» Cette pièce peut seule faire connaître si l'article 66 du Code pénal est
» applicable, et quelle peut être la durée de la détention. Dans les cir-
» constances rares où cette production est impossible, il faut y suppléer
» en employant tous les moyens propres à constater l'âge des prévenus.
» En pareil cas, les tribunaux, au lieu de fixer la détention jusqu'à un
» certain âge, doivent déterminer le nombre d'années qu'elle va durer,
» en évitant soigneusement de dépasser l'époque présumée où les enfants
» auront atteint leur vingtième année. Ce dernier mode est plus con-
» forme au texte de l'article 66, qui indique avec précision l'époque de
» la libération ; je pense qu'il convient de l'employer de préférence,
» même quand l'âge a été authentiquement constaté. »

430. — Mais il arrive bien souvent qu'on a affaire à des enfants vaga-
bonds et abandonnés, qui sont dans l'impossibilité absolue d'établir leur âge par une pièce quelconque, dont on ne découvre nulle part l'acte de naissance : dans ces conditions devra-t-on présumer la minorité en faveur du mineur, ou devra-t-on, jusqu'à preuve du contraire, le tenir pour majeur ?

Nous n'hésitons pas à répondre que la présomption est en faveur de l'inculpé, et qu'il échet au ministère public d'établir la preuve contraire.
M. Ortolan est de cet avis : « Une présomption, » dit il, « n'est qu'une
» indication tirée à l'avance de ce qui arrive communément en règle
» générale. Or, c'est une règle générale que tous les hommes passent
» par l'âge de minorité, avant de parvenir à un âge plus avancé. Si donc
» le ministère public prétend que l'inculpé avait plus de seize ans révo-

---

(1) Ortolan, t. I, n° 288 : *Éléments de Droit pénal.*
(2) Blanche : *Etudes pratiques sur le Code pénal,* t. II, p. 421, n° 296.

» lus, comme il s'agit d'une condition essentielle dans la question de
» culpabilité, c'est à lui à prouver que cette condition existe » (1).

431. — Contrairement à cette version, la Cour de cassation, par
arrêt du 19 avril 1821, — l'arrêt Picard, — a jugé que, faute par l'accusé
de produire un acte de naissance constatant son âge, il y avait présomption qu'il n'était pas âgé de moins de seize ans, lors du crime dont il
était déclaré coupable, et qu'ainsi il n'y avait pas lieu de poser à son
égard la question de discernement (2).

432. — Il nous paraît impossible d'admettre une pareille présomption qui ne s'appuie sur aucune disposition de la loi : l'âge de l'accusé
est un fait, un élément d'aggravation ou d'atténuation de la peine, et il
nous semble que, en cas de doute, ce fait doit, comme tous les autres,
être soumis à l'appréciation du juge, car, de ce que la preuve authen-
tique d'un fait n'est pas produite, comment conclure qu'elle n'existe
pas? Comment d'une simple omission induire une présomption légale?
Cette présomption, ne devrait-elle pas d'ailleurs exister également en
faveur de l'accusé? Et, puisque l'âge de seize ans accomplis est une circonstance défavorable pour lui, n'est-ce pas au ministère public de
l'établir? Il est vrai que, dans l'espèce, l'accusé n'avait produit qu'après
sa condamnation un acte de naissance, duquel il résultait qu'il n'avait
pas seize ans; et la Cour de cassation, en rejetant son pourvoi, motiva
surtout le rejet sur ce qu'il n'est pas dans ses attributions de juger le
mérite des actes qui n'ont pas été produits devant les tribunaux qui ont
rendu le jugement attaqué.

433. — La décision était juridique en soi, mais la formule du motif
sur lequel la Cour s'appuyait était un peu trop large. Aussi cette décision
a-t-elle soulevé de vives critiques. « Faudra-t-il que l'accusé, » a dit
M. Carnot (3), « porte sa tête sur l'échafaud, lorsqu'il pourrait être si
» facilement constaté qu'il n'avait pas réellement l'âge de seize ans
» accomplis, quand il s'était rendu coupable? La poursuite des crimes
» doit être faite à charge et à décharge, et, l'accusé n'aurait pas allégué

---

(1) Ortolan, *Eléments de Droit pénal.* t. I, n° 287. — M. Ortolan fait le même raisonnement pour la question de discernement.

(2) Cass. 19 avril 1821 : *Bulletin des arrêts de la Cour de cassation*, année 1821, p. 167.

(3) Carnot, *Code pénal*, t. I, p. 259, cité par Chauveau et Faustin-Hélie, op. cit. p. 525.

» qu'il n'était pas âgé de seize ans accomplis, qu'il serait du devoir du
» ministère public de s'en assurer ; si le ministère public a négligé de
» remplir ce devoir sacré, l'accusé devra-t-il devenir la victime d'une
» telle imprévoyance ? Cependant il le deviendrait, si, son acte de nais-
» sance à la main, il n'en devait pas moins subir une peine qu'il n'au-
» rait pas encourue ? »

434. — En 1829, la Cour de cassation fut saisie d'une affaire analogue,
l'affaire Peyssel. Mᵉ Lauvin, qui soutenait le pourvoi, affirma que la présomption légale dont la Cour avait consacré l'existence, dans les motifs
de l'arrêt de 1821, était une hérésie.

Qu'est-ce, en effet, en matière criminelle, disait-il, qu'une présomption légale contre la défense, alors qu'aucun texte ne vient révéler son
existence ? — Qu'est-ce qu'une présomption légale à l'aide de laquelle
un accusé, quel que soit son âge, serait-il un enfant de trois ou quatre
ans, pourrait être frappé des peines les plus sévères, même de la peine
de mort ? Est-ce que les articles 66 et 67, en ce qu'ils prescrivent l'acquittement des accusés ayant agi sans discernement, ne sont pas des
lois d'ordre public ? Est-ce qu'il est possible d'admettre des présomptions
dont l'application peut mener à la violation des lois d'ordre public ? Et
puis, l'âge de moins de seize ans, c'est ce qui atténue la criminalité,
c'est ce qui l'efface et la fait disparaître complètement, tandis que l'âge
de seize ans accomplis, c'est ce qui constitue la criminalité dans sa plénitude, avec toutes les conséquences pénales. L'âge de seize ans accomplis est donc à l'âge de moins de seize ans ce que la culpabilité est à l'innocence. Or, dire que, quand l'accusé ne prouve pas par son acte de
naissance qu'il a moins de seize ans, il y a présomption légale qu'il a
seize ans accomplis, c'est-à-dire, que, quand l'accusé ne prouve pas son
innocence, il y a présomption légale qu'il est coupable, c'est méconnaître
les principes les plus élémentaires du droit. Cette présomption légale,
d'ailleurs, a déjà été repoussée par d'autres arrêts de cassation des 17
septembre 1818, 20 avril 1827 et 4 mai 1839 (1) : elle est énergiquement
flétrie par tous les auteurs (2).

---

(1) *Bulletin des arrêts de la Cour de cassation*, années 1818, p. 380, — 1827, p. 241, —
1839. p. 223.
(2) Sirey, 1850. 1. 692.

435. — La Cour de cassation se rendit aux arguments si brillamment développés par M⁰ Lauvin et rendit, le 26 septembre 1850, un arrêt disposant : « Que, aux termes de l'article 340 du Code d'instruction criminelle, si l'accusé a moins de seize ans, le président doit, à peine de nullité, poser une question de discernement ; que la question de savoir si l'accusé a moins de seize ans, ayant pour objet un fait essentiellement modificatif de la criminalité, doit être posée au jury, toutes les fois que les énonciations de l'arrêt de mise en accusation ou les résultats du débat paraissent l'indiquer ; que, dans l'espèce, l'ordonnance de prise de corps énonce que l'accusé avait près de seize ans à l'époque de la perpétration du crime ; que cette ordonnance, confirmée par l'arrêt de renvoi, fait corps avec cet arrêt ; que, néanmoins, ce même arrêt, dans son préambule, et l'arrêt de la Cour d'assises, qui en reproduit les termes, portent que l'accusé était âgé de seize ans, mais que cette énonciation, qui n'indique point qu'il y ait eu vérification de ce fait, ne suffit pas pour détruire la première ; que, dès lors, le président de la Cour d'assises avait le devoir de soumettre au jury une première question sur le point de savoir si l'accusé avait moins de seize ans » (1)

436. — Dès lors, n'en résulte-t-il pas qu'il est nécessaire d'établir l'âge, de la même manière que tous les faits qui servent à la conviction du juge, en le déterminant d'après tous les indices ou moyens possibles de conviction, c'est-à-dire, à défaut d'acte de naissance, par tous moyens de preuve, présomptions, témoins, écrits, etc. ? Et ce sera au ministère public de faire la preuve que l'inculpé avait plus de seize ans accomplis, au moment de l'infraction, et non à l'inculpé de prouver qu'il n'avait pas cet âge. Une condamnation ne peut être prononcée, en effet, dit M. Garraud, que si la juridiction compétente a reconnu l'existence de tous les éléments constitutifs de la criminalité, et c'est au ministère public à les établir : or, l'âge est un de ces éléments.

437. — Notre conclusion est donc que, l'âge étant un des éléments de la culpabilité, c'est au ministère public de prouver cet élément, comme les autres :

1° Par l'acte de naissance ;

---

(1) Cass., 26 septembre 1850, Sirey, 1850. 1. 692.

2° A défaut d'acte de naissance, par les mêmes moyens qui servent à établir la culpabilité.

Enfin, s'il y a doute, s'il est impossible d'établir l'âge par une preuve quelconque, il faut résoudre la question en faveur du prévenu ou accusé (1).

Section IV. — Quelle est la juridiction compétente pour déterminer la majorité pénale ?

438. — Nous soutiendrons plus loin que la minorité de seize ans constitue une cause de non-imputabilité, quand il n'y a pas de discernement, et une excuse atténuante dans le cas contraire. Or, en règle générale, la question d'excuse ne peut être résolue que par le juge chargé de statuer définitivement sur le fait incriminé, et, par conséquent, il n'appartient de l'examiner, ni au juge d'instruction, ni à la chambre des mises en accusation. En effet, dit M. Blanche, l'excuse n'est pas une cause justificative du crime ou du délit ; elle lui laisse, au contraire, son caractère intrinsèque et n'en modifie que les conséquences pénales. Le fait incriminé demeurant ce qu'il est, malgré l'excuse dont il est accompagné, et, par conséquent, restant dans la compétence du juge auquel il est dévolu, il s'ensuit nécessairement que la question d'excuse ne peut être vidée que par ce même juge ; mais, dans notre cas, il appartient au juge d'instruction et à la chambre des mises en accusation d'examiner et de résoudre une question d'excuse éventuelle. Ce droit, ils le tiennent de la nature même des choses. Appelés à régler la compétence, et la compétence ne pouvant se déterminer que par l'âge du prévenu, il est clair qu'ils peuvent et même qu'ils doivent rechercher et décider si celui-ci est ou non mineur de seize ans. En conséquence, lorsque le juge d'instruction réglera la procédure, conformément aux dispositions des articles 127 et suivants du Code d'instruction criminelle, il devra, dans le cas où la minorité de seize ans exerce une influence sur la compétence, reconnaître et déclarer que le prévenu a ou n'a pas cet âge.

---

(1) Ortolan, *Éléments de Droit pénal*, I, n° 288. — Garraud. *Traité*, I, p. 312.

439. — Ici se présente une difficulté. Supposons que le juge d'instruction décide que l'affaire, à raison de l'âge de l'accusé, doit être renvoyée devant le tribunal correctionnel. Cette décision, s'il s'agit d'un crime, devra-t-elle être soumise à la chambre des mises en accusation ? La question s'est présentée devant les tribunaux dans les circonstances suivantes :

Antoine Rambault était poursuivi à raison d'un vol qualifié, dont la peine était celle des travaux forcés à temps ; il était âgé de moins de seize ans et n'avait pas de complices présents au-dessus de cet âge. Renvoyé directement par ordonnance de la chambre du conseil devant le tribunal correctionnel de Neufchâtel, il avait été, en définitive, l'objet d'un jugement dont il croyait avoir à se plaindre. Le pourvoi qu'il forma était fondé sur ce que, prévenu de faits qualifiés crimes, il avait été directement renvoyé devant le tribunal correctionnel, par ordonnance de la chambre du conseil, tandis que, suivant l'article 133 du Code d'instruction criminelle, les pièces de la procédure devaient être transmises au procureur général, pour être statué par la chambre des mises en accusation. Son pourvoi fut rejeté « attendu que l'article 130 du Code
» d'instruction criminelle prescrit aux chambres du conseil des tribu-
» naux de première instance de renvoyer le prévenu devant le tribunal
» correctionnel, si le délit est reconnu de nature à être puni de peines
» correctionnelles ; que l'article 133 du même Code n'ordonne l'envoi
» des pièces au procureur général que lorsque les juges estiment que le
» fait est de nature à être puni de peines afflictives ou infamantes ; que,
» aux termes de l'article 68 du Code pénal, l'individu âgé de moins de
» seize ans, qui n'a point de complices présents au-dessus de cet âge et
» qui est prévenu de crimes autres que ceux auxquels la loi attache la
» peine de mort, celle des travaux forcés à perpétuité, la peine de la
» déportation ou celle de la détention, doit être jugé par les tribunaux
» correctionnels ; que le demandeur était prévenu d'un vol qualifié dont
» la peine est celle des travaux forcés à temps ; qu'on ne lui imputait
» pas d'avoir des complices : qu'il n'y avait donc pas lieu à suivre les
» formes tracées par l'article 133 du Code d'instruction criminelle » (1).

---

(1) Cass., 20 avril 1850, *Bulletin des arrêts de la Cour de cassation*, 1850, p. 206.

440. — On a critiqué cet arrêt, en disant que, pour y adhérer, il faudrait admettre que l'âge change les qualifications du fait : ce que nous contesterons avec une extrême énergie. L'arrêt du 20 avril 1850 ne serait, dans l'opinion de quelques-uns, qu'une conséquence des arrêts du 27 avril 1828 et 9 février 1832, qui portent dans leurs motifs que l'âge fait dégénérer en simple délit le fait commis par le mineur de seize ans et qualifié crime.

441. — Il y a dans cette manière de voir une profonde erreur. Pour déclarer que le juge d'instruction peut renvoyer directement le mineur accusé de certains crimes et qui n'a pas de complice au-dessus de seize ans, devant le tribunal correctionnel, la Cour n'avait pas besoin de dire que l'âge change la qualification du fait; il lui suffisait d'appliquer, — ce qu'elle a fait, — l'article 130 du Code d'instruction criminelle. Cet article, en effet, pour déterminer la juridiction compétente, s'attache, non pas à la *nature du fait* commis, mais à la *nature de la peine* encourue : « Si le » délit est reconnu de *nature à être puni par des peines correctionnelles*, » dit l'article 130; et cela, indépendamment de la qualification juridique du fait commis.

442. — La décision du juge d'instruction n'est que provisoire et indicative de la compétence; elle ne lie pas le tribunal correctionnel. Il en résulte que, si ce tribunal estime que le prévenu n'est pas âgé de moins de seize ans, il peut et doit même, malgré l'ordonnance du juge d'instruction, se déclarer incompétent.

Lorsque l'affaire arrivera devant la chambre des mises en accusation, cette dernière, tout comme le juge d'instruction, examinera et résoudra la question d'âge, qui est de nature à modifier la compétence. Si elle considère, elle aussi, que la minorité est constante, elle renverra l'affaire devant le tribunal correctionnel qui pourra, comme dans le cas où il est saisi par le juge d'instruction, se déclarer à nouveau incompétent. Alors il y aura lieu à un règlement de juge en cassation. Si, au contraire, la chambre des mises en accusation considère que la minorité n'est pas établie, elle mettra le prévenu en accusation et le renverra devant la Cour d'assises.

443. — Mais, alors, la Cour d'assises est irrévocablement saisie; elle n'a pas le droit, comme le tribunal correctionnel, de se déclarer incompétente, quand bien même elle acquerrait la certitude que l'accusé est âgé de moins de seize ans. Elle sera tenue de le juger, parce que, à l'égard de la Cour d'assises, l'arrêt rendu par la chambre des mises en accusation est *attributif* et non plus seulement *indicatif* de compétence. La Cour de cassation l'a formellement reconnu par un arrêt du 20 avril 1827.

Pierre Boutin avait été renvoyé devant les assises du Lot-et-Garonne par la Chambre des mises en accusation de la Cour d'Agen, pour un crime autre que ceux auxquels la loi attache la peine de mort, celle des travaux forcés à perpétuité, de la déportation ou de la détention. La Cour d'assises, considérant que Pierre Boutin était âgé de moins de seize ans, qu'il n'avait pas de complices au-dessus de cet âge, et que le crime pour lequel il était poursuivi n'emportait ni la peine de mort, ni celle des travaux forcés à perpétuité, ni celle de la déportation ou de la détention, se déclara incompétente. Sur le pourvoi du procureur général près la Cour d'Agen, l'arrêt fut cassé « attendu que la Cour d'assises du département
» de Lot-et-Garonne était saisie, en vertu d'un arrêt de renvoi de la
» chambre des mises accusation de la Cour royale d'Agen, du jugement
» de l'accusation portée contre Pierre Boutin ; que cet arrêt n'était pas
» simplement *indicatif* de la compétence, qu'il en était *attributif* et qu'il
» n'aurait appartenu qu'à la Cour de cassation de l'annuler, s'il lui eût
» été déféré dans le délai prescrit par la loi ; que la Cour d'assises n'avait
» pas le droit de le reviser et de l'anéantir, en se déniant, sous prétexte
» que l'accusé était âgé de moins de seize ans, la compétence que cet
» arrêt lui a attribuée ; que les arrêts des chambres d'accusation, quand
» ils ont acquis l'autorité de la chose jugée, lient irrévocablement les
» Cours d'assises, parce que, investies de la plénitude de la juridiction
» criminelle, elles ne doivent jamais se déclarer incompétentes, soit à
» raison de la qualité des personnes, soit à raison de la nature des faits
» qui leur ont été déférés ; que la loi du 25 juin 1824 n'a apporté aucune
» modification à ces principes ; que, si elle ordonne (art. 1er) que les
» individus âgés de moins de seize ans, prévenus de crimes, seraient
» jugés correctionnellement, elle n'a pas chargé les Cours d'assises
» d'annuler les arrêts qui renverraient mal à propos devant elles ces
» individus... » (1).

(1) Cass., 20 avril 1827, *Bulletin des arrêts de la Cour de cassation*, année 1827, p. 421.

444. — Bien entendu, l'erreur de la chambre des mises en accusation ne fait perdre au mineur que le bénéfice de la compétence correctionnelle : il jouira devant la Cour d'assises de tous les autres avantages résultant de l'excuse de l'âge.

445. — Supposant aplanies toutes les difficultés préalables, nous allons maintenant nous transporter devant la juridiction de jugement. Et d'abord devant la Cour d'assises. En cas de doute sur la question d'âge, qui est-ce qui doit la trancher? La Cour ou le jury? — Quelques auteurs (1) veulent que ce soin soit laissé à la Cour d'assises, se fondant sur ce que les jurés n'ont à délibérer que sur les questions à eux posées en vertu des articles 337 et suivants du Code d'instruction criminelle : or, l'énumération que fait le Code d'instruction criminelle des questions à soumettre au jury ne comprend pas la question relative à l'âge de l'accusé. D'ailleurs, quel inconvénient y a-t-il à faire trancher la question par la Cour d'assises?... Si les jurés estiment que la Cour a commis une erreur, que l'accusé n'avait pas seize ans au moment du crime, n'ont-ils pas la ressource de prononcer son acquittement?

446. — Cette première manière de voir a reçu la sanction de la Cour de cassation, dans un arrêt du 16 septembre 1836, cassant un arrêt de la Cour d'assises du département de la Corse, du 9 août 1836, qui avait soumis au jury la question de minorité de seize ans : « Attendu que le » Code d'instruction criminelle énumère toutes les questions qui doivent » être soumises au jury et qu'il ne comprend pas dans cette énuméra- » tion la question relative à l'âge de l'accusé; attendu que, dans l'ordre » progressif des débats devant la Cour d'assises, lorsque cette question » se présente, elle doit être jugée préalablement à toute position de » question au jury, puisque de sa solution dépend le point de savoir s'il » y a eu lieu de poser au jury la question de discernement, dans le cas » fixé par l'article 340 du Code d'instruction criminelle; que, par consé- » quent, c'est à la Cour d'assises qu'il appartient exclusivement de pro- » noncer sur l'âge de l'accusé qui se prétend âgé de moins de seize ans;

---

(1) Le Sellyer, *Traité de Droit criminel*. — M. Le Sellyer a, par la suite, abandonné cette opinion, *Traité de la Criminalité*, I, p. 208, nº 112.

Rodière, *Eléments de procédure criminelle*, 2ᵉ livraison, p. 270 et 271.

» attendu, néanmoins, que, contrairement à ces principes, la Cour d'as-
» sises du département de la Corse, en l'absence de toute preuve ou
» de document sur l'âge d'Ange-Marie Roghi, et sur l'articulation de cet
» accusé qu'il était âgé de moins de seize ans, au lieu de résoudre elle-
» même cette difficulté, dont le jugement lui appartenait, a posé au jury,
» qui l'a résolue négativement, une question ainsi conçue : « Ledit
» accusé Roghi était-il âgé de moins de seize ans au moment du
» crime? » — attendu que, en procédant ainsi, la Cour d'assises a for-
» mellement violé les règles de la compétence... » (1).

447. — Cet arrêt contient une inexactitude, car le Code d'instruction
criminelle renferme implicitement, dans l'énumération des questions à
poser, le cas de la minorité de seize ans. En effet, l'article 339 veut que,
au cas où il se présente une excuse, le président pose une question à son
sujet : or, la minorité de seize ans, nous le verrons, est une excuse
atténuante, au cas de discernement, puisqu'elle a pour objet direct et
immédiat de mitiger la peine. Par conséquent, par le fait seul qu'elle
peut devenir une excuse, elle est comprise dans l'énumération des questions qui doivent être soumises au jury, puisque tous les faits d'excuse,
quels qu'ils soient, sont compris dans cette énumération.

448. — En matière criminelle, pouvons-nous ajouter avec M. Lainé,
la question d'âge est de la compétence du jury, parce que l'âge est un
élément de la culpabilité pénale. Toutes les questions touchant à la culpabilité sont dans les attributions du jury (art. 337 C. d'instr. crim.).

449. — Cet arrêt, d'ailleurs, ne marquait que l'interruption tout à
fait momentanée d'une jurisprudence très ferme en sens contraire et
remontant bien loin dans le passé. Dès 1811, en effet, la Cour suprême
avait décidé que « cette circonstance d'âge doit, selon les articles 340 et
» 346 du Code d'instruction criminelle, donner matière à une question
» dont la décision entre dans les attributions du jury et qu'il ne peut y
» avoir de jury que dans les affaires qui s'instruisent criminellement
» devant les Cours d'assises » (2). Le 20 avril 1827, elle décidait qu'il

---

(1) Cass., 16 septembre 1836, Sirey, 1837, I. 175 et 176.
(2) Cass., 4 avril 1811, Sirey 1811.1. 243 et *Bulletin des arrêts de la Cour de cassation*
année 1811, p. 79.

n'appartient qu'au jury de déclarer si, au moment des crimes imputés à l'accusé, il était ou non âgé de moins de seize ans, et la Cour d'assises ne pouvait décider cette question sans sortir des limites de sa compétence (1).

450. — Depuis le curieux arrêt de 1836, la Cour a rendu une série d'arrêts aux dates du 4 mai 1839 (2), du 26 septembre 1846 (3), du 26 septembre 1850 (4), du 3 mars 1881 (5), par lesquels elle a formellement reconnu que c'est au jury seul de trancher la question d'âge, et que le président de la Cour d'assises doit, à peine de nullité, la poser au jury, toutes les fois que de besoin. Tous ces arrêts s'appuyant sur les mêmes motifs, nous nous contenterons de citer celui du 4 mai 1839.

Joseph Haye était accusé d'avoir commis depuis une année plusieurs attentats à la pudeur, consommés sans violence, sur la personne d'un enfant âgé de moins de onze ans. A l'audience, l'âge de l'accusé étant devenu incertain, il n'avait pas fait l'objet d'une question au jury et, néanmoins, la Cour d'assises avait condamné Joseph Haye, comme s'il était reconnu qu'il n'était pas âgé de moins de seize ans. Haye se pourvut contre cet arrêt qui fut annulé par la Cour, « attendu que l'article 340 » du Code d'instruction criminelle veut, à peine de nullité, que la ques- » tion de discernement soit posée, lorsque l'accusé a moins de seize » ans ; que, la nécessité de la position de cette question étant subordon- » née à une condition, à savoir, si, au temps de l'action, l'accusé avait » accompli sa seizième année, il est absolument indispensable de cons- » tater le fait, toutes les fois qu'il est devenu incertain par les débats ; » attendu que la circonstance de l'âge de l'accusé au-dessous de seize » ans est essentiellement modificative de la criminalité ; que, aux termes » des articles 66 et 67 du Code pénal, elle efface le crime ou change la » peine, selon que l'accusé est déclaré avoir agi avec ou sans discerne- » ment ; qu'elle ne peut pas être fixée d'une manière absolue et par la

---

(1) Cass., 20 avril 1827, *Bulletin des arrêts de la Cour de cassation*, année 1827, p. 211.

(2) Cass., 4 mai 1839, *Bulletin*, 1839, p. 223 et Sirey 1839. 1. 917.

(3) Cass , 26 septembre 1846, Sirey, 1846. 1. 756.

(4) Cass., 26 septembre 1850, Sirey 1850. 1. 692 et 693.

(5) Cass., 3 mars 1881, *Bulletin*, 1881, p. 106.

» seule considération de l'époque à laquelle l'accusé a pris naissance,
» mais qu'elle doit l'être dans son rapport avec l'époque, souvent incer-
» taine, à laquelle il aurait commis le crime qui lui est imputé ; que cette
» circonstance se lie donc au fait même de l'accusation, qu'elle en forme
» un des principaux éléments : d'où il suit que la solution de la question
» qui la concerne rentre nécessairement dans les attributions du jury ;
» et attendu, en ce qui concerne Joseph Haye, qu'il résulte des circons-
» tances de la cause que les dernières déclarations de l'accusé viennent
» infirmer ou contredire les premières, et que, en l'absence d'un extrait
» des registres de l'état civil servant à constater la naissance, il y a
» incertitude sur le point de savoir s'il était âgé de moins de seize ans
» aux temps auxquels remontent les faits qui lui sont imputés ; que, dès
» lors, il était nécessaire d'en faire l'objet d'une question distincte à
» soumettre au jury, et, pour le cas où elle recevrait une solution affir-
» mative, de poser la question de discernement ; que, omettre ces ques-
» tions, c'était enlever à l'accusé les garanties que la loi avait voulu lui
» donner, et violer à son égard l'article 340 du Code d'instruction cri-
» minelle... »

451. — Telle est la vérité juridique. M. Blanche aurait voulu que ces
arrêts reconnussent que la question de minorité doit être posée au jury,
moins parce qu'elle est le préliminaire obligé de la question de discernement, que parce qu'elle constitue par elle-même un véritable fait d'excuse. En tout cas, s'il la faut poser toutes les fois qu'une incertitude se
manifeste au cours de la procédure, *à fortiori* doit-elle être posée, quand
elle est formellement articulée par la défense. C'est la solution consacrée
par l'arrêt de la Cour de cassation du 26 septembre 1846, annulant un
arrêt de la Cour d'assises des Bouches-du-Rhône : « attendu que, dans
» l'espèce, le défenseur de l'accusé a pris des conclusions formelles pour
» établir que celui-ci était âgé de moins de seize ans, au moment où il
» avait commis les crimes à lui imputés ; et que, néanmoins, la Cour
» d'assises a rejeté ces conclusions et refusé de poser au jury la ques-
» tion de l'âge de cet accusé, et, par suite, celle de discernement, en déci-
» dant elle-même qu'il avait plus de seize ans, à l'époque des faits men-
» tionnés dans l'acte d'accusation ; en quoi ladite Cour a commis un
» excès de pouvoir entrepris sur les attributions du jury, privé l'accusé

» d'un de ses moyens de défense, faussement interprété ledit article
» 340 et violé cet article et les articles 66 et 67 du Code pénal. »

452. — Concluons : s'il n'y a pas d'incertitude sur l'âge de l'accusé,
le président de la Cour d'assises pose directement la question de discernement ;

S'il y a doute ou incertitude sur l'âge de l'accusé, le président doit :

1° Soumettre au jury la question de savoir si l'accusé avait seize ans ;

2° Subsidiairement, la question de savoir s'il a agi avec discernement.
A la suite de la question principale, il posera ces deux questions :
« *L'accusé était-il âgé de moins de seize ans, au moment du crime ci-*
» *dessus spécifié ?* » — « *A-t-il agi avec discernement ?* »

Le jury doit examiner la question et la résoudre, en se prononçant,
dans le cas de doute, en faveur de l'inculpé.

453. — Si la question d'âge s'élève *devant le tribunal correctionnel,*
pas de difficulté. C'est le tribunal qui la résoudra, en ayant soin, au cas
de doute, de se prononcer en faveur de l'inculpé.

454. — *Devant le tribunal de simple police,* la question d'âge ne peut
être soulevée que si l'on admet, au préalable, la légitimité, devant cette
juridiction, de la question de discernement. Nous verrons plus loin que
le juge de paix doit en tenir compte : par conséquent, si un doute s'élève
dans son esprit sur l'âge de l'agent au moment du fait incriminé, il doit,
avant de prononcer sa sentence, trancher cet élément de culpabilité.

455. — Avant de terminer ce chapitre, il nous reste à étudier la
question importante que voici : un individu condamné peut-il invoquer
pour la première fois le bénéfice de son âge devant la Cour de cassation ?
— En raison, on ne voit aucun motif plausible d'admettre la négative :
car, de ce que la question d'âge n'a pas été soulevée dans le procès, il
résulte simplement qu'on n'a pas observé les articles 66 et suivants qui
organisent un système de protection des mineurs de seize ans. Or, la loi
qui fixe l'âge du discernement est une loi d'ordre public ; par conséquent, le prévenu n'a pu y renoncer valablement, même par l'aveu de
sa majorité, et la violation de cette loi constitue un moyen de cassation.

456. — Ce fut, en principe, l'opinion adoptée par la Cour de cassation dans deux arrêts fort anciens du 9 messidor, an VIII et du 8 brumaire, an IX (1) : elle annula deux décisions de jury de jugement, parce que la question de discernement n'avait pas été posée et qu'il en était résulté une fausse application de la peine.

457. — Depuis lors, elle a constamment soutenu la thèse contraire : citons, en ce sens, trois arrêts des 19 avril 1821, 27 février 1845, 3 mars 1881. Dans son arrêt de 1845, notamment, elle affirmait que « l'accusé » ayant constamment déclaré qu'il était âgé de dix-sept ans, dans tous » les actes de la procédure et devant la Cour d'assises, c'était sur ce fait » ainsi établi par lui-même, et sur lequel il n'avait été élevé aucun doute » que la Cour d'assises avait prononcé; que c'était avant qu'elle n'eût » statué et lorsqu'elle était saisie de l'accusation, que l'exception résul- » tant de l'âge devait être formée, et que le condamné était non rece- » vable à la proposer pour la première fois devant la Cour de cassa- » tion » (2).

458. — Dans l'affaire de 1881, l'accusé avait constamment déclaré devant le juge d'instruction, dans l'interrogatoire subi devant le prési- dent des assises, aux débats, qu'il était âgé de vingt et un ans, sans qu'il s'élevât de contradiction de la part de qui que ce fût. Ces constatations faites, la Cour décidait que, « dès lors, aucune incertitude à cet égard » ne s'étant manifestée à aucune des phases de la procédure, il n'y avait » lieu pour le président d'interroger le jury, ni sur l'âge de l'accusé, ni, » éventuellement, sur la question de savoir s'il avait agi sans discer- » nement. »

Avec son pourvoi devant la Cour, l'accusé avait produit un acte de notoriété, lequel semblait établir que, au moment de la perpétration du crime, il n'avait pas seize ans accomplis. La Cour n'en tint aucun compte, « attendu que, lors même que l'on pourrait considérer cette » pièce comme tenant lieu d'un acte de naissance régulier, c'eût été au » jury seul qu'il eût appartenu de statuer sur la question de fait qui » serait résultée de sa production et que, ladite pièce n'ayant point été » présentée, elle ne peut être produite aujourd'hui pour la première fois

---

(1) Cass., **9** messidor, an VIII et 8 brumaire, an IX. Dalloz, *Répert. alph.* V° Peine, n° **429** et note 1.

(2) **Cass.,** 17 février 1845, **Sirey** 1815. 1. 544 (affaire Derondeau).

» devant la Cour de cassation qui n'a pu être saisie que de l'examen de
» la procédure et de l'arrêt de condamnation » (1).

459. — On ne peut pas s'empêcher de reconnaître qu'il y a dans cet arrêt une observation parfaitement juridique, à savoir, que la Cour de cassation n'a pas à s'occuper des questions de fait, et que la constatation de l'âge est une question de fait. Sans doute, Trébutien objectera (2) que l'inculpé ne peut pas plus renoncer au bénéfice des articles 66 et suivants, qu'il ne peut renoncer à la prescription. Mais il y a peu d'analogie entre ces deux matières; c'est aux autres causes de non culpabilité ou d'excuse que le défaut de discernement doit être comparé. Dans le cas où, contrairement au vœu de la loi, l'on a omis dans le procès de constater soit la démence, soit la contrainte, soit la légitime défense, soit une excuse que l'inculpé aurait pu invoquer, mais que rien n'a révélée et que personne n'a fait valoir, il n'en résulte pas une cause de cassation. Aussi, lorsque la Cour suprême, à propos d'un acte de naissance produit pour la première fois devant elle, a répondu qu'il n'est pas dans ses attributions de juger le mérite des actes qui n'ont pas été produits devant les tribunaux qui ont rendu le jugement attaqué, cette fin de non recevoir était juridique (3).

460. — D'ailleurs, quand la question d'âge n'a pu être soulevée, quand elle n'a même pas été incertaine, est-on fondé à soutenir que la Cour de cassation pourrait baser ses décisions sur une violation de la loi? La loi suppose bien que l'on constatera l'âge de l'inculpé; elle en impose même implicitement le soin au ministère public, aux magistrats de l'instruction et aux juges. Mais elle ne fait pas expressément de cette vérification une formalité à remplir. Sans doute, s'il a été reconnu que l'accusé avait moins de seize ans, l'article 340 du Code d'instruction criminelle exige, à peine de nullité, que la question de discernement soit posée. Sans doute aussi, ce texte, au cas où la procédure a signalé quelque incertitude sur l'âge de l'accusé, en rend la vérification nécessaire, parce que la question, se trouvant par là-même soulevée, ne saurait être

---

(1) Cass., 3 mars 1881, *Bulletin*, 1881 p. 106.
(2) Trébutien, *Cours élémentaire de Droit criminel*, I, 119.
(3) Le Sellyer, *Traité de la criminalité*, n° 113, p. 210 et 211.

négligée sans illégalité. Mais, lorsque rien n'a attiré l'attention sur l'âge de l'inculpé, la loi, n'ordonnant pas formellement de le vérifier, n'a pas été violée.

461. — Voilà donc une jurisprudence qui, pour être fondée en droit, n'en aboutit pas moins à ces deux conséquences fort regrettables : la première, c'est que le mineur qui parvient à découvrir son âge avant l'expiration des délais de cassation ne puissese prévaloir de sa minorité et soit obligé de subir la peine criminelle qui lui a été infligée ; la seconde, c'est qu'un mineur, pour éviter un long internement dans une maison de correction, qu'il redoute, et auquel il préfère une peine d'emprisonnement, puisse impunément tromper les magistrats, se jouer de la loi et régler sa situation par un tissu de mensonges.

462. — Ces conséquences paraissent trop pessimistes à M. Lainé : « on pourra, » dit-il, « par la grâce ou la commutation de peine, empê- » cher les effets d'une condamnation prononcée à tort contre un mineur » de seize ans dont l'âge est demeuré ignoré pendant le procès. »

463. — Remède illusoire, a notre avis : du moment qu'on reconnaît qu'une condamnation est injuste, il faut que, légalement, elle puisse toujours être réparée. Sinon, la justice ne mérite pas son nom, et il nous semble que c'est amoindrir sensiblement le respect dû à ses décisions que compter sur la grâce ou une commutation de peine, toujours problématiques, pour réparer une injustice.

464. — Le remède, à notre avis, existe aujourd'hui dans l'article 443 du Code d'instruction criminelle, modifié par la loi du 10 juin 1895. Aux termes de cet article, « la revision pourra être demandée, en matière » criminelle ou correctionnelle, quelles que soient la juridiction qui ait » statué et la peine qui ait été prononcée... 4° lorsque, après une con- » damnation, un fait viendra à se produire ou à se révéler, ou *lorsque* » *des pièces inconnues lors des débats* seront représentées *de nature* à » établir l'innocence du condamné. »

465. — On nous objectera que la loi du 10 juin 1895 n'a pas prévu l'hypothèse dont nous nous occupons ; que l'article 443, lorsqu'il parle de fait ou de pièces de nature à établir l'innocence du condamné, entend la non culpabilité absolue du condamné.

466. — Il nous semble que c'est mal interpréter la loi. Oui ou non, la minorité de seize ans, au cas de non discernement, entraîne-t-elle l'innocence de l'accusé? — Il n'y a, pour se convaincre de l'affirmative, qu'à lire l'article 66 qui parle d'*acquittement* (1) et crée une présomption d'innocence en faveur du mineur. Par conséquent, n'est-il pas vrai de dire que la pièce produite après jugement et établissant la minorité du condamné au moment de l'acte incriminé est *de nature à établir* l'innocence du condamné? et ce cas n'entre-t-il pas, comme les autres, dans les prévisions de l'article 443? D'ailleurs, dans le doute, il faut appliquer la loi la plus favorable à l'accusé. En permettant la revision du procès dans le cas où la question de minorité n'a été ni soulevée, ni incertaine, ne serait-ce pas un moyen d'assurer l'application équitable de la loi et le respect des décisions de la justice?...

---

(1) Voir plus loin notre discussion sur la nature de l'acquittement prononcé, quand le mineur a agi sans discernement.

CHAPITRE VI

Le Mineur et la question de discernement

467. — Débutons par une parole de M. Riboud dans son rapport au Corps législatif : « Pour déterminer, » dit-il, « l'influence que peut avoir » l'âge de l'individu qui n'a pas accompli sa seizième année, il est néces- » saire de faire une distinction admise dans le Code de 1791 et conservée » dans celui de 1810; elle a pour objet de vérifier s'il a agi avec discer- » nement ou non. »

468. — Tout délit, en effet, en dehors de son élément légal et de son élément matériel, comprend un élément moral, essentiel à son existence. Il ne suffit pas qu'il y ait eu violation de la loi pénale; il faut, pour que cette violation constitue un délit et soit punissable, qu'elle soit l'œuvre d'un agent responsable, c'est-à-dire, doué d'intelligence et de liberté.

469. — Or, le mineur n'a pas toujours une intelligence suffisante des conséquences de ses actes pour être déclaré responsable : le juge aura donc à rechercher si l'intelligence de l'agent permet d'affirmer son imputabilité; mais comme le moment précis où s'éveille le sens moral est un fait mystérieux, souvent insaisissable, toujours difficile à établir, dont la détermination ne pouvait être laissée à la seule appréciation des juges, la loi consacre, au profit des mineurs de seize ans, une présomp- d'irresponsabilité qu'il faut écarter, si l'on veut imputer à un mineur un fait délictueux, par lui commis (1).

470. — Voilà pourquoi, aux termes de la loi, une double question doit être posée aux jurés appelés à prononcer sur un crime commis par

---

(1) Glasson, *Éléments de Droit français*, t. II, p. 457.

un mineur de seize ans : 1° la question de culpabilité, conformément à l'article 337 du Code d'instruction criminelle : « L'accusé est-il coupable » d'avoir commis tel meurtre, tel vol ou tel autre crime, avec toutes les » circonstances comprises dans l'acte d'accusation? » —2° Une question spéciale, qui vient après la question de culpabilité, aux termes de l'article 340 du Code d'instruction criminelle : « Si l'accusé a moins de seize » ans, le président posera, à peine de nullité, cette question : l'accusé » a-t-il agi avec discernement? »

471. — Inutile de résoudre la question de discernement, si le jury tranche par la négative la question de culpabilité. Ce n'est qu'au cas de réponse affirmative sur la culpabilité, que le jury résout la question de discernement, soit affirmativement, soit négativement (1).

472. — Nous diviserons notre chapitre en deux sections, dont les titres seront les suivants :

Section I. — Qu'est-ce que le discernement?

Section II. — La question de discernement se pose-t-elle devant toutes les juridictions ?

Section I. — **Qu'est-ce que le discernement ?**

473. — Dans notre législation, cette expression est technique pour le mineur de seize ans, répond M. Ortolan (2), et elle est parfaitement appropriée au jeune âge, car l'expression de discernement suppose dans la personne de l'agent, la lumière naissante des facultés morales : on se demande si cette lumière a été suffisante pour que l'agent ait discerné, ait vu clairement le juste ou l'injuste de ses actes.

Cela est bien écrit, mais ne nous dit pas clairement ce qu'il faut entendre par discernement.

474. — Pour M. Guillot, la loi s'est tirée de la difficulté philosophique qu'il y a à le définir en ne le définissant pas. Cependant, il faut bien éclaircir cette question obscure et déterminer le sens de ce mot ! —

---

(1) Villey, *Précis d'un cours de Droit criminel,* p. 111.
(2) Ortolan, *Eléments de Droit pénal* t. I, n° 299, p. 125 et 126.

Devons-nous, dit-il, voir dans l'absence de discernement l'absence de raison? Nous ne le pensons pas! quand un inculpé, qu'il soit enfant ou homme fait, est en état de démence ou d'idiotisme, aucune responsabilité pénale ne peut exister pour lui et, sur les rapports des médecins, il est mis à la disposition de l'administration qui, en vertu des dispositions de la loi de 1838, le fait, sans jugement, interner dans une maison de santé. L'absence de discernement ne doit donc pas être confondue avec la maladie mentale.

475. — Faut-il entendre par non discernement la méconnaissance complète de ce qui est licite et de ce qui est défendu? — Un esprit frappé d'un tel aveuglement ressemblerait à s'y méprendre à celui d'un aliéné; or, la plupart des enfants qui comparaissent devant les tribunaux correctionnels, surtout dans les villes, où une sorte de surchauffage amène le développement précoce, sont fort intelligents : le Code pénal, avec ses sévérités et ses indulgences, n'a pas de mystère pour eux (1).

476. — Feuilletons un peu l'ouvrage de M. Appleton pour connaître son avis sur la question : Veut-on parler, dit-il, du discernement juridique, de celui qui consiste à savoir qu'il y a des gendarmes et des prisons, que tel fait amène une arrestation? L'enfant acquiert ce discernement-là beaucoup plus rapidement qu'on ne le pense. Dans le milieu où se recrutent les jeunes délinquants, ces choses-là se savent vite. Dès l'âge le plus tendre, l'enfant en est instruit par la triste et précoce expérience que lui donnent les exemples qu'il a sous les yeux, les conversations quotidiennes qu'il entend, parfois même, les souvenirs de son histoire personnelle. Si l'on lie les deux questions de pénalité et de discernement juridique, beaucoup d'enfants devront encourir les rigueurs de la loi pénale.

477. — Devons-nous entendre, au contraire, par discernement, le discernement moral, celui qui consiste à distinguer, au point de vue de la conscience, le bien du mal? M. Appleton croit pouvoir affirmer que, dans l'immense majorité des cas, l'enfant qui commet un délit ne l'a jamais. Pour distinguer le bien du mal, pour comprendre qu'il y a une

---

(1) Guillot, p. 318 et 319.

vie honnête et une autre qui ne l'est pas, il faut pouvoir faire la comparaison. Or, dans les milieux où vivent les jeunes délinquants, cette comparaison est impossible. N'ayant jamais eu que le mal sous les yeux, ils ne peuvent pas distinguer le bien du mal. Si donc, on ne déclare punissable que les enfants qui possèdent le discernement moral, c'est à peine si, dans quelques très rares hypothèses, les tribunaux correctionnels pourront condamner des enfants (1).

478. — La théorie du discernement et du non discernement n'est donc pas facile à établir. Jusqu'ici, les auteurs auxquels nous avons emprunté les lignes précédentes, nous ont dit ce que n'est pas le discernement, mais ne ne nous ont point dit ce qu'il est. Eh bien, dussions-nous paraître téméraire, nous allons essayer d'en donner une définition.

479. — Le discernement nous semble être la capacité d'apprécier les conséquences matérielles de l'acte commis et sa portée sociale. L'enfant a-t-il cette capacité? Nous répondrons en faisant appel aux remarques que nous avons pu faire jusqu'ici dans la pratique des affaires criminelles. — Eh bien, non! en règle générale, l'enfant n'a pas cette capacité; il ignore les conséquences, même immédiates, de la mauvaise action dont il se rend coupable, tout en sachant, cependant, qu'il fait mal. En effet, s'il agit quelquefois sous l'influence d'un mouvement impulsif, — coup de couteau à un camarade dans une rixe, etc., — plus souvent il hésite, il prend des précautions pour échapper à tous les regards; s'il est surpris, il mentira effrontément. Il a donc conscience de sa mauvaise action; mais elle n'est pas plutôt accomplie que les conséquences se dressent devant lui : il en a peur : il ne les avait pas prévues. C'est tellement vrai, que les enfants sont déterminés souvent à commettre les actes les plus graves par des motifs futiles : un enfant, qui avait frappé d'un coup de couteau un de ses camarades, répondait à ceux qui lui demandaient le motif de cette action qu'il était heureux quand il se vengeait; — il nous souvient d'avoir défendu devant la quatrième chambre de la Cour de Bordeaux un gamin qui avait mis le feu à une énorme meule de foin, risquant ainsi d'occasionner un désastre, car,

---

(1) Appleton, p. 10.

tout à proximité, se trouvait un paquet de maisons. Au président qui l'interrogeait, l'enfant répondit, tout en larmes, qu'il avait voulu « faire une niche » à des camarades couchés de l'autre côté de la meule.

480. — Dans les deux cas que nous venons de citer, à titre d'exemples, l'enfant, tout en sachant qu'il commettait une action mauvaise, ne se rendait pas compte des terribles conséquences qui pouvaient en résulter. Nous croyons pouvoir affirmer qu'il en est ainsi le plus souvent. Or, on ne doit pas perdre de vue que ce qu'il faut trouver chez l'agent, pour être autorisé à le déclarer coupable, ce n'est pas telle faculté de l'intelligence, mais bien la faculté la plus haute, la raison morale, la conception du juste et de l'injuste ; que cette faculté elle-même suit des gradations et se présente avec des nuances successives dans son développement : tel, en effet, apercevra déjà la violation de droit qui existe dans les violences contre les personnes, qui n'appréciera pas encore aussi nettement celle contenue dans les atteintes à la propriété, moins encore celle des atteintes contre la foi publique, fausse monnaie, faux billets de banque et les divers genres de faux ; moins encore celles qui tiennent plus intimement à l'organisation générale de l'état social, aux droits et aux devoirs politiques. D'où il suit que ce qu'il faut pour constituer la culpabilité, c'est la conception du juste et de l'injuste, non pas en général, mais spécialement dans le fait particulier, objet de la poursuite : voilà ce qui est compris dans le mot de discernement ; et la question doit être résolue, non pas sur un indice isolé, sur une épreuve après coup, mais par tout l'ensemble des faits et de l'étude de l'agent, d'après une conviction consciencieuse : le doute doit profiter à l'inculpé (1).

Section II. — La question de discernement se pose-t-elle devant toutes les juridictions ?

481. — Nous venons de voir que le discernement est la capacité d'apprécier les conséquences matérielles d'un acte et sa portée sociale :

---

(1) Ortolan, *Éléments de Droit pénal*, I, n° 289, p. 122.

ce qui nous amène à conclure, avec M. Garraud, que l'obligation de l'examiner et de la résoudre, comme l'obligation d'examiner et de résoudre la culpabilité, s'impose à *cette juridiction de jugement* et que la preuve que cet examen a été fait doit résulter des motifs des arrêts et jugements. Les juridictions d'instruction, au contraire, n'ont pas à l'examiner parce que le renvoi de la poursuite résultant de l'absence de discernement n'est pas pur et simple et que les articles 66 et 68 paraissent n'autoriser que les juridictions de jugement à l'envoi en correction du mineur acquitté (1).

Comme nous le verrons, au cours des explications qui vont suivre, la Cour de cassation a fréquemment consacré ces principes.

482. — Nous allons, par conséquent, suivre le mineur devant la Cour d'assises, la police correctionnelle, le tribunal de simple police, les tribunaux d'exception, en consacrant à chacune de ces juridictions un paragraphe spécial.

§ I". — Le Mineur est traduit devant la Cour d'assises

483. — En matière de crimes, conformément à l'article 337 du Code d'instruction criminelle, on commence par demander au jury, dans une première question, si l'accusé est coupable d'avoir commis le crime relevé par l'acte d'accusation : « La question résultant de l'acte d'accu
» sation sera posée en ces termes : L'accusé est-il coupable d'avoir com
» mis tel meurtre, tel vol ou tel autre crime, avec toutes les circonstances
» comprises dans le résumé de l'acte d'accusation? » (art. 337). — Toutes les autres questions d'âge, de discernement, sont subordonnées à la question de culpabilité; puis, quand il n'y a aucune contestation sur l'âge, on pose, conformément à l'article 340, cette seconde question spéciale et éventuelle : l'accusé, âgé de moins de seize ans, a-t-il agi avec discernement? « Si l'accusé a moins de seize ans, le président posera, à
» peine de nullité, cette question : L'accusé a-t-il agi avec discernement? »
(art. 340).

---

(1) Garraud, *Précis de Droit criminel*, p. 154 et note 1.

484. — L'article 340 du Code d'instruction criminelle rectifie, à ce point de vue, ce qu'à d'inexact ou d'obscur la formule dont s'est servi le Code pénal. L'article 66 du Code pénal conduirait à penser que la question qui se pose, lorsque le mineur est traduit devant les tribunaux, est de savoir s'il a agi sans discernement. La présomption serait, en quelque sorte, retournée, et, en cas de partage des jurés, la présomption de discernement se trouverait subsister. Mais l'article 67 s'exprime autrement que l'article 66 du Code pénal et l'article 340 du Code d'instruction criminelle ne laisse aucun doute sur la formule exacte de la question. Le mineur est bien protégé par une présomption d'irresponsabilité. Si donc le jury est divisé sur la question, le partage équivaudra à une réponse négative. L'article 347 du Code d'instruction criminelle enlève du reste à l'observation son intérêt pratique en disant que la décision du jury contre l'accusé se forme à la majorité. Il importait, néanmoins, de bien rétablir la véritable pensée de la loi, qui est de créer, au profit du mineur de seize ans, une présomption de non discernement » (1).

485. — Il semble, au premier abord, que les deux questions soient en antagonisme. En effet, si l'accusé est coupable, comment peut-il avoir agi sans discernement? et, s'il a agi sans discernement, comment peut-il être coupable?... Mais la contradiction n'est qu'apparente, ainsi qu'on va le voir. En effet, dans ce cas, comme chaque fois qu'il s'agit d'excuses légales, — et il y en a une ici au cas de discernement, — le mot coupable, inséré dans la première question, se réfère, par une exception forcée, uniquement à la matérialité du fait et non plus, comme d'habitude, à l'élément intentionnel. Pour répondre à la première question : l'accusé est-il coupable? le jury devra se demander si le fait a été matériellement commis, si l'accusé en est l'auteur et s'il a eu l'intention de le commettre. Pour répondre à la seconde question : l'accusé a-t-il agi avec discernement? le jury devra se demander si l'accusé a agi en appréciant exactement la gravité, l'immoralité, les conséquences matérielles et la portée sociale de son crime.

486. — En prescrivant de poser une question spéciale sur le discer-

---

(1) Garraud, *Traité de Droit Pénal.* t. I, p. 329, note 1.

nement, le Code d'instruction criminelle dit assez clairement qu'il ne faut pas confondre le défaut de discernement avec l'absence d'intention criminelle. Si, comme on l'a dit quelquefois, l'enfant qui a agi sans discernement est justifié parce qu'il n'avait pas d'intention criminelle, à quoi bon consulter le jury par une question particulière sur le discernement? La question principale, qui interroge le jury sur la culpabilité de l'accusé, la comprendrait, comme il comprend l'intention criminelle. Pour que la loi ait ordonné la position d'une question distincte et secondaire sur le discernement, il faut évidemment qu'elle ait entendu que le discernement se distinguait de l'intention criminelle. En admettant cette distinction, la loi n'a fait, au reste, que consacrer une incontestable vérité : c'est que *l'intention* n'est pas la même chose que *le discernement*. On a, par l'intention, la volonté de bien ou mal faire; et, par le discernement, la faculté d'apprécier si l'on a bien ou mal fait. Le mineur de seize ans peut avoir exécuté avec une intention coupable une action qualifiée crime ou délit, mais il peut en même temps, à cause de la faiblesse de son âge, n'avoir pas discerné, ou n'avoir discerné qu'en partie, l'immoralité de l'acte qu'il a exécuté et de l'intention avec laquelle il l'a exécuté. Il est coupable, à raison du fait qu'il a accompli et de l'intention avec laquelle il l'a accompli; il est excusable, à raison de l'imperfection de son discernement, et nous verrons que l'absence totale de discernement constitue pour lui une cause de non imputabilité.

Donc il n'y a pas antinomie entre les deux questions de culpabilité et de discernement.

487. — Les mots — *à peine de nullité* — ne figuraient pas dans la rédaction première de l'article 340. Ils y ont été ajoutés par la loi du 28 avril 1832. Cependant il n'y avait point, ici, d'abus à réprimer : la Cour de cassation avait plusieurs fois annulé des arrêts, par cela seul qu'ils avaient omis de mentionner la position de cette question (1).

488. — Nous avons vu, au commencement de ce chapitre, dans quel ordre doivent être posées les questions : la question de discernement ne vient qu'après celle de culpabilité. Mais il peut se faire aussi que l'âge

---

(1) Chauveau et Faustin-Hélie, t. I, p. 522, n° 332. — Cass., 9 messidor, an VIII et 8 brumaire, an IX. Dalloz, *Rép. alph.*, V° Peine, n° 429, note 1.

de l'accusé devienne douteux, au cours des débats; alors, l'ordre des questions sera le suivant :

1° Une question de *culpabilité* que le jury résoudra, en examinant si l'accusé a commis le fait qui lui est imputé;

2° Une question sur le point de savoir *si l'accusé est âgé de moins de seize ans*, que le jury résoudra en examinant les pièces qui lui sont présentées, et en interprétant le doute en faveur de l'accusé;

3° Une question *de discernement*, que le jury résoudra en examinant si l'accusé a apprécié exactement la gravité du fait qu'il commettait, s'il s'est rendu compte de la nature et de la portée de son action, si sa volonté était intelligente : question dont la solution varie nécessairement suivant les circonstances de la cause.

487. — Toutes ces questions *doivent être séparées.* Le président ne pourrait comprendre, dans une seule [et même formule, tout à la fois la question relative à l'âge et celle concernant le discernement. C'est ce qu'a jugé la Cour de cassation dans l'espèce suivante :

A la question ainsi posée : « *À l'époque du crime, l'accusé était-il* » *âgé de moins seize ans, et, dans ce cas, a-t-il agi avec discernement?* » le jury répondit : « *Non!* » De la réponse négative le défenseur de l'accusé conclut que le jury avait résolu en sa faveur la question de discernement. Mais un doute sérieux subsistait. A quoi s'appliquait la réponse négative du jury? Etait-ce à la partie relative à l'âge, ou bien, au contraire, à celle relative au discernement?

Au lieu de renvoyer les jurés dans la chambre de leurs délibérations et de les appeler à résoudre ce doute, la Cour d'assises se réserva la solution. La Cour de cassation cassa l'arrêt de la Cour d'assises : « attendu qu'elle avait usurpé les attributions du jury, puisqu'il s'agis- » sait d'une question de fait et non de droit, et qu'elle n'avait pas d'élé- » ment légal de solution, quant à l'âge, dans les termes de l'article 340 » du Code d'instruction criminelle; que, dès lors, la réponse à la deuxième » question ne présentait pas de base légale, soit à un acquittement, soit » à une condamnation » (1).

____

(1) Cass., 18 avril 1836, *Bulletin*,. année 1836, p. 142.

490. — Encore une difficulté. Si le ministère public représente un acte de naissance attribuant à l'accusé plus de seize ans, cet accusé peut-il, en soutenant que cet acte de naissance ne s'applique pas à lui, alléguer que, au temps du crime, il avait moins de seize ans, et requérir la Cour de poser au jury la question de discernement? Un arrêt du 4 mai 1839 (1), qu'il est difficile de concilier avec le précédent, semble réserver à la Cour d'assises le droit d'examiner la prétention de l'accusé : « c'est, » en effet, » dit-il, « en l'absence d'un extrait des registres de l'état civil » servant à constater la naissance, qu'il y a incertitude sur le point de » savoir si l'accusé était âgé de moins de seize ans et nécessité d'en » faire l'objet d'une question distincte à soumettre au jury. » — Mais cette théorie est contraire aux principes que nous venons d'exposer et à la jurisprudence de la Cour suprême elle-même : les jurés, en effet, ayant la latitude la plus grande et la souveraineté la plus absolue dans l'examen des faits, doivent être interrogés même sur les faits qui semblent prouvés par des actes authentiques, lesquels n'enchaînent pas leurs consciences. Dès lors, la réponse à la question dont l'accusé requiert la position échappe à la compétence de la Cour et rentre dans les attributions du jury.

491. — En revanche, la Cour de cassation a jugé que, dans le cas où un mineur de seize ans est accusé de plusieurs crimes, il y a nécessité de poser au jury autant de questions distinctes et séparées sur le discernement qu'il y a de chefs d'accusation : la position d'une seule question de discernement serait nulle pour vice de complexité. Le discernement, en effet, n'est pas quelque chose d'absolu; il doit être examiné et apprécié pour chacun des faits reprochés à l'accusé, alors même qu'ils se seraient passés à la même époque, alors même qu'ils seraient connexes les uns aux autres, parce que la maturité morale peut exister pour certains délits et ne pas exister pour d'autres (2).

492. — Marie-Jacqueline Tessier, mineure de seize ans, était accusée de quatre crimes distincts d'incendie. Le président de la Cour d'assises

---

(1) Cass., 4 mai 1839, *Bulletin*, année 1839, p. 223.
(2) Chauveau et Faustin-Hélie, op. cit., t. 1, p. 522, n° 332. — Garraud, *Traité*, t. 1, n° 208-V, p. 344.

avait posé des questions séparées pour chaque fait principal et pour chacune des circonstances aggravantes qui s'y rattachaient ; mais il n'avait fait qu'une seule question de discernement, rendue ainsi commune à tous les chefs d'accusation. Le jury ayant résolu cette question contre la fille Tessier, celle-ci fut condamnée aux peines déterminées par la loi. Sur son pourvoi, l'arrêt fut annulé par la Cour suprême, le 9 février 1854, pour les motifs suivants (1) :

« Vu les articles 340, 345 du Code d'instruction criminelle ; les articles
» 1, 2 et 3 de la loi du 13 mai 1836 : attendu, en fait, que la demande-
» resse en cassation, âgée de moins de seize ans, a été renvoyée devant
» la Cour d'assises comme accusée de quatre crimes distincts d'incendie ;
» attendu que le président de la Cour d'assises a posé les questions dis-
» tinctes pour chaque fait principal et pour chacune des circonstances
» aggravantes qui s'y rattacheraient, mais qu'il n'a posé qu'une seule
» question de discernement commune à tous les chefs d'accusation ;
» attendu que, dans toute accusation portée contre un mineur de seize
» ans, le jury doit toujours être interrogé spécialement et distinctement
» sur la question de savoir si l'accusé a agi avec discernement ; attendu
» que, conformément à l'article 66 du Code pénal, cette question, résolue
» négativement, enlève au fait principal son caractère de criminalité et
» entraîne l'acquittement de l'accusé, que le discernement est donc un
» des éléments essentiels de la culpabilité légale, et, par suite, une
» partie substantielle de l'accusation sur chacun des crimes qui en font
» l'objet ; attendu que des solutions différentes sur la question de discer-
» nement peuvent être motivées par des circonstances qu'il appartient
» au jury d'apprécier souverainement, quant aux divers chefs d'accusa-
» tion ; attendu que, par la position d'une question unique de discerne-
» ment, le jury s'est trouvé dans la nécessité de statuer par une seule
» réponse sur la culpabilité relative à quatre faits principaux, au lieu
» d'avoir à répondre distinctement pour chacun d'eux ; que la question
» ainsi posée et la réponse intervenue contiennent donc manifestement
» le vice de complexité et constituent, dès lors, une violation expresse

---

(1) Dalloz, 1854. 1. 88.

» des articles 340 du Code d'instruction criminelle et 1er de la loi du
» 13 mai 1836 : par ces motifs, casse... etc. »

493. — Si la question de discernement doit, à peine de nullité, être posée au jury, toutes les fois qu'il s'agit de juger un mineur de seize ans, cette question, au contraire, ne doit plus être posée, dès qu'il est constant que l'accusé a plus de seize ans. Mais il ne suit pas de là que le jury n'aura pas le droit de rechercher si réellement, en fait, l'accusé a bien agi avec discernement; car il est possible que la raison de l'individu arrivé à cet âge soit encore très peu développée. Il existe des natures tardives, chez lesquelles les facultés intellectuelles restent longtemps dans une sorte d'engourdissement : ce sont des exceptions dont le législateur ne doit pas se préoccuper, lorsqu'il s'agit d'établir une règle générale, mais dont cependant l'équité veut qu'on tienne compte lorsqu'elles viennent à se produire.

494. — Qu'un accusé de plus de seize ans se trouve dans ce cas, que fera-t-on à son égard? La question de discernement ne sera pas posée : la loi ne le permet pas; mais le jury l'examinera comme élément de la criminalité de fait; et, s'il juge que l'accusé, bien qu'âgé de plus de seize ans, a néanmoins agi sans discernement, il devra prononcer un verdict de non culpabilité. L'existence du discernement chez les majeurs de seize ans n'est, en effet, et ne peut être que présumée par le législateur, et il est toujours dans les pouvoirs des jurés, s'ils reconnaissent fausse cette présomption, de prononcer un acquittement. Seulement, et c'est là ce qu'il faut remarquer, la simple formule que l'accusé a agi sans discernement ne suffit plus, comme lorsqu'il s'agit d'un mineur, pour entraîner cet acquittement : il faut nécessairement qu'il soit déclaré non coupable. Par suite, est sans aucun effet légal l'addition faite par le jury à sa déclaration de culpabilité de ces mots : « *mais sans discernement.* » Ainsi l'a déclaré la Cour de cassation dans un arrêt de rejet du 1er septembre 1826 (1).

495. — Quand un accusé de plus de seize ans requiert la position de la question de discernement, le jugement ou l'arrêt qui rejette cette

---

(1) Sirey, 1327. 1. 263.

demande doit être motivé, car cet arrêt qui a pour objet de modifier le fait de l'accusation, la culpabilité de l'accusé et l'application de la peine ne peut être considéré comme un arrêt d'instruction ou comme un arrêt simplement préparatoire (1).

496. — Lorsque, l'accusé ayant plus de seize ans, le jury a été indûment interrogé sur le discernement, il y a eu fausse application et, par conséquent, violation de l'article 340 du Code d'instruction criminelle. Toutefois, la nullité n'est pas toujours la suite de cette erreur. Si, les jurés ayant répondu que l'accusé a agi sans discernement, la peine a été infligée comme si la question n'eût pas été posée, il n'y a pas alors d'intérêt lésé, et, partant, pas de grief fondé. Si, au contraire, les jurés ont constaté l'absence de discernement et si la Cour a fait état de leur réponse, les résultats de l'accusation ont été modifiés par la question illégale, et il y a matière à cassation.

497. — Mais il a été jugé que l'arrêt qui acquitte l'accusé par application de l'article 66 du Code pénal, relatif au prévenu âgé de moins de seize ans et ayant agi sans discernement, bien que ce prévenu soit âgé de plus de seize ans, est à l'abri de toute critique, s'il a été jugé en fait qu'il était aliéné d'esprit (2).

§ 2. — Le Mineur comparait en police correctionnelle

498. — Le tribunal correctionnel est appelé à juger les délits de droit commun et les délits qui lui sont déférés par des lois spéciales.

499. — A. — *Délits de droit commun.* — Les articles 66 du Code pénal et 340 du Code d'instruction criminelle ne visent que le mineur *accusé* et, par conséquent, ne statuent que sur les questions posées au jury. La question de discernement doit-elle être posée au tribunal correctionnel, quand ce tribunal a à juger un crime commis par un mineur de seize ans ? La loi ne l'a pas dit expressément, parce qu'il n'y a pas

---

(1) Cass., 14 août 1826, *Bulletin*, année 1826, p. 578.
(2) Cass., 30 juillet 1807. Dalloz, *Code pénal annoté*, art. 66, n° 25, et *Répert. alph.* V° Peine, n°ˢ 439 et 393, note 1.

de formes solennelles prescrites pour le tribunal correctionnel, comme
pour la cour d'assises; mais l'article 68 du Code pénal décide que les
tribunaux correctionnels se conformeront aux articles 66 et 67 : il faut
donc que le président pose à ses assesseurs, dans l'ordre accoutumé, la
question de discernement et il faut que le jugement constate, à peine de
nullité, que la question de discernement a été posée et résolue (1).

500. — Il en est de même, quand les tribunaux correctionnels jugent
les délits suivant leur compétence normale; il y a, en effet, identité de
raisons. Dans ce cas, comme dans celui de l'article 68, le défaut de discernement est exclusif de la culpabilité. Il est donc indispensable d'examiner avec soin si le prévenu a pu apprécier les conséquences de l'acte
qu'il a commis et si la conception qu'il s'est faite des conséquences de
la faute qui lui est reprochée est de nature à faire disparaître sa responsabilité ou à diminuer seulement sa culpabilité. Le principe qu'il ne
saurait y avoir d'imputabilité pénale contre celui qui, à raison de son
âge, était encore hors d'état de discerner le mal moral contenu dans
l'acte dont il est reconnu l'auteur est un principe tellement absolu, tellement essentiel du droit pénal, qu'il s'étend à tous les délits, de quelque
nature qu'ils soient, sans exception, et que, ne fût-il pas exprimé par la
loi, il n'en devrait pas moins exercer son empire dans le jugement des
affaires, le devoir du juge étant de déclarer non coupable celui qui se
trouverait en semblable situation (2).

501. — La jurisprudence est en ce sens : plusieurs arrêts de la Cour
de cassation décident que le jugement du tribunal correctionnel doit
constater, à peine de nullité, que la question de discernement a été posée
et résolue (3). D'autres arrêts de la même Cour ont dû réformer plusieurs
fois des arrêts de Cour d'appel, jugeant que les dispositions de l'article
66 du Code pénal ne pouvaient être appliquées en matière de simple
délit (4).

---

(1) Chauveau et Faustin-Hélie, op. cit., t. I, n° 332.
(2) Ortolan, op. cit., t. I, n° 298, p. 125.
(3) Cass., 20 mars 1841, *Bulletin*, 1841, p. 145 et 147 *in fine*. — Cass., 12 août 1843, *Bulletin*, 1843, p. 347.
(4) Cass., 17 avril 1824, *Bulletin*, 1824, n° 52, p. 159.
Cass , 16 août 1822, *Bulletin*, 1822, n° 109, p. 317.

502. — B. — *Délits prévus par des lois spéciales.* — Les dispositions du Code pénal relatives aux mineurs doivent-elles se restreindre aux crimes et aux délits prévus par le Code pénal, ou bien faut-il les étendre à tous les crimes ou délits, même à ceux prévus par des lois spéciales ? La question a été controversée.

503. — On a dit que la fixation de l'âge de majorité pénale, les mesures autorisées par l'article 66, à l'égard du mineur acquitté, la diminution de peine formulée par les articles 67 et 69 à l'égard des mineurs condamnés sont dénuées d'autorité en dehors de la loi qui les a établies, parce que ces dispositions ne sont que des créations variables du droit positif (1).

504. — De plus, aux termes de l'article 484 du Code pénal, « dans » toutes les matières qui n'ont pas été réglées par le présent Code et » qui sont régies par des lois et règlements particuliers, les Cours et les » tribunaux continueront de les observer. » D'où l'on conclut que les dispositions des articles 66 et suivants du Code pénal, relatifs aux mineurs, ne s'appliquent aux délits prévus par des lois spéciales que si ces lois en ont formellement stipulé l'application.

505. — Cette conclusion nous semble téméraire. Il y a dans le Code des théories qui dominent l'ensemble du droit pénal : telles, la théorie de la complicité, celle de l'article 64. La théorie de la minorité est au premier chef une de celles-là. Le juge doit, à moins d'une disposition spéciale et contraire, en faire application, quelle que soit la loi dont la violation entraine la comparution du mineur devant lui.

506. — La jurisprudence avait d'abord jugé que le bénéfice des articles 66 et 67 du Code pénal, qui modèrent les peines encourues, lorsque le prévenu est âgé de moins de seize ans, n'est pas applicable dans les matières régies par des lois spéciales. C'est ainsi que la Cour de cassation avait déclaré ces dispositions inapplicables en matière de délits de chasse (2), ou en matières de douanes (3), en matière d'eaux et

---

(1) Comparez Ortolan, op. cit , t. I, n° 298, p. 125.
(2) Cass., 5 juillet 1839, Sirey, 1840. 1. 189 et les renvois.
(3) Cass., 15 avril 1819, Sirey, 1819. 1. 311.

forêts (1). La Cour de Metz les avait déclarées inapplicables en matière de contributions indirectes. (2)

507. — Mais, vers 1840, la jurisprudence a opéré un revirement complet dans le sens de la saine interprétation des textes et, depuis cette époque, elle a constamment décidé que les dispositions des articles 66 et suivants du Code pénal, relatifs aux mineurs, sont applicables à tous les délits, même prévus par des lois spéciales. La généralité des termes de ces articles et cette considération que, à défaut, on tombe dans l'absence de toute règle positive sur ce point aussi important, nous font ranger à l'avis de cette extension, avis consacré par la jurisprudence la plus récente.

508. — En effet, un arrêt de la Cour de cassation du 9 avril 1875 (3) a fait application, en matière de délits de chasse, de l'article 69 du Code pénal.

509. — Pour les douanes, c'est dans son arrêt du 20 mars 1841, que la Cour suprême décida « que la disposition de l'article 66 du Code pénal, » d'après laquelle les individus âgés de moins de seize ans doivent être » acquittés, s'ils ont agi sans discernement, doit, comme celle de l'ar- » ticle 64 du même Code, relative à la démence et à la contrainte, être » suivie dans toutes les matières, même dans celles qui sont régies par » des lois spéciales, à moins que ces lois ne contiennent, à ce sujet, » quelque dérogation expresse ou tacite. » C'est ce principe qui a servi de base à toute la jurisprudence ultérieure et que la Cour de cassation a reproduit dans son dernier arrêt relatif aux délits de douane en le généralisant : « attendu, » disait la cour, « que les articles 66, 67, 68 et 69 » du Code pénal ont pour objet de subvenir à la faiblesse de l'âge; » qu'ils dérivent d'un seul et même principe dont ils règlent les consé- » quences suivant les divers cas qu'ils prévoient; qu'il suit de là, d'une » part, que les dispositions contenues dans ces articles sont générales » et doivent recevoir leur application à tous les faits qualifiés crimes ou » délits, à moins qu'il n'en soit autrement ordonné; qu'il s'ensuit,

---

(1) Cass., 2 juillet 1813, Dalloz, *Rép. alph.*, V⁰ Peine, n⁰ 452 et V⁰ Pêche, n⁰ 232, note 2.
(2) Metz, 5 mars 1821, Dalloz, *Rép. alph.*, V⁰ *Impôts indirects*, n⁰ 516.
(3) Cass., 9 avril 1875, Dalloz, 1877. 1. 508.

» d'autre part, qu'aucune distinction ne saurait être admise entre la
» disposition qui prescrit l'acquittement d'un mineur, lorsqu'il a agi
» sans discernement et celles qui le font jouir d'une modération de peine,
» lorsqu'il a agi avec discernement » (1).

510. — Plus récemment, en matière de contributions indirectes, la
Cour de Pau a fait une nouvelle application du principe, par arrêt du
23 mars 1889. Il s'agissait d'un enfant de treize ans qui avait été surpris
colportant des allumettes d'origine frauduleuse. La Cour décida qu'il y
a lieu tout d'abord de rechercher s'il a agi avec discernement; que, en
effet, les dispositions de l'article 66 du Code pénal, décidant que le
mineur de seize ans qui a agi sans discernement doit être acquitté, sont
générales et s'étendent, à moins de dérogation particulière, à tous les
délits, même à ceux prévus par des lois spéciales, et, notamment, sont
applicables en matière de délits prévus par les lois sur les contributions
indirectes (2).

511. — En matière de lois et règlements sur la police et l'exploita-
tion des chemins de fer, un arrêt de la Cour de Bordeaux du 11 mars
1891 a décidé que les dispositions du Code pénal, relatives aux
mineurs, trouvaient application, « attendu qu'il est certain que les règles
» du droit commun sont applicables aux matières spéciales, lorsqu'il n'y
» a pas été expressément dérogé... » (3).

512. — Nous terminerons ce paragraphe en disant que cette présomption d'irresponsabilité, qu'il faut détruire, étant attachée à la personne même du mineur, puisqu'elle est fondée sur son jeune âge, le
protège, que l'infraction dont il est inculpé soit prévue par le Code pénal
ou par une loi spéciale, en dehors de ce Code. Ce n'est pas, en effet, à
raison de la nature de l'infraction, mais à raison de la personne de
l'inculpé, que se pose la question de discernement. Elle a donc le caractère le plus absolu et le plus général.

513. — On a prétendu, toutefois, qu'il existe une exception à cette
règle générale, au cas d'adultère.

---

(1) Cass., 11 janvier 1856, Sirey 1856. 1. 634.
(2) Cour de Pau, 23 mars 1889, Sirey 1889. 2. 152.
(3) Cour de Bordeaux, 11 mars 1891, Sirey. 91. 2. 166.

Il serait difficile, dit-on, d'admettre la femme mineure de seize ans à invoquer le bénéfice de l'article 66 du Code pénal, comme ayant agi sans discernement. La loi, en reconnaissant à la femme, à partir de l'âge de quinze ans, la capacité suffisante pour contracter mariage, exclut par là-même l'idée qu'elle puisse commettre sans discernement le délit d'adultère. Cependant, ajoute-t-on, ce n'est là qu'une présomption légale, à laquelle les faits peuvent être contraires, et, en droit pénal, nul ne doit être présumé coupable. L'article 66 peut donc, dans certaines circonstances, être appliqué, même à une femme adultère, comme il pourrait l'être aussi au complice, s'il avait moins de seize ans, ou à la concubine du mari.

514. — Aux partisans de cette doctrine nous répondons par ce point d'interrogation : dans quel article du Code se trouve écrite l'exception que vous prétendez exister? Si vous ne nous montrez cet article, nous ne pouvons vous suivre, parce que nous sommes en matière pénale et que, en fait de présomptions défavorables à un délinquant, ou d'exceptions à une loi générale, nous ne pouvons admettre que les présomptions et les exceptions nettement formulées par la loi. Il se peut qu'il existe de bonnes raisons de priver la femme mariée adultère du bénéfice de l'article 66; mais, encore une fois, ce que la loi n'a pas fait, nous ne saurions le faire. — Et puis, voyons, vaut-il bien la peine de nous présenter le cas de la femme adultère comme une exception à l'article 66, pour nous dire, immédiatement après, que ce même article devra recevoir son application, s'il est reconnu que la délinquante, contrairement à la présomption légale qu'on invoque, a agi sans discernement?...

515. — L'on reconnaît que l'article 69 du Code pénal, aux termes duquel le mineur de seize ans ne peut être condamné qu'à la moitié de la peine portée par la loi, serait, dans tous les cas, applicable à la femme ou au complice.

§ 3. — Le Mineur est traduit devant un tribunal de simple police

516. — Dans cette hypothèse encore, nous croyons que le juge doit se poser la question de discernement et la résoudre, quand il se trouve en présence d'un prévenu de moins de seize ans. Toutefois, nous avons contre nous l'avis de deux autorités importantes, M. Villey et M. Ortolan.

517. — Pour M. Villey, les textes et la raison s'y opposent. Sans doute, il faut en cette matière, comme en toute autre, que les conditions de l'imputabilité pénale soient réunies. Mais il résulte et de l'intitulé du chapitre et des articles qui entourent l'article 66, particulièrement de l'article 69, que ces textes ne s'appliquent qu'aux crimes et aux délits (1).

518. — Le Code, d'après M. Ortolan, ne parle dans les articles 66, 67 et 69, que de crimes et de délits ; les contraventions de simple police sont traitées à part, dans un livre spécial. Sans doute, si le juge de simple police reconnaît que l'inculpé, à cause de son jeune âge, a agi sans discernement, il devra, ici, comme dans tous les autres cas, le déclarer non coupable et l'acquitter, en vertu du principe essentiel et absolu du droit pénal, d'après lequel il ne peut y avoir d'imputabilité pénale contre celui qui, à raison de son âge, est hors d'état de discerner le mal moral contenu dans l'acte qui lui est reproché, mais le juge ne peut appliquer, ici, ni l'article 66, ni l'article 69 (2).

519. — D'autre part, dit-on, les contraventions sont, en principe, punissables, sans qu'on ait égard à l'intention de l'agent.

520. — L'argument de M. Villey n'est pas suffisant. La solution que nous avons admise, en tête même de ce paragraphe, n'est que la conséquence d'un principe général qui n'avait pas besoin d'être écrit dans la loi, puisqu'il résulte de la nature même des choses. Nous ne voyons pas pourquoi le juge n'aurait pas à tenir compte de la faiblesse de l'âge, quand il s'agit simplement de contraventions. Car, *ce n'est pas à raison de la nature de l'infraction, mais à raison de la personne* de l'inculpé que se pose la question de discernement.

521. — Le second argument est tout aussi faible. En effet, s'il est vrai que, en principe, les contraventions sont punissables, sans qu'on ait égard à l'intention de l'agent, nous avons fait remarquer précédemment que, autre chose était le défaut d'intention, autre chose le défaut de discernement. De ce que la loi, quand elle punit une contravention,

---

(1) Villey, op. cit., p. 111, note 3.
(2) Ortolan, op. cit., t. I, n° 298, p 125.

ne se préoccupe pas de l'intention de l'agent, il n'en résulte pas que le défaut de discernement soit une chose indifférente. C'est toujours au moins une faute qui est punie, et toute faute, si minime qu'elle soit, ne peut se concevoir que de la part d'une personne qui a le discernement de ses actes (1). Le défaut d'intention ne doit pas être confondu avec le défaut de discernement, et la mission de toute juridiction est d'examiner spécialement la question de discernement, puisque, à l'âge de l'inculpé, l'imputabilité est au moins incertaine.

522. — La Cour de cassation a conservé en ce sens une jurisprudence invariable : elle a constamment décidé que l'article 66 du Code pénal contient, en faveur des mineurs de seize ans, des dispositions générales et absolues, et qu'il pose un principe commun aux crimes, aux délits et aux contraventions : arrêts des 10 juin 1842, — 2 septembre et 8 décembre 1842, — 13 avril 1844, — 7 mars 1845, — 12 août 1845, — 24 mai 1855, — 22 juin 1855, — 7 juillet 1864, — 21 mars 1868, — 7 janvier 1876.

523. — Toutefois, un arrêt du 12 février 1863 (2) semble s'être écarté de cette jurisprudence ; il est conçu en ces termes : « Attendu que, du » procès-verbal dressé le 18 juillet dernier par le garde champêtre de » la commune, il résulte que les dénommés audit procès-verbal ont » commis l'infraction prévue par l'article 471, § 13, du Code pénal; que » ce procès-verbal n'a pas été débattu à l'audience par la preuve con- » traire et que, néanmoins, les prévenus ont été renvoyés des fins de la » poursuite par ce triple motif que, mineurs, ils ont agi sans discerne- » ment, que le fait était, de leur part, non un acte de méchanceté, mais » un jeu d'enfant, et que, enfin, il n'y avait pas eu de dommage ; — attendu » que toutes ces excuses sont arbitraires; que, en matière de contra- » ventions, l'âge, le discernement et l'intention sont des circonstances » complètement indifférentes; que, d'un autre côté, l'article 471, § 13, » n'exige pas qu'il y ait eu dommage causé, mais uniquement que l'on » soit entré et que l'on ait passé sur un terrain préparé ou ensemencé;

---

(1) Garraud, *Traité*, t. I, n° 203, p. 331 et 332.
(2) Cass., 12 février 1863, Dalloz, 1863, 5° partie, colonne 163-5.

» qu'il suit de là que, en admettant ces diverses excuses, alors qu'elles
» étaient sans valeur contre les constatations du procès-verbal susvisé,
» le jugement attaqué a violé la foi due audit acte et l'article 154 du Code
» d'instruction criminelle : par ces motifs, casse... »

524. — Il ne faudrait pas prendre cet arrêt au pied de la lettre, quand il dit que l'âge et le discernement sont, en matière de contravention, des circonstances complètement indifférentes. Nous ne croyons pas qu'il contienne un changement de jurisprudence. Le jugement annulé se fondait principalement sur ce que l'action de s'amuser n'emporte avec elle aucune idée de contravention, surtout lorsqu'elle émane d'un groupe d'enfants qui, par leur jeune âge, sont censés avoir agi sans discernement. Ainsi, ce jugement n'indiquait pas que les délinquants étaient des mineurs de seize ans; il se bornait à indiquer que c'étaient des enfants, sans déterminer leur âge. Il ne décidait pas qu'ils avaient, personnellement et chacun, agi sans discernement; il se bornait à déclarer que, par leur jeune âge, ils étaient censés avoir agi sans discernement. La décision attaquée n'avait donc pas jugé que les délinquants étaient mineurs de seize ans et qu'ils avaient agi sans discernement.

Sans revenir sur ses précédents, la Cour a donc pu casser ce jugement qui ne se fondait que sur une présomption vague et indéterminée de défaut de discernement.

§ 4. — Le mineur est traduit devant un tribunal d'exception

525. — Ici encore, quand l'accusé ou le prévenu est mineur de seize ans, nous retrouvons, à moins de dérogations spéciales, l'obligation pour les juges d'examiner s'il a agi sans discernement.

526. — Les tribunaux commerciaux maritimes sont soumis à cette nécessité, le décret du 24 mars 1852, qui les a fondés, ne contenant point d'exception à ce sujet. Ainsi en a décidé un arrêt de la Cour de cassation du 7 avril 1865. Il suffit, pour qu'ils soient tenus de poser la question dont il s'agit, que l'allégation de l'accusé d'être âgé de moins de seize ans soit confirmée, tant par l'extrait des registres matricules produits au procès, que par les constatations du jugement lui-même (1).

527. — Enfin, le Code de justice militaire pour l'armée de terre, articles 132 et 199, et le Code de justice militaire pour l'armée de mer, articles 162 et 257, ont expressément ordonné aux tribunaux militaires d'appliquer aux individus âgés de moins de seize ans les dispositions des articles 66, 67 et 69 du Code pénal ordinaire, et de résoudre à leur égard la question de discernement.

528. — Nous concluons donc que la question de discernement est absolument indépendante de la nature de la juridiction et qu'elle doit être posée à l'égard de toutes les infractions, que ces infractions soient prévues par le Code pénal ordinaire ou par des lois spéciales.

(1) Cass., 7 avril 1865, Dalloz, 1865, 1, 193 et 194.

CHAPITRE VII

De la Sentence

529. — Nous voici parvenu au moment où va être rendue la décision qui fixera les destinées du jeune délinquant. Cette décision peut revêtir trois formes différentes : ou bien elle sera négative sur la question de culpabilité ; — ou bien elle sera affirmative sur la question de culpabilité, mais négative sur la question de discernement ; — ou bien, enfin, elle sera affirmative et sur la question de culpabilité et sur la question de discernement. Nous examinerons, sous trois sections, chacune de ces hypothèses.

Section I. — La réponse est négative sur la question de culpabilité

530. — Si la réponse à la question de culpabilité est négative, l'accusé doit être acquitté, et la Cour ne peut prendre contre lui aucune mesure, même de correction : il est dans la même situation qu'un majeur de seize ans déclaré non coupable.

531. — Il ne faudrait pas s'imaginer, toutefois, qu'il est indifférent pour le mineur de seize ans d'être renvoyé des poursuites, ou parce qu'il n'est pas coupable, ou parce qu'il a agi sans discernement :

D'abord, dans le premier cas, il est renvoyé des poursuites sans dépens ; dans le second, au contraire, la jurisprudence veut qu'il soit condamné aux frais ;

En outre, — et c'est là le grand intérêt de la question pour le mineur de seize ans, — dans le premier cas, l'affaire est définitivement réglée, le pouvoir du juge est épuisé, le mineur n'a plus rien à en redouter ; dans le second, il en est tout autrement : car, si le mineur est exonéré de toute espèce de peine, il n'en demeure pas moins, aux termes de l'article 66 du Code pénal, à la disposition du juge qui peut, lorsque cela lui paraît convenable, l'enfermer pour un temps plus ou moins long dans une maison de correction.

Section II. — La réponse est affirmative sur la question de culpabilité, mais négative sur la question de discernement.

532. — Dans ce cas, aux termes de l'article 66 du Code pénal, « lors- » que l'accusé aura moins de seize ans, s'il est décidé qu'il a agi sans » discernement, il sera acquitté, mais il sera, selon les circonstances, » remis à ses parents, ou conduit dans une maison de correction pour » y être élevé et détenu pendant tel nombre d'années que le jugement » déterminera, et qui, toutefois, ne pourra excéder l'époque où il aura » accompli sa vingtième année. »

533. — L'accusé sera donc acquitté, mais il pourra être détenu dans une maison de correction.

534. — Dans trois paragraphes, nous allons étudier : premièrement, quelle est la nature de la décision prononcée en faveur du mineur ; — deuxièmement, quels sont les effets de cette décision ; — troisièmement, quelle est la nature de la détention infligée au mineur malgré l'acquittement.

§ 1er. — Quelle est la nature de la décision prononcée en faveur du mineur ?

535. — L'article 66 du Code pénal nous dit formellement que le mineur de seize ans doit être *acquitté*, s'il est reconnu avoir agi sans discernement. Mais est-ce bien en réalité un *acquittement*, et ne serait-il pas plus exact de parler d'*absolution* ?

Bien entendu, sur cette question, les auteurs sont partagés : en est-il beaucoup, en droit, sur lesquelles ils soient unanimes à penser la même chose ?

536. — Quelques auteurs, malgré la précision des termes employés par l'article 66, se refusent à voir, ici, un véritable acquittement. C'est une absolution, d'après eux, et pas autre chose. En effet, on prononce une absolution, quand, l'accusé étant reconnu coupable, le fait n'est pas prévu par la loi pénale (Code d'instr. crim., art. 364), ou que le jury a reconnu une excuse absolutoire, ou que l'action publique est non recevable ou éteinte. Or, il ne faut pas oublier que l'accusé mineur vient d'être déclaré *coupable* et il semble plus probable que, si les juges estiment que le prévenu ou l'accusé, à raison de son âge, a agi sans discernement, ils le déclareront non coupable et l'acquitteront, comme ils acquitteraient tout individu qui, pour une cause quelconque, n'aurait pas l'intelligence de ses actes.

537. — Voilà une façon de raisonner assez bizarre, et qui, de plus, méconnait absolument le texte de la loi. La loi, précisément, établit une différence très nette entre le majeur et le mineur. Le majeur, effectivement, sera acquitté, s'il est reconnu avoir agi sans discernement. Mais, à son sujet, on ne posera qu'une seule question, englobant tous les éléments de l'infraction. Tandis qu'on ne peut déclarer un mineur non coupable, sous prétexte qu'il a agi sans discernement. L'esprit et les termes des articles 337, 340 du Code d'instruction criminelle, combinés avec l'article 66 du Code pénal, s'y opposent absolument. Ces articles veulent qu'on examine séparément, pour le mineur, la question de culpabilité et celle de discernement, parce que, au cas de non discernement, ils prennent, dans son intérêt, des mesures d'éducation. Agir ainsi, ce serait rendre complètement inutiles les sages prévisions de la loi, puisque, nous l'avons vu, l'enfant déclaré non coupable est dans la même situation que le majeur et redevient immédiatement libre de sa personne.

538. — Pour soutenir cette théorie, nos auteurs vont essayer d'établir que la minorité de seize ans est une excuse absolutoire et, pour cela, faire appel à nous ne savons plus quel vieux rapport présenté par M. Riboud au Corps législatif, à la séance du 13 février 1810.

539. — Dans ce rapport, M. Riboud s'exprimait en ces termes, au sujet des mineurs (1) :

« Après avoir fixé les principes concernant les personnes punissables
» à raison de la part qu'elles peuvent avoir prise aux crimes ou délits,
» le projet considère ces personnes sous des rapports qui tiennent à
» elles-mêmes, tels que l'influence de leur âge, la situation de leur esprit,
» le degré de la force qui les a entraînées. Cette partie de la loi proposée
» tend donc à faire apprécier jusqu'à quel point leur volonté a dirigé
» l'action réputée crime ou délit. Il est reconnu, dans l'article 64, que
» l'action cesse d'avoir ces caractères, si elle est l'effet d'une force à
» laquelle il a été impossible que son auteur pût résister, ou s'il ne
» jouissait pas de la plénitude de ses facultés intellectuelles, ou, enfin,
» s'il a agi sans discernement. Il n'existe plus alors ni crime, ni délit et
» l'accusé doit être *absout*. Ces caractères ne disparaissent point, au
» contraire, s'il a été plus ou moins en état d'évaluer l'action à laquelle
» il s'est livré. Ainsi, l'âge au-dessous de seize ans doit en atténuer la
» gravité, sans l'effacer entièrement, et, par conséquent, entraîner alors
» une peine quelconque, mais différente de celle que la loi inflige au
» crime... Pour déterminer l'influence que peut avoir l'âge de l'individu
» qui n'a pas accompli sa seizième année, il est nécessaire de faire une
» distinction admise dans le Code de 1791 et conservée dans celui de
» 1810 : elle a pour objet de vérifier s'il a agi avec discernement ou non.
» S'il n'a pas agi avec discernement, *il n'y a point de crime*, ni de peine ;
» cependant, par une précaution sage, l'article 66 autorise les juges à
» ordonner que, en ce cas, l'accusé acquitté sera remis à ses parents ou
» conduit dans une maison de correction, pour y être élevé et détenu
» pendant un temps qui ne peut excéder l'époque où il aura atteint sa
» vingtième année. Cette disposition facultative porte l'empreinte de la
» prévoyance publique, qui doit prévenir le retour des excès, et celle
» d'une vigilance paternelle qui ne permettrait pas de priver totalement
» la jeunesse des premiers principes d'éducation nécessaires au commun

(1) Riboud, séance du 13 février 1810, Locre, *Législation de la France*, t. 29, p. 277 et 278, nᵒˢ 10 et 11.

» des hommes. quelle que soit leur position, et de ne pas l'abandonner
» à une communication dangereuse avec les individus immoraux qui
» peuplent la maison de correction... La discussion des effets de l'in-
» fluence de l'âge des condamnés, conduit naturellement à celle des
» articles qui traitent de l'excuse en matière criminelle, puisque cette
» influence n'est elle-même, au fond, qu'une excuse d'après l'acception
» et le sens ordinaire de ce mot » [1].

540. — Qu'est-ce, en effet, qu'une excuse? dit-on.

Dans le sens ordinaire du mot, on appelle excuse une circonstance
qui diminue, sans la faire disparaître, la criminalité d'une action, ou la
culpabilité de son auteur. Le sens vulgaire du mot excuse en est aussi le
sens légal : en ce sens, les excuses sont des faits de nature à atténuer ou
même à supprimer la peine, caractérisées avec précision par la loi, soit
au point de vue des circonstances dans lesquelles elles existent, soit au
point de vue de leurs effets. En somme, toute excuse suppose deux choses :
un fait illicite et un agent coupable de ce fait.

541. — Ne résulte-t-il pas de là, ajoute-t-on, que la minorité de seize
ans constitue simplement une excuse absolutoire, quand il est reconnu
que le mineur a agi sans discernement? Il y a un cas où ceci n'est pas
douteux : en cas de délit de vagabondage, la minorité de seize ans constitue certainement une excuse absolutoire, sauf renvoi sous la surveillance de la haute police (Code pénal, art. 271 . Pourquoi en serait-il
autrement dans les autres cas, alors surtout que les juges peuvent envoyer
ce coupable en correction jusqu'à vingt ans? Si l'on admet cette interprétation, l'accusé est absout et non pas acquitté.

542. — C'est là l'opinion de M. Blanche, qui soutient fortement cette
interprétation, malgré le texte formel de l'article 66, en partant de cette
idée que l'acquittement n'a lieu que dans le cas où il est jugé que l'inculpé n'a pas exécuté le fait pour lequel il est poursuivi [2].

543. — C'est aussi l'opinion de M. Glasson : « est-il reconnu, » dit
cet auteur, « que le mineur âgé de moins de seize ans a agi sans discer-

---

(1) Riboud, dans Locré, op. cit., p. 281, n° 15, alinéa 1er.
(2) Villey, op. cit., p. 111 et note 1. — Blanche, op. cit., t. II, n° 336, p. 163.

» nement, il est excusable, et cette excuse s'oppose à l'application de
» toute peine : l'accusé est absout par arrêt de la Cour, mais il supporte
» les frais du procès et, de plus, il reste à la disposition du juge qui
» peut, à son choix, ou le remettre à ses parents, ou, si les parents ne
» présentent aucune garantie, le retenir pendant un temps plus ou moins
» long, jamais au delà de l'âge de vingt ans, dans une maison de
» correction, mais c'est là un simple moyen d'éducation et non une
» peine » (1).

544. — A notre avis, cette opinion n'est pas fondée. On oublie trop que
l'article 66 parle en termes exprès *d'acquittement;* or, nous savons que,
d'après l'article 358 du Code d'instruction criminelle, l'acquittement est
la sanction d'une déclaration de non culpabilité. On nous objecte que,
en l'espèce où nous sommes, l'accusé a été déclaré coupable, qu'un fait
subsiste à sa charge et que l'excuse a simplement pour effet d'éviter l'application d'une peine.

545. — Cette objection nous paraît tout confondre et méconnaître
les effets de la minorité. Non seulement la minorité évite toute peine,
mais elle va jusqu'à supprimer tout crime à la charge de l'accusé : elle
est une véritable cause de non imputabilité. Pour qu'il y ait crime, il ne
suffit pas qu'il existe un élément matériel, un élément légal, il faut encore
l'élément moral. Or, ce dernier élément est complexe : il comprend
l'intelligence ou discernement, la liberté, l'intention. Qu'un de ces trois
facteurs vienne à manquer, l'élément moral, incomplet, disparaît à son
tour : d'où absence d'imputabilité à l'égard de l'accusé ! Eh bien, que se
passe-t-il en notre espèce? le jury, en répondant affirmativement à la
question de culpabilité, a confirmé l'existence de l'élément matériel et
de l'élément légal. Mais, en répondant négativement à la question de
discernement, il déclare que l'élément moral du crime n'existe pas. Par
conséquent, il n'y a pas d'imputabilité à la charge du mineur; en un
mot, il n'y a pas de crime; il n'y a pas de *coupable,* dans le sens où l'article 358 du Code d'instruction criminelle entend ce terme, et l'article
66, en parlant *d'acquittement,* a parlé un langage rigoureusement exact.

---

(1) Glasson *Éléments du Droit français*, t. II, p. 458.

D'ailleurs, M. Riboud, qu'on nous citait tout à l'heure, ne dit-il pas expressément que si le mineur « n'a pas agi avec discernement, il n'y » a point de crime, ni de peine? »

546. — Les auteurs décident, en majorité, que le mineur est l'objet d'un véritable acquittement, quand il est reconnu qu'il a agi sans discernement. Cette opinion trouve, à son tour, un appui très solide dans l'exposé des motifs présenté au Corps législatif par M. Faure, sur le Livre II du Code pénal (1) : « Le Code, » disait-il, « détermine ensuite l'influence » de l'âge des condamnés sur la nature et la durée des peines. — Il » s'occupe d'abord de celui qui, au moment de l'action, n'avait pas » encore seize ans. On se rappelle que l'article 340 du Code d'instruction » criminelle a décidé que, à l'égard de l'accusé qui se trouverait dans » cette classe, la question de savoir s'il a commis l'action avec discerne- » ment serait examinée. — Les dispositions actuelles règlent ce qui » doit être ordonné d'après le résultat de l'examen. Si la décision est » négative, *l'accusé doit nécessairement être acquitté, car il serait contra-* » *dictoire de le déclarer coupable d'un crime et de dire en même temps* » *que ce dont il est accusé a été fait par lui sans discernement : les juges* » *prononceront donc qu'il est acquitté, mais ils ne pourront le faire ren-* » *trer dans la société sans pourvoir à ce que quelqu'un ait les regards fixés* » *sur sa conduite ;* ils auront l'option de le rendre à ses parents, s'ils ont » en eux assez de confiance, ou de le tenir renfermé durant un espace » de temps qu'ils détermineront. »

547. — Donc le mineur qui est déclaré avoir agi sans discernement est l'objet d'un véritable acquittement.

548. — Bien entendu, la question de savoir s'il y a acquittement ou absolution ne peut se présenter que dans les matières de grand criminel, devant la Cour d'assises, car, devant le tribunal correctionnel, toutes les fois qu'une condamnation n'intervient pas, le prévenu est *renvoyé* des fins de la poursuite (arg. de l'art. 191, C. instr. crim.).

549. — Cette question offre de l'intérêt aux divers points de vue que voici :

---

(1) Exposé des motifs, présenté par M. Faure au Corps législatif, sur le Livre II du Code pénal. Séance du 3 février 1810, Locré, t. XXIX, p. 264, n° 8.

1° L'acquittement est prononcé par ordonnance du président (art. 358, C. instr. crim.), tandis que l'absolution est prononcée par arrêt de la Cour d'assises. Nous verrons bientôt la raison d'être de cette différence ;

2° Le pourvoi contre l'ordonnance d'acquittement ne peut être formé que dans l'intérêt de la loi (art. 409, C. instr. crim.) : d'où il suit que l'accusé doit être mis en liberté immédiatement après l'ordonnance d'acquittement, s'il n'est retenu pour autre cause. — Au contraire, le ministère public peut se pourvoir contre les arrêts d'absolution et en obtenir l'annulation au préjudice de l'accusé. Ce qui implique que le ministère public qui a l'intention de se pourvoir contre l'arrêt d'absolution a le droit de détenir l'accusé pendant les délais fixés pour le pourvoi (art. 373) ;

3° Devant quelque juridiction que ce soit, la condamnation aux dépens ne peut jamais atteindre un prévenu acquitté ; il y a de nombreux arrêts en ce sens (cass., 31 janv. 1861, aff. Coiffier ; Dalloz, 61. 5. 247). Nous verrons plus loin que la jurisprudence condamne régulièrement aux frais le mineur acquitté, comme ayant agi sans discernement (cas., 1er février 1877, aff. Baeri, *Bull. crim.* n° 39) ; mais nous combattrons cette jurisprudence et nous déciderons que le mineur, dans ces conditions, n'est pas tenu des frais.

L'accusé absous reste, au contraire, tenu des dépens (cass., 30 juillet 1831 ; Dalloz, *Rép.* V° Frais, n° 977 et note 4) (1).

550. — Certains auteurs trouvent trop absolues les deux théories que nous venons de discuter : pour eux, l'acquittement basé sur le défaut de discernement a un caractère *tout spécial* : la sentence qui le prononce est, à certains points de vue, une sentence d'absolution, puisque le mineur est déclaré coupable ; à d'autres, une sentence d'acquittement, puisqu'il n'est pas pénalement responsable.

551. — Le défaut de discernement ressemblerait à une excuse absolutoire aux points de vue suivants :

____

(1) La Cour de cassation nous semble faire fausse route. En effet, l'article 123 du Code d'instruction criminelle ordonne la restitution à l'accusé *absous* de la partie du cautionnement qu'il a dû verser pour obtenir sa liberté provisoire et qui était affectée au paiement des frais. Rendrait-on cette partie du cautionnement si une condamnation aux dépens pouvait être prononcée contre l'individu *absous ?*

1° La question de discernement, comme la question d'excuse, n'est pas examinée par les juridictions d'instruction, mais par les juridictions de jugement;

2° La question de discernement, comme les questions d'excuse, n'est pas comprise dans la question générale de culpabilité; elle est posée d'une manière distincte et subsidiaire :

3° En Cour d'assises, l'acquittement du mineur qui a agi sans discernement est prononcé, comme une sentence d'absolution, par un arrêt de la Cour et non par une ordonnance du président, comme le serait l'acquittement ordinaire : (nous admettrons sur ce point une théorie différente, *vide infrà*, p. 216);

4° Enfin, comme l'accusé absous, le mineur acquitté pour défaut de discernement, doit être condamné aux frais du procès : nous reviendrons aussi sur ce point.

552. — Le défaut de discernement ressemblerait, au contraire, à une cause de non culpabilité, aux deux points de vue suivants :

1° La sentence basée sur le défaut de discernement ne peut condamner le mineur à aucune peine, pas même au renvoi sous la surveillance de la haute police, remplacée aujourd'hui par l'interdiction de séjour, pas même aux amendes fiscales;

2° La sentence d'acquittement pour défaut de discernement, en Cour d'assises, étant la conséquence d'un verdict du jury, qui s'impose, au point de vue de l'exemption de toute peine, est, comme tout autre acquittement, à l'abri d'un recours en cassation; les articles 350 et 360 du Code d'instruction criminelle lui sont applicables.

553. — Cette théorie est très ingénieuse, mais ne nous parait pas exacte et nous continuons à penser que l'acquittement basé sur le défaut de discernement a tous les caractères d'un acquittement ordinaire, sauf l'envoi en correction qui est, nous le verrons, une simple mesure d'éducation.

§ 2. — Quels sont les effets de cet acquittement ?

554. — En nous plaçant au point de vue des effets de l'acquittement, nous allons nous demander :

Iº Qui peut le prononcer;

IIº Si l'on peut infliger une peine au mineur acquitté comme ayant agi sans discernement;

IIIº Si le mineur acquitté est tenu des réparations civiles;

IVº S'il est tenu des frais de l'instance.

555. — Iº Qui prononce l'acquittement? — D'après l'article 358 du Code d'instruction criminelle, « lorsque l'accusé aura été déclaré non cou-
» pable, le *président* prononcera qu'il est acquitté de l'accusation et ordon-
» nera qu'il soit remis en liberté, s'il n'est retenu pour autre cause. »

556. — Si le mineur est déclaré non coupable, la règle générale s'appliquera; s'il est, au contraire, déclaré coupable, mais sans discernement, le président de la Cour d'assises devra encore prononcer seul l'acquittement; mais il ne pourra pareillement statuer seul sur la question de savoir si l'accusé devra être remis à ses parents ou conduit dans une maison de correction. Il commettrait en cela un excès de pouvoir. Les deux termes de cette alternative pouvant avoir une importance capitale au point de vue de l'avenir de l'enfant, c'est à la Cour tout entière qu'il appartient de prononcer sur cet objet. Et, comme la Cour serait dessaisie par le prononcé de l'acquittement, le président doit, avant de le déclarer, faire délibérer la Cour sur la détermination qu'il convient de prendre, de manière que la prononciation de son arrêt suive immédiatement celle de l'acquittement.

557. — IIº Peut-on infliger une peine au mineur déclaré coupable, mais ayant agi sans discernement? — Il est indiscutable que le mineur déclaré coupable, mais ayant agi sans discernement, ne saurait être l'objet d'aucune peine, quelle que soit la juridiction devant laquelle il comparaît. Nous avons vu déjà que l'article 66 s'impose à tous les tribunaux, qui doivent l'appliquer en toutes ses parties. Or, l'article 66 parle d'acquittement : qui dit acquittement, dit inexistence d'infraction et exemption de toute peine; il serait curieux d'appliquer un châtiment pour la répression d'un crime ou d'un délit qui, nous le savons, n'est même pas constitué juridiquement, puisqu'il manque de l'élément moral.

558. — La jurisprudence s'était conformée à ce principe, en décidant, avant l'abolition de la surveillance de la haute police, que le mineur acquitté ne pouvait être soumis à cette surveillance. En effet, la surveillance est classée par le Code pénal parmi les peines; il en résulte donc qu'elle ne peut être prononcée, comme les autres peines, que contre les mineurs de seize ans ayant agi avec discernement. C'est ce qu'a jugé la Cour de cassation, à plusieurs reprises, notamment en matière de vagabondage : « attendu, » dit un arrêt du 12 août 1843, « que l'article 66 » contient des dispositions générales et absolues; attendu que le deuxième » paragraphe de l'article 271 du Code pénal, qui affranchit les vagabonds » âgés de moins de seize ans de l'emprisonnement, et qui veut, sur la » preuve des faits de vagabondage, qu'ils soient renvoyés sous la sur- » veillance de la haute police, n'a pas eu pour but d'empêcher les tribu- » naux d'examiner la question de discernement et de refuser aux enfants » qui ont agi sans discernement le bénéfice de la correction paternelle » ou du renvoi dans une maison de correction, pour y apprendre un » état..., que la surveillance de la haute police est une peine qui ne peut » être appliquée qu'aux mineurs de moins de seize ans qui ont agi avec » discernement... »

559. — Depuis la loi du 27 mai 1885, qui a remplacé la surveillance de la haute police par l'interdiction de séjour (art. 19, alinéa 2), il faut décider de même que le mineur acquitté pour avoir agi sans discernement ne peut pas être soumis à cette interdiction, qui est une véritable peine. A plus forte raison, ne peut-il pas être condamné à une peine d'emprisonnement quelconque : on ne croirait pourtant pas, si les preuves n'en existaient, que la Cour de cassation ait eu à rappeler cette incontestable vérité. Par un arrêt du 4 octobre 1845, elle a, en effet, annulé la condamnation d'un an et un jour d'emprisonnement infligée par la Cour d'assises de la Sarthe à Louis Lefaucheux, mineur de seize ans, que le jury avait déclaré avoir agi sans discernement.

560. — La Cour d'assises des Landes était arrivée à une solution curieuse : elle avait décidé que, dans le cas où il avait été reconnu par le jury que le mineur de seize ans avait agi sans discernement, le fait incriminé avait perdu sa qualité de crime pour dégénérer en un simple délit; et, faisant application de cet étrange principe, elle avait jugé qu'une fille F..., mineure de seize ans, déclarée coupable d'un vol qualifié, accompli sans discernement, était demeurée responsable d'un vol ordinaire et que, par conséquent, il y avait lieu de la condamner à l'em-

prisonnement et à la mise en surveillance autorisée par l'article 401 du
Code pénal. Sur pourvoi, cet arrêt fut annulé, « attendu que, d'après
» l'article 66 du Code pénal, l'accusé âgé de moins de seize ans doit être
» acquitté, s'il est déclaré qu'il a agi sans discernement : que la loi ne
» le reconnait donc coupable ni de crime, ni de délit; que la détention
» dans une maison de correction, qu'elle autorise la Cour d'assises à
» prononcer contre lui, n'est point une peine, mais un moyen de sup-
» pléer à la correction domestique, lorsque les circonstances ne per-
» mettent pas de le confier à sa famille, etc. » (1).

561. — Nous venons de voir que le mineur ne peut être condamné
à aucune peine; toutefois, une controverse s'est élevée relativement aux
amendes en matière fiscale. Pour M. Garraud (2), même en matière fiscale, le mineur ne peut être condamné aux amendes, quoiqu'elles aient
un caractère mixte et représentent tout à la fois la réparation du préjudice et la répression pénale de l'infraction. Mais la jurisprudence prétend que l'amende, en matière fiscale, a principalement le caractère de
réparation civile et, de ce principe, la Cour de cassation a tiré la conséquence que le mineur de seize ans, déclaré coupable d'une contravention
en matière de douane ou contributions indirectes, mais acquitté comme
ayant agi sans discernement, doit être, néanmoins, condamné à
l'amende (3).

562. — La Cour suprême a proclamé le même principe en matière
de douane par arrêt solennel, toutes chambres réunies, le 13 mars 1844;
en voici le texte :

« Vu l'article 41 de la loi du 28 avril 1816 : attendu que la matière des
» douanes est régie par des lois spéciales, portant avec elles leur sanc-
» tion particulière, dont l'article 484 du Code pénal prescrit aux cours
» et tribunaux la stricte observation; que, si cet article n'a pas reçu une
» acception trop absolue, en ce sens, que le Code pénal dût être consi-
» déré comme complètement étranger aux matières de douane, il a

---

(1) Cass., 16 août 1822, *Bulletin*, 1822, p. 317.
(2) Garraud, *Traité*, t. I, p. 335.
(3) Cass., 18 mars 1842, Sirey, 1842. 1. 465.
Cass., chambres réunies, 13 mars 1844, Sirey, 1844. 1. 366.

» cependant toujours été reconnu que la loi générale devait céder devant
» la loi spéciale et que, là où celle-ci présentait une disposition, elle
» devait être seule appliquée, quelque contraire qu'elle pût être au droit
» commun ; attendu que les amendes qui doivent être prononcées pour
» contravention aux lois sur les douanes n'ont pas un véritable carac-
» tère pénal, qu'elles sont plutôt une réparation civile ; que cela résulte
» de la législation spéciale de la matière, notamment des dispositions
» des articles 1er, titre V, et 20, titre XIII, de la loi du 22 août 1791, 8, titre
» III, de celle du 4 germinal, an II, de l'arrêté du Directoire exécutif
» du 27 thermidor, an IV, et 56 de la loi du 28 avril 1816 ; que, en ce
» qui touche cette dernière loi, il importe peu qu'on puisse dire que
» l'article 56 précité a été expressément abrogé par l'article 38 de la
» loi du 21 avril 1818 ; que cette abrogation, prononcée seulement comme
» la conséquence de la suppression des Cours prévôtales, dont les attri-
» butions passaient aux tribunaux correctionnels, n'a pas eu pour objet
» de changer le caractère de l'amende pour fait de douane, tel que l'avait
» déterminé la loi de 1816, et même toutes celles antérieures en matière
» semblable, ni de faire que, de réparation civile qu'elle était, elle prît
» la nature d'une peine, et que tout ce qui en est résulté est que l'amende,
» en tombant sous la juridiction correctionnelle, s'est trouvée rangée,
» par exception au droit commun, dans la catégorie des restitutions et
» des dommages-intérêts, dont l'article 10 du Code pénal veut que la
» condamnation soit accessoire à celle de la peine... »

563. — La théorie exposée par la Cour de cassation a le mérite, à
force d'être ingénieuse, de sauvegarder les intérêts du fisc, qui auraient
pu être compromis, si on avait conservé à l'amende fiscale son caractère
exclusif de peine. Mais ce n'en est pas moins une théorie hybride ; et,
pour nous, qui sommes tout à fait insensible aux intérêts du fisc, et que
préoccupe uniquement la saine interprétation de la loi, nous n'hésitons
pas à la déclarer inadmissible.

564. — Ou bien l'amende est une peine, ou bien elle est une réparation civile ; mais on ne saurait lui reconnaître à la fois l'un et l'autre
caractères, à moins de méconnaître absolument l'article 10 du Code pénal
qui distingue soigneusement les peines des réparations civiles. Il faudrait, pour déroger à la règle générale établie par cet article, un texte

bien précis et bien formel. Or, nous n'en trouvons nulle part qui soumette l'amende aux règles de la réparation civile. Les textes mêmes invoqués par la Cour de cassation ne disent aucunement ce qu'elle veut leur faire exprimer. Nous allons en transcrire trois, qui sont, pour ainsi dire, la clef de voûte de son système. Le premier est l'article 20 du titre XIII de la loi des 6-22 août 1791 sur les douanes, d'après lequel : « les » propriétaires des marchandises seront *responsables civilement* du fait de » leurs facteurs, agents, serviteurs et domestiques, en ce qui concerne » les droits, confiscations, *amendes* et dépens. » Une disposition analogue se retrouve, soit dans l'article 8 du titre III du décret du 4 germinal, an II, qui, après avoir frappé d'une amende les conducteurs de messageries et voitures publiques, coupables de certaines contraventions aux droits de douanes, ajoute que « les fermiers ou régisseurs intéressés » *seront solidaires*, avec les conducteurs pour cette *amende;* » soit dans l'article 35 du décret du 1er germinal, an XIII, sur les droits réunis, ainsi conçu : « les propriétaires des marchandises *seront responsables* du » fait de leurs facteurs, agents ou domestiques, en ce qui concerne les » droits, confiscations, *amendes* et dépens. »

565. — Eh bien, que signifient ces textes ? — en bon français, cela veut dire : « propriétaires, fermiers, régisseurs, si vos employés commettent » des contraventions, ils seront condamnés à une amende de... Seule- » ment, comme nous sommes ici en matière spéciale et qu'il s'agit de » mieux assurer, dans l'intérêt du fisc, la perception de cette amende, » vous êtes avertis que nous donnons une entorse au principe de la per- » sonnalité des peines. Votre employé enregistrera à son passif une » condamnation dont il se moque et, jouant l'insolvable, vous laissera » le soin de payer l'amende. Veillez bien sur ceux dont vous utilisez les » services ! »

566. — Pour M. Garraud (1), la véritable pensée de la loi est celle-ci : si les maîtres et commettants, propriétaires des marchandises, si les fermiers ou régisseurs sont responsables des amendes prononcées contre leurs agents, c'est qu'ils ont commis une faute d'autant plus grave

---

(1) Garraud, *Précis,* p. 281 et 282.

qu'elle leur est profitable, celle de n'avoir pas surveillé leurs préposés. La loi a donc pu ériger en délit *sui generis* ce défaut de surveillance, sans déroger à la règle que toute peine doit être personnelle.

567. — Quelle que soit, d'ailleurs, l'interprétation qu'on adopte, elle vaudra toujours mieux que celle de la Cour de cassation. On a peine à s'imaginer qu'un corps judiciaire, qui est censé composé de jurisconsultes éminents, en arrive à des conceptions aussi fantasques et mette ainsi les textes sous le marteau pilon pour leur faire exprimer, coûte que coûte, ce qu'ils ne contiennent pas.

568. — N'en déplaise à la Cour de cassation, n'en déplaise au fisc, nous n'hésitons pas à affirmer, au nom des principes et du bon sens, que l'amende fiscale n'a rien d'une réparation civile, qu'elle est et doit rester une peine. En effet, comme toute peine et comme l'amende ordinaire :

1° L'amende fiscale est personnelle. Sans doute, d'après les articles que nous avons cités tout à l'heure, les propriétaires, maîtres, régisseurs, sont tenus d'en acquitter le montant, si le coupable ne s'exécute pas; mais il n'en demeure pas moins vrai qu'elle ne doit être appliquée qu'aux auteurs des infractions : la Cour de cassation reconnaît elle-même qu'elle ne peut être prononcée après la mort du délinquant contre ses héritiers;

2° L'amende fiscale est prononcée en vertu d'une loi qui défend ou ordonne certains faits, sous la menace d'une amende;

3° L'amende fiscale, ainsi attachée par la loi à telle action ou telle inaction, a besoin d'être prononcée par les juges, après constatation préalable de la culpabilité du délinquant. Il en serait autrement, l'amende serait civile et non répressible, si elle résultait, en vertu de la disposition légale qui l'édicte, de la contravention elle-même, si bien que les juges n'eussent à intervenir que dans le cas d'une contestation sur son existence ou sur sa quotité : tel est le caractère des amendes fiscales pour contraventions aux lois sur l'enregistrement et le timbre.

4° L'amende fiscale, au point de vue de la prescription, est soumise aux règles édictées par le Code d'instruction criminelle (Cassation, 5 juin 1880);

569. — Ce n'est pas tout encore :

5° La loi du 21 juin 1873, sur les contributions indirectes, dans son

article 6, s'exprime de la manière suivante : « Tout transport de spiri-
» tueux sans expédition ou avec une expédition inapplicable donnera
» lieu *aux pénalités* édictées par l'article premier de la loi du 28 février
» 1872. » Si la théorie de la Cour de cassation reposait vraiment sur
une base légale, pourquoi la loi n'eût-elle pas dit *donnera lieu aux réparations civiles?* Les auteurs de la loi connaissaient pourtant la théorie de
la Cour de cassation : auraient-ils voulu par hasard la condamner indi-
rectement?... ;

6° Cette même loi, en son article 7, dit encore : « *en cas de récidive,*
l'amende ne pourra pas être « inférieure à cinq cents francs. » Le terme
récidive appartient au langage du droit pénal : on ne parle pas de récidive, lorsqu'il s'agit de réparation civile ;

7° L'article 9 de la même loi parle de *recéleur* des boissons, et l'article 6 (alinéa 4) de la loi du 31 décembre 1873 parle de « *complices de
la fraude* » : ces expressions sont absolument étrangères au langage du
droit civil ;

8° Enfin, la loi de finances du 30 mars 1897, abrogeant l'article 42
d'une loi du 30 mars 1888, dont elle reproduit, d'ailleurs, les dispositions
pour les étendre, dispose dans son article 19, alinéa 2 : « En matière de
» contributions indirectes, et par application de l'article 463 du Code
» pénal, si les circonstances paraissent atténuantes, les tribunaux sont
» autorisés, lorsque la bonne foi du contrevenant sera dûment établie
» et en motivant expressément leur décision sur ce point, à modérer le
« montant des amendes et à le libérer de la confiscation, sauf pour les
» objets prohibés, par le paiement d'une somme que le tribunal arbitrera
» et qui ne pourra, en aucun cas, être inférieure au montant des droits
» fraudés » : nous n'avons jamais vu, ni lu, que, en matière de réparation civile, on eût à faire application des circonstances atténuantes.

570. — Eh bien, malgré ces textes nouveaux, la Cour de cassation
maintient son ancienne jurisprudence : elle décide, en effet, que le sursis
accordé par la loi Bérenger pour le paiement de l'amende ne peut pas
être accordé à l'amende en matière fiscale (arrêts des 19 novembre 1891
et 22 décembre 1892). C'est introduire dans la loi du 26 mars 1891 une
distinction qu'on y chercherait vainement.

571. — La discussion à laquelle nous venons de nous livrer laisse entrevoir notre conclusion. L'amende fiscale est une peine au même titre que l'amende ordinaire. Par conséquent, on ne saurait y soumettre le mineur reconnu coupable, mais ayant agi sans discernement, puisque l'article 66 veut qu'il soit acquitté. Même en admettant la théorie que nous avons combattue, on doit aboutir à la même conclusion, puisque la Cour suprême reconnaît à l'amende fiscale un caractère pénal. La Cour, toutefois, décide le contraire, en déclarant que le caractère de réparation civile l'emporte sur le caractère pénal... c'est surtout affirmatif!.....

572. — III° Le mineur acquitté est-il tenu des réparations civiles? — Nous venons de voir que le mineur qui a agi sans discernement échappe à toute peine. Mais que dirons-nous de sa responsabilité purement pécuniaire ou civile? pourra-t-on poursuivre sur ses biens la répation du dommage qu'il a pu occasionner?

573. — L'on répond généralement que l'acquittement dont bénéficie le mineur qui a agi sans discernement ne met pas obstacle à l'application du principe de la responsabilité civile, consacré par l'article 1382 du Code civil. Qu'il soit majeur ou mineur, celui qui cause à autrui un préjudice est tenu de le réparer, et le mineur de seize ans, alors même qu'il a agi sans discernement, peut être condamné à des dommages-intérêts envers la partie civile. Ainsi en ont décidé trois arrêts de la Cour de cassation des 24 mai 1855 (1), 26 mars 1858 (2), 7 juillet 1864 (3).

574. — Sur ce point encore, nous émettons une opinion contraire. Si nous lisons attentivement, en effet, l'article 1382 du Code civil, si nous consultons la raison philosophique, nous acquerrons la conviction que la responsabilité, même purement civile, puise sa source *dans une faute*, ou tout au moins, dans un acte *imputable à son auteur*. Donc, quand le fondement de l'imputabilité des actions humaines fait totalement défaut, la responsabilité manque de base. Il est admis, par exemple, que le prévenu, acquitté pour cause de démence, est affranchi de tout recours sur ses biens. Pourquoi ne pas admettre la même solution pour le mineur? Au point de vue moral, le dément et le mineur sont dans une

---

(1) Cass., 24 mai 1855, Dalloz, 1855. 1. 426.
(2) Cass., 26 mars 1858, *Bulletin*, 1858 n° 108, p. 175 — Dalloz. 1858, 5° partie, colon. 170.
(3) Cass., 7 juillet 1864, *Bulletin*, 1861, n° 174, p. 317. — Dalloz, 1865, 5° partie, colon. 209.

situation analogue : seulement, chez le premier, la maladie a détruit le discernement ; chez le second, le discernement n'existe pas encore. Le dément acquitté n'a commis aucun crime ; le mineur acquitté, nous l'avons vu, n'a commis, lui non plus, aucun crime. La responsabilité civile du mineur qui a agi sans discernement n'a pas plus de fondement que la responsabilité du dément acquitté. Par conséquent, à notre avis, cet enfant doit, à son tour, être affranchi de tout recours sur ses biens.

575. — « Il n'y a point à cela d'injustice, » ajoute Sourdat (1). « Qu'on ne s'étonne pas de ce que l'auteur du dommage, que l'on peut » supposer être riche, ne sera pas obligé de réparer le préjudice qu'il » aura causé à un plus pauvre que lui. Remarquons-le, il n'y a pas ici » de raison de faire retomber le dommage sur l'un plutôt que sur l'autre. » C'est un cas fortuit, de même, dit Ulpien, que si une tuile se détache » du toit et donne la mort à un passant :

« Quærimus, si furiosus damnum dederit, an legis Aquiliæ actio sit ? » *Et Pegasus negavit : quæ enim in eo culpa sit, cum suæ mentis non sit?* » *Et hoc est verissimum. Cessabit igitur aquilia actio, quemadmodum si* » *quadrupes damnum dederit, aut si tegula ceciderit. Sed et, si infans* » *damnum dederit, idem erit dicendum* (2).

576. — « La faute, » dit à son tour M. Baudry-Lancantinerie (3), » est une négligence *coupable* et, par conséquent, *imputable* à celui qui » la commet ; elle suppose un fait dépendant de sa volonté. Ainsi, les » faits illicites accomplis par une personne en état d'aliénation mentale, » ou par un enfant qui n'a pas encore l'usage de la raison, ne peuvent » constituer ni un délit civil, ni un quasi délit et n'engendreraient, par » suite, aucune responsabilité à la charge de leur auteur ; mais ils pour- .» raient mettre en jeu la responsabilité civile des personnes sous la » garde desquelles l'agent irresponsable se trouve. » — La Cour de cassation l'a reconnu dans de nombreux arrêts (4).

---

(1) Sourdat, *Traité de la Responsabilité ou de l'action en dommages intérêts en dehors des contrats*, t. I., nº 16, p. 9 et 10.

(2) Loi 5, § 2, D., *Ad legem aquiliam.*

(3) *Précis de Droit civil*, t. II, p. 915.

(4) Cass., 22 juin 1855, *Bulletin*, 1855, nº 227, p. 369.

Cass., 7 juillet 1861, *Bulletin*, 1861, nº 171, p. 317. — Dalloz, 1865, 5 ,209. — Cass,, 7 janvier

577. — Donc, l'absence de discernement entraîne l'irresponsabilité civile.

578. — Mais, en nous plaçant un instant au point de vue de l'opinion adverse, demandons-nous si les condamnations pécuniaires qui peuvent atteindre le mineur n'exigent pas, pour être prononcées, la présence du tuteur? On répond que, en matière criminelle, le mineur peut procéder comme s'il était majeur, en vertu de la maxime « *minor in delictis major habetur.* » La Cour de cassation a consacré cette manière de voir dans un arrêt du 15 janvier 1846, arrêt où elle déclare « qu'il résulte de l'en-
» semble des dispositions du Code d'instruction criminelle et, notam-
» ment, des articles 145, 147, 159, 162, 182, 192, 358, 359 et 366, que la
» loi ne fait aucune distinction, soit quant aux formes de la poursuite,
» soit quant aux pouvoirs des juges, entre l'accusé ou prévenu majeur
» et l'accusé ou prévenu mineur; qu'aucune disposition dans ce Code
» n'impose au ministère public, dans l'exercice de l'action publique, ou à
» la partie civile, dans l'exercice de l'action civile suivie devant les tri-
» bunaux de répression accessoirement à la première, l'obligation
» d'appeler en cause le tuteur ou curateur de l'accusé ou prévenu mineur ;
» que cet accusé ou prévenu trouve des garanties suffisantes dans les
» formes que le Code a établies dans l'intérêt de la défense; qu'il n'y a
» pas lieu d'admettre une exception à ces règles pour l'action en dom-
» mages-intérêts, formée par la partie civile contre l'accusé acquitté,
» d'abord, parce qu'elle ne serait point justifiée par les termes des
» articles 358 et 366, dont les dispositions comprennent dans une seule
» et même catégorie les diverses actions en dommages-intérêts, dont
» elles attribuent la connaissance à la Cour d'assises, et, ensuite, parce
» que cette exception serait inconciliable avec la forme de procéder qu'éta-
» blissent lesdits articles... »

579. — MM. Chauveau et Hélie critiquent avec raison cette pratique. La maxime « *minor in delictis major habetur,* » qui n'est qu'une consé-quence de cette autre maxime « *quia malitia supplet aetatem,* » dont les

---

1876, *Bulletin*, 1876, n° 13, p. 23.
Cass., 10 février 1876, *Bulletin*, 1876, n° 45, p. 81.

anciens jurisconsultes ont souvent abusé, ne peut pas s'appliquer dans notre hypothèse, car nous ne sommes plus, au point de vue des dommages-intérêts, en matière criminelle. L'action en dommages-intérêts de la partie civile est essentiellement civile, et, si l'article 3 du Code d'instruction criminelle permet de poursuivre cette action en même temps et devant les mêmes juges que l'action publique, elle n'en demeure pas moins soumise aux règles du droit civil. Or, l'une de ces règles est que le mineur ne peut défendre à une action civile qu'avec l'autorisation de son tuteur : peu importe la juridiction chargée de statuer.

580. — Pourquoi, d'ailleurs, le mineur ne serait-il pas aussi protégé devant les tribunaux criminels que devant les tribunaux civils? Pourquoi la présence du tuteur ne serait-elle pas exigée partout où les intérêts du pupille sont mis en danger? La question de procédure ne saurait être un obstacle, car rien n'empêcherait la partie civile de mettre en cause devant la Cour d'assises, comme elle l'eût fait devant le tribunal civil, le tuteur avec le pupille.

581. — Cette critique nous paraît fondée. Nous ne nous étendrons pas davantage sur cette question, qui, étant donné la solution que nous avons admise, relativement à la responsabilité civile du mineur, est dénuée pour nous de toute espèce d'intérêt.

582. — IVº Le mineur acquitté est-il tenu des frais de l'instance? — L'article 368 du Code d'instruction criminelle répond à la question d'une façon qui nous paraît catégorique : « L'accusé ou la partie civile *qui* » *succombera* sera condamnée aux frais envers l'État et envers l'autre » partie. » Le point qu'il importe d'élucider, par conséquent, est de savoir si le mineur acquitté a succombé, ou non : nous allons essayer de le faire en remontant aux sources.

583. — Le principe contenu dans l'article 368 a été puisé dans deux lois de notre droit intermédiaire. La première de ces lois, celle du 18 germinal, an VII, disait dans son article 1ᵉʳ : « Tout jugement d'un tri- » bunal criminel, correctionnel ou de police, *portant condamnation à une* » *peine quelconque*, prononcera en même temps, au profit de la Répu- » blique, le remboursement des frais auxquels la poursuite et punition » des crimes et délits aura donné lieu. » — La seconde, celle du 5 plu- viôse, an XIII, s'exprimait en ces termes : « En toute affaire criminelle,

» la partie publique fera l'avance des frais d'instruction, expédition et
» signification des jugements, du remboursement desquels ceux qui se
» seront constitués parties civiles seront personnellement tenus, sauf,
» dans tous les cas, le recours des parties civiles contre les prévenus et
» accusés *qui auraient été condamnés* » (art. 4, al. 2). Ces deux textes
nous donnent le vrai sens du mot *succombera* : en employant ce terme
nouveau, l'article 368 n'a pas introduit une innovation ; pour quiconque
le lit sans idée préconçue, il s'en dégage cette règle qu'une *condamnation à une peine* est nécessaire pour que l'accusé ou le prévenu puisse
être condamné aux frais. Or, nous l'avons vu, quand il est déclaré que
le mineur a agi sans discernement, le crime ou le délit ne lui est pas
imputable : l'acquittement est bien réellement un acquittement et non
pas une absolution : par conséquent, le mineur n'a pas *succombé* : il n'est
pas tenu des frais.

584. — La jurisprudence, cependant, condamne d'une manière régulière le mineur acquitté pour défaut de discernement à payer les frais :
la Cour de cassation, nous le savons, est la protectrice née des intérêts
du Trésor. Veut-on savoir comment elle en arrive à tourner l'article 368
et à faire payer les frais au mineur acquitté? En déclarant que les frais
n'ont pas un caractère pénal, mais un caractère de réparation civile
envers le Trésor. C'est tout simplement divinatoire! Lisez plutôt les
motifs d'un arrêt du 25 mars 1843 : « en ce qui touche la condamnation
» solidaire aux frais prononcée contre le demandeur : attendu que la
» déclaration de culpabilité, quelle qu'en soit la forme, suffit pour moti-
» ver, même à l'égard d'un mineur âgé de moins de seize ans qui est
» déclaré avoir agi sans discernement, la condamnation aux frais du
» procès, solidairement avec les autres condamnés pour le même fait;
» que, en effet, ces frais, à l'égard d'un individu mineur de moins de
» seize ans, acquitté pour avoir agi sans discernement, *ont un caractère*
» *de réparations purement civiles envers le Trésor public*, et ne sont
» qu'une restitution des avances auxquelles la nécessité de la poursuite
» a donné lieu; que, par conséquent, le mineur qui, par son fait, a néces-
» sité cette poursuite doit être condamné au remboursement des frais
» envers l'État, solidairement avec les individus condamnés comme
» coupables du crime ou du délit qui a donné lieu au procès : d'où il

» suit que l'arrêt attaqué, en condamnant le demandeur solidairement
» aux frais du procès, lui a fait une juste application de l'article 368 du
» Code d'instruction criminelle... » (1).

585. — La Cour de cassation n'a oublié qu'une chose : nous indiquer
les textes du Code sur lesquels elle base son ingénieuse argumentation.
Elle commence par affirmer, — tout simplement ! — que la déclaration de
culpabilité suffit à motiver la condamnation aux frais. Pour elle, la condamnation aux frais dépend de la solution d'une *question de faute* : si
l'on peut dire, par exemple, de l'individu, prévenu ou accusé, qu'il a
commis une faute pouvant expliquer la poursuite, cette faute, bien qu'insuffisante pour le faire condamner à une peine, suffit pour le faire condamner aux dépens : *dedit locum inquirendi.* — Mais ce système ne peut
être adopté, parce qu'il méconnaît le caractère *accessoire* de la condamnation aux dépens, laquelle ne va pas sans une condamnation principale.
Il aboutit, d'ailleurs, à des contradictions choquantes : on admet, par
exemple, que l'accusé absout parce que l'élément légal de l'infraction
fait défaut, ne peut être condamné aux dépens *(Blanche*, I, 338,339). On
admet, au contraire, que l'accusé, absout parce que l'action publique est
prescrite, peut y être condamné *(Blanche*, I, 341 et F. Hélie, *Prat. crim.*
I, 300). Entre les deux situations, il y a sans doute une différence; mais,
au point de vue *des frais de la poursuite*, ne doivent-elles pas être assimi-
lées? Dans les deux cas, le ministère public n'a-t-il pas eu tort de poursuivre un fait qui ne pouvait être puni? — *Autre contradiction* : on condamne aux frais le mineur de seize ans renvoyé de la poursuite comme
ayant agi sans discernement; on n'admet pas, au contraire, la condamnation aux dépens de l'individu renvoyé de la poursuite pour démence
au temps de l'action *(Blanche*, I, 342, 340). Dans les deux cas, cependant,
l'impunité de l'agent a pour cause son défaut de raison morale au
moment du délit. Comment donc cette impunité peut-elle aboutir à deux
résultats si différents? — Enfin, si la théorie de la faute est exacte, on
devrait l'appliquer à l'individu *acquitté*, toutes les fois qu'on peut dire
de lui : *dedit locum inquirendi.* Or, on refuse absolument de condamner

(1) Cass., 25 mars 1843, Dalloz, 1843. 1. 235.

aux dépens envers l'État l'individu *acquitté*, lorsqu'il n'y a point de partie civile en cause. La Cour de cassation est allée jusqu'à admettre qu'un chasseur, qui avait simulé n'avoir point de permis de chasse et qui obtenait son relaxe en exhibant ce permis à l'audience, ne pouvait être condamné aux frais. Cependant, dans ce cas, la poursuite n'avait eu lieu que par sa faute (cass., 13 février 1845; 6 mars 1846).

586. — Le meilleur moyen d'éviter ces contradictions est d'en revenir purement et simplement au texte de l'article 368, dont nous avons donné plus haut le véritable sens, et de ne prononcer de condamnation aux dépens qu'accessoirement à une condamnation pénale.

587. — Mais la Cour suprême ne s'en tient pas là! Les frais, dit-elle, ont un caractère de réparation civile envers le Trésor! Oh mais pas à l'égard de tout le monde, à l'égard du mineur seulement. A l'égard du mineur : cela est encore trop général : — *distinguo!* — à l'égard du mineur de moins de seize ans, acquitté comme ayant agi sans discernement. Ainsi donc, pour que les frais aient un caractère de réparation civile, il faut qu'il s'agisse d'un mineur, que ce mineur ait moins de seize ans et qu'il ait été acquitté comme ayant agi sans discernement! Si l'on demandait à la Cour de cassation où elle a trouvé cette théorie? Ce n'est assurément pas dans l'article 368, siège de la matière. Cet article ne donne pas aux frais le caractère de réparation civile : encore moins fait-il toutes les distinctions que nous venons de signaler. Parlons-en mieux. Cet arrêt arrive, au moyen d'un subterfuge, à assurer le remboursement des avances faites par le Trésor, mais nous ne saurions lui reconnaître les caractères d'une décision jurisprudentielle.

588. — La Cour suprême a consacré la même règle en matière de délits (1) et en matière de contraventions (2). Citons, pour mémoire, un arrêt du 10 février 1876 : « attendu que les articles 161 et 162 du Code » d'instruction criminelle prescrivent de condamner le prévenu qui est

---

(1) Cass., 11 octobre 1845, *Bulletin*, 1845, n° 321, p. 507.
(2) Cass., 21 mai 1855, *Bulletin*, 1855, n° 172, p. 288.
Cass., 22 juin 1855, *Bulletin*, 1855, n° 227, p. 369. — Sirey, 1855. 1. 619.
Cass., 7 juillet 1864, *Bulletin*, 1864, n° 174, p. 317. — Dalloz, 1865. 5. 209.
Cass., 7 janvier 1876, *Bulletin*, 1876, n° 13, p. 23. — Dalloz, 1876. 1. 415.

» convaincu de contravention de police à la peine dont elle l'a rendu
» passible, ainsi qu'à la réparation du dommage qui en est résulté et
» aux frais de la poursuite, qui ne sont qu'une indemnité civile envers
» l'État; que cette règle s'applique même au mineur âgé de moins de
» seize ans qui est déclaré avoir agi sans discernement, puisque l'article
» 66 du Code pénal l'affranchit uniquement de la peine qu'il avait encou-
» rue; que le jugement par lequel il est renvoyé de la prévention, à
» raison de cette circonstance, doit, dès lors, prononcer en même temps
» contre lui les autres condamnations... »

589. — Nous venons de critiquer la doctrine de la Cour de cassation
en nous plaçant uniquement au point de vue des textes; si nous l'envisa-
geons dans ses conséquences logiques, combien plus insoutenable ne
nous paraîtra-t-elle pas? Et, en effet, si, dans une affaire, il y a un prévenu de plus de seize ans et un prévenu de moins de seize ans, et que
le premier soit condamné, l'enfant acquitté pour défaut de discernement
sera tenu des frais, solidairement avec le condamné, puisque la Cour
de cassation assimile à un condamné cet acquitté spécial. Mais, puisqu'on
le transforme en condamné, il faut aller plus loin. Ce n'est pas seulement à des frais, des restitutions et des dommages-intérêts que sont tenus
solidairement ceux qui sont condamnés pour un même crime ou pour
un même délit. Cette solidarité s'étend aux amendes (art. 55 du Code
pénal). Or, ou le principe de la Cour de cassation est inexact, ou il faut
dire que voici un acquitté qui, au cas d'insolvabilité de son coprévenu
ou de son coaccusé, sera tenu de payer intégralement l'amende encourue
par ce dernier.

590. — Voilà à quelles conséquences logiques aboutit la théorie de
la Cour de cassation; or, ces conséquences sont la violation manifeste
de l'article 66, qui exempte de toute peine le mineur acquitté. Donc, la
théorie de la Cour de cassation est radicalement fausse.

591. — Il n'en est pas moins vrai que des condamnations pécuniaires
sont prononcées par les tribunaux criminels contre des mineurs acquittés comme ayant agi sans discernement. Ces condamnations peuvent-elles
être exécutées par la voie de la contrainte par corps?

592. — La question fut autrefois vivement débattue. Tout d'abord,
sous l'empire de la loi du 17 avril 1832, la Cour de cassation avait décidé

que le mineur acquitté comme ayant agi sans discernement était contraignable par corps. Elle s'appuyait sur la généralité des termes de l'article 33 de la loi, lequel ne fait aucune distinction entre majeurs et mineurs et qui est ainsi conçu : « les arrêts, jugements et exécutoires, portant » condamnation au profit de l'État à des amendes, restitutions, dom» mages-intérêts et frais, en matière criminelle, correctionnelle ou de » police, ne pourront être exécutées par la voie de la contrainte par corps » que cinq jours après le commandement... » (1).

593. — Cette manière de voir soulevait de graves objections. En effet, n'y avait-il pas une erreur d'appréciation? Le siège de la matière était-il bien dans la loi de 1832 et ne fallait-il pas plutôt le chercher dans l'article 2064 du Code civil qui exempte les mineurs de la contrainte par corps? Ne l'oublions pas, le mineur a été acquitté : aucune peine n'a pu être prononcée contre lui. Les réparations pécuniaires auxquelles il a été condamné n'ont aucunement le caractère de peine, mais un caractère purement civil. Pour les dommages-intérêts, cela ne fait pas l'ombre d'un doute ; quant aux frais, nous savons quel caractère leur attribue la Cour de cassation. Par conséquent, le mineur doit se trouver dans la même situation que devant le tribunal civil. D'ailleurs, pour MM. Chauveau et Faustin-Hélie, même en matière criminelle, la contrainte par corps conserve son caractère propre et ne participe nullement de la nature répressive des peines qu'elle accompagne. Elle ne constitue qu'une voie d'exécution, qu'un simple moyen de recouvrement. L'emploi de cette voie semblait donc devoir être dominé par les règles du droit civil.

594. — On faisait encore remarquer que le but de la loi eût été manqué, si la contrainte par corps eût pu frapper les mineurs de seize ans acquittés pour avoir agi sans discernement. Qu'avait voulu, en effet, le législateur, en acquittant ces mineurs et en permettant aux juges de les rendre à leurs familles ou de ne prendre à leur égard que des mesures de correction, sinon les soustraire au contact des prisons? Cette mesure humanitaire n'aurait pas atteint le résultat qu'on en attendait, si la voie de la contrainte par corps avait dû permettre l'emprisonnement du

---

(1) Cass , 27 juin 1835, *Bulletin,* 1835, n° 261. p. 311 et 315.

mineur. La Cour de cassation l'avait bien compris. Aussi, dans un arrêt du 25 mars 1843, elle déclarait : « que, après avoir énuméré les divers » cas dans lesquels la contrainte par corps peut être prononcée en matière » civile et après avoir interdit aux juges de la prononcer hors les cas » déterminés par les articles qui précèdent, le Code civil, article 2064, » leur défend en outre de la prononcer contre les mineurs dans les cas » mêmes ci-dessus énoncés ; que, aux termes de l'article 66 du Code » pénal, le mineur âgé de moins de seize ans qui a agi sans discerne- » ment doit être acquitté ; il n'est passible d'aucune peine ; que, s'il peut » être condamné à la réparation du dommage causé par le fait dont il » est déclaré auteur, c'est par l'effet d'une action purement civile ; qu'il » se trouve, dès lors, replacé sous la protection de l'article 2064 et ne » saurait être soumis à la contrainte par corps... »

595. — La loi du 22 juillet 1867, qui abolit la contrainte par corps en matière civile et commerciale, tout en la maintenant en matière criminelle, correctionnelle et de simple police, a tranché définitivement la controverse, en décidant expressément, dans son article 13, que « les » tribunaux ne peuvent prononcer la contrainte par corps contre les » mineurs âgés de moins de seize ans accomplis à l'époque des faits » qui ont motivé la poursuite. »

§ 3. — Quelle est la nature de la détention infligée au mineur malgré l'acquittement ?

596. — Si le mineur de seize ans qui est déclaré avoir agi sans discernement doit être acquitté, l'article 66 édicte cependant des mesures que les juges sont autorisés à prendre à son égard. Le mineur « sera, » selon les circonstances, remis à ses parents ou conduit dans une mai » son de correction, pour y être élevé et détenu pendant tel nombre » d'années que le jugement déterminera et qui, toutefois, ne pourra » excéder l'époque où il aura accompli sa vingtième année. » Le Code pénal des 25 septembre-6 octobre 1791 (première partie, titre V, article 2) avait déjà donné au juge cette double faculté : le Code de 1810 n'a fait que la reproduire.

597. — Des deux mesures à prendre, la première, c'est-à-dire, la remise aux parents est, sans aucun doute, la meilleure, lorsqu'on peut compter, du moins, sur une surveillance efficace de la part de ces derniers; c'est uniquement dans le cas où la remise aux parents ne présenterait pas les garanties suffisantes et où les circonstances paraîtront l'exiger que les juges devront recourir au renvoi dans une maison de correction.

598. — L'article 66 parle de remise *aux parents*. Avant 1898, la jurisprudence avait, dans la pratique, étendu quelque peu les termes de la loi, en ce sens, que le tribunal remettait souvent l'enfant non pas seulement aux parents, auteurs directs, mais aux grands-parents, aux patrons, voire même à une personne honorable qui le réclamait. Nous avons vu maintes fois des exemples de ce fait, et nous ne croyons pas qu'il y eût lieu de regretter cette extension que la pratique avait donnée à la loi; néanmoins, en présence du texte de l'article 66, qui ne porte que le mot *parents* et qui ne semble viser que les auteurs directs, la Cour de cassation avait cassé un jugement du tribunal correctionnel d'Argentan, remettant un acquitté mineur de seize ans à l'Union française pour le sauvetage de l'enfance. Voici cet arrêt : il est du 20 juillet 1893 :

« La Cour,

« Statuant sur le pourvoi formé d'ordre de M. le Garde des Sceaux, » Ministre de la Justice, par M. le Procureur général en la Cour, dans » l'intérêt de la loi, contre le jugement du tribunal correctionnel d'Ar- » gentan, du 6 août 1891 ;

« Vu la lettre de M. le Garde des Sceaux, en date du 4 mars dernier ;

« Vu le réquisitoire de M. le Procureur général ;

« Vu l'article 441 du Code d'instruction criminelle et l'article 66 du » Code pénal :

« Attendu que Mercier, âgé de moins de seize ans, a été traduit, sous » prévention de vol, devant le tribunal correctionnel d'Argentan ; que » ce tribunal, après avoir, par le jugement attaqué, déclaré le prévenu » auteur du délit qui lui était imputé, l'a acquitté, comme ayant agi sans » discernement, et a ordonné qu'il serait remis à l'asile de l'Union fran- » çaise pour le sauvetage de l'enfance ;

« Attendu que, aux termes de l'article 66 du Code pénal, le mineur » de seize ans, acquitté comme ayant agi sans discernement, doit, selon

16

» les circonstances, être remis à ses parents ou conduit dans une maison
» de correction pour y être élevé et détenu pendant tel nombre d'années
» que le jugement déterminera ;

« Attendu que, en décidant que le jeune Mercier serait remis à l'asile
» de la Société du patronage ci-dessus désignée, le jugement attaqué n'a
» ordonné aucune des deux mesures prescrites par l'article 66 précité
» e‘ a ainsi violé les dispositions de cet article :

599. — « Par ces motifs, casse... » (Cass., 20 juillet 1893 : Dalloz,
1895, 1. 406).

« D'une part, » disait M. l'avocat général Rau, dans son réquisitoire,
« il n'appartient pas au pouvoir judiciaire de substituer à la colonie péni-
» tentiaire, dans laquelle, d'après la loi du 5 août 1850, les jeunes déte-
» nus sont élevés en commun, sous une discipline sévère, et appliqués
» aux travaux de l'agriculture, une maison de patronage d'ordre pure-
» ment privé. D'autre part, quel que soit le caractère de l'école péniten-
» tiaire, il n'appartient pas davantage aux tribunaux de la désigner nom-
» mément : c'est là une mesure purement administrative que l'adminis-
» tration seule peut prendre. »

600. — Ce qui, jusqu'à ces derniers temps, se faisait *officieusement*,
peut se faire *officiellement*, depuis la loi des 19-21 avril *sur la répression
des violences, voies de fait, actes de cruauté et attentats commis envers les
enfants*. Cette loi est assez importante pour que nous entrions, à son
sujet, dans quelques développements.

601. — A la suite de la triste *affaire du petit martyr* abandonné dans
une allée obscure de la rue Vaneau, à Paris, pour y mourir de faim, de
froid ou de maladie (affaire Grégoire), l'opinion publique fut douloureu-
sement impressionnée et réclama des châtiments énergiques contre les
auteurs de pareils faits. D'ailleurs, on n'avait pas encore oublié les atro-
cités commises par les époux Borlet, en 1891, sur la personne de leur
fillette, âgée de neuf ans, et l'indignation se réveilla plus fortement que
jamais en présence des actes monstrueux qui furent de nouveau révélés.
Malheureusement, le Code pénal n'armait pas suffisamment le ministère
public ; les tribunaux, liés par les textes, ne pouvaient infliger une
répression proportionnée à la gravité des crimes contre l'enfance. Une
modification législative devenait indispensable : elle fut demandée

à la tribune de la Chambre, dans la séance du 16 janvier 1897, par M. Henri Cochin, qui déposa une proposition de loi tendant à modifier les articles 310 et 311 du Code pénal.

602. — D'autres propositions de MM. Julien Goujon, Odilon-Barrot, Georges Berry vinrent se greffer sur la première. Une d'elles, notamment, présentée par M. Odilon-Barrot, dans la séance du 22 février 1897, a donné naissance à l'article 4 de la loi nouvelle :

« Messieurs, » disait l'honorable député, « la situation des enfants » maltraités par leurs parents ou par les personnes auxquelles ils se » trouvent confiés en fait, sinon en droit, a, depuis quelque temps, » appelé l'attention du Parlement et cette attention s'est manifestée par » le dépôt de plusieurs propositions tendant à combler les lacunes cons- » tatées dans les articles du Code pénal relatifs à cette question.

« Toutefois, il me semble qu'un point a échappé aux recherches des » auteurs des diverses propositions : c'est celui de la garde des enfants » pendant la détention de leurs père ou gardiens plus ou moins légitimes » et en attendant le jugement à intervenir...

« C'est à cette situation spéciale qu'il m'a paru que la loi devait pour- » voir, en attendant que le tribunal se fût prononcé sur la culpabilité du » prévenu, et eût statué, en cas de condamnation, sur la déchéance de » la puissance paternelle.

« En conséquence, j'ai l'honneur de soumettre à la Chambre la pro- » position suivante, dont je la prie d'ordonner le renvoi à la commission » chargée d'examiner les diverses propositions déjà présentées par plu- » sieurs de nos collègues sur la protection des enfants, et tendant » notamment à modifier et à compléter les articles 309, 310, 352 et 353 » du Code pénal :

« *Article unique. — Dans les cas prévus par la présente loi, le juge* » *d'instruction pourra, en même temps qu'il décernera un mandat de dépôt* » *contre l'accusé, ordonner que, jusqu'au jugement, la garde de l'enfant* » *sera provisoirement confiée à un ascendant, à un parent, ou à une per-* » *sonne qu'il désignera, ou même à l'assistance publique. Cette ordonnance* » *devra être confirmée par le tribunal à sa première audience.* »

603. — Sur le rapport fait par M. de Folleville de Bimorel, le 29 mars 1897, l'ensemble du projet de loi fut adopté sans discussion le 11 juin de

la même année : la proposition de M. Odilon-Barrot, en formait l'article
5, conçu en ces termes : « *Dans tous les cas prévus par la présente loi, le*
» *juge d'instruction commis pourra, en tout état de cause, ordonner, le*
» *ministère public entendu, que la garde de l'enfant sera provisoirement*
» *confiée, jusqu'à ce qu'il soit intervenu une décision définitive, à un*
» *parent ou à une personne charitable qu'il désignera, ou, enfin, à l'assis-*
» *tance publique.*

« *Toutefois, les parents de l'enfant, jusqu'au cinquième degré inclusi-*
» *vement, son tuteur ou son subrogé-tuteur et le ministère public pourront*
» *former opposition à cette ordonnance ; l'opposition sera portée à bref*
» *délai devant le tribunal, en chambre du conseil, par voie de simple*
» *requête.* »

604. — Transmis au Sénat le 14 juin, le projet de loi fut remanié
par la commission sénatoriale. L'article 5, notamment, devenu article 4,
reçut des modifications dont M. Bérenger exposa les motifs en ces termes,
dans son rapport du 1er mars 1898 :

« Il s'agit d'investir le juge, chargé de l'instruction des délits prévus
» par le projet, du droit de pourvoir provisoirement à la garde de l'enfant,
» sauf recours des parents les plus proches devant la juridiction com-
» pétente.

« La mesure est excellente. Elle répond à un vœu fréquemment
» exprimé par les magistrats, aussi bien que par les associations ou
» comités qui s'occupent de la protection de l'enfance. Ainsi pourra se
» résoudre rapidement et simplement une question de première impor-
» tance dont la solution présente souvent, à l'heure actuelle, de réels
» embarras.

« Mais, si la mesure est bonne, pourquoi la limiter au seul cas que
» prévoit le projet? Pourquoi n'en pas faire une règle générale, toutes
» les fois que l'intérêt de l'enfant l'exige?

« D'autre part, pourquoi ne pas autoriser la remise de l'enfant aux
» institutions charitables, souvent beaucoup plus en mesure de le recueil-
» lir que des particuliers, et même, au moins en province, que l'assis-
» tance publique, encore si imparfaitement organisée à cet égard? Votre
» commission a cru devoir étendre le texte proposé sous ces divers
» rapports. »

605. — Le nouvel article 4 s'exprimait en ces termes : « *Dans tous*
» *les cas de délits ou de crimes commis par des enfants ou sur des enfants,*
» *le juge d'instruction commis pourra, en tout état de cause, ordonner, le*
» *ministère public entendu, que la garde de l'enfant soit provisoirement*
» *confiée, jusqu'à ce qu'il soit intervenu une décision définitive, à un parent,*
» *à une personne ou à une institution charitable qu'il désignera, ou,*
» *enfin, à l'assistance publique;* » — le reste, conforme : c'est la
rédaction actuelle.

606. — La Chambre adopta ces modifications le 31 mars 1898.

607. — Il nous faut dire aussi un mot de l'article 5 de la loi nouvelle.
Dans le projet primitif, accepté par la Chambre, il constituait l'article 6.
M. Odilon-Barrot et la commission de la Chambre avaient proposé, pour
éviter toute espèce de difficulté d'interprétation, dans un texte pénal et
commun à toutes les dispositions de la loi nouvelle, la déchéance de
plein droit de la puissance paternelle ou de la tutelle, comme une conséquence nécessaire et inéluctable de toute condamnation encourue par
des ascendants ou tuteurs, à raison de mauvais traitements envers les
enfants confiés à leurs soins. Ils avaient inséré cette innovation dans
l'article 6.

Le Sénat, la trouvant exagérée, la remplaça par l'article 5 actuel :
« *Dans les mêmes cas, les cours ou tribunaux saisis du crime ou du délit*
» *pourront, le ministère public entendu, statuer définitivement sur la garde*
» *de l'enfant.* »

608. — Comme on le voit, les articles 4 et 5 touchent à l'article 66
du Code pénal, dont la réforme est demandée depuis si longtemps. Voici,
par exemple, un enfant arrêté pour vagabondage ou mendicité : que
pouvait-on faire avant la loi actuelle? — Le remettre à ses parents ou
l'envoyer en correction. Les sociétés de bienfaisance et l'assistance publique ne pouvaient intervenir qu'officieusement et se faisaient céder certains droits par les parents eux-mêmes, au moyen d'actes qui n'avaient
souvent aucune valeur légale.

609. — Aujourd'hui, l'institution charitable peut recevoir du juge
d'instruction le droit de garder provisoirement l'enfant et le tribunal
correctionnel peut, à l'audience, investir l'institution du droit de garde,
à titre définitif. C'est là une réforme très grave, très appréciée par toutes

les œuvres de bienfaisance, car elles viennent toutes d'acquérir une faculté nouvelle, même celles qui ne sont pas reconnues d'utilité publique, même celles qui n'auraient pas été spécialement *autorisées à cet effet*, selon la formule de la loi de 1889.

610. — Toutefois, à peine née, la loi nouvelle a soulevé des critiques. Cet article 4, dit-on, s'est glissé subrepticement, à la dernière heure, dans une loi qui avait un tout autre but : la répression de crimes atroces commis contre des enfants par des parents indignes de ce nom. Cette loi, dès lors, devrait être intitulée : « *Loi concernant la détention préventive des enfants.* » On a ainsi assimilé les enfants victimes d'actes coupables aux enfants coupables eux-mêmes. Combien de considérations n'aurait-on pas pu faire valoir contre cette assimilation ! Le droit du juge est absolu ; il pourrait placer tous les enfants dans les hospices de l'assistance publique, sauf l'audition du ministère public.

Mais l'exercice de ce droit du ministère public n'est nullement organisé. Toute cette procédure, tout ce mécanisme tutélaire ont besoin d'être réglementés. Dans la pratique, la communication d'un dossier à un parquet déjà surchargé, comme cela se produit malheureusement dans les grandes villes, n'offrira pas de grandes garanties. En fait, ce parquet suivra toujours l'avis du juge d'instruction, en qui il a confiance.

611. — L'assistance publique elle-même, est-elle préparée à sa nouvelle mission? — Elle n'a pu rien faire, n'ayant pas de fonds pour cette destination. — Aura-t-elle le droit de refuser l'enfant qu'on lui envoie, ou bien le juge d'instruction pourra-t-il lui en imposer la garde? — Quel sera le régime auquel sera soumis l'enfant? — Autant de questions qui se posent et que la loi ne résout point.

612. — L'asile temporaire créé en 1891, à Paris, rue Denfert-Rochereau, avait déjà réalisé un grand pas dans la voie du gardiennage de l'assistance publique. Malheureusement l'expérience a rapidement démontré que beaucoup de ces enfants, confiés par les juges d'instruction, étaient loin d'avoir les qualités qu'on leur prêtait. On a dû jeter un cri d'alarme dès 1895. — Et c'est à ce moment qu'une loi imprévoyante ouvre toutes grandes les portes des hospices, en paraissant les obliger à céder devant les décisions des juges d'instruction !

Il faut que ceux-ci n'agissent qu'avec la plus grande circonspection, pour éviter l'encombrement et ses dangers. Ils sont élevés à la hauteur du juge civil, ordonnant des mesures provisoires, portant une atteinte des plus graves à ce droit primordial, la puissance paternelle. Quelle responsabilité !

613. — A nos yeux, toutes ces critiques n'ont pas grande valeur. Cet article 4, quoique voté *in extremis*, contient trois excellentes innovations : 1° il modifie heureusement l'article 66 du Code pénal, en donnant au juge un moyen d'en éviter l'application ; 2° il apporte à l'enfant un bienfait capital, en permettant de le confier à des œuvres charitables, au lieu de l'envoyer en correction ou de le remettre à des parents indignes ; 3° il crée, en ce qui concerne la loi de 1889, un moyen nouveau et précieux de ne pas appliquer la déchéance paternelle et d'utiliser le droit de garde.

614. — Et, d'ailleurs, il entoure cette décision *provisoire* de sérieuses garanties ; il y associe le ministère public et il institue l'opposition en chambre du conseil, des parents de l'enfant, jusqu'au cinquième degré, de son tuteur ou subrogé-tuteur et du ministère public. Ce dernier, en province où les parquets ne sont pas surchargés comme dans les grands centres, fera preuve d'une vigilance plus constante et surtout plus efficace.

615. — Certes, cette loi, comme toute œuvre humaine, n'est point parfaite ; elle comporte des améliorations, des compléments ; mais, dès maintenant, on peut approuver le principe posé par l'article 4 : il est bienfaisant et fécond. Il suffira de le bien délimiter et de le préciser, notamment à propos du sens du mot « garde, » qui n'est pas suffisamment défini. Une simple circulaire pourra le faire.

616. — Toutefois, l'application des articles 4 et 5 peut avoir de grosses conséquences. Les tribunaux sont déjà assez disposés à ne jamais envoyer des enfants dans des établissements correctionnels. Le législateur vient encore de témoigner quelque défiance à l'égard des administrations publiques : l'article 4 confie, en effet, le droit de garde à un parent, à un particulier, à une institution charitable, « ou, enfin, à l'assistance publique. » Le mot *enfin* est bien un peu dédaigneux. Nous allons donc voir les institutions charitables sollicitées plus que jamais par les tribunaux de prendre les jeunes délinquants sous leur protection : mais auront-elles les ressources nécessaires pour être à la hauteur d'une pareille tâche ?

617. — Prenons pour exemple la Ligue fraternelle des enfants de France, qu'a fondée et que préside Mlle Lucie Faure. Il n'est pas beaucoup d'œuvres de bienfaisance qui se soient développées aussi rapidement; elle compte des adhérents dans nombre de villes de France ; elle a été reconnue d'utilité publique. Nous nous demandons, cependant, comment elle pourra suffire, même avec le concours de toutes les œuvres de protection de l'enfance qu'elle a su grouper autour d'elle, pour sauver tous les enfants qui lui seront journellement offerts par tous les tribunaux de France. Recevra-t-elle de la charité privée les millions dont disposaient jusqu'ici l'administration pénitentiaire et l'assistance publique? — Nous le souhaitons de grand cœur. La loi du 19 avril 1898 fournit à l'initiative privée l'occasion de montrer ce qu'elle est susceptible de donner en France. Puisse-t-elle sortir victorieuse de l'épreuve pour le plus grand bien des enfants malheureux !

618. — La loi des 19-21 avril 1898 a été suivie d'une très importante circulaire du Garde des Sceaux, en date du 31 mai de la même année; nous la reproduisons dans son intégralité :

« Par une circulaire du 4 janvier 1889, l'un de mes prédécesseurs a
» appelé l'attention des parquets sur les mesures qu'il convient de pro-
» voquer de la part des tribunaux, pour assurer, aussi efficacement que
» possible, l'amendement des prévenus mineurs de seize ans.

« Ces mesures, dictées par le souci de sauvegarder l'avenir de cette
» catégorie si intéressante de prévenus, ont assurément produit des
» résultats appréciables; mais j'ai lieu de penser que les progrès réalisés
» seraient bien plus sensibles, si, par suite des errements suivis dans
» certains tribunaux, un grand nombre de mineurs n'échappaient encore
» à l'assistance éclairée des magistrats et des défenseurs.

« Assez fréquemment, en effet, les chefs de parquet, estimant que
» certaines infractions, commises par des mineurs de seize ans, n'inté-
» ressent pas suffisamment l'ordre public pour justifier l'ouverture d'une
» information régulière, se bornent à procéder à une enquête sommaire,
» à la suite de laquelle le jeune prévenu est, soit jugé en flagrant délit,
» soit remis en liberté, s'il est détenu, sauf à être ensuite déféré au tri-
» bunal par voie de citation directe.

« Cette façon de procéder qui, appliquée à des prévenus adultes, offre

» le double avantage d'une solution rapide et d'une économie de frais,
» présente, au contraire, de sérieux inconvénients, lorsque les délin-
» quants sont des enfants de moins de seize ans.

« L'autorité judiciaire ne doit jamais perdre de vue que, dans toutes
» les questions qui intéressent l'enfance, son rôle essentiel est de prêter
» son concours à une œuvre de moralisation et de relèvement.

« Or, d'accord avec l'intérêt social, l'intérêt particulier du jeune pré-
» venu exige que, .ant de statuer, la justice s'attache à le bien con-
» naitre, à déterminer soigneusement les circonstances dans lesquelles
» il a été entraîné au mal et à rechercher, par suite, les moyens les plus
» propres à le soustraire, pour l'avenir, aux dangers d'une rechute.

« C'est au juge d'instruction qu'incombe naturellement ce devoir : il
» importe donc que, dorénavant, le parquet requièrt l'ouverture d'une
» information régulière dans toutes les affaires où seront impliqués des
» mineurs de seize ans.

« Les investigations du magistrat instructeur devront porter spécia-
» lement sur la moralité de l'enfant, sur l'éducation qu'il aura reçue,
» sur ses instincts plus ou moins pervertis ou vicieux.

« Le juge s'attachera à déterminer, avec le même soin, le milieu
» dans lequel il a été élevé, ses fréquentations, la conduite et la mora-
» lité de ses parents, ainsi que les ressources dont ils disposent.

« Il cherchera, d'autre part, si les conditions dans lesquelles se
» trouve l'enfant, si les actes auxquels il a été mêlé ne sont pas de nature
» à faire provoquer d'office l'application des lois protectrices de l'enfance :
» loi scolaire, lois sur le travail des femmes et des enfants, loi du 24 juil-
» let 1889, sur la protection des enfants maltraités ou moralement aban-
» donnés, loi du 19 avril 1898 sur la répression des violences, voies de
» fait, actes de cruauté et attentats commis envers les enfants, etc.

« En un mot, il s'efforcera, non seulement d'établir la matérialité
» des faits reprochés au jeune prévenu, mais encore de mettre en lumière
» les moyens les plus propres à le prémunir contre lui-même et contre
» les influences fâcheuses dont il aura pu être la victime.

« Le juge d'instruction n'hésitera d'ailleurs pas à user, toutes les fois
» que la situation de l'enfant le commandera, du pouvoir nouveau que
» lui confère l'article 4 de la loi précitée du 19 avril 1898.

« L'enquête approfondie à laquelle il aura ainsi procédé fournira
» aux magistrats les éléments d'une décision éclairée et conforme aux
» véritables intérêts du jeune prévenu.

« Si l'enfant a des antécédents judiciaires ou s'il apparaît que, à rai-
» son de son état moral, il y a danger pour lui d'être laissé en liberté,
» il appartiendra au ministère public de provoquer son renvoi en police
» correctionnelle et de requérir, s'il y a lieu, par application de l'article
» 66 du Code pénal, son acquittement et son placement dans une maison
» de correction, pendant un temps assez long pour qu'il soit possible
» d'espérer son amendement.

« Je saisis cette occasion de remettre sous vos yeux le vœu émis à
» cet égard par le Conseil supérieur des prisons, dans sa session de 1888
» et tendant à ce que « le Garde des Sceaux appelât la plus sérieuse
» attention des tribunaux sur le danger des condamnations, même
» courtes, à l'emprisonnement, prononcées contre les mineurs de seize
» ans, ainsi que sur les graves inconvénients qui résultent de leur envoi
» en correction pendant un temps trop court. »

« Je n'ignore pas que certains tribunaux, mal renseignés ou obéis-
» sant à une fausse sentimentalité, répugnent parfois à prononcer l'en-
» voi en correction, pour un temps prolongé, de jeunes détenus traduits
» à leur barre et qui ne sauraient, cependant, être rendus sans danger
» à leurs parents. Ce sera le devoir de vos substituts de leur rappeler, à
» l'occasion, que la sévérité apparente de semblables décisions est sin-
» gulièrement tempérée, dans la pratique, par le droit qui appartient
» à l'autorité administrative, — et dont elle use de la façon la plus libé-
» rale, — de prononcer, en tout temps, les libérations provisoires ou le
» placement, chez des particuliers, de jeunes prévenus ayant donné des
» gages sérieux de repentir et d'amendement.

« Ils voudront bien, au surplus, se reporter à cet égard, aux termes
» de la circulaire précitée de mon prédécesseur, en [date du 4 janvier
» 1889.

« Si, au contraire, les faits reprochés au jeune prévenu ne révèlent
» pas un mal profond, si l'enfant paraît avoir cédé à un entraînement
» accidentel et passager, plutôt qu'à des instincts pervers, l'information
» pourra être close par une ordonnance de non-lieu. Il conviendra alors,

» suivant les cas, ou de rendre l'enfant à sa famille, à la condition que
» rien ne motive contre elle une instance en déchéance de la puissance
» paternelle, ou de le confier, si ses parents y consentent, soit à l'assis-
» tance publique, soit à une société de patronage offrant toutes les
» garanties désirables.

« Cette procédure, adoptée depuis plusieurs années au tribunal de
» la Seine et qui tend à se généraliser de plus en plus, a produit, partout
» où elle a été suivie, les résultats les plus féconds.

« Aussi, tout en faisant la part des nécessités imprévues du service,
» j'en recommande avec insistance l'application aux magistrats de votre
» ressort.

« Je vous prie, en conséquence, M. le Procureur général, d'adresser
» des instructions en ce sens à tous vos substituts et d'exercer sur toutes
» les affaires concernant les mineurs de seize ans une surveillance per-
» sonnelle et attentive.

« En se conformant aux règles qui viennent d'être tracées, les magis-
» trats s'associeront à une œuvre d'un haut intérêt social; ils seconde-
» ront en même temps, de la façon la plus utile et la plus fructueuse,
» les généreux efforts des sociétés de patronage et des comités de défense
» des mineurs de seize ans traduits en justice, qui se sont constitués
» pour la protection et le relèvement de l'enfance coupable et en danger
» moral. »

619. — Parmi les recommandations que le ministre fait aux magistrats dans cette circulaire, il en est deux qui doivent surtout attirer notre
attention : la première est celle par laquelle les parquets sont invités à
requérir une instruction préparatoire et à s'abstenir de la procédure des
flagrants délits. Elle est profondément sage et nous nous y rallions sans
réserve.

620. — Par la seconde, le ministre recommande de recourir aux
ordonnances de non-lieu, au cas où le mal n'est pas « profond » et de
remettre l'enfant soit à sa famille, soit à l'assistance publique, soit à une
société de patronage. Cette mesure nous paraît illégale. Elle aurait pour
résultat de conférer au juge d'instruction un droit qu'il n'a pas, celui de
statuer définitivement sur la garde de l'enfant. C'est au tribunal seul
qu'il appartient de rendre une décision définitive : le juge d'instruction

ne peut prendre, à l'égard des enfants, que des mesures provisoires contre lesquelles, d'ailleurs, une opposition est possible, soit de la part de la famille, soit de la part du tuteur, du subrogé-tuteur ou du ministère public. Nous croyons donc que les magistrats agiront plus sagement en ne tenant pas compte, sur ce point particulier, des instructions ministérielles.

621. — La loi de 1898 permet-elle aux tribunaux, au cas de condamnation, de remettre l'enfant à une société ou à l'assistance publique? — Nous croyons pouvoir répondre par l'affirmative, étant donné l'esprit de la loi et la généralité des termes de l'article 5.

622. — La seconde mesure, — détention dans une maison de correction, — n'est nullement une peine : par conséquent, elle n'est pas en contradiction avec l'acquittement prononcé; elle n'a d'autre caractère que celui d'une mesure d'éducation correctionnelle. Une première preuve de ce que nous avançons nous est fournie par les termes mêmes de l'article 66, où il est dit que le mineur sera conduit dans une maison de correction « *pour y être élevé.* » Nous tirons une seconde preuve du passage suivant de l'exposé des motifs : « Les juges prononceront donc qu'il » est acquitté; mais ils ne pourront pas le faire rentrer dans la société, » sans pourvoir à ce que quelqu'un ait les regards fixés sur sa conduite. » Ils auront l'option de le rendre à ses parents, s'ils ont en eux assez de » confiance, ou de le tenir renfermé durant un espace de temps qu'ils » détermineront. Cette détention *ne sera point une peine*, mais un moyen » de suppléer *à la correction domestique*, lorsque les circonstances ne » permettront pas de le confier à la famille. » Par suite, la détention ordonnée contre le mineur acquitté ne peut être prise comme un élément de récidive, si le mineur vient à commettre plus tard une infraction nouvelle : ainsi en a décidé la jurisprudence (Paris, 3 déc. 1830, Dalloz, *Rép. alph.*, V° Peine, n° 258, note 2; — Montpellier, 6 juin 1848, Dalloz, 1848. 2. 117).

623. — Le juge peut-il accorder le sursis pour l'envoi en correction, au cas d'acquittement? La solution que nous venons d'admettre dicte notre réponse. En vertu de l'article 1er de la loi du 26 mars 1891, le sursis s'applique exclusivement à l'emprisonnement et à l'amende, c'est-à-dire, à deux peines. L'envoi en correction, étant une simple mesure d'éducation, ne pourra donner lieu, par suite, à l'application du sursis. Une telle mesure, d'ailleurs, serait néfaste pour l'enfant, qu'elle rendrait à son milieu malsain et qu'elle exposerait à des chutes nouvelles.

624. — L'envoi en correction peut-il être ordonné, au cas de non discernement, par les tribunaux correctionnels et de police ? — La raison de douter vient de ce que l'article 66, en parlant d'*accusé*, semble ne viser que les individus traduits en Cours d'assises. Nous répondrons, comme lorsqu'il s'est agi de la question de discernement, que cet argument de texte ne nous paraît pas bien solide. Le mot *accusé* est pris ici dans une acception générale : il désigne toutes les catégories de délinquants : rien n'indique qu'il faille le restreindre au sens spécial qu'on lui donne en langage de procédure. — Pourquoi les tribunaux correctionnels et de police n'auraient-ils pas le même droit que la Cour d'assises à ce point de vue tout particulier ? — La raison de le leur conférer n'est-elle pas absolument la même ? — L'envoi en correction, nous le répétons, est une mesure de faveur et de protection pour l'enfant : l'on ne voit pas pourquoi la Cour d'assises serait seule habile à la prononcer. Pour les tribunaux correctionnels, la question ne fait plus de doute : on leur reconnaît le droit d'envoyer en correction les mineurs acquittés. Nous le reconnaissons aussi aux tribunaux de simple police, bien que tous les auteurs contestent à ces juridictions un semblable pouvoir, en se fondant sur l'esprit de la loi. Les contraventions, disent-ils, étant des infractions non intentionnelles, ne dénotent point la démoralisation de l'agent : l'acquittement du mineur, en cette matière, ne doit donc point donner lieu aux mesures d'éducation correctionnelle prescrites par la loi.

625. — Ces raisons seraient excellentes, si l'envoi en correction offrait un caractère pénal. Mais tel n'est point le cas. Sans doute, les contraventions sont des infractions non intentionnelles ; sans doute, elles ne dénotent point la démoralisation de l'agent ; mais, bien souvent, elles révèlent un fonds de malice : l'enfant qui cueille des fruits pour les manger sur place (C. pén., art. 471-9°) pourra bien, quelque jour, dévaster des récoltes ou des plants (C. pén., art. 444). Si le juge de paix, à la suite des renseignements qui lui sont fournis sur le jeune délinquant, estime que cet enfant n'est pas suffisamment surveillé par sa famille, que, en le rendant à la liberté, il l'expose aux mauvaises compagnies et à la perdition, pourquoi ne préviendrait-il pas un mal à peu près certain par l'adoption d'une mesure bienfaisante? Il rend, ce faisant, un service signalé et à l'enfant, qui pourra devenir un citoyen utile, et à la société, qui comptera un malfaiteur de moins.

626. — Non seulement nous reconnaissons au tribunal de simple police le droit de prononcer l'envoi en correction, mais nous allons même jusqu'à soutenir qu'il est autorisé, par la généralité des termes de l'article 5 de la loi du 19 avril 1898, à remettre l'enfant à un particulier, à une société de bienfaisance ou à l'assistance publique. La loi de 1898 marquant un progrès énorme sur l'article 66, nous sommes, en quelque sorte, entraîné à cette dernière conclusion par un *à fortiori*.

627. — La détention dans une maison de correction d'un mineur de seize ans qui a commis un délit ou un crime sans discernement, n'est pas une mesure pénale; le juge qui la prononce ne doit point s'inspirer de ce principe que la durée de la détention soit proportionnée à la gravité de l'acte. Le fait délictueux apparaît plutôt comme l'occasion que comme la cause de l'envoi en correction. Cette idée, dont nos tribunaux font fréquemment l'application, ils ne l'exposent que rarement, sans doute, dans leurs jugements. Nous la trouvons cependant clairement exprimée dans des considérants que nous croyons intéressant de reproduire. Le tribunal correctionnel de Narbonne, audience du 7 décembre 1896, jugeant des mineurs de seize ans, coupables d'avoir brisé les vitres de quelques réverbères, après avoir décidé qu'ils avaient agi sans discernement, statue, en vertu de l'article 66 du Code pénal :

« En ce qui concerne Eugénie L...,

« Attendu qu'elle a été déjà poursuivie pour vol et acquittée pour » avoir agi sans discernement; qu'elle ne fréquente aucune école; qu'elle » ne se livre à aucun travail; que ses parents ne la surveillent en aucune » façon; que ce défaut absolu de surveillance lui permet de développer » son penchant pour le vagabondage et le vol;

« Attendu qu'il est indispensable, dans son intérêt, de suppléer à la » correction domestique et de décider qu'elle sera élevée et détenue pour » recevoir les soins et l'instruction propres à corriger ses mauvaises » habitudes et à lui fournir les moyens de pourvoir plus tard, par le » travail, à ses besoins;

« *Attendu que la durée de la détention doit être graduée, non d'après*
» *la gravité des faits reprochés à la prévenue, mais d'après le temps néces-*
» *saire pour son éducation ;*

« Qu'il y a lieu de fixer cette durée... »

628. — La détention dans une maison de correction peut-elle être
prononcée pour moins d'un an? La raison de douter peut se tirer des
termes de la loi qui, en parlant de *tel nombre d'années*, semble décider
que le minimum de détention ne peut être inférieur à un an. C'était la
doctrine admise en principe par la Cour de cassation. Sophie S..., mineure
de seize ans, ayant été poursuivie pour vol qualifié, le jury avait déclaré
qu'elle était coupable du fait qui lui était imputé, mais qu'elle n'avait
pas agi avec discernement. Sophie S..., avait été, en conséquence, renvoyée des poursuites, mais il avait été ordonné qu'elle serait détenue
pendant six mois dans une maison de correction. Sur le pourvoi formé
par le ministère public contre cette décision, la Cour de cassation annula
l'arrêt dans l'intérêt de la loi, « attendu que ces expressions, — *tel*
» *nombre d'années*, — prouvent clairement la volonté du législateur que
» la détention qu'il ordonne dans le but d'effacer les mauvaises impres-
» sions reçues par l'individu et de changer ses habitudes n'ait pas
» une durée moindre d'une année; que, cependant, l'arrêt de la Cour
» d'assises a réduit à six mois la durée de la détention de Sophie S....,
» que cette réduction est une contravention manifeste à l'article 66 du
» Code pénal... » (1). — La Cour n'a pas persisté dans cette manière de
voir et a admis, depuis lors, que la détention peut être réduite à un
certain nombre de mois (2). Signalons un arrêt du 8 février 1833 :
« attendu que l'article 66 du Code pénal, en autorisant les juges à ordon-
» ner que l'accusé âgé de moins de seize ans qui est déclaré avoir agi
» sans discernement sera remis à ses parents ou conduit dans une
» maison de correction, pour y être élevé et détenu pendant tel nombre
» d'années que le jugement déterminera, et qui, toutefois, ne pourra
» excéder l'époque où il aura accompli sa vingtième année, n'a établi qu'un

---

(1) Cass., 10 octobre 1811, *Bulletin*, 1811, n° 135, p. 271.
(2) Villey, op. cit., p. 111.

» *maximum* de la durée de la détention, et ne s'oppose pas à ce que cette
» détention soit fixée à moins d'une année : d'où il suit que, en ordon-
» nant que l'enfant acquitté pour avoir agi sans discernement serait con-
» duit dans une maison de correction pour y être élevé et détenu pen-
» dant six mois, l'arrêt attaqué n'a point violé l'article 66 précité... »
(1).

629. — Cette opinion nous semble la bonne : il est, en effet, conforme à l'esprit de la loi de laisser au juge le pouvoir de mesurer la
durée de la détention. D'ailleurs, il est un cas où forcément la détention
sera inférieure à une année : c'est celui où l'inculpé aurait plus de dix-
neuf ans au moment du jugement, puisque la loi défend de le retenir
au-delà de sa vingtième année.

630. — Nous avons dit plus haut que la détention infligée au mineur
n'est point une peine. Les auteurs du Code pénal ont posé le principe
que l'enfant *doit être élevé*. Mais ce n'est que le 5 août 1850 que la loi
sur l'éducation et le patronage des jeunes délinquants est venue développer le principe de l'éducation et essayer de répondre au but poursuivi
par l'article 66, notamment dans les articles 1, 3, 9, que nous reproduisons :

« Art. 1er. — Les mineurs des deux sexes, détenus à raison de crimes,
» délits, contraventions aux lois fiscales, ou par voie de correction pater-
» nelle reçoivent, soit pendant leur détention préventive, soit pendant
» leur séjour dans les établissements pénitentiaires, une éducation morale,
» religieuse et professionnelle. »

« Art. 3. — Les jeunes détenus acquittés en vertu de l'article 66 du
» Code pénal, comme ayant agi sans discernement, mais non remis à
» leurs parents, sont conduits dans une colonie pénitentiaire ; ils y sont
» élevés en commun, sous une discipline sévère, et appliqués aux tra-
» vaux de l'agriculture, ainsi qu'aux principales industries qui s'y rat-
» tachent. Il est pourvu à leur instruction élémentaire. »

« Art. 9. — Les jeunes détenus des colonies pénitentiaires peuvent
» obtenir, à titre d'épreuve et sous des conditions déterminées par le

---

(1) Cass., 8 février 1833, Sirey, 1833. 1. 368.

» règlement d'administration publique, d'être placés provisoirement hors
» de la colonie. »

631. — En dépit des prescriptions de l'article 21 de la loi, c'est une
simple circulaire du Ministre de l'Intérieur, en date du 10 avril 1869, qui,
seule, **réglemente aujourd'hui** l'application de la loi de 1850 ; voici comment ce ministre de 1869 résumait les principes de la loi :

« L'étude du règlement définitif fait ressortir toute l'importance des
» mesures qui concernent le régime matériel et le développement phy-
» sique des jeunes détenus ; mais on y trouve surtout la preuve que
» l'éducation morale et religieuse de ces enfants tient la première place
» dans les préoccupations de l'administration. Pour obtenir un résultat
» qui réponde à nos efforts communs, il est indispensable que les fon-
» dateurs de ces établissements se pénètrent de la même pensée… La
» loi, dans sa prévoyance paternelle, s'est moins proposé de punir ces
» enfants que de les réformer, et il n'est pas impossible de remplir ce
» vœu de la loi en faisant revivre en eux, avant de les rendre à la société,
» l'amour du bien et le sentiment du devoir. »

632. — Il y a quelques années, un commandant de corps d'armée,
qui avait été ministre de la guerre, s'adressant, à l'occasion d'une céré-
monie, aux enfants d'une colonie, leur disait : « Le jour où vous serez
» appelés sous les drapeaux, entre vous et les enfants les plus favorisés
» de ce monde, toute différence aura disparu, car tous auront le même
» devoir : celui de verser leur sang pour la patrie. Comme la religion a
» ses martyrs, l'armée a ses héros, et ces derniers auront la suprême
» consolation que leur vie, comme leur mort, aura été utile au pays ;
» mais tous ne succombent pas au champ d'honneur : beaucoup jouis-
» sent de la récompense de leur bravoure et obtiennent le prix du devoir
» courageusement accompli : Pensez à cela, jeunes gens, et relevez la
» tête ! »

633. — N'est-ce pas définir en trois mots le véritable but de l'éducation correctionnelle ? elle n'est pas faite pour abaisser, mais pour montrer sans cesse la possibilité du relèvement.

634. — La détention n'étant point une peine, mais une mesure d'éducation, propre à corriger les mauvaises habitudes des enfants, à leur
fournir les moyens de pourvoir plus tard, par le travail, à leurs besoins,

il en résulte qu'elle peut cesser par la libération conditionnelle, dès que l'enfant se montre digne de cette faveur, et, d'autre part, que les parents peuvent demander à reprendre sur leur enfant le droit de garde et d'éducation. Voici, à ce sujet, une circulaire du Ministre de la Justice de 1842 :

« L'article 66 du Code pénal donne la faculté aux tribunaux, soit de
» remettre les enfants à leurs parents, soit d'ordonner leur détention
» temporaire. Ils ne se décident ordinairement à prendre ce dernier
» parti que quand les parents, jugeant une correction nécessaire, refu-
» sent de réclamer leurs enfants, ou se trouvent dans une position qui
» ne leur permet ni de les surveiller, ni de leur assurer un état. Or, il
» arrive fréquemment que, après le jugement, les parents, soit qu'ils
» trouvent la correction suffisante, soit que leur position se soit amé-
» liorée, s'adressent à moi pour faire cesser la détention.

« Sans-doute, il serait à désirer que, en pareil cas, les tribunaux
» eussent le droit d'examiner eux-mêmes si l'autorité paternelle peut
» reprendre son cours et si, par conséquent, il y a lieu de mettre un
» terme à une détention dont les motifs ont cessé. Mais la loi est restée
» muette sur ce point et, pour faire ce que les magistrats auraient vrai-
» semblablement ordonné, s'il leur avait été permis de revenir sur leur
» décision, il est juste et convenable que le Ministre de la Justice inter-
» vienne, puisqu'il s'agit d'une appréciation et d'un acte en quelque
» sorte judiciaires. Aussi mes prédécesseurs ont toujours exercé sans
» contestation le droit de remettre les enfants détenus à leurs parents,
» lorsque les circonstances qui s'étaient opposées à cette remise n'exis-
» taient plus et que, par conséquent, on ne pouvait, sans méconnaître
» les véritables intentions du législateur, priver les enfants de l'éduca-
» tion de famille, la meilleure de toutes, quand elle est entourée de
» garanties qui en assurent l'efficacité. J'ai moi-même exercé ce droit,
» et je continuerai à le faire, en ayant soin de ne rien négliger pour
» m'éclairer sur la connaissance et l'utilité de son application » (1).

635. — La détention est donc une mesure de rénovation et non de

---

(1) Circulaire de M. Martin (du Nord), Ministre de la Justice, 6 avril 1842, Dalloz *Rép. alph.*, V° Peine, n° 146 et note 1, p. 654, 655 et 656.

répression. Mais, pour accomplir cette rénovation, pour qu'un enfant de seize ans qui vient de franchir le seuil de la colonie, qui y apporte ses habitudes de vagabondage et de désordre moral, la connaissance du mal et le souvenir de toutes les hontes dont il a été le témoin et la victime, puisse être devenu, le jour où il sortira, un homme honnête et laborieux, quelles sont les forces sur lesquelles la loi veut que les directeurs des colonies s'appuient? Elle les définit et les résume en ces trois mots, qui sont à eux seuls tout un programme : *éducation religieuse, morale et professionnelle.* Mais continuons la lecture de la circulaire : « La faculté
» laissée aux tribunaux de remettre les enfants à leurs parents, ou
» de les faire élever et détenir dans une maison de correction, tend,
» par des moyens différents, au même résultat : l'amélioration de ces
» enfants.

« La première de ces mesures, la remise aux parents, est la meil-
» leure, sans doute, quand on peut compter sur les bons exemples et la
» sage direction que les enfants recevront dans leur famille; et l'on ne
» doit recourir à la seconde que quand il y a lieu de penser qu'ils trou-
» veront dans la maison de correction des soins et des enseignements
» que ne leur offrirait pas la maison paternelle. Il importe donc essen-
» tiellement que les tribunaux connaissent, avant de statuer, toutes les
» circonstances qui peuvent les déterminer à prendre l'un ou l'autre
» parti.

« Le meilleur, le seul moyen de les éclairer à cet égard, est de faire
» procéder dans toutes ces affaires à une information préalable et de ne
» pas employer la voie de la citation directe qui, restreignant l'instruc-
» tion aux débats de l'audience, mettrait souvent les juges dans l'impos-
» sibilité de bien apprécier les causes de la mauvaise conduite des
» enfants et les garanties que présenteraient leurs parents.

« Une information préalable permet, au contraire, de constater la
» véritable position de ces enfants et de leurs familles; elle apprend si
» les faits qui leur sont imputés, doivent être attribués au défaut de sur-
» veillance, à la faiblesse ou à la mauvaise conduite de leurs guides
» naturels; enfin, elle aide à décider la question de discernement.

« Il faut donc requérir une information préalable, toutes les fois que
» les prévenus n'ont pas atteint leur seizième année. Il convient même

» de recueillir extra-judiciairement tous les renseignements qui peuvent
» éclairer sur leurs habitudes et celles de leurs familles ; ces renseigne-
» ments doivent être consignés dans une notice dont je vous transmets
» le modèle et qui restera annexée à la procédure pour être ultérieure-
» ment consultée, si le besoin s'en fait sentir. »

636. — A la belle circulaire que nous venons de transcrire, il nous
paraît à propos de joindre ces remarquables paroles d'un magistrat de
Varsovie, M. de Moldenhawer : « La statistique, » disait-il, « constate,
» au milieu d'un accroissement général de crimes, une progression
» effrayante pour ceux commis par les mineurs ; la faute en est à la
» déchéance morale des parents. En effet, ces derniers, *vivant souvent sans*
» *respect pour les lois divines et humaines, ne sauraient inculquer à leurs*
» *descendants le respect dû à ces lois ; mais, ayant eux-mêmes perdu tout*
» *sentiment moral, ils sont dans l'impossibilité de le communiquer à*
» *leurs enfants.* »

637. — Ces réflexions sont profondément judicieuses et sensées.
Certes, aucune éducation ne vaut celle des parents, mais à la condition,
toutefois, que ces derniers soient à la hauteur de leur mission : ce qui
devient, hélas ! de plus en plus rare.

638. — Il nous reste, pour terminer cette seconde section, à trancher une question fort curieuse, qui n'est pas discutée par les auteurs,
mais qui s'est présentée une fois dans la pratique devant la Cour de
Rennes. Un prévenu de moins de seize ans, acquitté comme ayant agi
sans discernement, a été condamné à un internement d'une durée quelconque dans une maison de correction : est-il admissible à interjeter
appel pour faire décider qu'il a agi avec discernement et subir, alors, la
peine que la loi inflige au délit qui lui était imputé ?

639. — Jeanne Dubois, mineure de seize ans, avait été poursuivie
pour mise en circulation d'une pièce fausse ; un jugement du tribunal
correctionnel de Rennes décida qu'elle avait agi sans discernement : en
conséquence, elle fut acquittée, mais, aux termes de l'article 66, envoyée
par le jugement en correction jusqu'à vingt ans.

Elle interjeta appel de ce jugement et la Cour statua en ces termes :

« La Cour ; — considérant que chacun, dans une cause telle que celle
» qui se présente, est le premier juge de son propre intérêt ; que Jeanne

» Dubois avait donc le droit de relever appel du jugement qui, en l'ac
» quittant, faute de discernement, a ordonné qu'elle sera conduite dans
» une maison de correction, pour y être élevée et détenue jusqu'à l'âge
» de vingt ans, et de demander qu'il soit fait un nouvel examen des faits
» de la cause ; que, si elle est l'auteur du fait qui lui est imputé, il soit
» dit qu'elle a agi avec discernement, préférant être soumise à une peine
» pécuniaire, qu'elle a encourue, à être conduite dans une maison de cor-
» rection, ainsi que les premiers juges l'ont ordonné. — Considérant,
» d'ailleurs, que, si, dans cet état, la Cour reconnaît l'existence du dis-
» cernement et, par suite, la culpabilité de la prévenue, elle doit néces-
» sairement lui faire application de la peine édictée par la loi. — Con-
» sidérant, en fait, qu'il est constant que la prévenue a fait usage d'une
» pièce de cinq francs fausse, qu'elle avait reçue comme bonne, en la
» remettant en circulation après en avoir vérifié les vices ; qu'il est cer-
» tain et démontré que cette fille, qui est âgée de moins de seize ans a
» agi avec plein et entier discernement : d'où il résulte que c'est à tort
» qu'il lui a été fait application de l'article 66 du Code pénal, tandis qu'il
» devait lui être fait application des articles 135 et 69 du même Code :
» par ces motifs... » (Rennes, 21 mai 1844) (1).

640. — Cette doctrine nous paraît inadmissible. On appelle d'une
peine prononcée pour arriver à une diminution de peine ou un acquittement : mais quand donc a-t-on admis l'appel d'un prévenu contre un
jugement qui l'acquitte? le tribunal acquitte Jeanne Dubois, elle fai
appel de ce jugement et la Cour de Rennes ne songe même pas que
l'appel n'est pas recevable! Le ministère public eût pu former appel *a
minimâ* pour faire déclarer par la Cour, contrairement au jugement du
tribunal correctionnel, que Jeanne Dubois avait agi avec discernement ;
mais lui seul avait qualité pour le faire. Aussi la Cour de cassation a-t-elle
appliqué les vrais principes, en cassant l'arrêt de la Cour de Rennes et
en décidant que, si le prévenu appelant a été relaxé pour défaut de discernement par un jugement ordonnant qu'il sera détenu dans une maison de correction, le juge d'appel ne peut, sans appel du ministère public,

---

(1) Rennes, 21 mai 1844, Dalloz, *Rép. alph.*, V° Peine, n° 441, note 2.

substituer aucune condamnation à cette mesure, qui n'est pas pénale. Tout ce qu'il peut faire, c'est, usant de l'alternative établie par l'article 66 du Code pénal, ordonner que le prévenu, au lieu d'être envoyé en correction, sera remis à ses parents, ou bien diminuer le temps de sa détention, ou bien enfin le remettre à un particulier, à une institution de bienfaisance ou à l'assistance publique (loi des 19-21 avril 1898) (1).

641. — La décision prise au sujet du mineur en vertu de l'article 66 doit figurer au bulletin n° 1, ainsi que l'indique une loi toute récente du 5 août 1899 : « Le greffe de chaque tribunal de première instance, » dit l'article 1er de cette loi, « reçoit, en ce qui concerne les personnes nées » dans la circonscription du tribunal et après vérification de leur iden- » tité aux registres de l'état civil, des bulletins, dits bulletins n° 1, cons- » tatant : .....

« 2° Les décisions prononcées par application de l'article 66 du Code » pénal. »

Elle doit figurer également dans le bulletin n° 2 délivré au ministère public ou aux autorités administratives et judiciaires, mais non point dans le bulletin n° 3, créé par cette loi et qui est délivré uniquement au titulaire du casier :

« Art. 6. — Un bulletin n° 3 peut être réclamé par la personne qu'il » concerne. Il ne doit, dans aucun cas, être délivré à un tiers.

« Art. 7. — Ne sont pas inscrites au bulletin n° 3 : 1° les décisions » prononcées par application de l'article 66 du Code pénal... »

SECTION III. — **La réponse est affirmative et sur la question de culpabilité et sur la question de discernement.**

642. — Dans ce cas, il ne saurait être question de non imputabilité, puisque le mineur a été, dans une mesure plus ou moins large, à même d'apprécier l'acte auquel il s'est abandonné. Il faut donc lui faire appli-

---

(1) Cass., 26 juillet 1844, *Bulletin*, 1844, n° 276, p. 393.

cation d'une peine dont les articles 67 et 69 nous indiquent les limites.
Cette peine ne sera pas la même que celle qui frapperait un majeur pour
le même fait, car « l'âge au-dessous de seize ans doit en atténuer la gra-
» vité, sans l'effacer entièrement, et, par conséquent, entraîner alors
» une peine quelconque, mais différente de celle que la loi inflige au
» crime » 1 . Le mineur coupable bénéficie donc d'une excuse. Mais
quelle est la nature de cette excuse? quels en sont les effets?... Telles
sont les questions qu'il nous faut examiner en deux paragraphes distincts.

§ I". — Quelle est la nature de l'excuse en vertu de laquelle est abaissée la peine du mineur qui a agi avec discernement?

643. — La meilleure façon de répondre à cette question est de consulter les travaux préparatoires du Code de 1810. Or, parmi ces travaux,
deux pièces l'éclairent d'une façon particulière : nous avons nommé
l'exposé des motifs présenté par M. Faure et le rapport fait par M. Riboud
au Corps législatif. Il s'en dégage nettement que le législateur a fait
de la minorité de seize ans une excuse atténuante. Aussi M. Garraud
n'hésite-t-il pas à écrire 2) : « Lorsque la décision de la juridiction
» devant laquelle comparaît le mineur porte qu'il a agi avec discerne-
» ment, le jeune âge devient une *excuse atténuante* qui diminue la cul-
» pabilité et, par conséquent, la peine. »

644. — Voici, d'ailleurs, le passage de l'exposé des motifs de
M. Faure relatif à notre espèce : « Si la décision porte que l'action a été
» commise avec discernement, il ne s'agit plus de correction : c'est une
» peine qui doit être prononcée. Seulement ce ne sera ni une peine afflic-
» tive, ni une peine infamante. La loi suppose que le coupable, quoique
» sachant bien qu'il faisait mal, n'était pas encore en état de sentir toute
» l'étendue de la faute qu'il commettait, ni de concevoir toute la rigueur
» de la peine qu'il allait encourir. Elle ne veut point le flétrir, dans l'es-

---

(1) Riboud, dans Locré, op. cit., t. 29, p. 277, n.o 11.
(2) *Précis,* p. 158.

» poir qu'il pourra devenir un citoyen utile : elle commue en sa faveur
» les peines afflictives en peines de police correctionnelle ; elle ne le
» soumet point à l'exposition aux regards du peuple. Enfin elle consent,
» par égard pour son jeune âge, à le traiter avec indulgence et ose se
» confier à ses remords. Quant à la proportion établie pour la durée de
» ces peines relativement à celles qu'eût subies le condamné s'il avait eu
» plus de seize ans, nous nous abstiendrons d'entrer dans des détails
» qui seront suffisamment connus par la lecture des articles : ils sont,
» d'ailleurs, conformes à la loi de 1791. »

645. — M. Riboud disait de son côté : « Si le discernement a dirigé
» l'action, le crime reste et est punissable ; mais la peine ne sera point
» assimilée à celle des coupables qui ont atteint l'âge où l'homme est
» capable de connaître ce qui est bien ou ce qui est mal, et où rien ne
» peut atténuer ses égarements aux yeux de la loi.

« En conséquence, lorsque le crime emporte une peine capitale ou
» perpétuelle, il n'est prononcé contre l'individu au-dessous de seize ans
» que l'emprisonnement de dix ans au moins et de vingt ans au plus.
» La loi de 1791 portait, sans minimum, vingt ans de détention, peine
» afflictive et infamante qui entraine l'exposition.

« Lorsque le crime doit être puni des travaux forcés à temps, l'em-
» prisonnement sera de la moitié au plus et du tiers au moins du temps
» auquel l'accusé aurait été condamné, s'il avait eu plus de seize ans ;
» la durée de cet emprisonnement, par la loi de 1791, est égale à celle
» de la peine des fers qu'il aurait encourue, en sorte que, par le Code
» proposé, elle sera inférieure de deux tiers ou de la moitié au moins.

« Dans les cas ci-dessus, le condamné peut être mis sous la surveil-
» lance de la haute police pendant cinq ans au moins et dix ans au plus,
» si les juges croient cette mesure nécessaire pour l'intérêt de la société
» et celui de l'accusé dont la conduite coupable, dirigée par le discerne-
» ment, peut inspirer des inquiétudes pour l'avenir.

« Enfin, s'il a encouru la peine du carcan, ou celle du bannissement,
» il sera emprisonné pour un an au moins et cinq au plus.

« Vous voyez, Messieurs, que les condamnés dont nous parlions
» n'éprouveront jamais qu'une peine correctionnelle, tandis que la loi
» actuellement en vigueur leur en impose de beaucoup plus longues et

» même d'infamantes. L'article 68 du projet interdit formellement à leur
» égard l'exposition publique; flétrir par l'infamie un enfant au-dessous
» de seize ans, c'est l'y vouer à jamais, c'est le constituer ennemi de la
» société en l'en séparant et le placer, en quelque sorte, dans la carrière
» du crime. Le garantir de cet anathème, c'est ouvrir son âme au repentir
» et ne pas l'empêcher de devenir meilleur » (Riboud, dans Locré, op.
cit., t. 29, p. 278, n° 12).

646. — Il est cependant un cas où l'on admet que la minorité de seize
ans devient une excuse *absolutoire :* c'est en matière de vagabondage.
On s'autorise pour soutenir cette opinion des termes de l'article 271,
alinéa deux, du Code pénal, d'après lequel « *les vagabonds âgés de moins de
seize ans ne pourront être condamnés à la peine d'emprisonnement.* » — Sans
doute, mais le même article soumet cette catégorie de vagabonds au renvoi sous la surveillance de la haute police (aujourd'hui remplacée par
l'interdiction de séjour). Mais la surveillance de la haute police était une
peine et nous avons vu plus haut que la Cour de cassation lui reconnaissait ce caractère (arrêt du 12 août 1843), puisqu'elle n'admettait pas
qu'on la prononçât contre un mineur acquitté comme ayant agi sans
discernement. L'interdiction de séjour a hérité du caractère pénal de la
surveillance de la haute police. Par conséquent l'on ne peut soutenir que
le mineur vagabond auquel on l'applique est exempt de toute peine : il
encourt seulement une peine moindre que le vagabond majeur, une
peine *atténuée.*

§ 2. — Quels sont les effets de cette excuse atténuante ?

647. — Il n'y a, pour s'en rendre compte, qu'à lire les articles 67 et
69 du Code pénal ainsi conçus :

« Art. 67. — S'il est décidé qu'il (le mineur) a agi avec *discernement,*
» les peines seront prononcées ainsi qu'il suit :

« S'il a encouru la peine de mort, des travaux forcés à perpétuité, de
» la déportation, il sera condamné à la peine de dix à vingt ans d'em-
» prisonnement dans une maison de correction ;

« S'il a encouru la peine des travaux forcés à temps, de la détention
» ou de la réclusion, il sera condamné à être renfermé dans une maison
» de correction pour un temps égal au tiers au moins et à la moitié au
» plus de celui pour lequel il aurait pu être condamné à l'une de ces peines.

« Dans tous les cas, il pourra être mis, par l'arrêt ou le jugement,
» sous la surveillance de la haute police pendant cinq ans au moins et
» dix ans au plus.

« S'il a encouru la peine de la dégradation civique ou du bannisse-
» ment, il sera condamné à être enfermé d'un an à cinq ans dans une
» maison de correction. »

« Art. 69. — Dans tous les cas où le mineur de seize ans n'aura com-
» mis qu'un simple délit, la peine qui sera prononcée contre lui ne
» pourra s'élever au-dessus de la moitié de celle à laquelle il aurait pu
» être condamné, s'il avait eu seize ans. » — Cela est la rédaction de
1832, car l'ancien article 69 portait que « si le coupable n'a encouru
» qu'une peine correctionnelle, il pourra être condamné à telle peine
» correctionnelle qui sera jugée convenable, pourvu qu'elle soit au-des-
» sous de la moitié de celle qu'il aurait subie, s'il avait eu seize ans. »
— Etudions maintenant l'application de ces articles en supposant successivement le mineur de seize ans convaincu de crime, de délit et de
contravention.

648. — 1° L'INFRACTION COMMISE PAR LE MINEUR EST UN CRIME. — Dans
cette hypothèse, la loi substitue aux peines afflictives et infamantes un
emprisonnement correctionnel toujours temporaire. La durée de cet
emprisonnement est très variable et peut dépasser de beaucoup la limite
ordinaire de cinq ans. Pour déterminer cette durée, nous sommes obligés de distinguer trois cas.

649. — *Premier cas.* — Le crime commis par le mineur est de nature
à entraîner une peine afflictive et infamante perpétuelle : mort, travaux
forcés à perpétuité, déportation : la durée de l'emprisonnement variera
alors de dix à vingt ans.

650. — *Deuxième cas.* — Le crime est de nature à entraîner une
peine afflictive et infamante temporaire, c'est-à-dire, les travaux forcés
à temps, la détention, la réclusion : la durée de l'emprisonnement aura

pour limites le tiers au moins, la moitié au plus, du temps pour lequel il aurait pu être condamné à l'une de ces peines.

651. — Il résulte des expressions de la loi que les juges doivent déterminer d'abord la peine qui serait encourue par un majeur et opérer sur cette peine le calcul indiqué par l'article 67. Ce n'est pas la manière de voir qu'avaient adoptée certains tribunaux : ceux-ci, en effet, avaient jugé que le tiers et la moitié de la peine qui est applicable aux mineurs, d'après l'alinéa trois de l'article 67, devaient se calculer uniformément *sur le maximum* de la peine encourue, abstraction faite de son minimum. Mais il serait résulté de cette interprétation, qui, d'ailleurs, est contraire au texte de l'article 67, que, dans le cas où la peine encourue aurait été celle des travaux forcés à temps ou de la détention, le minimum de la peine infligée au mineur de seize ans aurait été supérieur à celui de la peine que la loi refuse de lui appliquer, puisque le minimum des travaux forcés à temps ou de la détention est le *quart* de leur maximum, et que le *minimum* de la peine infligée au mineur aurait été le tiers de ce maximum, c'est-à-dire, six ans et huit mois, au lieu de cinq. Aussi la Cour de cassation a-t-elle déclaré sans hésitation : « que l'article 67, en déterminant la peine
» à infliger aux mineurs de seize ans qui avaient commis avec discerne-
» ment des crimes emportant les travaux forcés à temps et la réclusion,
» a modifié ces deux peines, non seulement quant à la gravité de leur
» nature, en les remplaçant par la détention correctionnelle, mais aussi
» quant à leur durée, en restreignant celle-ci à la limite du tiers à la
» moitié; et que, d'après les articles 19 et 21 du même Code pénal, la
» durée soit des travaux forcés à temps, soit de la réclusion, pouvant
» n'être que de cinq ans, il s'ensuit, par une conséquence nécessaire
» des dispositions dudit article 67, que la durée de la détention correc-
» tionnelle d'un mineur de seize ans peut n'être que du tiers de cinq
» ans, c'est-à-dire, de vingt mois; qu'il est absurde de prétendre que le
» minimum de cette durée ne peut en aucun cas être inférieur au tiers
» de la plus longue durée des peines temporaires respectivement atta-
» chées aux crimes, puisqu'il s'ensuivrait que, lorsqu'il s'agirait d'un
» crime emportant les travaux forcés à temps, dont la durée est de cinq
» à vingt ans, la détention correctionnelle ne pourrait être moindre de
» six ans et huit mois, tiers de vingt ans; et qu'ainsi le mineur de seize

» ans serait, quant à la durée de la peine, plus rigoureusement traité
» que ne pourrait l'être un individu au-dessus dudit âge, etc, » (cassation, 15 janvier et 11 février 1825) (1).

652. — Dans les deux premiers cas que nous venons d'examiner,
l'article 67 nous dit que le mineur de seize ans pourra être 'mis, — c'est
une faculté laissée au juge, — par l'arrêt ou le jugement sous la surveillance de la haute police pendant cinq ans au moins et dix ans au plus.
Mais la loi du 27 mai 1885, sur les récidivistes (art. 19, alinéa deux), a
supprimé la surveillance de la haute police et l'a remplacée par l'interdiction de séjour, qui pourra, bien entendu, être appliquée au mineur
dans les cas que nous venons d'envisager.

653. — *Troisième cas.* — Le mineur de seize ans a encouru la peine
du bannissement ou de la dégradation civique : ces peines seront rem-
placées pour lui par un emprisonnement d'un an à cinq ans dans une
maison de correction. D'ailleurs, ce troisième cas est purement hypo-
thétique et théorique, car les infractions punies de ces peines ne sont
pas de celles dont le mineur puisse se rendre facilement coupable. (Voir,
pour le bannissement, Code pénal : art. 84, 85, 110, 115, 124, 202, 204,
229. — Pour la dégradation civique, Code pénal : art. 111, 119, 121, 122,
127, 130, 167, 177, 183, 263).

654. — IIº L'EXCUSE DE MINORITÉ MODIFIE-T-ELLE LA QUALIFICATION DE
L'ACTE INCRIMINÉ? — Dans notre droit pénal, la minorité de seize ans
constitue une *excuse atténuante*, et nous savons que l'excuse atténuante
diminue *légalement* la peine (art. 67, 69, 326 C. p.). Dès lors, deux hypothèses sont à prévoir :

1º S'il s'agit d'un *délit*, l'excuse atténuante, lorsqu'elle sera prouvée,
n'aura pas pour effet de *changer* la nature de la peine, mais simplement
de *l'atténuer* : la peine reste, après comme avant l'admission de l'excuse,
une peine correctionnelle;

2º S'il s'agit au contraire d'un *crime*, l'excuse a pour effet de substituer une peine correctionnelle a une *peine criminelle*. De là une question
capitale : en transformant *la nature de la peine*, l'excuse transforme-t-

---

elle *la nature de l'infraction*? Le fait, non excusé, était *un crime;* excusé, devient-il *un délit*?

655. — Sur ce point, deux solutions ont été proposées et soutenues par des jurisconsultes également distingués :

656. — Les partisans de la première solution prétendent que l'excuse, en substituant à la peine criminelle dont l'infraction est punissable une peine correctionnelle, a pour résultat de faire dégénérer le crime en délit.

657. — M .Garraud, notamment, s'appuie, pour soutenir cette opinion, sur l'article premier du Code pénal qui définit le « délit » toute infraction « *que les lois punissent de peines correctionnelles.* » Or, dans le cas *de provocation*, comme dans le cas de *minorité* qui nous intéresse plus particulièrement, c'est la loi même qui prononce directement une peine correctionnelle contre le meurtre ou les coups et blessures qui ont été provoqués dans les conditions qu'elle prévoit, ou contre les crimes qui ont été commis par des mineurs de seize ans : « Aussi, » continue M. Garraud, « cet effet que je donne à l'excuse, je ne le donne pas aux circonstances » atténuantes. Sans doute, ces dernières ont souvent pour résultat de » substituer une peine correctionnelle à une peine criminelle; mais la » transformation de peine qui s'accomplit en ce cas n'est pas l'œuvre » directe de la loi, elle est l'œuvre du juge; ce n'est pas en vertu de cir- » constances prévues à l'avance par le législateur que la peine est modi- » fiée, mais en vertu de circonstances laissées à l'appréciation du juge, » et ces circonstances ne peuvent ni ne doivent changer la qualification » légale du fait incriminé » (1).

658. — Cette façon de raisonner nous semble un véritable sophisme et partir d'un postulat, admis comme certain par l'éminent auteur, mais qui demanderait lui-même à être établi. Est-il bien exact de dire que la transformation de peine résultant des circonstances atténuantes n'est pas l'œuvre de la loi, mais du juge? La lecture de l'article 463 du Code pénal éveille chez nous une impression toute contraire : « Les peines » prononcées par la loi contre celui ou ceux des accusés reconnus cou-

---

(1) Garraud, *Traité*, t. II, p. 227.

» pables, en faveur de qui le jury aura déclaré les circonstances atté-
» nuantes, *seront modifiées* ainsi qu'il suit... :

« Si la peine est celle de la réclusion, de la détention, du bannisse-
» ment ou de la dégradation civique, la Cour *appliquera* les dispositions
» de l'article 401, sans toutefois... » Formule essentiellement impérative.
Qu'on en compare les termes avec ceux des articles 67 et 326, et qu'on
nous dise où est la différence :

« Art. 67. — S'il est décidé qu'il (le mineur) a agi avec discernement,
» les peines *seront prononcées* ainsi qu'il suit... »

« Art. 326. — Lorsque le fait d'excuse sera prouvé..., la peine *sera*
» *réduite...* »

659. — La rédaction est conçue absolument dans le même style et
nous nous demandons vainement comment, de textes semblables, on peut
déduire des conclusions si opposées. Dans tous les cas, la transformation de peine, qu'elle résulte de l'excuse ou des circonstances atténuantes,
est bien l'œuvre directe de la loi : sans doute, c'est le juge qui proclame
l'existence de l'excuse, c'est lui aussi qui proclame l'existence des circonstances atténuantes ; mais c'est la loi qui lui dit : « Au cas d'excuse,
« vous n'appliquerez plus que telle peine ! » C'est elle qui lui répète
encore : « Au cas de circonstances atténuantes, vous n'appliquerez
» plus que telle peine ! » Les circonstances atténuantes, une fois
établies, lient le juge tout aussi fortement que la reconnaissance
d'une excuse, du moins devant la Cour d'assises, car nous savons
que, en matière correctionnelle, le juge peut ne pas abaisser la peine,
alors même qu'il admet des circonstances atténuantes (art. 463, al. 9 ;
arg. des mots : les tribunaux correctionnels *sont autorisés...*) Si le fait
incriminé devait entraîner la réclusion, et que le jury admette les circonstances atténuantes, la Cour sera *obligée* d'appliquer les dispositions
de l'article 401, parce qu'alors « la loi » ne le « punit » plus que de « peines
correctionnelles. » Par conséquent, si l'on reconnaît que le fait qui n'est
plus puni par l'article 463 que de peines correctionnelles, lorsque le juge
admet l'existence de circonstances atténuantes, ne dégénère pas en un
délit, pourquoi dire que le même fait deviendra délit parce que, le juge
ayant proclamé l'existence d'une excuse légale, il ne sera plus puni que
des peines correctionnelles édictées par les articles 67 et 326 ? Il y a là

une différence inexplicable, qu'on essaie de déduire des termes de la loi, mais que les termes de cette même loi nous semblent au contraire condamner absolument.

660. — M. Garraud, continuant sa discussion, invoque une analogie évidente entre les circonstances aggravantes et les excuses : les premières aggravent la peine comme les secondes l'atténuent, en vertu d'une appréciation légale : or, quand le résultat d'une circonstance aggravante est de rendre l'infraction qu'elle accompagne punissable d'une peine *criminelle*, alors que, dépouillée de cette circonstance, l'infraction n'est punie que d'une peine *correctionnelle*, on n'hésite pas à dire que le délit devient un crime. Pourquoi en serait-il autrement, quand le résultat d'une excuse est de substituer une peine *correctionnelle* à la peine *criminelle* dont le fait non excusé serait passible ?

661. — La réponse est que l'analogie n'est pas si évidente que le prétend M. Garraud. Sans doute, quand une infraction est commise, certaines circonstances qui l'accompagnent peuvent entraîner une aggravation de la peine et transformer en un crime un fait qui, sans elles, ne constituerait qu'un délit. Mais pourquoi dans ce cas la loi augmente-t-elle la peine ? Parce que ces circonstances accroissent l'importance intrinsèque du fait primitif auquel elles viennent se souder et avec lequel elles forment un tout indivisible. C'est ainsi que, en matière de vol, par exemple, nous aurons le crime prévu par l'article 381, le crime prévu par l'article 382, par l'article 383, etc., selon la gravité et la multiplicité des circonstances qui accompagnent la soustraction frauduleuse ; chaque circonstance aggravante affecte la matérialité *in se*, autrement dit, la *criminalité objective du fait* ; tandis que l'excuse affecte l'élément intentionnel, la *criminalité subjective du fait*. Elle entraînera un abaissement de peine, parce que la loi suppose que la colère émanant de la provocation, l'entraînement et l'irréflexion, résultats d'une trop grande jeunesse, ont dérobé aux regards du coupable la gravité de son acte ; et alors, en vertu de l'adage *summum jus, summa injuria*, elle proportionne la peine au degré de responsabilité supposé chez l'agent.

662. — M. Garraud signale encore la discussion de la loi du 13 mai 1863, et notamment la révision des articles 57 et 58 du Code pénal : « L'opinion que je soutiens, » dit-il, « a dominé la discussion de la loi

» du 13 mai 1863, et notamment la revision des articles 57 et 58 du
» Code pénal. Le législateur dans ces textes a consacré ce principe que
» celui-là seul est condamné pour crime auquel la loi inflige des peines
» afflictives ou infamantes; celui qui n'a été condamné, en vertu de la
» loi, qu'à des peines correctionnelles est condamné pour délit. »

663. — Nous nous demandons comment M. Garraud a lu ces articles
pour y trouver la consécration de ce fameux principe. Eh quoi! celui-là
seul est condamné pour crime auquel la loi inflige une peine afflictive
ou infamante? Mais les premiers mots de l'article 58, établissant la récidive de crime à délit, disent exactement le contraire : « Quiconque ayant été
» condamné *pour crime* à une peine supérieure à une année d'emprison-
» nement... » — L'article 59 parle aussi d'un « *crime qui devra n'être puni*
» *que de peines correctionnelles...* » Donc il y a des crimes *punis de peines
correctionnelles;* or, les crimes punis de peines correctionnelles sont ceux
au sujet desquels le juge a reconnu l'existence d'une excuse ou de circonstances atténuantes; donc l'excuse atténuante ne change pas la qualification de l'infraction, qui reste bel et bien un *crime.* Les articles 58
et 59 le disent en toutes lettres, et c'est sur eux qu'on s'appuie pour soutenir le contraire! Oh, élasticité des textes!...

664. — « On peut dire également, » continue le même auteur, « que
» les §§ 2 et 3 de l'article 4 de la loi du 27 mai 1885, sur la relégation
» des récidivistes, ne s'expliquent que par cette idée. « Un rapporteur de
la commission du Sénat, parlant sur l'article 4, disait : — *Deux condam-
» nations* (1) *à l'emprisonnement pour faits qualifiés crimes... : je m'ar-
» rête sur ces mots et je fais observer au Sénat qu'il n'y a pas de condam-
» nation pour faits qualifiés crimes qui soit inférieure à un an de
» prison* » (2). — Cette proposition est exacte, lorsque la peine crimi-
» nelle est écartée par application des circonstances atténuantes. Mais
» elle ne l'est pas, lorsque la peine criminelle est transformée en peine
» correctionnelle, par application des excuses. Il y a un moyen de lais-

---

(1) M. Garraud ne cite pas textuellement, le rapporteur a dit : « Quatre condamnations, » et non « deux condamnations. »

(2) Séance du Sénat du 10 février 1885. — *Journal Officiel, Débats parlementaires,*
Sénat, p. 101.

» ser aux paroles du rapporteur toute leur exactitude, c'est d'admettre
» que le crime légalement excusé cesse d'être un crime et devient un
» simple délit. »

665. — Il cesse si peu d'être un crime que le rapporteur auquel
M. Garraud fait allusion, et qui n'est autre que M. Ninard, parle clairement *de peines correctionnelles appliquées à des faits qualifiés crimes*. Ou
les mots n'ont plus de signification, ou M. Ninard, tout le premier, reconnaît que l'application d'une peine correctionnelle à un crime n'en change
pas la qualification. Sans doute, le rapporteur s'est empressé d'ajouter
qu'il n'y a pas de condamnation pour faits qualifiés crimes qui soit inférieure à un an de prison, et M. Garraud de faire remarquer à cette occasion que le rapporteur, en s'exprimant ainsi, ne peut viser que les crimes
à propos desquels on a admis les circonstances atténuantes; — effectivement l'article 326, alinéa 3, permet d'abaisser la peine à six mois; —
M. Garraud, pour ne pas prêter au rapporteur une inexactitude, en conclut qu'un crime excusé est un délit. — Soit! raisonnons un peu. — Si
nous comprenons bien, la thèse de M. Garraud repose sur le syllogisme
suivant : « M. Ninard a dit qu'il n'y a pas, pour faits qualifiés crimes, de
» condamnation inférieure à un an de prison ; or, l'excuse atténuante per-
» met d'abaisser la peine au-dessous d'un an ; donc, dans la pensée de
» M. Ninard, le crime excusé cesse d'être crime. » — Mais d'abord, en
vertu d'un argument *à contrario* tiré des paroles de M. Ninard, nous
pouvons prétendre, à notre tour, que l'honorable rapporteur conserve
au crime puni d'une année d'emprisonnement au minimum la qualification qu'il tient de la loi. Or, le minimum de peine de l'article 67 étant
d'une année d'emprisonnement, il en résulte que, dans la pensée de
M. Ninard, l'excuse de minorité, celle précisément qui nous intéresse
plus particulièrement, ne change pas la qualification de l'acte incriminé.
Quant à l'excuse de provocation, a-t-elle plus de puissance ? Un raisonnement par l'absurde nous amène à conclure la négative. En effet, si
l'alinéa 3 de l'article 326 établit un minimum de six mois, il permet aussi
d'infliger un maximum de deux années. De sorte qu'il dépendrait du
juge de maintenir ou de changer la qualification du fait et d'engendrer
des conséquences qui varieront d'après sa sentence. Donne-t-il à l'accusé
un an de prison ou davantage, le crime, dans la pensée de M. Ninard,

— argument *à contrario* de ses paroles, — reste crime (prescription de l'action publique par dix ans, prescription de la peine par vingt ans) ; donne-t-il moins d'un an de prison, le crime, dans la pensée de M. Ninard, — c'est M. Garraud qui l'affirme, — dégénère alors en un délit (prescription de l'action publique par trois ans, prescription de la peine par cinq ans). En certains cas, il serait loisible au juge de soustraire un criminel au châtiment mérité, en le frappant d'une peine d'emprisonnement inférieure à une année, et en déclarant acquise la prescription triennale, par suite de la transformation du crime en délit.

666. — Au point de vue juridique, cette conclusion est monstrueuse : la logique l'impose, si l'on serre de près M. Garraud. Voilà pourtant où l'on aboutit, quand on torture les textes pour leur faire exprimer à tout prix ce qu'ils ne signifient nullement ; car il est clair que le raisonnement de M. Garraud, — comme le nôtre, d'ailleurs, — repose sur le vide. L'on peut très bien admettre, en effet, sans que la réputation de M. Ninard en soit le moins du monde amoindrie, que l'honorable rapporteur, n'ayant pas présents à la mémoire, au moment où il parlait, les termes de l'article 326, ait laissé échapper une expression quelque peu inexacte. Nous ne croyons pas téméraire d'affirmer que M. Ninard ne songeait en aucune façon à trancher implicitement, par la tournure de sa phrase, le différend juridique qui sépare M. Garraud de ses adversaires et partage la jurisprudence en deux camps.

667. — M. Faustin Hélie (1) soutient la même théorie que M. Garraud ; d'après lui, « c'est la peine seule qui doit servir de base à la durée de la
» prescription. En effet, aux termes de l'article premier du Code pénal,
» la loi, en divisant les actions punissables, a pris pour base de cette
» division la peine dont elles sont passibles. Elles sont réputées crimes,
» délits ou contraventions, suivant qu'elles sont passibles d'une peine
» afflictive ou infamante, d'une peine correctionnelle ou d'une peine de
» police. La qualification du fait se puise donc dans la nature de la peine
» applicable. Il suit de là que ce n'est ni le titre de l'accusation, ni la
» nature de la poursuite qui déterminent le véritable caractère du fait ;

---

(1) *Traité de l'instruction criminelle*, t. II, n° 1056 et 1057.

» c'est la peine qui lui est applicable, d'après l'appréciation définitive
» qui en est faite à l'audience; car la qualification n'est que provisoire
» jusqu'à ce que la peine qui est son fondement soit déterminée. La pres-
» cription qui est attachée à la qualification, c'est-à-dire à la peine, ne
» doit donc trouver également la mesure de sa durée que dans la nature
» de la peine dont le fait est passible à l'issue du débat. C'est dans ce
» sens qu'il faut entendre les articles 637 et 638 qui règlent la prescrip-
» tion, suivant qu'il s'agit d'un crime emportant peine afflictive ou infa-
» mante, ou d'un délit de nature à être puni correctionnellement. »

668. — M. Faustin-Hélie va plus loin encore : poussant la logique
jusqu'au bout il reconnaît aux circonstances atténuantes le même effet
qu'aux excuses légales : « Il semblerait, » continue-t-il, « que, d'après
» le même principe, il ne doit y avoir lieu que d'appliquer la prescrip-
» tion correctionnelle, lorsque la peine dont est passible le fait qualifié
» crime par la loi est réduit aux proportions d'une peine correctionnelle
» par l'admission des circonstances atténuantes. La Cour de cassation a
» jugé qu'il ne devait pas en être ainsi — *attendu que la déclaration de*
» *circonstances atténuantes ne fait que réduire la peine, mais ne change*
» *pas la nature du crime déclaré constant.* — Mais, puisque la peine est
» l'unique base de la qualification, comment admettre une qualification
» criminelle en face d'une peine correctionnelle? Quand la loi définit —
» *délit* — toute infraction punie d'une peine correctionnelle, comment
» concevoir qu'un fait qui n'est puni que d'une peine correctionnelle
» puisse conserver la qualification de crime? On objecte qu'une excuse
» ne dépouille pas le fait de son caractère de crime. Cette règle est, en
» effet, reçue dans les chambres du conseil et d'accusation, parce que
» ces juridictions, ne statuant que sur la compétence, ne peuvent appré-
» cier souverainement les circonstances qui modifient le fait. Mais,
» devant les juges du fond, elle ne serait plus qu'une inutile fiction,
» puisqu'elle maintiendrait une qualification qui serait détruite par la
» déclaration du jury. Le caractère du fait est tout entier dans cette
» déclaration ; or, qu'importe que le jury ait écarté les circonstances
» constitutives du crime ou admis les circonstances atténuantes, si ces
» deux déclarations produisent le même effet, si l'une et l'autre n'en-
» traînent qu'une peine correctionnelle? Ne serait-il pas puéril d'écarter

» dans le premier cas la qualification du crime et de la maintenir dans
» le second, quand la pénalité est la même? Si le législateur n'a porté
» que cette peine, n'est-ce pas qu'il a jugé que le fait, ainsi atténué,
» n'avait plus les dangers et la gravité morale qui suivent le crime et
» qu'il devait tomber dans la classe des délits? L'atténuation ne peut
» modifier la peine qu'en modifiant le caractère du fait; l'une de ces
» modifications n'est que la conséquence de l'autre. Et puis, n'y a-t-il
» pas une étrange contradiction à punir un fait comme un simple délit
» et à invoquer contre ce fait la prescription qui ne s'applique qu'aux
» crimes? à déclarer la qualification tantôt dépendante, tantôt indépen-
» dante de la peine? Enfin, le vœu de l'article 637 qui exige pour l'ap-
» plication de la prescription décennale que le fait emporte peine afflic-
» tive ou infamante est-il rempli quand ce fait ne donne lieu qu'à une
» peine correctionnelle? »

669. — M. Faustin-Hélie nous semble accorder à l'article premier du
Code pénal une importance qu'il n'a pas; et, sur ce point, nous ne pouvons mieux faire que d'opposer M. Faustin-Hélie à lui-même : « Il n'est
» pas besoin, » dit-il ailleurs (1), « d'une étude bien approfondie du
» Code pénal pour se convaincre que la division dont il s'agit (dans l'ar-
» ticle 1er) est *d'ordre* plutôt que *de principe*. En effet, les définitions
» qu'il pose, il ne tarde pas à les mettre lui-même bientôt de côté... ce
» qu'il a voulu, c'est *poser une règle d'ordre*, un principe générateur de
» la compétence. Écoutez M. Treilhard : — Le premier de ces articles
» définit les expressions de crime, délit, contravention, trop souvent
» confondues et employées indifféremment. Désormais le mot — crime
» — désignera les attentats contre la société *qui doivent occuper les Cours
» criminelles*. Le mot — délit — sera affecté aux désordres moins graves
» *qui sont du ressort de la police correctionnelle*; enfin, le mot — con-
» travention — s'appliquera aux fautes *contre la simple police* » (2).

670. — « La définition de l'article premier a donc eu *pour seul but*
» d'indiquer la compétence d'après la nature de la peine à laquelle

---

(1) *Théorie du Code pénal*, t. I, ch. 2, n° 15.
(2) *Exposé des motifs*, Locré, t. XXIX, p. 202

» l'accusation peut donner lieu : c'est là le *seul principe qu'il ait voulu* » *poser;* c'est *une méthode, une règle d'application : ce n'est point une* » *théorie.* »

671. — Eh bien, n'est-ce pas aller au-delà de la simple « méthode, » de la « règle d'application » et entrer de plain-pied dans le domaine de la « théorie » que de formuler des appréciations aussi grosses de conséquences que celles dont M. Faustin-Hélie nous a fait plus haut l'exposé? que d'affirmer, en se basant sur l'article premier du Code pénal, que « la qualification du fait se puise dans la nature de la peine applicable? » de conclure des termes de cet article premier qu'un crime frappé de peines correctionnelles seulement, par suite de l'excuse ou de circonstances atténuantes, dégénère en un délit auquel s'appliquera la prescription triennale de l'article 638 du Code d'instruction criminelle? — Le savant auteur n'hésite pas à reconnaître qu'un grand nombre de faits tels que les associations non autorisées, les infractions aux règles sur les inhumations, les maisons de jeu, etc., ne sont au fond que des contraventions, bien que frappés de peines correctionnelles et rangés au nombre des délits. Pourquoi se refuse-t-il absolument à admettre qu'un crime reste crime en dépit de la peine simplement correctionnelle qui atteint son auteur?

672. — Avec l'interprétation que leur donne M. Faustin-Hélie, la combinaison des articles 1 et 67 du Code pénal et 638 du Code d'instruction criminelle est de nature à engendrer des conséquences bizarres. Si cette interprétation est vraie, jamais on ne devrait envoyer devant les assises un mineur de seize ans. Supposez, en effet, qu'un individu de quinze ans commette un assassinat, crime puni de la peine de mort (art. 302 du C. p.); il doit être jugé par la Cour d'assises (argument *à contrario* de l'article 68 C. p.). Comme l'accusé est mineur de seize ans, deux résultats seulement sont possibles : l'acquittement, ou l'application de l'article 67 du Code pénal, c'est-à-dire, d'une peine correctionnelle. Or, d'après M. Faustin-Hélie, tout crime excusé dégénère en délit, et le mot — délit — en vertu de l'article premier du Code pénal dont l'unique but, ne l'oublions pas, est « d'indiquer la compétence, » le mot — délit, — disons-nous, « est affecté aux désordres qui sont du ressort de la police correctionnelle » : donc, un mineur de seize ans, ne pouvant jamais commettre qu'un délit, ne devra jamais être envoyé devant la Cour d'assises.

673. — Mais les termes de l'article 68 du Code pénal sont absolument formels : le mineur de seize ans doit être jugé par la Cour d'assises, toutes les fois qu'il a commis une infraction susceptible d'entraîner la peine de mort, celle des travaux forcés à perpétuité, de la déportation ou de la détention. Or, l'article premier du Code pénal, — toujours d'après M. Faustin-Hélie, — ayant « pour seul but d'indiquer la compétence, » et « le mot — crime — » désignant « les attentats contre la société qui doivent occuper les Cours criminelles, » il s'ensuit que le mineur renvoyé devant les assises est coupable de — crime, — et que l'application d'une peine correctionnelle, — la seule possible, — ou, pour mieux dire, l'excuse de minorité, ne change pas la qualification du fait. On le voit, M. Faustin-Hélie se réfute lui-même.

674. — Ce n'est pas tout : l'éminent jurisconsulte dont nous discutons la théorie semble perdre de vue le but que s'est proposé le législateur en créant les circonstances atténuantes. Nous allons voir qu'elles ont été introduites dans l'article 463 pour corriger ce que notre Code pouvait offrir parfois de rigoureux et de trop absolu, mais non point pour transformer les crimes en délits et les soustraire parfois au châtiment, grâce à la prescription triennale : manière de voir, remarquons-le au passage, singulièrement dangereuse pour les accusés qui ne sont arrêtés que trois ans après la perpétration de leur crime et qui sont passibles des travaux forcés à temps ou de la réclusion. Elle pourrait, en effet, porter le jury à refuser à ces individus le bénéfice des circonstances atténuantes, par crainte de les voir échapper à la répression méritée.

675. — Dès 1810, les rédacteurs du Code avaient songé à étendre aux faits qualifiés crimes par la loi, les dispositions de l'article 463 par lesquelles déjà les tribunaux correctionnels étaient autorisés, au cas où les circonstances paraîtraient atténuantes, à réduire l'emprisonnement et l'amende au niveau des peines de simple police. Mais le projet fut abandonné, sous prétexte, dit M. Faure dans son rapport (1), que, en matière

---

(1) Locré, t. XXXI, p. 164 et 165.

criminelle, c'était accorder au juge un véritable droit de commutation de
peine, droit « placé par la Constitution dans les attributions du souverain. »

676. — Mais, avec la marche progressive des idées libérales, l'adoucissement des mœurs, la réforme de cette législation était devenue un
besoin public. Le jury protestait, par des acquittements souvent scandaleux, contre l'exagération des peines et s'était attribué le pouvoir de les
proportionner à la gravité des infractions commises.

677. — La loi du 25 juin 1824 introduisit comme à regret quelques
réformes timides; mais c'est surtout la loi du 28 avril 1832 qui accomplit
la révolution souhaitée par tout le monde.

678. — D'après M. Faustin-Hélie tout le premier, l'application des
circonstances atténuantes aux faits qualifiés crimes par la loi a un double
but :

« Tempérer par une règle générale les pénalités trop rigoureuses et
» quelquefois excessives du Code;

» Tenir compte de certaines circonstances du fait, de certaines
» nuances de la culpabilité que le Code n'a pas prévues, et qui cepen-
» dant, pour que le châtiment soit juste, doivent entrer dans l'apprécia-
» tion de la moralité de l'agent. »

679. — L'honorable auteur prétend que le législateur a voulu par
ce moyen ingénieux « pourvoir au plus pressé, » suppléer à une refonte
générale du Code pénal pour lors impossible. Il appuie sa manière de
voir sur un passage de l'exposé des motifs : « Il fallait trouver un moyen
» d'étendre à toutes les matières la possibilité d'adoucir les rigueurs de
» la loi autrement que par une minutieuse revision des moindres détails.
» Pour atteindre ce but, le projet de loi a introduit dans les affaires
» du grand criminel la faculté d'atténuation que l'article 463 ouvre pour
» les matières correctionnelles.

680. — Et ailleurs : « C'est, » dit-il, « un pas dans une voie progres-
» sive, dans une carrière nouvelle. Mais on se tromperait sans doute si
» on voulait y voir *un Code nouveau substitué à l'ancien, le règne d'un*
» *autre système, la consécration d'une pensée nouvelle et complète.* »

681. — Plus loin encore, M. Faustin-Hélie ajoute que, de la réforme
opérée par le législateur, il « résulte jusqu'à l'évidence qu'il a limité lui-

» même sa mission à la correction, à l'atténuation des peines ; *il n'a pas*
» *voulu toucher aux principes.* Les principes et les motifs de l'ancien
» Code pénal *se réfléchissent donc encore sur le nouveau, bien que tem-*
» *pérés dans leur logique application et leur rigueur primitive. Vainement,*
» *en effet, on chercherait dans les discours des divers orateurs qui ont*
» *expliqué la loi le principe d'un système nouveau.* »

682. — Comment, avec une pareille manière, — la seule vraie, —
d'envisager le rôle des circonstances atténuantes, M. Faustin-Hélie a-t-il
pu leur accorder un effet si puissant, lorsqu'il s'est agi de les comparer
aux excuses atténuantes ? Déclarer qu'elles changent la qualification du
crime, lorsqu'elles entraînent l'application d'une peine correctionnelle,
qu'elles le transforment en un simple délit auquel s'appliquera désormais
la prescription de l'article 638, n'est-ce pas bouleverser les règles du
Code, créer un système et des principes nouveaux ?...

683. — L'opinion soutenue par MM. Garraud et Faustin-Hélie a été
confirmée par plusieurs arrêts de la Cour de cassation : 25 août 1864
(S. 1865. 1. 101) ; — 10 décembre 1869 (S. 1870. 1. 231) ; — 12 août 1880
(S. 1881. 1. 385). Citons ce dernier arrêt.

Arrêt du 12 août 1880 : affaire Bonord :

« La Cour,

« *Sur le moyen du pourvoi pris de la violation des articles 637 et 638*
» *du Code d'instruction criminelle, 67 et 68 du Code pénal, en ce que l'arrêt*
» *attaqué aurait refusé d'appliquer la prescription triennale à une pour-*
» *suite dirigée contre un mineur de seize ans inculpé d'un fait qualifié*
» *crime par la loi, mais passible, à raison de son âge, d'une simple peine*
» *correctionnelle ;*

« Vu lesdits articles :

« Attendu que, aux termes de l'article 68 du Code pénal, le crime
» commis par un mineur de seize ans n'ayant pas de complice présent
» au-dessus de cet âge, et qui n'emporte ni la peine de mort, ni celle
» des travaux forcés à perpétuité, ni celle de la déportation ou de la
» détention, rentre dans la compétence des tribunaux correctionnels et
» n'est passible que de peines correctionnelles ; que, aux termes de l'ar-
» ticle 638 du Code d'instruction criminelle, la durée de la prescription de
» l'action publique est réduite à trois années révolues, s'il s'agit d'un délit

» de nature à être puni correctionnellement ; que, de l'article premier du
» Code pénal, il résulte que c'est la peine seule qui détermine la qualifi-
» cation de l'acte délictueux ; que cet article déclare que l'infraction que
» les lois punissent de peines correctionnelles est un délit ; d'où il suit
» que la prescription applicable à une poursuite dirigée contre un
» mineur de seize ans, passible de peines correctionnelles, est celle de
» l'article 638 susvisé, c'est-à-dire, celle de trois ans ;

« Attendu que l'inculpation portée contre le demandeur était d'avoir,
» en août 1875, commis une soustraction frauduleuse, à l'aide d'une
» fausse clef, dans un édifice ; que, à cette époque, Bonord était âgé de
» moins de seize ans et n'était passible que de peines correctionnelles ;
» que les poursuites à raison de ce fait n'ont commencé qu'en 1880,
» c'est-à-dire, plus de trois années révolues après la perpétration du fait
» incriminé ; que, en conséquence, ce fait était couvert par la prescrip-
» tion triennale ; que, dès lors, en repoussant l'exception de prescription
» proposée par le prévenu, l'arrêt attaqué a faussement interprété et
» violé expressément les articles de la loi susvisés... casse, etc. » (1).

684. — Dans une note insérée sous ce dernier arrêt, M. Villey le
prend fortement à partie et soutient le second système auquel nous
arrivons maintenant et qui peut se résumer en ces termes :

685. — *Le crime excusé reste crime, parce que c'est le même fait que
s'il n'y avait pas d'excuse ; le fait reste intrinsèquement le même.*

686. — Nous allons essayer de démontrer que cette opinion est la
meilleure et que la théorie de la Cour suprême est contraire aux textes
et aux principes ; en même temps qu'elle comporte des conséquences
logiques devant lesquelles on est obligé de reculer.

687. — Voici le syllogisme sur lequel repose cette théorie : d'après
l'article premier du Code pénal, toute infraction se qualifie d'après la
peine : l'infraction que les lois punissent de peines correctionnelles est
un délit ;

Or, l'infraction commise par un mineur, fût-elle passible, à l'égard

---

(1) S., 1881. 1. 385.

de tout autre, de peines criminelles, n'est cependant punie que de peines correctionnelles ;

Donc cette infraction ne constitue qu'un délit et est soumise à la prescription triennale de l'article 638. Il nous paraît facile de répondre.

688. — Avec M. Villey, nous écarterons d'abord comme secondaire cette objection que les crimes commis par les mineurs rentrent dans la compétence des tribunaux correctionnels, car il est certain, — et M. Faustin-Hélie, qui approuve la jurisprudence de la Cour suprême, le reconnaît et le démontre lui-même, — que la nature de la juridiction à laquelle un fait est déféré ne peut avoir aucune influence sur ses qualifications, et, par conséquent, sur la prescription dont il est susceptible : « En effet, » dit M. Faustin-Hélie (1), « la juridiction correctionnelle est » journellement appelée à connaître de simples contraventions (C. instr. » crim., art. 192); la Cour d'assises, de simples délits (C. instr. crim., » art. 365). » — « Le bon sens le dit, » ajoute M. Villey : « le mineur, » s'il a des complices majeurs, sera traduit devant la Cour d'assises; » comment cette circonstance toute fortuite aurait-elle une si capitale » influence sur la prescription, le fait étant le même? Il faut donc s'at- » tacher uniquement à la qualification du fait, non pas à celle que lui a » donnée la poursuite, mais à celle qui résulte du jugement, lequel con- » tient la vérité judiciaire » (2).

689. — Jusqu'ici nous sommes d'accord avec les partisans du premier système ; mais, où la divergence commence entre eux et nous, c'est quand il s'agit de déterminer l'effet de l'article premier du Code pénal sur la qualification du fait délictueux. Nous reconnaissons bien, — et M. Villey le reconnaît aussi, — que cette qualification se déduit de la nature de la peine, mais de la peine portée par la loi contre l'infraction reconnue constante, et non de la peine prononcée contre tel agent à raison de circonstances spéciales et contingentes. Ainsi que nous le disions plus haut, il faut distinguer la criminalité *objective*, qui exprime la gravité sociale du fait, de la criminalité *subjective*, qui exprime le

---

(1) *Traité de l'instruction criminelle*, t. II, n° 1055, p. 671.
(2) Villey, note dans Sirey, 1881. 1. 385, première colonne.

degré de culpabilité de l'agent : la prescription se détermine par la criminalité *objective*, c'est-à-dire, par la peine portée par la loi d'une manière générale.

690. — Cette distinction nous paraît résulter du texte même de l'article premier du Code pénal : « L'infraction que *les lois* punissent des » peines de police est une contravention ; l'infraction que *les lois* punis- » sent de peines correctionnelles est un délit ; l'infraction que *les lois* » punissent de peines afflictives et infamantes est un crime. » — Est-ce qu'il ne résulte pas de là qu'il ne faut s'attacher qu'à la peine prononcée par la loi, *par les lois*, contre le fait lui-même, à la criminalité *objective* ? Ce texte, au moins, se concilie fort bien avec notre théorie ; en voici d'autres plus formels qui nous paraissent inconciliables avec celle de la Cour suprême. Elle part de ce principe, que le crime commis par un mineur, n'étant puni que de peines correctionnelles, dégénère en simple délit. Elle se heurte au texte même de l'article 68 du Code pénal : « L'in- » dividu âgé de moins de seize ans, qui n'aura pas de complices présents » au-dessus de cet âge, et qui sera prévenu de *crimes* autres que ceux » que la loi punit de la peine de mort, de celle des travaux forcés à per- » pétuité, de la peine de la déportation ou de celle de la détention, sera » jugé par les tribunaux correctionnels, qui se conformeront aux deux » articles ci-dessus. »

691. — M. Villey fait encore remarquer que, si le raisonnement de la Cour suprême était vrai pour le mineur, il s'appliquerait également aux autres excuses légales prévues par les articles 321 et suivants du Code pénal. — Si le crime commis par un mineur dégénère en délit parce qu'il n'est puni que de peines correctionnelles, il en faudra dire autant, *à fortiori*, des crimes dans lesquels la loi admet une excuse qui transforme la peine criminelle en peine correctionnelle ; *à fortiori*, car ici l'excuse agit sur la criminalité intrinsèque du fait et non plus seulement sur la culpabilité personnelle de l'agent. Or, ceci est contraire : 1° à la rubrique même sous laquelle sont placés les articles 321 et suivants : « *crimes* ou délits excusables et cas où ils ne peuvent être excusés ; » — 2° au texte de l'article 322 : « *les crimes et délits mentionnés au précé-* *dent article* sont également excusables ; » — 3° au texte de l'article 325 : « *le crime* de castration, s'il a été immédiatement provoqué par un

outrage violent à la pudeur, sera considéré comme meurtre ou blessure excusable ; — 4° enfin, et surtout, au texte de l'article 326, d'autant plus significatif que c'est lui qui modifie la nature de la peine, tout en maintenant la qualification de crime : « Lorsque le fait d'excuse sera prouvé,
» s'il s'agit d'un *crime* emportant la peine de mort, ou celle des travaux
» forcés à perpétuité, ou celle de la déportation, la peine sera réduite à
» un emprisonnement d'un an à cinq ans ; s'il s'agit *de tout autre crime*, elle
» sera réduite à un emprisonnement de six mois à deux ans... ; s'il s'agit
» d'un délit, la peine sera réduite à un emprisonnement de six jours à
» six mois. »

692. — Enfin, M. Villey invoque le texte même de l'article 637, qui est le siège de la difficulté : ce texte n'est-il pas suffisamment clair ? « L'action publique et l'action civile résultant d'un crime de nature à
» entraîner la peine de mort, ou des peines afflictives perpétuelles, *ou de*
» *tout autre crime emportant peine afflictive ou infamante, se prescriront*
» après dix années révolues, à compter du jour où le crime a été commis... »
Peu importe que le coupable, à raison de son âge, ne soit pas frappé de toute la sévérité de la loi, et ne soit puni que d'une détention correctionnelle, de même qu'il importerait peu que, à raison de circonstances atténuantes déclarées par le jury, l'accusé ne fût puni que d'une peine correctionnelle (art. 463 du C. p.). Le cas est le même, et, pour être logique, il faudrait décider, dans le système de la Cour de cassation, que la prescription triennale de l'article 638 devient applicable, quand le fait est puni d'une peine correctionnelle par l'effet de l'admission de circonstances atténuantes. M. Faustin-Hélie a été logique et a accepté cette conséquence (1) : nous avons discuté plus haut sa théorie à ce sujet (2), théorie que la Cour de cassation a d'ailleurs rejetée (3). Il est, en effet, fort difficile d'admettre que la nature du fait puisse changer par suite de l'admission de circonstances atténuantes, absolument discrétionnaires

---

(1) *Traité de l'Instruction criminelle*, t. II. n° 1057.
(2) *Vide Supra*, p. 267 et suivantes.
(3) Cass., 17 janvier 1833, Sirey, 1833. 1. 413.
Cass., 11 avril 1839, Sirey, 1839. 1. 776.
Cass, 30 mai 1839 et 1er mars 1854, Sirey, 1855. 1. 319

pour le jury, qui peut même ne les déclarer que pour mitiger la peine prononcée par la loi, quand elle lui paraît excessive, et que le sort de l'action publique qui paraissait le plus régulièrement intentée soit mis rétroactivement à la discrétion tantôt du jury, tantôt de la Cour (art. 463 C. p.). Dans ce système, le délit puni de peines de simple police par suite de l'admission de circonstances atténuantes dégénérerait aussi en contravention, et si, par malheur, le jugement n'était point intervenu dans l'année, la prescription se trouverait rétroactivement acquise, malgré tous actes d'instruction et de poursuite (C. instr. crim., art. 640 . Nous comprenons que la Cour suprême ait reculé devant ces conséquences. Et cependant la logique les imposait, si son principe est exact. Ou il faut entendre l'article premier du Code pénal comme parlant de la peine portée par la loi *in abstracto*, de la criminalité *objective* : et alors il importe peu que ce soit par l'effet de la minorité, ou d'une autre excuse légale, ou de circonstances atténuantes, que la peine appliquée ne soit qu'une peine correctionnelle; dans aucun cas le fait ne changera à cause de cela de caractère. Ou il faut entendre l'article premier comme parlant de la peine appliquée à l'agent dans un cas déterminé, de la criminalité *subjective*, et dire que tout accusé qui n'encourt qu'une peine correctionnelle n'a jamais, quelle qu'en soit la cause, commis qu'un délit.

693. — Voilà ce que disent les textes : et les principes, que disent-ils? La loi, nous le savons, a établi, quant à l'action publique, trois prescriptions différentes : une prescription de dix ans pour les crimes, de trois ans pour les délits, d'un an pour les contraventions (C. instr. crim., art. 637, 638 et 640). Pourquoi ces trois prescriptions? pourquoi cette différence dans leur durée? — Evidemment parce que le législateur a pensé que l'oubli, qui est le principal fondement de la prescription criminelle, viendrait plus tard pour les crimes que pour les délits, et, pour ceux-ci, plus tard que pour les contraventions. Le souvenir d'un acte dure dans la mémoire des hommes en proportion de la vivacité des impressions que cet acte a produites sur eux. Le souvenir d'un assassinat qui a vivement frappé l'imagination durera plus longtemps que le souvenir d'un vol ou d'une escroquerie : c'est pourquoi la durée de la prescription sera plus longue. S'il en est ainsi, n'est-il pas manifeste que c'est à la criminalité *objective* du fait qu'il faut s'attacher pour déterminer la prescription? Qu'importe que l'agent soit un majeur ou un mineur? un récidiviste ou un homme digne de circonstances atténuantes? Cet agent est peut-être inconnu. Mais le souvenir du crime qui a frappé les esprits n'en durera pas moins aussi longtemps, dans tous les cas : c'est la matérialité du fait, c'est la gravité des circonstances qui l'ont accompagné qui détermineront l'intensité du souvenir qu'il laissera parmi les hommes. Le système de la Cour de cassation et des jurisconsultes que nous combattons méconnaît le fondement essentiel de la prescription criminelle. Il nous paraît contraire aux principes comme aux textes.

694. — Aux arguments déjà nombreux que nous avons invoqués jusqu'ici en faveur du second système, qui est le nôtre, nous en ajoutons un dernier tiré de l'article 635 du Code d'instruction criminelle et qui nous semble absolument décisif. Nous sommes étonné de ne l'avoir trouvé sous la plume d'aucun des jurisconsultes qui veulent que le crime excusé reste crime et ne dégénère pas en délit. Cet article, qui nous paraît de nature à porter le coup de massue à l'opinion adverse, est ainsi formulé : « Les peines portées par les arrêts ou *jugements rendus en* » *matière criminelle* se prescriront par *vingt années* révolues, à compter » de la date des arrêts ou *jugements.* » — Quels sont les tribunaux qui rendent des *jugements en matière criminelle?* Les conseils de guerre (1) et les tribunaux correctionnels dans le cas de l'article 68 du Code pénal. Il faut bien admettre cette seconde partie de la réponse, autrement on est obligé de conclure que l'article 635 n'a entendu viser, par l'expression ci-dessus soulignée, que les décisions des conseils de guerre : ce qui est absolument impossible. En effet, l'article 642 du même Code, visant la prescription des condamnations civiles, parle encore des « con- » damnations civiles portées par les arrêts ou par les *jugements rendus* » *en matière criminelle...*; » or, les tribunaux militaires ne peuvent statuer sur l'action civile (2) : donc l'expression du Code d'instruction criminelle ne peut s'appliquer qu'aux décisions des tribunaux correctionnels.

695. — Second syllogisme : si les tribunaux correctionnels statuent

---

(1) *Code de Justice militaire,* art. 184.
(2) *Code de Justice militaire,* art. 53 et 54.

en matière criminelle, ce ne peut être qu'au cas de l'article 68 du Code pénal, c'est-à-dire, au cas où le mineur de seize ans n'a pas de complice présent au-dessus de cet âge et où son crime n'est puni que des travaux forcés à temps ou de la réclusion ;

Or, au cas où le mineur a agi avec discernement, le tribunal correctionnel doit, *dans son jugement*, lui appliquer *les peines correctionnelles* de l'article 67 ; d'un autre côté, cette peine ne pourra se prescrire que par vingt années révolues (art. 635, C. inst. crim.) :

Donc le crime excusé par l'âge reste un crime.

696. — Entre ces deux systèmes la jurisprudence a varié.

697. — Pendant une première époque, la Cour de cassation a admis que, si la peine est modifiée, la nature de l'infraction reste la même. Citons dans ce sens deux arrêts des 10 avril 1818 et 2 avril 1825.

698. — Revenant sur sa première opinion, elle a, pendant une seconde période, décidé, en sens contraire, que le crime commis par un mineur de seize ans, n'étant puni que de peines correctionnelles, dégénère en un simple délit : les arrêts des 25 août 1864, 10 décembre 1869, 12 août 1880 traduisent cette jurisprudence.

699. — Enfin, le 9 juillet 1891, la Cour suprême, revenant à sa première jurisprudence, a formellement affirmé que, si l'on n'infligeait aux mineurs qu'une peine correctionnelle, c'était en considération de l'âge de l'accusé, mais que ce tempérament ne modifiait pas le caractère de l'acte incriminé, dont les éléments substantiels ne sont pas modifiés, et que la matière reste criminelle. Voici l'espèce à laquelle nous faisons allusion :

Le sieur Etcheverry, âgé de quinze ans, avait été condamné par contumace, le 18 février 1886, par la Cour d'assises des Basses-Pyrénées, à dix ans d'emprisonnement pour vol qualifié ; arrêté le 22 février 1891, il invoqua la prescription de la peine ; — 6 mai 1891, arrêt de la Cour d'assises des Basses-Pyrénées, ainsi conçu :

« La Cour,

« Attendu qu'il échet d'examiner l'exception de prescription invoquée par la défense : — Attendu, à cet égard, que l'accusé ayant été » condamné par contumace, à la date du 18 février 1886, la prescription » de la peine s'est, par l'effet de cet arrêt, substituée à celle de l'action » publique ;

« Attendu que, à ce point de vue, la question est de savoir si, l'accusé
» ayant commis, alors qu'il avait moins de seize ans, un crime puni par
» la loi de la peine des travaux forcés à perpétuité, c'est la prescription
» criminelle de vingt ans, ou la prescription correctionnelle de cinq ans,
» dont il doit être fait application à la cause ;

« Attendu *en droit* qu'il résulte de la combinaison des articles 66,
» 67 et 68 du Code pénal, que le mineur de seize ans, quelle que soit la
» juridiction devant laquelle il est traduit, ne peut jamais être puni que
» de l'emprisonnement, qui, aux termes de l'article 9 du même Code,
» est une peine correctionnelle ; qu'ainsi la volonté de la loi a été de
» faire dégénérer en délit toutes les infractions commises par le mineur
» de seize ans, quelle que soit leur gravité, et quelle que soit la juridic-
» tion qui les juge ; qu'il n'y a pas à distinguer à cet égard entre les faits
» que l'article 68 du Code pénal réserve aux tribunaux correctionnels et
» ceux dont il attribue exclusivement la connaissance à la Cour d'assises
» comme emportant la peine de mort, des travaux forcés à perpétuité,
» de la déportation ou de la détention ; que, en effet, la nature de la
» juridiction compétente n'a pas, dans notre législation criminelle, une
» influence nécessaire sur la qualification des infractions, laquelle, aux
» termes de l'article premier du Code pénal, est déterminée par la nature
» des peines prononcées par la loi ; qu'il suit de là que, l'accusé Jean
» Etcheverry étant âgé de moins de seize ans au moment où il a ommis
» le fait dont il a été déclaré coupable par le jury, lequel fait n'est pas-
» sible que de la peine correctionnelle de l'emprisonnement, c'est de la
» prescription de cinq ans qu'il doit bénéficier.

« Attendu, *en fait*, que, condamné par contumace, le 18 février 1886,
» l'accusé n'a été arrêté que le 22 février 1891, à une date, par consé-
» quent, où la prescription de la peine était acquise, etc. »

Pourvoi en cassation par le procureur général prés la Cour d'appel
de Pau, et, le 9 juillet, la Cour suprême rendait l'arrêt que voici :

« La Cour,

« *Sur le moyen pris de la violation des articles 635 et 636 du Code*
» *d'instruction criminelle, 67 et 68 du Code pénal, en ce que l'arrêt atta-*
» *qué aurait appliqué la prescription de cinq ans à un fait qualifié crime ;*

« Attendu que le sieur Etcheverry, poursuivi comme complice de vols

» qualifiés, à raison desquels la peine encourue était celle des travaux
» forcés à perpétuité, a été condamné par contumace, par la Cour
» d'assises des Basses-Pyrénées, le 18 février 1886, alors qu'il était âgé
» de moins de seize ans, à la peine de dix ans d'emprisonnement et de
» cinq ans d'interdiction de séjour ; que, arrêté le 22 février 1891, il fut
» traduit le 5 mai suivant devant la même Cour d'assises et déclaré cou-
» pable par le jury, comme ayant agi avec discernement, des vols ci-
» dessus spécifiés ;

« Attendu que, avant le prononcé de la condamnation, l'arrêt attaqué
» a, sur les conclusions prises par la défense, déclaré l'action publique
» éteinte contre l'accusé à raison de la prescription de la peine relative-
» ment aux faits dont il avait été déclaré coupable par le jury, par ce
» motif que ces faits, accomplis par un mineur âgé de moins de seize
» ans, ne pouvaient être punis que de peines correctionnelles, et qu'il y
» avait lieu de leur appliquer la prescription quinquennale attachée aux
» peines en matière correctionnelle ;

« Attendu que, si, par une dérogation tout à fait spéciale, le mineur
» âgé de moins de seize ans qui a commis une infraction de la nature
» de celles que la loi qualifie crimes n'est puni que de peines correc-
» tionnelles, ce tempérament exceptionnel apporté à la peine en faveur
» du mineur, exclusivement en raison de son âge, ne saurait transformer
» le caractère du fait incriminé, dont les éléments substantiels ne sont
» pas modifiés, et que la matière reste criminelle ;

« Attendu que, aux termes de l'article 635 du Code d'instruction cri-
» minelle, les peines portées par les arrêts ou jugements rendus en
» matière criminelle se prescrivent par vingt ans ; qu'ainsi l'arrêt atta-
» qué, en appliquant la prescription des peines en matière correction-
» nelle à un crime pour lequel le coupable aurait, aux termes de l'ar-
» ticle 67 du Code pénal, encouru la peine des travaux forcés à perpé-
» tuité, s'il n'eût été mineur, a violé les dispositions de l'article 635 du
» Code d'instruction criminelle : casse... »,

700. — Notre conclusion est donc que l'excuse atténuante résultant de
la minorité de seize ans n'a pas pour effet de transformer le crime en délit.

701. — Cette question présente un grand intérêt pratique aux deux
points de vue que voici :

19

1° Ainsi que le disent les deux arrêts que nous venons de reproduire, si le crime excusé reste crime, l'action publique se prescrit par dix ans, et la peine par vingt ans; s'il dégénère en un délit, l'action publique se prescrit par trois ans et la peine par cinq ans;

2° Le crime déjà excusé peut, en outre, bénéficier des circonstances atténuantes : mais à qui appartiendra-t-il de les accorder? — Certains jurisconsultes veulent que ce droit soit uniquement réservé à la Cour toutes les fois que la peine à appliquer ne peut être que l'emprisonnement. — Cette opinion serait admissible, si l'excuse transformait le crime en délit. Mais il faut la rejeter, en présence de la solution que nous venons d'admettre, car l'article 341 du Code d'instruction criminelle veut que, « *en toute matière criminelle,* » l'admission des circonstances atténuantes soit réservée au jury.

702. — L'article 420, alinéa 1-1°, du Code d'instruction criminelle dispose que les *condamnés en matière criminelle* sont dispensés de l'amende imposée par l'article 419 à la partie civile qui se pourvoit en cassation. La Cour suprême, pour l'application de cet article, considère comme matière criminelle celle qui tire cette qualité de la nature même de l'infraction, abstraction faite de la juridiction qui condamne. D'où cette conclusion que le mineur de seize ans reconnu coupable d'un crime, mais condamné seulement, à raison du défaut de discernement, à la détention dans une maison de correction, par une décision émanée du tribunal correctionnel, n'en doit pas moins être considéré comme condamné *en matière criminelle* et, dès lors, être dispensé de toute consignation d'amende, sur le pourvoi en cassation par lui formé. Nous trouvons cette opinion consacrée par deux arrêts des 13 et 20 décembre 1866 (1). Elle est assez difficile à concilier, disons-le en passant, avec la théorie que professait, à cette époque-là, la Cour de cassation sur l'excuse d'âge, théorie d'après laquelle le crime excusé par l'âge dégénère en délit. D'ailleurs, en admettant cette dernière théorie, le mineur condamné est encore dispensé de l'amende, mais c'est alors en vertu de l'alinéa 2, 1°

---

(1) Sirey, 1867. 1. 191.

ou 2°, du même article 420. Cette dernière remarque n'offre qu'un intérêt purement théorique.

703. — III° L'INFRACTION COMMISE PAR LE MINEUR EST UN DÉLIT. — Dans ce cas, la peine prononcée par le juge ne pourra s'élever au-dessus de la moitié de celle à laquelle il aurait pu être condamné, s'il avait eu seize ans.

704. — Il a été reconnu par la jurisprudence, — ce sont MM. Chauveau et Faustin-Hélie qui en font la remarque, — qu'il est contraire au vœu de l'article 69 d'appliquer au mineur condamné pour délit correctionnel *la moitié* de la peine qu'il aurait précisément subie, s'il avait eu seize ans accomplis. Il est nécessaire que la peine appliquée soit *au-dessous de la moitié* de celle qu'il aurait dû subir, s'il avait eu cet âge. — Cette solution, d'après ces auteurs, n'est que *l'application textuelle de la loi.*

705. — MM. Chauveau et Faustin-Hélie font allusion à un arrêt de la Cour de Bordeaux du 26 août 1830 et leur observation est juste, en tant qu'elle s'applique à une décision judiciaire rendue sous l'empire de l'ancien article 69, dont nous avons donné plus haut le texte et qui ordonnait d'infliger au mineur une peine « *au-dessous de la moitié* de » celle qu'il aurait subie, s'il avait eu seize ans. » Mais elle est fausse, si ces auteurs la présentent comme interprétation du nouvel article 69, puisque cet article porte : « la peine ne pourra s'élever *au-dessus de la* » *moitié*. » La moitié peut donc être appliquée légalement, et elle constitue le *maximum* de peine ; mais la loi est muette sur le *minimum* : quel sera-t-il ?

706. — On peut envisager quatre solutions :

707. — 1° Le minimum peut être celui des peines correctionnelles, c'est-à-dire, six jours d'emprisonnement ou seize francs d'amende. Sous l'article 69 primitif, cette solution s'imposait, car cet article donnait au juge la faculté d'appliquer *telle peine correctionnelle* qu'il jugeait convenable, et, par conséquent, lui permettait de descendre jusqu'au minimum des peines correctionnelles. Mais il ne lui donnait pas le droit de descendre aux peines de simple police.

708. — Les partisans de cette solution prétendent que la rédaction de 1832 n'a rien changé, en ce sens que, si le nouvel article 69 est muet sur le minimum de peine, l'article 40 du Code pénal, qui le complète tout naturellement, détermine les limites de l'emprisonnement correctionnel (cass., 11 janv. 1856, Dalloz, 56. 1. 108).

709. — 2° Le minimum peut être celui auquel le mineur aurait été condamné, s'il avait eu seize ans. Cette solution paraît admissible, si l'on s'en tient aux termes de l'article 69, qui semble, en ne s'occupant que du maximum, laisser au minimum ses proportions ordinaires. Mais alors il faudrait admettre aussi, — ce qui est bien difficile, — que la loi du 28 avril 1832 s'est montrée, à l'égard du mineur, plus rigoureuse que le Code de 1810.

710. — 3° Le minimum est abandonné à l'appréciation discrétionnaire des juges. La Cour de cassation, qui a soutenu un moment cette théorie, a reconnu bien fondé l'arrêt qui avait prononcé contre un mineur de seize ans, prévenu d'un délit de chasse, une amende de cinq francs (cass., 3 février 1849, Dalloz, 1850. 5. 59).

711. — 4° Enfin, le minimum sera la moitié du minimum qui pourrait être appliqué à un agent majeur.

Cette solution nous semble la vraie et nous nous y rattachons. Remarquons d'abord, en effet, que le nouvel article 69 n'exige pas, comme la rédaction de 1810, l'application d'*une peine correctionnelle*. D'où l'on peut induire que l'article 69, en gardant le silence sur le minimum, a entendu le soumettre au même mode de calcul que le maximum.

712. — Par suite, le tribunal estime-t-il que le prévenu, abstraction faite de sa qualité de mineur, n'a encouru que le minimum de la peine prononcée par la loi contre le délit qui lui est imputé? il doit lui appliquer, à raison de son âge, la moitié de cette peine, alors même que cette moitié descendrait au-dessous du minimum des peines correctionnelles; autrement, en pareille hypothèse, le mineur ne pourrait bénéficier de l'excuse de minorité et serait traité sur le même pied qu'un majeur. Eclairons notre pensée par un exemple : un mineur de seize ans est prévenu d'outrage à agent, infraction contre laquelle la loi prononce une peine dont le minimum est de six jours d'emprisonnement ou de seize francs d'amende. A raison des circonstances de la cause, le tribunal correctionnel estime que le mineur, s'il était majeur, ne devrait être frappé que du minimum de l'emprisonnement, c'est-à-dire, six jours, ou du minimum de l'amende, c'est-à-dire, seize francs : c'est ce minimum dont le tribunal devra prendre la moitié, soit trois jours d'emprisonnement ou huit francs d'amende, pour l'appliquer au mineur. De sorte que l'âge seul du prévenu, sans déclaration de circonstances atténuantes, pourra transformer la peine correctionnelle en peine de simple police. Il ne faudrait pas en conclure que les circonstances atténuantes n'auront en l'espèce aucune utilité, car elles permettront au juge de descendre jusqu'au minimum des peines de simple police, soit un jour d'emprisonnement ou un franc d'amende.

713. — La Cour de cassation a consacré récemment cette solution dans une affaire Amourette, sur laquelle elle a statué le 5 mars 1898 (Dalloz, 1898. 1. 518).

La Cour d'Amiens avait, le 13 août 1897, rendu l'arrêt dont extrait suit :

« Et statuant sur les conclusions du ministère public qui critique le
» dispositif du jugement dont est appel, en ce que les premiers juges
» sont descendus, dans l'application de la peine, au-dessous de la moitié
» du minimum de l'amende prévue par l'article 11 de la loi sur la
» chasse, en condamnant Amourette à cinq francs d'amende au lieu de
» huit francs, moitié du minimum, dernière limite, selon le ministère
» public, de l'indulgence dont pouvait user le premier juge :

« Considérant que l'article 69 du Code pénal n'a établi, pour le cas
» où il y a lieu à condamnation qu'un maximum, au-dessus duquel ne
» peut être élevée la peine, sans déterminer la limite de la réduction ; —
» que cette réduction, dès lors, est abandonnée à une appréciation dis-
» crétionnaire, qui la mesure sur le caractère particulier qu'impriment
» à la prévention admise contre le mineur, soit les différentes phases
» de cette minorité, soit les autres circonstances propres à mesurer la
» gravité du fait reconnu punissable ; — que, dès lors, les premiers juges
» n'ont pas outrepassé leurs pouvoirs et ont fait une juste appréciation
» des faits en condamnant Amourette à cinq francs d'amende. »

Pourvoi du ministère public.

« La Cour,

« *Sur le moyen pris de la fausse application de l'article 69 du Code*
» *pénal et de la violation des articles 9, 464, 466 du même Code et 11 de*

» *la loi du 3 mai 1844, en ce que l'arrêt attaqué a prononcé pour délit de*
» *chasse, contre un mineur de seize ans, ayant agi avec discernement, une*
» *amende inférieure à la moitié du minimum des amendes correctionnelles ;*
    « Vu lesdits articles :
    « Attendu que l'article 69 du Code pénal dispose que, dans tous les
» cas où un mineur de seize ans a commis avec discernement un simple
» délit, la peine qui est prononcée contre lui ne peut s'élever au-dessus
» de la moitié de celle à laquelle il aurait pu être condamné, s'il avait
» eu seize ans ; — que, ainsi, c'est sur le montant de la peine qu'il aurait
» encourue, s'il avait eu plus de seize ans, que se règle le montant de la
» peine à prononcer contre lui, eu égard à son état de minorité : d'où il
» suit que, dans le cas où, majeur de seize ans, il n'eût dû, à raison des
» circonstances de la cause, être frappé que d'une amende de seize francs,
» l'amende dont il passible, en tant que mineur, ne peut s'élever au-
» dessus de la moitié de cette somme. — Attendu que, dans ce même cas,
» s'il se trouve que l'article 463 du Code pénal soit inapplicable, ladite
» amende ne saurait, non plus, être inférieure à cette moitié : — qu'il
» résulte, en effet, de la combinaison des articles 9, 464 et 466 dudit
» Code que le minimum de l'amende correctionnelle est de seize francs ;
» que ce taux est bien susceptible d'une réduction de moitié, en pré-
» sence de la disposition expresse de l'article 69 précité, qui oblige à
» abaisser la peine dans cette mesure, au cas de minorité qu'il prévoit ;
» mais que cet article, ne déterminant pas de taux inférieur à cette
» moitié, n'autorise pas le juge à réduire l'amende à un chiffre plus bas.
» — Attendu que, dans l'espèce, Amourette, mineur de seize ans, a été
» retenu comme ayant commis avec discernement un délit tombant sous
» l'application de l'article 11 de la loi du 3 mai 1844, sur la chasse, et pas-
» sible d'une amende de 16 à 100 francs ; qu'il pouvait, malgré l'inappli-
» cabilité de l'article 463 du Code pénal en la matière et par application
» des dispositions de l'article 69 dudit Code, n'être condamné qu'à la
» moitié du minimum de cette amende, c'est-à-dire, à la somme de huit
» francs, mais que ladite amende ne pouvait également être abaissée à
» un taux moindre ; — que, dès lors, l'arrêt attaqué, en ne prononçant
» contre Amourette qu'une amende de cinq francs, a violé les disposi-
» tions de loi susvisée : — Par ces motifs, casse. . »

714. — Cet article 69 est applicable à tous les délits, qu'ils soient prévus par le Code pénal ou par des lois spéciales. La Cour de cassation, qui a confirmé maintes fois cette manière de voir, décide, toutefois, toujours fidèle à sa jurisprudence, que l'article 69 ne saurait diminuer les amendes fiscales. C'est ainsi encore que la Cour de Pau, dans un arrêt du 23 mars 1889, a décidé que, si un mineur agit avec discernement, cette circonstance est sans influence sur l'amende à laquelle il doit être condamné ; que, en effet, l'amende, en matière de contributions indirectes, n'ayant point le caractère d'une peine, mais d'une réparation civile, il en résulte qu'il y a lieu de la prononcer, alors même que le prévenu est acquitté comme ayant agi sans discernement ; que, par suite, si le mineur de seize ans est reconnu avoir agi avec discernement, il ne saurait y avoir lieu de réduire l'amende de moitié, conformément à l'article 69 du Code pénal, puisque cette amende n'est point une peine, mais une réparation civile, à laquelle le mineur de seize ans, acquitté comme ayant agi sans discernement, doit être condamné, au même titre qu'au paiement des frais (1).

715. — La discussion à laquelle nous nous sommes livré dans la section précédente laisse entrevoir que nous condamnons cette jurisprudence comme s'appuyant, non sur la loi, mais sur l'imagination.

716. — En vertu de la loi du 5 août 1899 (art. 7-5°), n'est pas inscrite au bulletin n° 3 : « Une première condamnation à un emprisonnement » de trois mois ou de moins de trois mois, prononcée par application des » articles 67, 68 et 69 du Code pénal. »

717. — IV° L'INFRACTION COMMISE PAR LE MINEUR EST UNE CONTRAVENTION. La loi n'ayant pas prévu cette hypothèse, on décide que, en matière de simple police, l'âge de l'inculpé n'est pas une excuse atténuante légale. Aux termes de l'article 65 du Code pénal, nulle infraction ne peut, en effet, être excusée, « ni la peine mitigée que dans les cas et dans les cir- » constances où la loi déclare le fait excusable ou permet de lui appli- » quer une peine moins rigoureuse. »

718. — D'ailleurs, il n'y a guère à regretter le silence de la loi sur

---

(1) Cour de Pau, 23 mars 1889, Sirey, 1889. 2. 152,

ce point. L'excuse de minorité, en effet, n'aurait qu'une utilité tout à fait secondaire, puisque le maximum des peines de police est fort peu de chose et que, d'autre part, l'application des circonstances atténuantes permet au juge de descendre à un franc d'amende ou un jour d'emprisonnement.

719. — Abordons maintenant une question bien importante et bien controversée.

Nous venons de déterminer, en étudiant les articles 67 et 69, dans quelle mesure l'excuse de minorité atténue les peines prononcées par la loi. Mais à cette cause d'atténuation peut s'en joindre une autre, celle résultant de l'admission des circonstances atténuantes, et la difficulté qui se présente ici consiste à savoir laquelle des deux doit passer la première. Faudra-t-il appliquer tout d'abord la peine résultant de l'excuse de minorité, puis faire porter sur cette peine l'atténuation des circonstances atténuantes? Ou bien, au contraire, faudra-t-il d'abord appliquer la peine résultant des circonstances atténuantes et faire porter ensuite sur cette peine l'atténuation de l'excuse? La question est importante, car la peine varie extrêmement suivant la solution qu'on lui donne.

720. — Si l'on décide qu'il faut en premier lieu tenir compte de l'excuse de minorité, la réduction de peine sera, dans tous les cas, beaucoup plus considérable que si l'on avait commencé par tenir compte des circonstances atténuantes. En effet, l'excuse de minorité, d'après l'article 67 du Code pénal, produit ce résultat qu'on ne peut jamais prononcer contre le mineur qu'une peine correctionnelle, la peine de l'emprisonnement, quel que soit le crime qu'il ait commis. C'est donc sur cette peine de l'emprisonnement qu'il faudra faire porter l'atténuation résultant des circonstances atténuantes. Or, d'après l'article 463, alinéa 9, dans tous les cas où la peine de l'emprisonnement et celle de l'amende sont prononcées par le Code pénal, s'il y a des circonstances atténuantes, les juges sont autorisés, même en cas de récidive, à réduire l'emprisonnement au-dessous de six jours et l'amende au-dessous de seize francs.

721. — Ils peuvent même substituer à la peine de l'emprisonnement une simple amende. L'exemple suivant rendra nos explications plus compréhensibles :

Un mineur a commis un assassinat : crime puni de la peine de mort (art. 302 C. p.). Le jury déclare qu'il a agi avec discernement, mais il existe en sa faveur des circonstances atténuantes.

Si la Cour tient compte d'abord des circonstances atténuantes, la peine de mort sera remplacée soit par la peine des travaux forcés à perpétuité, soit par celle des travaux forcés à temps.

Si elle estime que, abstraction faite de la minorité, elle eût infligé à l'accusé les travaux forcés à perpétuité, elle ne pourra, en faisant jouer l'excuse de minorité, descendre au-dessous de dix années d'emprisonnement dans une maison de correction ; — estime-t-elle, au contraire, qu'elle fût descendue aux travaux forcés à temps, le minimum applicable à l'accusé sera de vingt mois d'emprisonnement dans une maison de correction (art. 67, al. 2 et 3).

Si la Cour fait agir en premier lieu l'excuse de minorité, la peine de mort se trouvera remplacée par un emprisonnement de dix à vingt ans dans une maison de correction, emprisonnement qui, par le bénéfice des circonstances atténuantes, pourra s'abaisser jusqu'à un jour, ou même être remplacé par un franc d'amende (art. 463, al. 9).

722. — Donc, quel que soit le fait imputé au mineur, ce fait serait-il de nature à entraîner la peine de mort, si l'on admet qu'il faut en premier lieu tenir compte de l'excuse de minorité, la peine pourra descendre jusqu'à un franc d'amende.

723. — C'est sans doute ce résultat qui a amené la jurisprudence et, avec elle, la majorité des auteurs à admettre que, au cas de concours entre l'excuse atténuante de minorité et les circonstances atténuantes, il fallait, en premier lieu, tenir compte de l'atténuation résultant des circonstances atténuantes. La Cour de cassation a établi en règle générale que pour faire bénéficier l'accusé de la double atténuation à laquelle il a droit, aux termes des articles 67, 69 et 463 du Code pénal, la Cour d'assises ou le tribunal doit déterminer d'abord :

1° La peine telle qu'elle serait encourue par la nature du crime ou du délit, si l'individu était majeur de seize ans ;

2° La Cour doit ensuite fixer, par application de l'article 463, le degré d'atténuation de la peine, c'est-à-dire, la peine applicable au fait tel qu'il résulte de la déclaration du jury, toujours comme s'il s'agissait d'un majeur ;

3° Enfin, faire subir à la peine ainsi fixée la transformation indiquée par les articles 67 et 69.

724. — La Cour criminelle de Chandernagor (Inde française) avait condamné un mineur, le 22 février 1887, à huit années d'emprisonnement dans une maison de correction. Le crime dont le demandeur était déclaré coupable entraînait la peine de mort : cette peine, à raison des circonstances atténuantes, pouvait être facultativement réduite par la Cour criminelle à celle des travaux forcés à perpétuité ou à celle des travaux forcés à temps (art. 463. C. p.); la Cour de Chandernagor avait d'abord réduit la peine en tenant compte des circonstances atténuantes, puis avait ensuite appliqué l'atténuation résultant de la minorité. Sur pourvoi formé contre cet arrêt, la Cour de cassation décida que la Cour criminelle de Chandernagor, en prononçant contre le demandeur la peine de huit années d'emprisonnement, s'était tenue dans les limites de la pénalité portée par les articles 463 et 67 du Code pénal et que, loin de violer ces articles, elle en avait fait, au contraire, une juste et exacte application.

725. — La Cour suprême donnait comme motif de sa décision que la Cour criminelle devait tenir compte de chacune des circonstances de culpabilité, discernement, et circonstances atténuantes pour l'application de la peine, en prenant pour point de départ les réponses aux questions posées, et après avoir ainsi fixé, eu égard à tous les éléments de ces réponses, la peine légalement applicable, en modifiant cette peine conformément aux dispositions de l'article 67 du Code pénal; que ce mode de procéder, qui s'associe avec les règles relatives à l'application de l'article 463 du Code pénal, soit que l'on considère les conséquences, soit que l'on considère l'esprit de la loi, s'appuie d'ailleurs sur le texte même de l'article 67, lequel, en effet, pose pour base de l'atténuation de la peine dérivant de la minorité de l'accusé qui agit avec discernement la détermination préalable de la peine par lui encourue, indépendamment de la qualité de mineur (1).

---

(1) Cass., 5 mai 1887, Sirey, 1889. 1. 41.

726. — M. Villey, dans une note que nous allons analyser, critique avec une logique lumineuse la doctrine que consacrait cet arrêt : il affirme que l'excuse légale doit fonctionner avant les circonstances atténuantes, comme le décide la Cour suprême elle-même, en matière d'excuse de provocation (1).

727. — Voici l'intérêt de la question, dit en substance M. Villey. Si l'on commence par les circonstances atténuantes, la Cour aura à examiner si elle doit appliquer seulement l'abaissement obligatoire d'un degré, ou l'abaissement facultatif d'un second degré ; dans le premier cas, la peine serait celle des travaux forcés à temps, et l'atténuation de l'article 67 convertira cette peine en un emprisonnement dans les limites de vingt mois à dix ans (2) ; dans le second cas, la peine serait celle de la réclusion, et l'application de l'article 67 la ferait descendre à un emprisonnement dans les limites de vingt mois à cinq ans. Si, au contraire, on commence par l'application de l'article 67, la peine des travaux forcés à perpétuité se trouve convertie en une détention de dix à vingt ans, et la Cour pourra, en cas de circonstances atténuantes, user de l'atténuation presque illimitée qu'autorise l'article 463. Dans la première hypothèse, la déclaration de circonstances atténuantes appartient au jury, mais son effet est assez limité ; dans la deuxième elle appartient à la Cour, mais son effet peut être beaucoup plus considérable.

728. — Dans le système de la jurisprudence, la Cour doit d'abord examiner si, dans le cas où l'accusé serait majeur, elle n'abaisserait la peine que d'un degré, par suite de l'admission des circonstances atténuantes, ou si elle userait de l'abaissement facultatif d'un deuxième degré. Mais voilà une question singulièrement embarrassante : comment la résoudre sur une hypothèse ? Les circonstances atténuantes ont pour but d'adoucir une peine excessive pour un agent déterminé : mais comment décider *in abstracto* si, en supposant l'accusé majeur, on abaisserait la peine d'un ou de deux degrés, alors qu'on sait qu'il y a par derrière une atténuation légale qui va complètement transformer la

---

(1) Cass., 5 mai 1881, Sirey, 1881. 1. 332. — Cass., 7 avril 1887, *Bulletin*, 1887, n° 135 p. 206
(2) M. Villey suppose un crime passible de la peine des travaux forcés à perpétuité.

peine? Ce mode de procéder paraît à l'éminent critique contraire à la logique.

729. — M. Villey invoque ensuite les principes et les textes.

Les principes d'abord : Le but principal des circonstances atténuantes, c'est de permettre de tempérer la pénalité quand elle est excessive : « Il fallait, » dit l'exposé des motifs de la loi de 1832, « trouver un moyen » d'étendre à *toutes les matières* la possibilité d'adoucir les rigueurs de » la loi autrement que par une minutieuse revision des moindres détails. » Pour atteindre ce but, le projet de loi a introduit dans les affaires du » grand criminel la faculté d'atténuation que l'article 463 ouvre pour les » matières correctionnelles. » Si les circonstances atténuantes ont principalement pour but de permettre d'adoucir les peines applicables à chaque accusé, ne faut-il pas que les peines soient préalablement déterminées d'une manière complète et que les circonstances atténuantes fonctionnent en dernier lieu? Incontestablement les juges ont le droit, puisque le législateur a étendu à toutes les matières les circonstances atténuantes, d'appliquer, s'ils le veulent, des circonstances atténuantes parce que l'accusé est mineur, parce qu'ils estiment que la peine qui résulte de la combinaison de l'article 67 avec le texte applicable au fait incriminé est encore excessive dans le cas qu'ils ont à juger. Mais, pour exercer ce droit, ne faut-il pas que la peine soit préalablement déterminée par l'application de l'excuse légale?

730. — M. Villey aurait pu ajouter que, lors de la rédaction de l'article 67, les circonstances atténuantes n'étaient pas possibles en matière criminelle : par conséquent, cet article n'a pas pu viser le cas où elles sont admises.

731. — *En second lieu, les textes :* De la combinaison des articles 58, 67 et 463, il paraît résulter que l'ordre à suivre est le suivant : 1º atténuation de l'âge; 2º aggravation de la récidive; 3º atténuation des circonstances atténuantes. On invoque cependant le texte de l'article 67, « lequel pose pour base de l'atténuation de peine dérivant de la mino- » rité de l'accusé qui agit avec discernement la détermination préalable » de la peine par lui encourue, indépendamment de la qualité de mineur. » On ne saisit pas bien la portée de cet argument. La loi ne pouvait prendre, pour base de l'atténuation, que la peine encourue par le mineur indépendamment de sa qualité de mineur. Et ce texte, sainement interprété, condamne le système de la jurisprudence ; ce texte dit : s'il a encouru telle ou telle peine, il sera condamné à telle ou telle peine. Or, la peine *encourue* par un agent qui commet un crime quelconque, c'est la *peine prononcée par la loi contre le crime*, et non la peine qui peut être appliquée en vertu des circonstances atténuantes. Et c'est ainsi que la loi a toujours été entendue, par exemple, dans l'application de l'article 59 qui punit les complices d'un crime ou d'un délit de la même peine que les auteurs mêmes de ce crime ou de ce délit ; cela veut dire de la peine *encourue* par les auteurs du crime ou du délit : en d'autres termes *de la peine prononcée par la loi contre l'infraction.*

732. — En faveur de cette solution, on peut encore invoquer le texte de l'article 463 : « *Dans tous les cas* où la peine de l'emprisonnement et » celle de l'amende sont prononcées par le Code pénal, si les circons » tances paraissent atténuantes, etc. » L'excuse de la minorité n'est-elle pas précisément un des cas où la peine de l'emprisonnement est prononcée par le Code pénal, et ne résulte-t-il pas de là encore la preuve que l'atténuation des circonstances atténuantes doit suivre, et non précéder, l'atténuation de la minorité ?

733. — Le système de la jurisprudence est, en outre, de nature à produire de bizarres conséquences :

1° Si le mineur a commis un crime emportant la peine de mort et que le jury ait accordé des circonstances atténuantes, quelle sera la peine applicable ? — Par l'effet des circonstances atténuantes, la peine de mort peut être changée en celle des travaux forcés à perpétuité ou des travaux forcés à temps ; mais la peine de mort se convertit, par l'excuse de la minorité, de même que celle des travaux forcés à perpétuité, en une détention de dix à vingt ans : la Cour pourra-t-elle, n'usant que d'un degré d'abaissement, condamner le mineur à une peine supérieure à dix années, ce qui est la moitié des travaux forcés à temps ? Si on dit *oui*, — et la Cour de cassation a rendu dans ce sens un arrêt (1), — la déclaration de circonstances atténuantes n'aura produit aucun effet, puisque

____

(1) Cass., 9 juillet 1841, *Bulletin*, 1841, n° 209, p. 336.

les travaux forcés à perpétuité et la peine de mort sont placés sur la même ligne par l'article 67 ; si on dit *non*, on viole l'article 463 en obligeant la Cour à user de l'abaissement facultatif d'un second degré.

734. — Voici l'arrêt de la Cour de cassation auquel nous venons de nous référer :

Antoine Chrétien, mineur de seize ans, déclaré coupable, avec admission de circonstances atténuantes, de trois crimes d'incendie volontaire de maisons habitées, avait été condamné à douze années d'emprisonnement. Il se pourvut en cassation et soutint que la Cour avait fait une fausse application de la peine, en ne le faisant pas bénéficier de toute l'atténuation de peine résultant pour lui de l'admission des circonstances atténuantes et de sa minorité de seize ans. Son pourvoi fut rejeté, « attendu que, en déclarant le demandeur, qui avait moins de seize ans, » coupable du crime d'incendie volontaire de maisons habitées, mais » avec des circonstances atténuantes, le jury a aussi déclaré que cet » individu avait agi avec discernement ; attendu que, en conséquence de » cette déclaration, le demandeur a été condamné par l'arrêt attaqué à » la peine de 12 ans d'emprisonnement dans une maison de correc- » tion, par application des articles 434, 463 et 67 combinés du Code » pénal ; attendu que, suivant l'article 434 du Code pénal, le demandeur » avait encouru la peine de mort, mais que, vu la déclaration de l'exis- » tence de circonstances atténuantes faite en sa faveur par le jury, cette » peine pouvait être abaissée de deux degrés, c'est-à-dire, à celle des » travaux forcés à temps, mais que la Cour d'assises avait la faculté de » ne l'abaisser que d'un degré, c'est-à-dire, de la réduire seule- » ment à celle des travaux forcés à perpétuité, ainsi qu'elle l'a fait, en » déclarant que, dans les circonstances du procès, le demandeur devait » être condamné aux travaux forcés à perpétuité, si ce n'était que, ayant » moins de seize ans, il y avait lieu de modifier encore la peine à son » égard d'après les dispositions de l'article 67 du Code pénal portant » que, si le mineur a encouru la peine des travaux forcés à perpétuité, » il sera condamné à la peine de dix à vingt ans d'emprisonnement » dans une maison de correction ; que, par conséquent, l'arrêt attaqué, » en prononçant contre le demandeur la peine de douze années d'empri- » sonnement dans une maison de correction, n'a pas excédé les limites

» tracées par l'article 67 du Code pénal et a, au contraire, fait une juste
» application des dispositions dudit article, combinées avec celles des
» articles 434 et 463 dudit Code. »

735. — 2° Un mineur a commis un crime passible des travaux forcés
à temps : s'il est jugé par le tribunal correctionnel, conformément à
l'article 68, et que ce tribunal admette l'existence de circonstances atténuantes, la peine pourra descendre jusqu'aux peines de simple police ;
car, aux termes de l'article 67, la peine des travaux forcés à temps se
convertit, par l'effet de la minorité, en un emprisonnement de vingt
mois à dix ans et, aux termes de l'article 463, cet emprisonnement peut
être réduit au niveau des peines de simple police. Mais, si le mineur est
jugé par la Cour d'assises, parce qu'il a des complices majeurs (art. 68),
et que le jury déclare en sa faveur des circonstances atténuantes, la
peine ne pourra descendre au-dessous de huit mois, le minimum des
peines qu'il encourt par l'effet des circonstances atténuantes étant de
deux années : est-il possible que la peine varie uniquement d'après la
juridiction saisie ?

736. — Nous croyons que, sur ce dernier point, M. Villey commet
une erreur : que le mineur comparaisse en police correctionnelle ou en
Cour d'assises, le minimum devra être de huit mois. En effet, n'oublions
pas que l'article 68 *in fine* ordonne aux tribunaux correctionnels *de se
conformer aux deux articles ci-dessus*. Or, la Cour de cassation et les partisans de l'opinion que nous combattons basent leur théorie sur la combinaison des articles 67 et 463. Par conséquent, comme les magistrats
de la Cour d'assises, les juges correctionnels devront faire agir en premier lieu les circonstances atténuantes, en second lieu, l'excuse de
minorité.

737. — Mais voici une conséquence bien plus bizarre encore à
laquelle M. Villey n'a pas songé : si la théorie de nos adversaires est
exacte, au cas où la peine encourue sera celle du bannissement ou de la
dégradation civique, l'excuse de minorité ne pourra pas agir. Remarquons, en effet, que le seul fait de l'admission des circonstances atténuantes oblige la Cour à faire application des dispositions de l'article
401, sans toutefois pouvoir réduire la durée de l'emprisonnement au-
dessous d'un an (art. 463, al. 7). Un an d'emprisonnement, c'est aussi

le minimum autorisé par le dernier alinéa de l'article 67. Par suite, la Cour estime-t-elle que l'accusé, majeur, n'eût encouru qu'un an d'emprisonnement, elle ne pourra descendre au-dessous de cette limite, les circonstances atténuantes ayant épuisé tous les degrés d'atténuation. Le mineur sera traité sur le même pied que s'il eût été majeur. Cela, nous le répétons, est bizarre, mais voici qui est absurde :

738. — Admettons, en effet, que la peine applicable soit la réclusion, ou la détention. Ici encore les circonstances atténuantes permettent à la Cour de descendre à une année d'emprisonnement (art. 463, al. 7), et, pour le bénéfice du raisonnement, nous allons supposer qu'elle n'eût infligé à l'accusé, abstraction faite de sa minorité, que cette peine légère. Comment va-t-elle faire jouer l'excuse d'âge? — D'après l'article 67, alinéa 3, si la peine encourue est celle de la détention ou de la réclusion, le minimum applicable est le tiers de cinq années, soit vingt mois d'emprisonnement. Comme la Cour est obligée d'appliquer l'excuse d'âge, il lui faudra élever à vingt mois la peine de cet accusé qui, majeur, n'eût été frappé que de douze mois d'emprisonnement.

739. — Quand un système conduit à de telles conséquences, on peut le condamner sans scrupules.

740. — Nous concluons de cette discussion que le juge doit opérer : 1° la réduction résultant de l'excuse; — 2° la réduction résultant des circonstances atténuantes.

741. — D'ailleurs, les textes eux-mêmes nous disent qu'il doit en être ainsi, au cas où il y a concours de la minorité de seize ans, des circonstances atténuantes et de la récidive.

L'excuse doit passer avant la récidive. Nous appuyons notre affirmation sur les termes de l'article 57 du Code pénal, d'après lequel « quiconque, ayant été condamné pour crime à une peine supérieure à une année d'emprisonnement, aura, dans un délai de cinq années après l'expiration de cette peine ou sa prescription, commis un délit ou un crime qui devra être puni *de la peine de l'emprisonnement*, sera condamné au maximum de la peine portée par la loi... » Le mineur, quelle que soit l'infraction commise par lui, ne sera jamais puni que de peines correctionnelles : c'est de cette peine correctionnelle, obtenue au moyen du jeu de *l'excuse*, qu'on lui appliquera le *maximum*, en vertu de la *récidive*. Or, l'application de la récidive doit précéder l'application des circonstances atténuantes : par conséquent, l'ordre à suivre sera bien celui-ci :

1° Excuse ;

2° Récidive ;

3° Circonstances atténuantes.

742. — Nous invoquons, enfin, en faveur de notre théorie, un dernier argument qui, celui-là, nous semble péremptoire. La loi du 5 août 1899, dont nous avons déjà parlé, défend d'inscrire au bulletin n° 3 une première condamnation à *un emprisonnement de trois mois ou de moins de trois mois*, prononcée par application *des articles 67, 68 et 69*. La loi reconnaît donc expressément la possibilité pour un accusé mineur de seize ans, déclaré coupable d'un crime *avec discernement*, d'être puni d'une peine de trois mois d'emprisonnement ou au-dessous, par application des articles 67 et 68. Mais la Cour d'assises ou le tribunal correctionnel ne peut descendre à ce degré d'indulgence qu'autant que les circonstances atténuantes agissent après l'excuse de minorité. Dans le cas contraire, en effet, le minimum de peine applicable est de vingt mois d'emprisonnement, au cas des alinéas 2 et 3 de l'article 67, et d'un an, au cas du dernier alinéa du même article. La question, on le voit, est définitivement résolue par la loi du 5 août 1899.

743. — Avant d'aller plus loin, éclaircissons au passage une petite difficulté : l'article 67 doit-il être appliqué au *parricide* ? Le doute vient de ce que l'article 323 porte que *le parricide n'est jamais excusable* : d'où plusieurs ont conclu à la négative. Mais remarquons bien que cet article 323 semble, par sa position, ne se référer qu'aux articles 321 et 322, lesquels ont trait à l'excuse de provocation et à la légitime défense, circonstances toutes particulières. Or, l'excuse de minorité n'est pas une circonstance particulière, mais une loi générale, fondée sur la nature même des choses et qui domine toute notre législation, une loi à laquelle nulle exception ne peut être faite, parce que la raison qui l'a fait établir s'applique à tous les cas, à toutes les incriminations, et ne comporte aucune exception : considérations qui nous amènent à dire que le mineur de seize ans accusé de parricide, malgré les termes généraux et absolus de l'article 323 du Code pénal, doit bénéficier, à raison de son âge, de l'atténuation de peine portée en l'article 67 du même Code.

20

744. — Terminons ce chapitre en disant un mot des réparations civiles auxquelles le mineur peut être condamné, *et de la responsabilité civile des père et mère.*

745. — **Nous avons vu plus haut que le mineur acquitté comme ayant agi sans discernement ne devrait pas être condamné à des réparations** civiles, parce que le fait délictueux ne lui est pas imputable et que le dommage doit être considéré, en quelque sorte, comme émanant du hasard. Mais, quand il est reconnu que l'auteur du crime ou du délit a agi avec discernement, il ne saurait plus être question de hasard, de cas fortuit, d'agent aveugle. Le bon Pothier disait à ce propos : « Dès qu'une » personne a l'usage de sa raison et que l'on aperçoit dans le fait par » lequel elle a causé quelque tort à un autre de la réflexion et de la » malignité, le fait est un délit, et la personne qui l'a commis, quoi » qu'elle n'ait pas atteint l'âge de puberté, contracte l'obligation de » réparer le tort qu'elle a causé (1) »

746. — C'est aussi notre opinion. Ulpien, d'ailleurs, l'avait déjà dit bien longtemps avant Pothier : le mineur qui a agi avec discernement encourt la responsabilité civile : « *Quod si impubes id fecerit, Labeo scri-* » *bit, quia furti tenetur, teneri et Aquilia eum ; et hoc puto verum, si sit* » *jam injuriae capax* » (2).

747. — L'article 1310 du Code civil déclare, de son côté, que le mineur n'est point restituable contre les obligations résultant de son délit ou quasi-délit, et l'article 67 du Code pénal met à sa charge une responsabilité pénale en modérant, toutefois, les peines, à cause de l'âge. Cette excuse de l'âge exercera-t-elle une influence sur la fixation du montant des réparations civiles? On ne saurait l'établir en principe, et le mieux, sur ce point, est de s'en référer à la sagesse des magistrats.

748. — Aux termes de l'article 1384 du Code civil, « le père, et la » mère, après le décès du mari, sont responsables du dommage causé par » leurs enfants mineurs habitant avec eux... à moins qu'ils ne prouvent » qu'ils n'ont pu empêcher le fait qui donne lieu à cette responsabilité. »

---

(1) Pothier, *Obligations*, n° 118,
(2) Loi 5 § 2, Dig. : *Ad legem aquiliam.*

— Les père et mère étant chargés de veiller constamment sur leurs enfants, tant qu'ils sont incapables de diriger leurs propres actions, il est juste de les rendre garants du dommage que causent ces derniers, lorsque ce dommage a sa source dans une négligence. — L'ordonnance du 17 mai 1726 défendait aux pères et mères de laisser courir et vaguer leurs enfants dans les rues, à peine de dépens, de dommages-intérêts et d'amende arbitraire. — Aujourd'hui, le fait de laisser ainsi leurs enfants à l'abandon ne constituant ni délit, ni contravention, ne donnerait lieu contre les père et mère qu'à la responsabilité civile.

749. — C'est donc sur un manquement présumé au devoir d'éducation et de surveillance attaché à la puissance paternelle que repose la responsabilité civile des père et mère, pour le fait de leurs enfants mineurs habitant avec eux. Elle peut résulter non seulement de la filiation légitime, mais aussi de la filiation adoptive et encore de la filiation naturelle légalement établie, soit par reconnaissance, soit par possession d'état, si l'on admet qu'elle s'établisse ainsi : mais elle ne saurait être étendue à ceux qui n'ont pas la qualité de père ou de mère légalement reconnue, à l'un de ces divers titres, par exemple, au mari d'une femme dont la fille a eu un enfant naturel, pour le fait de cet enfant naturel, qui lui est légalement étranger, alors même qu'il se serait chargé de la garde ou de la surveillance de cet enfant. (Rouen, 18 nov. 1878, affaire Géziot, Dalloz, 80. 2. 38).

750. — Deux circonstances sont exigées pour que la responsabilité civile des parents soit encourue : il faut que l'enfant soit mineur et qu'il habite avec eux. Les lois spéciales qui ont statué sur la responsabilité du père et de la mère ont reproduit cette condition de la minorité des enfants. Ainsi s'expriment l'article 206 du Code forestier, la loi du 3 mai 1844, sur la chasse, etc.

751. — La responsabilité du père cesse-t-elle par l'émancipation de l'enfant? La question est controversée et les auteurs sont partagés sur la solution à lui donner. Certains d'entre eux admettent l'affirmative restreinte à l'émancipation par mariage : en ce sens, Aubry et Rau, t. V, § 447, notes 3 et 4 ; — Demolombe, *Obligations*, t. VIII, nᵒˢ 577, 578. — D'autres, comme M. Laurent (t. XX, nᵒ 558) et Toulier, condamnent cette distinction et écartent la responsabilité après émancipation même expresse et sans mariage, parce qu'elle aussi fait disparaître la puissance paternelle, son unique motif, et qu'il serait trop rigoureux de reprocher au père, comme une faute, l'émancipation de son fils pour un simple quasi-délit d'imprudence que celui-ci aura commis depuis. — Sans doute, mais le texte de l'article 1384 est formel : l'enfant a beau être émancipé, le père n'en doit pas moins être déclaré civilement responsable, *si son fils habite avec lui*. D'ailleurs, les lois spéciales précitées, sur le régime forestier et sur la chasse, en déchargeant expressément de la responsabilité les pères et mères dont les enfants sont mariés, déclarent par là, implicitement, qu'il n'en est pas ainsi, à l'égard de ceux dont les enfants sont célibataires. — Est-il besoin d'ajouter que la responsabilité cesserait si l'enfant émancipé habitait ailleurs que chez ses parents?

752. — Outre la minorité de l'enfant, une seconde condition exprimée par l'article 1384, pour la responsabilité des père et mère, est qu'il *habite avec eux*. Cette condition peut manquer, lorsque l'enfant est placé soit comme serviteur à gage chez un maître (Crim. Cass., 30 août 1866, Dalloz, 67. 5. 378), soit comme apprenti chez un artisan, soit comme élève chez un instituteur (Nancy, 26 mai 1888 et Civ. Cass. 13 janv. 1890, aff. Perriquet; Dalloz, 90. 1. 145). Le maître, l'artisan, l'instituteur sont alors responsables à la place du père, aux termes de l'article 1384 lui-même.

753. — Bien des questions peuvent se poser à propos de cette deuxième condition. Pour les résoudre il ne faut pas perdre de vue ce principe, à savoir, que l'acte volontaire par lequel le père se met hors de l'article 1384 manque son effet, s'il peut lui être reproché comme une faute personnelle ayant seule rendu possible la faute de l'enfant, comme serait, par exemple, l'état de vagabondage où il l'a laissé.

754. — Il faut restreindre de la même manière l'excuse plus générale tirée de ce que le père, même habitant avec l'enfant, n'a pu empêcher le fait d'où l'on prétend induire sa responsabilité. Ainsi, l'absence ou la maladie du père, au moment où le fait dommageable a été commis par son fils, est ordinairement une excuse suffisante pour mettre sa responsabilité à couvert; mais il en est autrement, si l'on prouve contre lui une faute antérieure de sa part, sans laquelle l'événement ne serait pas arrivé, par exemple, une arme laissée à la portée de l'enfant, une sortie permise à contre-temps, une éducation mauvaise ou négligée, cause d'habitudes vicieuses qui ont amené le délit, enfin, un relâchement dans la discipline ou la surveillance que réclamait le caractère de l'enfant. La jurisprudence l'entend ainsi. Jugé notamment : 1° Que le père est responsable des faits de son fils mineur habitant avec lui, bien qu'il n'ait pas pu matériellement les empêcher, s'il s'agit de faits de violence ou de débauche ayant leur cause directe dans les mauvaises mœurs qu'il lui a laissé contracter en négligeant son éducation (Aix, 11 juin 1859, aff. M... Dalloz, 59. 2. 195); — 2° que, lorsqu'une enfant âgée de sept ans, demeurant avec ses père et mère, a trouvé à terre une allumette chimique, l'a allumée dans un hangar plein de matières combustibles et l'a jetée imprudemment sur du foin qui s'est enflammé et a causé un incendie, le père ne peut alléguer la nécessité où il avait été de s'éloigner pour ses affaires pendant quelques heures, au moment du sinistre, cette nécessité ne le dispensant pas du devoir de faire surveiller son enfant, à son défaut, et la surveillance incomplète de la mère, qu'il avait laissée seule avec deux petits enfants, pouvant lui être imputée dans une certaine mesure (Rennes, 16 janv. 1862); — 3° que l'enfant qui, cédant à son caractère irascible, blesse une personne par le jet d'une pierre, alors que son père le laissait jouer sans surveillance sur la voie publique, engage la responsabilité de son père qui ne peut, à raison de cette faute, alléguer qu'il n'a pu empêcher le fait commis hors sa présence, ni prouver qu'il a donné à son fils une éducation soignée et de bons exemples (Liège, 19 mars 1870, aff. Knops; Dalloz, 70. 2. 207); — 4° qu'un père n'est pas recevable à alléguer qu'il n'a pu empêcher le crime commis par sa fille mineure vivant dans sa maison, alors qu'il l'y a prédisposée par ses menaces et son animosité sans cesse manifestée contre la famille de la victime (Bourges, 16 déc. 1872, aff. Ragon, Dalloz, 73. 2. 197); — 5° qu'un père est responsable des blessures faites à un camarade par son fils âgé de neuf ans, alors en vacances dans une autre localité chez un parent ou un ami, sans pouvoir invoquer l'excuse tirée de cet éloignement momentané, alors que le caractère vicieux de l'enfant, cause de son délit, révèle une insuffisance dans la répression paternelle, et obligeait, en tout cas, le père à conserver l'enfant sous sa garde (Dijon, 19 fév. 1875, aff. Collet, Dalloz, 76. 2. 70).

CHAPITRE VIII

Récidive

755. — Pour étudier cette question de la récidive, nous allons supposer successivement que le mineur a agi sans discernement et avec discernement.

Section I. — **Le Mineur a agi sans discernement**

756. — En la matière spéciale qui nous occupe, le principe essentiel, nous le savons, est qu'il ne peut y avoir récidive, s'il n'y a pas eu antérieurement une peine prononcée. Peu importe qu'il y ait eu crime ou délit : les termes des articles 56, 57 et 58 sont absolument formels : ils exigent comme premier terme une peine.

757. — Nous avons vu que le mineur qui a agi sans discernement ne peut être l'objet d'aucune peine. La détention que les juges ont la faculté de lui infliger n'a qu'un caractère d'éducation : d'où il appert que cette détention ne constituera, en aucun cas, le premier terme de la récidive et que le mineur acquitté comme ayant agi sans discernement ne peut pas être considéré comme récidiviste, s'il vient à commettre une infraction nouvelle : il serait puéril d'insister. En ce sens : Cour de Paris, 3 décembre 1830 ; — Cour de Montpellier, 6 juin 1848 (1).

---

(1) Paris, 3 décembre 1830, Dalloz, *Rép alph.*, V° Peine. n° 258, note 2.
Montpellier, 6 juin 1848, Dalloz, 1848. 2. 117.

758. — La décision qui, au cas de non-discernement, prononce l'acquittement du mineur ne s'oppose pas, alors même qu'elle l'aurait renvoyé en correction, à ce qu'il lui soit fait application de la loi Bérenger, s'il vient postérieurement à commettre une infraction nouvelle.

Section II. — Le Mineur a agi avec discernement

759. — Mais, lorsqu'il s'agit d'un mineur ayant agi avec discernement, nous savons que l'internement édicté contre lui par l'article 67 constitue une véritable peine. Eh bien, si ce mineur, frappé déjà par la justice des peines de l'article 67, vient à commettre un nouveau crime, faudra-t-il lui appliquer l'aggravation de peine résultant de la récidive? — Sera-t-il un récidiviste?

760. — A ce point de vue, il nous faut envisager trois époques distinctes : 1º de 1810 à 1824; 2º de 1824 à 1832; 3º depuis 1832

§ I". — De 1810 à 1824

761. — L'ancien article 56 commençait par ces mots : « Quiconque, » ayant été condamné *pour crime*, aura commis un second crime..... » Tout accusé qui, antérieurement, avait commis un crime était donc en état de récidive. Dès lors, que fallait-il décider, lorsque le premier crime, — et c'est toujours le cas pour le mineur de seize ans, — n'avait été puni que de peines correctionnelles?

762. — La Cour de cassation fut appelée plusieurs fois à décider la question de savoir si un mineur, condamné une première fois pour crime aux peines édictées par l'article 67 et arrêté postérieurement pour crime, était en état de récidive. Et la Cour de cassation répondait, en s'appuyant sur le texte de l'article 56, que l'aggravation de la récidive lui était applicable, par le seul fait qu'il avait été condamné *pour crime*. Elle ne s'en tenait qu'à la qualification du fait, sans s'inquiéter si la législation appliquée était générale ou spéciale, si la juridiction était exceptionnelle ou commune. Les arrêts de Cour d'assises contraires à cette doctrine étaient invariablement cassés.

763. — On attaqua cette jurisprudence ; on déclarait irrationnel d'assimiler des mineurs punis de peines correctionnelles à des majeurs frappés de peines criminelles. Cette jurisprudence, disait-on, a, de plus, le grand tort de fausser le sens des articles 56, 57 et 58. Sans doute, le Code de 1810 s'est contenté d'indiquer, comme premier terme de la récidive, une condamnation pour crime sans parler de peine ; mais il est évident qu'il a entendu parler de crimes punis de peines afflictives et infamantes, puisque tous les crimes sont frappés de peines semblables, — sauf les crimes commis par les mineurs.

764. — Ces critiques ne touchèrent pas la Cour de cassation qui continua, avec raison, selon nous, à s'en tenir à la lettre de l'article 56, d'après lequel la qualification était tout, sans que l'on eût à s'inquiéter de la peine encourue. Théoriquement, d'ailleurs, c'était la manière de voir la plus juste, car ce n'est pas parce que, à raison de l'âge, la loi ne prononce qu'une peine correctionnelle que le crime cessera d'être crime. Crime il a été commis, crime il reste, en dépit des atténuations de peine.

§ II. — De 1824 à 1832.

765. — Survint la loi du 25 juin 1824 disposant, dans son article premier, que les individus âgés de moins de seize ans, qui n'auraient pas de complices au-dessus de cet âge et seraient prévenus de crimes autres que ceux auxquels la loi attache la peine de mort, de la déportation ou des travaux forcés à perpétuité seraient jugés par les tribunaux correctionnels, qui se conformeraient aux articles 66 et 67 du Code pénal.

766. — Lorsque cette loi eût été mise en vigueur, on se posa encore la question de savoir si les mineurs de seize ans condamnés pour crimes à un emprisonnement correctionnel, par le tribunal correctionnel, étaient en état de récidive, lorsque, postérieurement à cette première condamnation, ils se rendaient coupables d'un nouveau crime. Les principes admis jusque-là par la Cour de cassation commandaient l'affirmative, puisque ces mineurs avaient été précédemment condamnés pour crime.

La loi de 1824 n'avait pas eu pour but de transformer un crime en délit, mais uniquement de soustraire, en certains cas, le mineur de seize ans à la honte de la Cour d'assises.

767. — La Cour de cassation n'en abandonna pas moins sa jurisprudence pour innover une doctrine qui violait du même coup et l'article 56 et la loi de 1824 : elle considéra, en effet, comme rentrés dans la catégorie des délits, les crimes réservés par la loi aux tribunaux correctionnels et refusa, par conséquent, d'appliquer les peines de la récidive aux mineurs de seize ans condamnés précédemment pour crime par les tribunaux correctionnels à un emprisonnement correctionnel.

C'était une profonde erreur juridique ; nous ne l'approfondirons pas ici, pour ne pas revenir sur la longue discussion à laquelle nous nous sommes livré plus haut.

§ III. — Depuis 1832.

768. — La loi du 28 avril 1832 a donné une rédaction nouvelle de l'article 56; elle ne s'attache plus, pour déterminer s'il y a récidive, à la *qualification du fait*, mais à la *nature de la peine;* il ne suffit plus maintenant qu'un accusé ait été condamné pour crime, il faut que la peine infligée ait été *afflictive ou infamante*. Cette rédaction nouvelle tranche la question relative au mineur : en conséquence, depuis 1832, le mineur de seize ans condamné pour crime à un emprisonnement correctionnel n'est pas soumis à l'aggravation de l'article 56 du Code, s'il vient à commettre plus tard un second crime. La récidive de crime à crime ne peut donc pas exister, lorsque le premier crime a été commis à un moment où le coupable n'avait pas seize ans.

769. — Mais la récidive de crime à délit et de délit à délit existe à l'égard du mineur de seize ans : il est à peine besoin de le faire remarquer, en présence des termes des articles 57 et 58.

770. — Le crime excusé peut-il fournir le premier et le second terme de la petite récidive correctionnelle créée par la loi du 26 mars 1891 ? — Cela dépend de la nature juridique qu'on reconnaît au **crime excusé**. Si on en fait un délit, il ne faut pas hésiter à punir la petite récidive de crime excusé à crime excusé; mais, bien entendu, pour observer la règle de la spécialité, on doit exiger que le second terme de cette récidive soit le même crime excusé. La provocation, par exemple, est une excuse commune à la castration et au meurtre; mais les deux crimes diffèrent après comme avant l'admission de l'excuse. Il ne pourra donc pas y avoir récidive punissable de meurtre excusé à castration excusée.

Pour nous, le crime excusé ne peut fournir que les deux termes de la grande récidive correctionnelle, ou l'un d'eux, puisque nous avons soutenu que le crime excusé est et demeure un véritable crime.

771. — Une récidive qui doit nous arrêter davantage est celle établie par la loi du 27 mai 1885. Cette loi, en effet, a introduit dans notre législation la peine de la relégation et nous devons nous demander quelle influence l'âge des individus exerce sur cette peine. L'article 6 nous renseigne à ce sujet : il dispose que « la relégation n'est pas applicable » aux individus qui seront âgés de plus de soixante ans ou *de moins de* » *vingt et un ans* à l'expiration de leur peine. » Voici ce que M. de Verninac disait au Sénat, à propos de cette décision : « Il a paru juste de » ne pas appliquer cette peine à ceux qui, à raison de leur jeunesse et » malgré les fautes commises, peuvent n'être pas considérés comme des » récidivistes incurables. » Et, en effet, lorsqu'on se trouve en présence d'un homme qui est à peine au seuil de la vie, il y a lieu d'espérer, alors même qu'il vient de commettre des délits ou des crimes, alors même qu'il a déjà subi des condamnations, qu'il fera un retour vers le bien.

772. — Il ressort du rapport de M. de Verninac, que le législateur, en affranchissant les mineurs de la relégation, a obéi encore à des sentiments d'humanité, voulant leur éviter les fatigues d'une longue traversée « et les dangers d'un climat nouveau que, à raison de leur âge » trop tendre, ils supporteraient moins facilement » (1).

773. — C'est pour ce double motif qu'il a établi la limite de vingt et un ans, limite qui ne se trouve pas d'ordinaire dans nos lois pénales. Néanmoins, comme, parmi ces mineurs qu'on ne relègue pas, il y a des malfaiteurs qui ont fait leurs preuves et peuvent être dangereux, le légis-

---

(1) De Verninac, *Rapport au Sénat.* Dalloz, 1885. 4. 52, article 6, note 2.

lateur a cru bon de prendre certaines mesures de précaution. Aussi a-t-il établi, dans l'article 8, que « celui qui aurait encouru la relégation, par » application de l'article 4 de la présente loi, s'il est mineur de vingt et » un ans, sera, après l'expiration de sa peine, retenu dans une maison de » correction jusqu'à sa majorité. » Entre cette détention et celle résultant de l'article 66 existent les différences que voici :

1° L'envoi dans une maison de correction qui a lieu en vertu de l'article 8 de la loi du 27 mai 1885 est une conséquence nécessaire de la condamnation, en ce sens, que le juge ne peut en dispenser le condamné;

2° Celui qui y est soumis peut avoir eu plus de seize ans au moment de l'action;

3° Il est *retenu*, et il l'est nécessairement, jusqu'à sa majorité; tandis que la loi du 5 août 1850 (art. 9) permet aux jeunes détenus d'être placés provisoirement hors de la colonie, et que l'article 66 du Code pénal n'autorise la détention du mineur dans une maison de correction que jusqu'à vingt ans seulement.

774. — Les cas d'application de cet article 8 sont assez rares ; cependant, ils se présentent encore quelquefois, et, pour notre part, nous en avons vu plusieurs exemples.

775. — Il résulte, comme nous venons de le voir, du texte de l'article 6 précité que, au point de vue de la relégation, le sort du prévenu récidiviste dépend de son âge à l'expiration de sa peine. C'est l'âge précis du condamné, à l'expiration de sa peine, qui fixe la catégorie à laquelle celui-ci doit appartenir. Donc, pour déterminer si, oui ou non, la relégation peut être appliquée, le juge doit prendre l'époque de la libération de la peine; il ajoute à l'âge actuel du mineur la durée de la peine corporelle qu'il inflige et il évite de prononcer la relégation, toutes les fois que l'addition donne moins de vingt et un ans. — Jugé, dans ce sens, que, les condamnés dont la peine doit expirer avant l'époque de leur majorité étant affranchis de la relégation, il suffit, pour que cette peine accessoire s'attache à leur nouvelle condamnation, lorsqu'ils se trouvent dans les conditions de l'article 4, que la peine prononcée à raison de la dernière infraction ne doive expirer qu'après leur majorité accomplie (Crim., rej., 29 déc. 1892, affaire Aveline et Hébert : *Bull. crim.*, n° 348).

776. — Puisque le mineur ne peut être condamné à la relégation qu'autant qu'il aura vingt et un ans accomplis à l'expiration de sa peine, il faut nécessairement que l'arrêt de condamnation constate expressément cette circonstance. La Cour de cassation a jugé que l'arrêt qui, après avoir énoncé que le prévenu est âgé de vingt ans, ne constate pas que, condamné à la relégation, il aura vingt et un ans accomplis, à l'expiration de la peine d'emprisonnement prononcée contre lui, doit être annulé, comme manquant de base légale et de motifs (Crim. cass., 26 sept. 1889, affaire Hamou-ben-Saïd, *Bull. crim.*, n° 307).

777. — L'application de la règle suivant laquelle c'est l'âge précis du prévenu *à l'expiration de la peine* qui détermine si ce prévenu doit être, ou non, frappé de la relégation comporte plusieurs observations.

778. — *En premier lieu*, pour déterminer la date de la libération, le juge doit exclusivement se préoccuper de la durée qu'il attribue à la peine privative de la liberté qu'il prononce; il ne peut pas savoir, en effet, à l'avance quelle sera la durée *effective* de la peine subie. Si donc, par suite d'une mesure gracieuse, ou parce qu'elle est subie en cellule, la peine arrive à l'expiration avant que le condamné ait dépassé vingt et un ans, y aura-t-il lieu pour l'administration d'appliquer la relégation au libéré? Evidemment oui !

779. — Le sens de la disposition contenue dans le premier alinéa de l'article 6 a été précisé, dans la séance du Sénat du 10 février 1885, par une déclaration du commissaire du Gouvernement : « il est bien entendu, » a dit M. Herbette, préalablement au vote de l'article, « que voici le sens » de cette disposition : lorsqu'un individu sera frappé d'une peine qui, » jointe aux peines précédemment encourues, entraînerait la relégation, » si la durée de cette dernière condamnation est telle qu'elle doive expi- » rer avant que l'individu ait atteint l'âge de vingt et un ans, la réléga- » tion ne sera pas prononcée par le tribunal ou la Cour. »

780. — Mais le tribunal ou la Cour doivent-ils tenir compte, dans leur calcul, de l'éventualité d'une libération anticipée, résultant de ce que la peine aura été subie en cellule? — Encore une fois, non.

On sait que la loi du 5 juin 1875 réduit d'un quart la durée de toute peine d'emprisonnement subie en cellule. Cette abréviation de la peine est susceptible de produire un double effet, selon que le condamné est mineur de vingt et un ans ou âgé de près de soixante ans : le premier peut, ayant subi sa peine en cellule, la voir finir avant qu'il ait atteint sa majorité, tandis que les juges, en prononçant la peine, avaient calculé qu'elle ne serait pas entièrement subie avant la majorité du condamné et avaient, par conséquent, ordonné la relégation.

781. — A l'inverse, les juges auront appliqué à un homme d'un âge voisin de soixante ans une peine qui, subie intégralement, devait ne prendre fin qu'après que le condamné aurait atteint les soixante ans, et, par conséquent, la relégation n'aura pas été prononcée. Mais la peine, étant subie suivant le mode cellulaire, est abrégée d'un quart et elle se termine avant que les soixante ans aient été atteints.

Quel sera l'effet de ces modifications apportées, par l'application de la loi de 1875, aux conséquences prévues du jugement ou de l'arrêt?

782. — Nous pensons tout d'abord que le juge n'a pas à se préoccuper du mode d'exécution de la peine prononcée par lui. Il appartiendrait à l'autorité administrative de veiller a ce qu'il y eut équivalence absolue entre la peine prononcée et la pe.ne subie, tant au point de vue des mesures consécutives à la peine, qu'au point de vue de la répression proprement dite.

783. — Mais nous croyons que le pouvoir exécutif lui-même n'aura pas à se demander qu'elle influence l'abréviation résultant de l'emprisonnement individuel doit exercer, en ce qui concerne la relégation. En effet, quelle est la base du système pénitentiaire édicté par la loi de 1875? C'est cette présomption que l'emprisonnement cellulaire punit plus énergiquement et aussi moralise plus rapidement que l'emprisonnement en commun. Sur quelle présomption, d'autre part, est fondée l'immunité relative de l'adolescent et du vieillard? — Sur celle de leur faiblesse. Or, d'une part, le jeune homme de moins de vingt et un ans qui a subi l'emprisonnement cellulaire pendant trois mois, par exemple, a été, en vertu de la présomption même créée par la loi de 1875, soumis à une épreuve aussi déprimante que l'aurait été pour lui l'emprisonnement en commun pendant quatre mois. Ayant été jugé capable d'y résister, il ne saurait invoquer sa débilité pour être dispensé de la relégation qui lui avait été infligée dans l'hypothèse que, au lieu de subir trois mois de prison cellulaire, il subirait quatre mois de prison ordinaire.

784. — *En second lieu*, dans le calcul de la durée de la peine, quel

doit être le point de départ? En d'autres termes, pour calculer la date de
la libération, à partir de quel moment le juge doit-il compter la durée de
la peine qu'il prononce? Est-ce du jour où le juge prononce la relégation? est-ce le moment où commencera en fait l'exécution de la peine,
ou bien le moment où, la condamnation étant devenue irrévocable, l'exécution sera possible? Ces deux dernières solutions sont, suivant nous, à
écarter, parce qu'il est impossible de prévoir la date exacte de l'un ou de
l'autre de ces deux événements. Or, comme le dit très bien M. Laborde
(n° 455 de son *Cours de Droit criminel*), il est évident que, en imposant
un calcul au juge, le législateur n'a pas voulu le charger de résoudre un
problème insoluble. Il faut donc se rattacher au jour même où le juge
prononce la relégation ; on rend ainsi cette peine indépendante de l'exer_
cice des voies de recours, c'est-à-dire qu'on l'empêche d'être à la discrétion du ministère public ou du prévenu. Voici, en effet, le danger à
craindre dans les deux premiers systèmes : un prévenu, âgé de vingt ans,
a été condamné à onze mois d'emprisonnement et affranchi, en conséquence, de la relégation. Il dépendrait du ministère public, en faisant
appel, d'obliger la Cour qui rendrait son arrêt *un mois après le jugement*
à prononcer la relégation ou à abaisser la peine sans autre motif que
celui de ne pas modifier la situation qu'avait le prévenu en première
instance. — A l'inverse, si un prévenu, âgé de cinquante-neuf ans, était
condamné à onze mois d'emprisonnement et à la relégation, il lui suffirait de faire appel, pour obliger la Cour, statuant *après le même délai*, à
l'affranchir de la relégation. M. Garraud qui avait combattu ce système
s'y est aujourd'hui rallié (*Dr. pén.*, II, 202. — *Précis*, 5° édition, 318).

785. — Il peut se faire, *en troisième lieu*, que le récidiviste subisse
déjà une peine, au moment où sera prononcée la condamnation qui doit
entraîner la relégation ; dans ce cas, le juge, pour calculer la date de la
libération et savoir si elle tombe avant vingt et un ans, ou après soixante
ans, devra ne pas omettre le solde qui reste à subir de la peine en cours.
En effet, ce n'est qu'à l'expiration de la peine actuellement subie que
commencera à courir la nouvelle peine; or, aux termes de l'article 12, la
relégation ne doit être appliquée qu'à l'expiration de la dernière peine à
subir par le condamné.

786. — Constatons, en terminant cette matière de l'influence de l'âge sur l'application de la peine de la relégation : 1° que, si les condamnations encourues par le mineur de vingt et un ans, quelques nombreuses qu'elles soient, ne peuvent lui faire encourir la relégation (art. 6, al. 1), elles comptent cependant pour l'application de cette peine, si, après sa majorité, il encourt une ou plusieurs condamnations nouvelles (même art., al. 2) ; — 2° que la disposition de l'article 11 de la loi du 27 mai 1885 qui prescrit, à peine de nullité, la nomination d'office d'un défenseur au prévenu passible de la relégation doit être étendue, par analogie de motifs, au cas où cette peine est remplacée, suivant les termes des articles 6 et 8 de cette loi, soit par l'interdiction perpétuelle de séjour, soit par la mise en correction, à raison de l'âge du prévenu (Crim., cass. 25 mars 1887, *Bull. crim.*, n° 115) ; — 3° qu'il a été jugé, avec raison, que la condamnation prononcée contre un individu majeur entraîne la relégation, bien qu'elle corresponde à une infraction commise pendant la minorité (Crim. rej., 26 mars 1891, affaire Harel, Dalloz, 91. 1. 400).

787. — La loi des 19-21 avril 1898 a-t-elle modifié l'article 8 de la loi du 27 mai 1885? en d'autres termes, le tribunal ou la Cour, au lieu de prononcer l'internement dans une maison de correction, après l'expiration de la peine principale infligée au mineur, peuvent-ils ordonner que ce mineur sera remis à une institution de bienfaisance ? L'esprit de la loi nouvelle et les termes généraux dans lesquels est formulé l'article 5 nous portent à résoudre la question dans le sens de l'affirmative.

788. — Notons, en terminant ce chapitre, que la condamnation prononcée contre un mineur s'oppose à ce qu'il lui soit fait application du sursis de la loi Bérenger, s'il vient à commettre un nouveau délit.

CHAPITRE IX

Exécution de la Sentence

Section I. — **Avant 1850**

789. — Nous avons pris le mineur au moment même où il venait de commettre son crime, nous avons discuté sa responsabilité, nous l'avons accompagné devant les diverses juridictions, en faisant connaître l'influence de l'âge sur la compétence et l'application de la peine. Nous nous trouvons maintenant en présence du mineur jugé conformément, *ou contrairement*, aux principes exposés plus haut. Nous allons voir comment s'exécute la sentence rendue à son sujet : ce n'est pas le point le moins intéressant.

790. — D'après l'article 66 du Code pénal, les mineurs de seize ans, acquittés comme ayant agi sans discernement, s'ils ne sont pas remis à leurs parents, sont conduits dans une maison de correction.

791. — C'est aussi dans une maison de correction que sont emprisonnés (art. 67) les mineurs qui ont agi avec discernement.

792. — C'est donc dans des maisons de correction que seront enfermées les deux catégories de mineurs. Les articles 66 et 67, qui reproduisent d'ailleurs sur ce point les dispositions du Code de 1791, sont rédigés dans le même style : « L'accusé *sera conduit*, ou *sera condamné* » à la peine de... dans une maison de correction. » Mais il y a là une faute, car la distinction s'impose entre les acquittés et les condamnés : « Il n'est ni convenable, ni d'un bon effet moral sur le public de réunir » les sujets acquittés et les sujets condamnés et de les soumettre au

» même traitement. En supposant que ce traitement soit ce qu'il y a de
» mieux pour les uns comme pour les autres, il suffit qu'il n'ait pas le
» même caractère pénal pour qu'il ne doive pas être subi dans les mêmes
» établissements » (1).

793. — Les dispositions des articles 66 et 67 du Code pénal demeurèrent longtemps lettre morte, car, pas plus en 1810 qu'en 1791, il n'existait des maisons spéciales de correction et, par conséquent, c'est dans les maisons d'arrêt ou les maisons centrales que les mineurs subissaient leur internement, confondus avec la masse des autres détenus. L'administration des prisons faisait bien les plus louables efforts pour donner satisfaction aux prescriptions de la loi (2). Mais elle se heurtait à la résistance des départements qui, propriétaires des bâtiments des maisons d'arrêt, se refusaient à toute modification, à toute amélioration pouvant entraîner pour eux une dépense nouvelle.

794. — Les maisons d'arrêt contenaient donc :

1° Les mineurs détenus par voie de correction paternelle pour six mois au plus, conformément aux articles 376 et 377 du Code civil;

2° Les enfants au-dessous de l'âge de seize ans, en état de détention préventive, attendant leur comparution soit devant les tribunaux correctionnels, soit devant les Cours d'assises;

3° Les enfants condamnés à une peine n'excédant pas une année par application des articles 67 et 69 du Code pénal.

795. — Même confusion dans les maisons centrales qui recevaient :

1° Les enfants au-dessous de seize ans, acquittés comme ayant agi sans discernement, mais non remis à leurs parents et renvoyés, en vertu de l'article 66 du Code pénal, dans une maison de correction pour y être détenus et élevés pendant un certain nombre d'années;

2° Les enfants au-dessous de seize ans, condamnés comme ayant agi avec discernement, lorsque la peine prononcée contre eux était supérieure à une année (3).

---

(1) Tissot, *Droit pénal et réforme pénitentiaire*, p. 465,

(2) Il n'y a, pour s'en convaincre, qu'à lire le règlement général pour les prisons départementales du 30 octobre 1811; Dalloz, *Rép. alph.*, V° Prisons, p. 1003; voir notamment les articles 108 et 109.

(3) Voir *Rapport sur les jeunes détenus*, par M. F. Voisin. Ce rapport forme le huitième et dernier volume des *Publications de la Commission d'enquête parlementaire*.

796. — Mais les prisons centrales appartenaient à l'État; il fut possible d'y introduire quelques améliorations, sans avoir à redouter l'opposition des départements. Aussi, des quartiers correctionnels, spécialement affectés aux jeunes détenus, furent-ils créés dans ces établissements :

1° En 1824, à Strasbourg;

2° En 1826, à Rouen;

3° En 1833, à Lyon;

4° En 1835, à Toulouse;

5° En 1836, à Carcassonne, puis, à Paris, Amiens et Besançon. Ces améliorations ne remplissaient pas, il s'en faut, le vœu de la loi, qui parle, non point de quartiers dans des maisons centrales, mais de maisons spécialement créées et exclusivement réservées aux enfants, où l'on puisse les relever à leurs propres yeux et faciliter leur retour au bien, grâce à une discipline bien entendue, à une éducation intellectuelle et morale soigneusement dirigée.

797. — C'est l'initiative privée qui fit faire à la question de la réforme pénitentiaire appliquée aux mineurs les plus grands progrès. Mentionnons, comme premier essai, l'établissement créé en 1817, rue des Grès, par M. l'abbé Arnoux. Cet établissement était consacré à l'éducation correctionnelle d'un certain nombre de jeunes détenus, choisis dans les prisons de la Seine, parmi les moins mauvais sujets. Il disparut après la révolution de 1830, et les enfants qu'il contenait furent répartis en 1831 et 1836 entre le quartier des Madelonnettes et le pénitentier de la Roquette, par les soins de M. Vivien, alors préfet de police.

798. — La Petite-Roquette, que nous venons de nommer, commencée en 1827, était, à l'origine, destinée à servir de prison aux femmes. Sous l'impulsion des nombreux partisans que ralliait en France le système de l'isolement individuel, récemment importé d'Amérique, elle avait été aménagée selon le système Auburnien, c'est-à-dire, pour l'emprisonnement cellulaire de nuit et le travail en commun pendant le jour.

799. — Mais, sous la pression de l'opinion publique, que préoccupait à cette époque la question de l'enfance coupable, on demanda l'affectation de la nouvelle prison aux jeunes détenus. Ce vœu fut réalisé le 11 septembre 1836, sur l'initiative du préfet de police, M. Delessert, et malgré M. de Tocqueville, qui était opposé à l'application du système cellulaire à des enfants.

800. — M. Delessert voulait faire de la Petite-Roquette un pénitentier modèle : nourriture saine et abondante, instruction intellectuelle et professionnelle, éducation religieuse et morale, tout devait être donné aux pensionnaires pour arriver à éveiller ou à rallumer en eux l'idée et la volonté du bien.

801. — La disgrâce de M. Delessert, en 1848, commença la ruine de la Petite-Roquette et la loi de 1850 la précipita, en prescrivant, d'une manière exclusive et formelle, les occupations agricoles et le travail en commun.

802. — Plus durable devait être la fondation de Mettray (Indre-et-Loire), colonie dont la réputation est aujourd'hui européenne. Elle a été fondée en 1839 par MM. de Metz et de Courteille, qui se sont consacrés à cette œuvre esprit, corps et biens. Leur système d'éducation était tout entier contenu dans cette idée : « Rappeler le plus possible à l'enfant la » famille absente. » Dans ce but, la colonie est divisée en plusieurs groupes, auxquels M. de Metz a donné le nom de *familles;* et chacun de ces groupes, confié à la garde d'un surveillant éprouvé, qui se nomme le *père de famille*, a une existence propre et individuelle. — Comme système de travail, les fondateurs voulaient « l'amendement de l'enfant par » la terre et de la terre par l'enfant. » C'est la théorie reprise plus tard par M. Ch. Lucas et mise en pratique par lui au Val-d'Yèvre, en 1847.

803. — Les jeunes détenus vivent donc en commun et sont soumis au travail des champs, à la différence de ce qui avait lieu à la Roquette. M. Voisin, dans son très remarquable rapport sur les jeunes détenus, présenté à la suite de l'enquête de 1872, fait très bien ressortir cette différence entre l'œuvre de M. Delessert et l'œuvre de M. de Metz : « Ces » deux noms, » dit-il, « sont justement célèbres dans l'histoire de l'édu-» cation correctionnelle des jeunes détenus, bien que répondant à deux » théories pénitentiaires bien distinctes, entièrement opposées l'une à » l'autre. La pensée qui avait présidé à leur création était évidemment » la même : c'était l'intérêt seul des enfants qui avait inspiré M. Deles-» sert, d'une part, et M. de Metz, d'autre part. Mais quelle différence pro-» fonde dans le choix des moyens pour arriver au but commun ! A la

» Roquette, les jeunes détenus étaient soumis à l'emprisonnement de
» jour et de nuit ; à Mettray, c'était, au contraire, la vie en commun qui
» leur était réservée. A la Roquette, ils se livraient à des travaux indus-
» triels ; à Mettray, les travaux agricoles étaient seuls en honneur. »

804. — De 1830 à 1850, bien d'autres établissements publics ou privés furent fondés sous la poussée de l'opinion publique. Signalons :

1° Comme colonies privées :

En 1835, établissement d'Oulins, fondé par M. l'abbé Rey ;

En 1839, maison correctionnelle de Bordeaux, fondée par M. l'abbé Dupuich ;

En 1839, maison correctionnelle de Marseille, fondée par M. l'abbé Fihiaux ;

En 1843, le Petit-Quévilly (Seine-Inférieure) ;

En 1843, Saint-Hilan (Côtes-du-Nord) ;

En 1843, Sainte-Foy (Dordogne) ;

En 1847, colonie du Val-d'Yèvre (Cher), fondée par M. Ch. Lucas : devenue, en octobre 1871, propriété de l'État ;

En 1848, colonie de Cîteaux, fondée par M. l'abbé Rey et dirigée par les Frères de Saint-Joseph.

A citer encore, les colonies de Nancy et de Fomtgombault (Indre), cette dernière dirigée par les Trappistes :

2° Comme colonies publiques :

En 1842, Fontevrault ;

En 1843, Clairvaux ;

En 1844, Loos ;

En 1845, Gaillon.

Ces colonies n'existent plus (1).

Section II. — Depuis 1850

805. — Le progrès le plus considérable en ces matières a été réalisé par la loi du 5 août 1850, à laquelle nous arrivons maintenant et qui a

---

(1) Voir le rapport de M. Voisin, p. 18 et 19. — *Statistique générale des prisons et établissements pénitentiaires*, 1875, p. 132, tableau I.

pour titre : *Loi sur l'éducation et le patronage des jeunes détenus*. La pensée qui se dégage de la loi de 1850 est tout entière résumée dans ce passage du rapport de M. Corne : « Venir en aide à de pauvres enfants » délaissés et entraînés dans de premiers écarts, les préparer à rentrer » dans la vie, débarrassés des mauvaises impressions et des vices qui » ont failli les perdre, rendre à la société d'honnêtes et paisibles ouvriers » de l'agriculture, au lieu de jeter dans les carrefours de nos grandes » villes de jeunes êtres pervertis et prêts à toute espèce de guerre contre » les lois et la société : cela rentrait essentiellement dans le cercle de » l'assistance et de la prévoyance publiques. »

806. — Dans ce but, l'article premier dispose d'une façon générale que « les mineurs des deux sexes recevront, soit pendant leur détention » préventive, soit pendant leur séjour dans des établissements péniten- » tiaires, une éducation morale, religieuse et professionnelle. »

807. — Les articles 3, 10 et 16 sont consacrés à la création de ces établissements spéciaux : d'après les dispositions de la loi, ils sont de quatre sortes :

1° Les maisons d'arrêt ou de justice, avec un quartier distinct pour les jeunes garçons condamnés à un emprisonnement de six mois ou au-dessous (art. 2 et arg. *a contrario* de l'art. 4). Avec eux seront placés les jeunes prévenus ou accusés et les jeunes détenus par voie de correction paternelle ;

2° Les colonies pénitentiaires destinées à recevoir les mineurs acquit-tés comme ayant agi sans discernement et les mineurs condamnés à un emprisonnement de plus de six mois, mais n'excédant pas deux ans, (art. 3 et 4) ;

3° Les colonies correctionnelles (art. 10, al. 1) destinées à recevoir les mineurs condamnés à plus de deux ans d'emprisonnement et les jeunes détenus des colonies pénitentiaires qui auront été déclarés insu-bordonnés (art. 10, al. 2 et 3) ;

4° Les maisons pénitentiaires destinées à recevoir toutes les jeunes filles détenues, sans distinction de catégories (art. 16).

808. — Les dispositions de la loi de 1850 n'ont pas été de tous points exécutées, parce que la fondation de ces divers établissements exigeait du temps et surtout des fonds qui n'ont jamais été votés. Toutefois, l'admi-

nistration a continué à poursuivre graduellement, d'année en année,
l'entier accomplissement de la loi. Aujourd'hui, la population des jeunes
garçons détenus est répartie, en fait, en trois catégories.

809. — *Première catégorie.* — On place dans les maisons d'arrêt ou
de justice : 1º les jeunes détenus, incarcérés par voie d'autorité paternelle; — 2º les prévenus de délits; — 3º les accusés de crimes; — 4º les
condamnés à six mois, au maximum d'emprisonnement.

Presque partout des quartiers spéciaux ont été construits pour renfermer les jeunes détenus de cette première catégorie. A Paris, la Petite-
Roquette leur est spécialement affectée.

Les jeunes détenus de cette première catégorie doivent être mis en
cellule individuelle, ce qui n'a guère d'inconvénients, car ils ne sont
enfermés que pour une courte durée.

810. — *Deuxième catégorie.* — On place dans les *colonies pénitentiaires* : 1º les mineurs acquittés, mais envoyés en correction; — 2º les
condamnés de six mois à deux ans d'emprisonnement. — Théoriquement, toutefois, il y a une différence entre ces deux classes de mineurs.
D'après l'article 3, en effet, les premiers sont élevés en commun, sous
une discipline sévère, et appliqués aux travaux agricoles, tandis que,
d'après l'article 4, les seconds doivent être, pendant les trois premiers
mois, enfermés dans un quartier distinct et appliqués à des travaux
sédentaires. A l'expiration de ce terme, le directeur peut, en raison de
leur bonne conduite, les admettre aux travaux agricoles de la colonie.
Mais cette dernière disposition n'est pas appliquée : « Il n'y a pas dans
» une seule colonie pénitentiaire, un seul quartier distinct de ce genre, »
dit M. Voisin dans son rapport.

811. — Durant les premiers temps qui suivirent la loi de 1850, on
envoyait à la Petite-Roquette les jeunes détenus de la seconde catégorie,
comme ceux de la première. Nous ne parlons, bien entendu, que de
ceux qui étaient jugés dans le département de la Seine. Mais c'était une
violation flagrante de l'article 3 de la loi de 1850 qui prescrit, pour les
mineurs qui nous occupent, la vie en commun dans des colonies pénitentiaires.

812. — Or, nous savons que, à la Petite-Roquette, on appliquait le
système de l'isolement individuel. Il résultait de là, entre les auteurs

d'une même faute, une différence de régime difficile à justifier. Quelques esprits en furent frappés et, en 1854, le fils du rapporteur de la loi de 1850, M. Corne, dans une brochure très vive, demanda ce qu'on avait fait de cette loi paternelle et rappela le Gouvernement à l'exécution des règles qu'elle prescrivait. Un député, M. Jules Simon, lut le livre et, non moins frappé que son auteur, interpella avec éloquence le ministre de l'intérieur. Le Gouvernement avoua son tort, mais se retrancha derrière des considérations budgétaires, en vertu desquelles on ne pouvait appliquer la loi de 1850. Néanmoins ce discours de M. Jules Simon émut le public et une commission, ayant à sa tête Sa Majesté l'Impératrice, fut nommée pour faire une enquête. L'Impératrice visita la Petite-Roquette et donna raison à l'opinion publique.

813. — La question de savoir s'il fallait faire évacuer la Petite-Roquette fut posée à la commission. Un nombre égal de voix fut réuni pour et contre ; seulement, comme l'Impératrice avait voté pour et qu'elle présidait, l'évacuation se trouva décidée. De sorte qu'aujourd'hui la Petite-Roquette ne renferme plus que des détenus de la première catégorie.

814. — L'article 5 crée deux catégories de colonies pénitentiaires : les colonies publiques et les colonies privées.

815. — Les colonies publiques appartiennent à l'État qui est propriétaire des bâtiments et propriétaire, ou simplement locataire, des terres exploitées. L'entretien des jeunes détenus est tout entier à sa charge ; c'est l'État qui nomme et salarie tous les employés et qui recueille tous les bénéfices de l'entreprise. Tout compte fait, des dépenses et des produits, il se trouve que chaque détenu coûte à l'État un franc par jour environ.

816. — Les colonies privées ont été fondées soit par de simples particuliers, soit, et plus généralement, par des ecclésiastiques ou des congrégations. Elles appartiennent à leurs fondateurs qui assument toutes les charges concernant les jeunes détenus. En compensation, en outre des produits de l'entreprise, les directeurs reçoivent de l'État une subvention s'élevant environ à soixante-quinze centimes par jour et par détenu. Les directeurs doivent être agréés par le Gouvernement ; leurs employés ou auxiliaires, par le préfet. Enfin, l'État se réserve un droit de surveillance et de contrôle sur les établissements privés, qui reçoivent annuellement la visite des inspecteurs généraux et des inspecteurs départementaux, et peuvent toujours être supprimés en cas de désordre ou d'inexécution des conditions.

817. — La loi de 1850 accuse nettement la préférence du législateur pour les colonies privées. Il suffit de lire l'article 6 pour s'en convaincre : « A l'expiration de cinq années, depuis la promulgation de la loi, si le » nombre total des jeunes détenus n'a pu être placé dans des établisse- » ments particuliers, il sera pourvu, aux frais de l'État, à la fondation » de colonies pénitentiaires. » Ce n'était donc que dans le cas où l'initiative privée ne suffirait pas à tous les besoins que l'Etat se réservait d'intervenir. Certes, nous comprenons fort bien qu'on laisse, dans l'œuvre de l'éducation des jeunes détenus, la part la plus large à l'initiative individuelle : mais l'État doit-il se désintéresser de la question, au point d'abandonner aux efforts privés toute cette partie du régime pénitentiaire ?... Le législateur de 1850 le pensait ainsi pour deux motifs :

818. — 1° « L'administration pouvait introduire, dans des établisse- » ments fondés par elle, un ordre régulier, une discipline exacte ; mais » elle ne pouvait commander à ses fonctionnaires la chaleur d'âme, le » zèle religieux qui font tout le succès des œuvres morales. » Telles étaient les paroles mêmes de M. Corne, rapporteur de la loi. Nous ne les discuterons pas longtemps ; certes, nous croyons, comme lui, que la charité privée vaut mieux que la philanthropie officielle et que la chaleur du cœur est plus puissante, pour régénérer l'enfant coupable, que tous les règlements et que toutes les disciplines. Si donc, toute colonie privée ressemblait à certaines qui sont des modèles, il y aurait là un argument très fort en leur faveur. Mais il n'en a pas été, malheureusement, toujours ainsi ; il suffit de rappeler que, de 1857 à 1870, le Gouvernement impérial fut obligé de fermer dix de ces colonies privées où les plus grands abus avaient été commis. Trop souvent encore, les directeurs de colonies privées oublient que l'éducation correctionnelle des enfants qui leur sont confiés doit être le but de leurs efforts ; trop souvent ils ne considèrent l'enfant que comme un outil, comme une machine à exploiter le plus fructueusement possible ;

819. — 2° D'autre part, en préconisant le système des colonies pri-

vées, M. Corne croyait réaliser de véritables économies « en ne compli-
» quant pas les rouages de notre administration de la gestion écono-
» mique d'un grand nombre d'exploitations rurales. »

820. — Ici encore les faits sont venus démontrer que le législateur
de 1850 avait fait fausse route. Le rapport publié par M. Voisin établit
clairement (1) que les établissements privés, par suite de l'allocation
que leur fait l'État par chaque journée et par chaque tête d'enfant et
par suite des subventions annuelles ou extraordinaires qu'il leur donne,
nécessitent des sacrifices presque aussi grands que les établissements
publics.

821. — Enfin, il est un danger qu'on peut signaler dans les colonies
privées : c'est que souvent elles n'ont pas le personnel nécessaire pour
la surveillance des enfants. Il faut en excepter, toutefois, la colonie de
Mettray (2).

822. — Tout compte fait de ces diverses considérations, il ne nous
semble pas que la question soit de nature à recevoir actuellement une
solution absolue et nous pensons que les deux genres d'établissements
publics et privés doivent coexister, sauf à l'administration à prendre les
mesures nécessaires pour s'assurer un contrôle effectif et fréquent sur
ces derniers.

823. — Il y a actuellement sept colonies publiques pour garçons,
qui sont les colonies d'Aniane (Hérault), de Belle-Ile-en-Mer (Morbihan),
des Douaires, près de Gaillon (Eure), de Saint-Hilaire (Vienne), de Saint-
Maurice-de-la-Motte-Beuvron (Loir-et-Cher), du Val-d'Yèvre, près Bourges
(Cher) et d'Auberive (Haute-Marne).

824. — Il existe onze colonies ou maisons privées, pour garçons
également, soumises aux règlements, à l'inspection et au contrôle de
l'administration, savoir : Autreville et Bologne (Haute-Marne), Bar-sur-
Aube (Aube), Jommelières et Sainte-Foy (Dordogne), Le Luc (Gard),
Mettray (Indre-et-Loire), Montesson (Seine-et-Oise), La Loge (Cher),
Saint-Ilan (Côtes-du-Nord) ; en Algérie, M'Zéra. Seule, la maison de

---

(1) Pages 38 et suivantes.
(2) Voir dans le *Bulletin des prisons*, année 1898, page 1260, le dernier compte-rendu
triennal fait par M. le commandant Cluze, directeur de la colonie.

Saint-Ilan est dirigée par un personnel congréganiste. Toutes les autres sont laïques.

825. — Nous devons une mention spéciale à la création récente de la maison pénitentiaire de Montesson (1). Cette maison, qui a reçu le nom d'École Lepelletier de Saint-Fargeau, est un établissement privé, fondé, entretenu et administré par le département de la Seine, dont il est la propriété. Il est destiné à recevoir, pour les garder et les élever, conformément à la loi :

1° Des enfants de l'article 66 ;

2° Des enfants détenus par voie de correction paternelle.

Il ne renferme, par conséquent, aucun condamné.

826. — Par application de la délibération du Conseil général de la Seine, en date du 27 décembre 1892 et de la dépêche ministérielle du 1er juin précédent, il n'y a point de gardiens ni de surveillants spéciaux dans l'établissement. Les instituteurs et les maîtres-ouvriers sont simultanément chargés, sous l'autorité du directeur de la maison, de l'instruction, de l'éducation des enfants, du maintien de l'ordre et de la discipline, ainsi que de la surveillance pendant le jour et pendant la nuit.

Sous aucun prétexte le droit de surveillance ne peut être délégué, même momentanément, aux enfants pensionnaires de la maison qui ne peuvent jamais avoir autorité les uns sur les autres.

827. — La colonie de Montesson, achevée en 1895, a été mise en service le samedi 12 novembre 1896. Les pensionnaires, venus de la Petite-Roquette, étaient à ce moment au nombre de huit, âgés de douze à quinze ans, tous acquittés comme ayant agi sans discernement, mais envoyés dans une maison de correction jusqu'à vingt ans accomplis, sauf la libération anticipée ou l'engagement militaire à dix-huit ans.

828. — C'est à la Petite-Roquette que l'on continue à recruter les enfants ; on les amène à Montesson où on les fait baigner puis habiller avec les vêtements de l'école et visiter par le médecin. Ils restent quel-

---

(1) Voir dans le *Bulletin de la Société des prisons*, année 1896, p. 61, l'analyse du règlement de Montesson et sa discussion.

ques jours en observation dans une des chambres de *la Paternelle* et vont ensuite vivre en commun au pavillon Victor Hugo, pour être ultérieurement répartis dans les autres pavillons, suivant leur caractère.

829. — Le règlement qui avait été voté par le Conseil général a été approuvé par l'autorité supérieure avec peu de modifications. — L'instruction religieuse est donnée par les ministres des différents cultes, suivant les indications du ministre de l'intérieur. C'est M. le curé de Montesson qui, sur la désignation de Mgr l'évêque de Versailles, exerce les fonctions d'aumônier du culte catholique romain. Les représentants des autres cultes reconnus par l'État sont nommés, lorsqu'il y a lieu de recourir à leur ministère.

830. — Pour que le contrôle de l'école puisse s'exercer sans difficulté et à chaque instant, il a été réservé, dans les locaux affectés au Conseil d'administration, un appartement où les inspecteurs pourront s'installer de façon à suivre toute la vie de l'école : étude, travaux, alimentation, surveillance de jour et de nuit.

831. — Quelques mots aussi sur Auberive. — Depuis plusieurs années déjà, on avait formé le projet de créer une colonie nouvelle ; on avait d'abord songé à l'installer dans les bâtiments de l'ancienne maison centrale de Cadillac. Mais ce choix souleva des objections. — D'abord, disait-on, pour faire l'éducation d'enfants, il faut leur donner d'autres horizons que de grands murs tout imprégnés encore des plus fâcheux souvenirs ; — puis les dépenses de réparations et d'aménagement devaient dépasser 50,000 francs, sans qu'on pût arriver encore à loger en son entier le personnel administratif ; — en outre, par suite de l'absence de terrains cultivables, l'entretien des détenus y serait beaucoup plus cher que partout ailleurs et s'élèverait sans doute à 1 fr. 30 par jour ; enfin, Cadillac étant éloigné des centres populeux et industriels du Nord, qui fournissent la majeure partie des jeunes détenus, il s'ensuivrait des transfèrements coûteux. Pour toutes ces raisons, on préféra Auberive. La maison, de proportions plus vastes, se trouve dans la Haute-Marne ; la dépense d'aménagement ne devait pas excéder 30,000 fr. et sa situation, en pleine campagne, permettait d'en faire une colonie mixte, mi-agricole, mi-industrielle.

832. — Auberive a servi de maison pénitentiaire pour les filles, de

1885 à 1891 ; supprimée en cette dernière année, elle a été remplacée, de de 1891 à 1896, par celle de Cadillac, laquelle, à son tour, a été remplacée par la maison de Doullens.

833. — La maison d'Auberive, domaine d'ancienne abbaye, vendue à l'époque de la Révolution, a été rachetée eu 1856 par l'État. Elle possède deux grands jardins et un parc planté de beaux arbres. Deux fermes, qu'il serait facile de louer, sont à proximité de l'établissement. Bref, la situation, à tous points de vue, est infiniment plus favorable que celle qu'on eût trouvée à Cadillac. La nouvelle colonie sera sans doute inaugurée incessamment.

834. — Aux dix-huit établissements qui viennent d'être énumérés, il faut ajouter encore, pour les garçons, deux *écoles de réforme* où sont reçus les jeunes détenus dont l'âge réclame des soins en quelque sorte maternels (moins de douze ans) : Saint-Joseph, à Frasne-le-Château (Haute-Saône) et Saint-Eloi, à Limoges. L'une et l'autre sont dirigées par un personnel de femmes congréganistes.

835. — *Troisième catégorie.* — Cette catégorie comprend les enfants condamnés à plus de deux ans et ceux qui sont exclus des colonies pénitentiaires comme insubordonnés. Ils devaient, d'après le vœu de la loi de 1850, être placés dans des *colonies correctionnelles* à créer en France et en Algérie.

836. — Mais la loi du 5 août 1850, appliquée depuis longtemps en ce qui concerne les *colonies pénitentiaires* destinées aux mineurs de l'article 66 du Code pénal, a reçu dans ces derniers temps seulement (juin 1895) sa première application, relativement aux *colonies correctionnelles* dont elle prescrivait la création pour les mineurs de l'article 67 et suivants. Quelques détails sur ce fait si important.

837. — Sur le rapport de M. Maurice Faure, rapporteur du budget des services pénitentiaires pour l'exercice 1895, l'administration a décidé l'organisation d'une colonie correctionnelle.

Après quelques hésitations, le choix s'est porté sur la maison correctionnelle d'Eysses, près Villeneuve-sur-Lot, qui fut désaffectée en 1895 et érigée en colonie correctionnelle destinée à recevoir les mineurs condamnés à plus de deux ans d'emprisonnement et les mineurs insubordonnés provenant des colonies publiques et privées.

838. — Le premier contingent fut dirigé sur Eysses, aussitôt cette décision prise, le 13 juin 1895, c'est-à-dire, avant même l'évacuation complète des locaux par les détenus adultes. Il en résulta, au début, d'assez grandes complications. Le travail, en effet, faisait défaut pour les nouveaux venus.

839. — Les industries exploitées antérieurement avaient, pour la plupart, cessé avec la disparition de la maison centrale, et il n'était pas permis de les reprendre pour ne pas nuire à l'industrie libre. La conséquence était l'oisiveté de presque tous les jeunes gens, dont le nombre augmentait cependant chaque jour : d'où le désordre, l'indiscipline qui auraient pu aboutir à une révolte.

840. — Cette oisiveté était d'autant plus pénible que, dans les anciens quartiers, ils travaillaient régulièrement, gagnaient quelque argent, et pouvaient bénéficier d'un supplément de vivres à la cantine. A Eysses, c'était la suppression complète de ces avantages. Les rares colons auxquels on avait pu trouver une occupation ne recevaient qu'une modique gratification, alors que, au quartier correctionnel, l'entrepreneur, de par les clauses de son cahier des charges, devait mettre à la disposition de l'administration 0 fr. 10 par journée de présence, plus un tant pour cent sur le travail de chaque ouvrier.

841. — Heureusement, le directeur se montra en tous points à la hauteur de la tâche difficile qui lui incombait. Il réussit à réprimer rapidement les tentatives de rébellion qui se manifestaient déjà et parvint à rétablir l'ordre et la discipline. S'inspirant de l'article 102 du règlement général du 10 août 1865, il appliqua à sa nouvelle population un régime répressif et intimidant. Sa grande préoccupation fut d'organiser le travail et bientôt il put arriver à occuper, de diverses façons, le plus grand nombre de ses pensionnaires.

Les plus indisciplinés parmi les nouveaux arrivés furent mis en cellule d'isolement, avec ou sans travail. Par contre, quelques jeunes gens dont le dossier était assez bon furent désignés pour cultiver les terres dépendant de la ferme, dont la contenance est de cinq à six hectares.

842. — Aujourd'hui, grâce au tact et à l'habileté du directeur, l'apaisement est complet. Les jeunes gens sont, en général, dociles ; les infractions aux règlements sont légères, sinon rares. La plupart des détenus ont la préoccupation, soit de contracter un engagement militaire, soit d'entrer dans la vie libre dans de bonnes conditions.

843. — La population d'Eysses ne tarda pas à devenir relativement nombreuse. D'après la dernière statistique, il y avait 253 mineurs détenus dans les quartiers correctionnels. A ce contingent de condamnés proprement dits, vinrent s'ajouter un certain nombre d'insubordonnés qui furent extraits des colonies pénitentiaires et envoyés à Eysses. Au mois de novembre 1895, ces derniers étaient au nombre d'environ 60.

844. — L'établissement d'Eysses est une ancienne abbaye de Bénédictins de Saint-Gervais-Saint-Protais, que, dans le langage du pays, on appelle encore « l'Abbadio. » Cette abbaye fut érigée, à la suite du Concordat, en maison centrale, le 16 fructidor, an XI. Eysses est situé à 1800 mètres de la jolie petite ville de Villeneuve-sur-Lot. On y arrive par une route plantée d'arbres et bordée de maisons de campagne. Une magnifique allée de platanes séculaires donne accès dans les bâtiments. L'air y est vif et sain : les épidémies y sont rares. Les bâtiments sont bien aménagés. Il y a quatre cours bien distinctes qui peuvent faciliter la division de la population en catégories, pendant les récréations. Au centre, se trouve la chapelle, grande et vaste nef, qui a pu permettre à plus de 1,200 détenus d'assister aux offices religieux.

845. — L'infirmerie est bien située, bien aménagée. Des salles spacieuses donnent sur la campagne. Il en est de même des dortoirs, qui sont cellulaires, disposition indispensable pour la sécurité, la tranquillité de la nuit et surtout pour la morale.

846. — Le quartier cellulaire contient une quarantaine de cellules de punition. L'administration reconnaît, avec juste raison, que l'isolement des mineurs est un véritable bienfait pour tous les autres détenus.

Le réfectoire est au rez-de-chaussée et en face des cuisines.

847. — En somme, au point de vue matériel, l'établissement ne laisse rien à désirer.

Les nombreux et vastes ateliers se prêtent à l'organisation d'un travail manuel sérieux, pouvant constituer l'apprentissage d'un métier indispensable pour assurer l'avenir des jeunes gens.

848. — Les difficultés du début, signalées plus haut, sont aujourd'hui surmontées. Le travail marche régulièrement. Il y a un atelier de tailleurs, un autre de ravaudeurs, en pleine activité. Dans un quartier spécial, appelé la « Régie, » sont occupés des forgerons et des menuisiers. Ailleurs, c'est un atelier de galoches et un atelier de bourrellerie. Les plus insoumis et les plus dangereux parmi les détenus sont employés dans l'atelier des *émouchettes*, — filets destinés à garantir la tête des animaux domestiques contre les mouches. Ce genre de travail a été choisi pour eux, parce qu'il ne nécessite l'usage d'aucun instrument tranchant.

849. — La garde extérieure, faite par la troupe, donne à l'établissement le caractère intimidant qui lui convient. La présence des soldats est nécessaire, indispensable même. Il faut frapper l'esprit de cette agglomération de réfractaires, parmi lesquels se trouvent des jeunes gens de dix-huit, dix-neuf et vingt ans. Il importe qu'aucun doute ne subsiste en leur imagination sur la répression immédiate et rigoureuse qui attend toute tentative de révolte.

850. — Peut-être que plus tard, lorsque les gangrénés du quartier correctionnel seront libérés, que la discipline juste, froide, raisonnée, mais sévère du directeur aura produit tout son effet, on pourra restreindre la surveillance extérieure à main armée. La maison, tout en restant maison de répression, pourra devenir, — et elle doit le devenir, — maison d'amendement. Avec les enfants, il ne faut jamais désespérer. Mais, en attendant, il serait souverainement imprudent de renoncer au concours de la troupe chargée d'assurer la sécurité de la colonie.

851. — Le résultat obtenu par la création de la colonie d'Eysses est que, alors qu'autrefois le quartier correctionnel avait une grande attraction pour les jeunes détenus des colonies, qu'il leur apparaissait comme le rêve désiré, le paradis souhaitable, Eysses est aujourd'hui devenu pour eux un lieu d'épouvante et d'effroi, un enfer à fuir. C'était le but à atteindre. L'administration supérieure et l'administration locale doivent s'en féliciter. Il faut espérer que le nombre des insubordonnés diminuera et que la colonie correctionnelle ne donnera plus asile qu'aux condamnés de l'article 67.

852. — On peut même espérer davantage et émettre le vœu que, dans l'avenir, se restreigne de plus en plus le nombre des enfants de cette dernière catégorie. On ne saurait, en effet, admettre, en principe, la peine et l'infamie qui s'y rattache, que pour les enfants qui se sont rendus coupables de crimes odieux et manifestement prémédités. Pour les autres, il faut éviter la prison.

Ce qu'il faut, en effet, à l'enfant, c'est, plutôt que la prison, instrument fort imparfait de moralisation, la maison d'éducation où l'on peut corriger ses défauts et lui mettre en main de quoi gagner honnêtement sa vie.

853. — Les jeunes filles détenues ne forment qu'une seule catégorie. Elles sont toutes, — mineures détenues par voie de correction paternelle, jeunes filles de moins de seize ans, acquittées comme ayant agi sans discernement et non remises à leurs parents, jeunes filles de moins de seize ans condamnées à l'emprisonnement pour un temps quelconque, — placées dans des maisons pénitentiaires.

854. — Ces maisons étaient, il y a peu d'années encore, exclusivement des établissements privés, dirigés, pour la plupart, par un personnel congréganiste. Deux établissements privés laïques ont été fondés en 1885 et 1887, sous les auspices de l'administration, à Auberive (Haute-Marne) et à Fouilleuse (Seine-et-Oise), dans des bâtiments appartenant à l'État. Ces essais ont eu peu de succès : il a fallu fermer Auberive en 1891 et Fouilleuse en 1892. L'administration transforma alors (1891) la maison centrale de Cadillac (Gironde) en maison pénitentiaire publique et laïque de jeunes filles.

855. — Mais Cadillac était une bien triste colonie. Dès 1895, on en décida la suppression en même temps que la création, à Doullens, d'une nouvelle maison pénitentiaire. Cette dernière devait comprendre : une maison d'éducation pénitentiaire pour les jeunes détenues de l'article 66, — plus un quartier correctionnel, avec un certain nombre de cellules, pour les jeunes filles indisciplinées ou vicieuses des autres colonies, ainsi que pour les condamnées, — en très petit nombre, d'ailleurs. — Cette création a permis de supprimer la maison de Cadillac et de débarrasser les colonies privées de toutes les enfants perverties qui gênaient si fort la bonne tenue des autres.

856. — La maison de Doullens a été inaugurée en novembre 1896 : c'est le seul établissement de ce genre que l'État ait ouvert jusqu'ici. L'administration continue à confier ses pupilles du sexe féminin et de religion catholique aux cinq établissements privés dont les noms suivent : Bavilliers (Belfort), Limoges (Haute-Vienne), Montpellier (Hérault), Rouen (Seine-Inférieure), Sainte-Anne-d'Auray (Morbihan).

857. — Dans le courant de l'année 1899, on a publié en sept gros volumes, la statistique pénitentiaire des années 1893-1896. Nous croyons intéressant d'analyser ici le chapitre consacré aux maisons de correction : nous aurons ainsi une vue d'ensemble de la criminalité juvénile à l'heure présente.

858. — Les établissements d'éducation correctionnelle, qui se montaient à soixante-trois, le 31 décembre 1877, et seulement à trente-cinq, le 31 décembre 1893, ne sont plus que trente en 1896 ; pendant ces quatre dernières années, les quartiers correctionnels de Lyon, Nantes, Rouen, Dijon et Besançon ont disparu, depuis la création de la colonie correctionnelle d'Eysses. Enfin, la maison correctionnelle de jeunes filles de Cadillac a cessé d'exister. Depuis, en 1896, a commencé à fonctionner l'établissement de Montesson (école Lepelletier de Saint-Fargeau).

859. — Le nombre des enfants envoyés en correction décroît d'année en année. De 8,821, le 31 décembre 1869, on est passé à 6,153, le 31 décembre 1889, et à 4,838, le 31 décembre 1896. Ces 4,838 garçons sont à peu près également répartis entre les maisons publiques et privées. Pour les jeunes filles, le même mouvement décroissant se produit, quoique moins accentué, et, au lieu de 1,910, au 31 décembre 1877, et de 1,182, au 31 décembre 1892, on n'en trouve plus que 1,095 le 31 décembre 1896.

860. — Le département de la Seine est toujours le plus gros pourvoyeur de ces maisons ; son contingent augmente même légèrement, passant de 847, en 1893, à 878, en 1896, pour les garçons, et 165 à 199, pour les filles. Il en est de même pour le Nord ; son apport passe de 401 à 435 pendant la même période. Le fait est intéressant à relever, car, dans ces deux départements, on s'est quelque peu occupé des questions d'éducation correctionnelle et l'on s'est rendu compte de ce qu'il y avait d'injustifié dans l'hostilité à l'envoi dans des maisons de correction.

861. — La diminution des envois en correction affecte également les acquittés et les condamnés. Pour les condamnés, leur nombre, déjà très restreint, se réduit encore, ce qui semble indiquer que, de plus en plus, les magistrats s'occupent d'éviter les condamnations véritables, de nature à nuire à l'avenir de l'enfant, et on passe, d'une marche régulière, de 160, en 1877, et de 73, en 1893, à 55 en 1896. Pour les acquittés, leur nombre étant plus grand, la diminution se fait mieux sentir et, au lieu de 5,131, en 1893, il n'y en a plus que 4780, en 1896.

862. — La magistrature ne semble pas s'être encore complètement rendu compte de l'inutilité de l'envoi en correction pour un temps très court. Si les garçons détenus pour moins d'un an ne sont plus que 4, en décembre 1896, contre 34 en 1894, les jeunes filles sont 42 contre 29, aux mêmes époques.

863. — Quant aux faits qui ont motivé l'envoi en correction, le vol vient toujours en tête et son pourcentage augmente légèrement : de 60 °/₀, en 1876, il passe à 65, en 1892, à 68, en 1896. Cet accroissement est compensé, et au-delà, dans les quatre dernières années, par une diminution sur le vagabondage et la mendicité, qui passent, pendant cette période, l'un de 14 à 12 °/₀, l'autre de 7 à 5 °/₀, de sorte que l'augmentation sur l'ensemble de ces trois délits, qui avait paru se manifester précédemment, ne continue pas. Reste à savoir si cette amélioration apparente n'est pas le résultat de la mollesse dans les recherches et dans les arrestations.

864. — Si ces délits, résultat le plus souvent de la misère et l'abandon, n'augmentent pas, des délits qui présentent une gravité particulière, comme le meurtre, l'incendie et le vol qualifié, diminuent depuis dix ans et, au lieu de 8 °/₀, en 1887, ne figurent plus que pour 6 °/₀, en 1896. La proportion des délits contre les mœurs reste stationnaire à 3 °/₀ pour les garçons. Après avoir brusquement fléchi, en 1888, pour les filles, elle est revenue, depuis 1892, à 12 °/₀, chiffre de 1887.

865. — Quant à l'âge des détenus, on voit que ceux au-dessous de huit ans sont toujours très peu nombreux (moins de 1 °/₀); ceux de huit à dix ne forment encore que 10 °/₀. Au-delà, l'accroissement se fait très vite : 20 °/₀, de dix à douze; 32 °/₀, de douze à quatorze; 20 °/₀, de quatorze à quinze. Pour les jeunes filles, on trouve ici un phénomène remarquable : la criminalité féminine semble à peu près retarder d'un stade sur la criminalité masculine. Le stade est ici, non plus de dix ans, mais paraît être de dix-huit mois environ.

866. — L'état de famille ne paraît pas exercer une influence moins forte. Un cinquième des garçons, près de moitié des filles sont enfants de condamnés. Moitié des garçons et des filles sont orphelins, soit d'un de leurs parents, soit des deux. Le quart des filles étaient enfants naturelles. Parmi les parents, un dixième, pour les garçons, un tiers, pour les filles, sont des vagabonds, vivent de la prostitution, sont inconnus ou disparus. C'est dans ces milieux où les enfants n'ont pas une famille véritable, normale et complète, que se forment les hôtes des maisons de correction. La plupart ont été abandonnés à eux-mêmes. Les trois quarts des garçons, la moitié des filles ne connaissent aucune profession à leur entrée — (67 °/₀, pour les garçons, 60 °/₀, pour les filles, en 1896).

867. — 34 °/₀ des garçons, près de 50 °/₀ des filles, — ces chiffres sont à peu près invariables, — sont complètement illettrés. Beaucoup n'en sont pas à leur premier séjour à la maison de correction, les magistrats hésitant souvent à les y faire retenir assez longtemps.

868. — Le pourcentage des garçons récidivistes, après bien des oscillations, et, notamment, un taux très élevé en 1893, revient à 15 °/₀, chiffre de 1887. Pour les filles, les résultats sont peu satisfaisants. De 8 °/₀, chiffre de 1887, on est passé à 15 °/₀, en 1892 et 1893, et, en 1896, on ne revient qu'à 13 °/₀.

869. — L'état moral et la discipline ont été maintenus par un certain nombre de récompenses. On remarque, tout d'abord, un emploi plus large de la libération conditionnelle pour les garçons. Son emploi avait paru se restreindre, il y a huit ou dix ans; cela n'a pas duré, car, accordée 179 fois en 1871, elle l'est 450 fois, en 1896. C'est là une mesure dont on ne peut qu'encourager l'emploi, toutes les fois qu'il est possible. Pour les jeunes filles, le nombre ne présente pas d'accroissement : il est de 30 à 50, suivant les années. Le nombre des grâces reste stationnaire : il en est accordé actuellement de 100 à 150 annuellement aux garçons, depuis 1886, et aucune aux jeunes filles.

870. — D'un autre côté, le nombre des actes d'insubordination, dont le nombre diminuait chez les jeunes gens, remonte brusquement, en 1895 et 1896, et arrive au chiffre très considérable de 45,860, en augmentation de 12,000 sur 1894 : en 1876, avec une population plus forte, il n'y en avait que 38,000. Au contraire, l'augmentation des actes d'indiscipline, chez les jeunes filles, semble prendre fin et l'on ne constate plus que 2,500 infractions, en 1896. En même temps, le nombre des évasions, pour les deux sexes réunis, — la statistique ne les sépare pas, — tend à augmenter dans d'importantes proportions : 542, en 1896, contre 405, en 1892, et 268, en 1877.

871. — Le nombre excessif des évasions, dans certaines colonies, a justement préoccupé la commission du ministère de l'Intérieur. Elle a néanmoins admis, le 30 juin 1899, sous l'article 98 de l'arrêté ministériel, que la libération provisoire pourrait être accordée à des enfants coupables de tentatives d'évasion ; mais il a été entendu que, pour ces enfants, cette faveur ne devait être accordée qu'avec une extrême discrétion.

872. — En ce qui concerne le travail, l'administration paraît, depuis dix ans, avoir un plan auquel elle tient : l'accroissement du travail industriel, par rapport au travail agricole, est à peu près arrêté, depuis 1887, et les enfants destinés à l'industrie figurent pour 45 %, environ.

Le travail des jeunes détenus donne encore lieu à une remarque, c'est qu'ici on ne constate pas qu'il y ait des enfants inoccupés, comme, dans les prisons, il y a des adultes désœuvrés.

873. — Le nombre des libérations reste stationnaire pour les jeunes filles, — 250 environ chaque année. Par contre, il augmente légèrement pour les garçons ; mais cette augmentation paraît correspondre en grande partie à l'accroissement des libérations provisoires. On a passé ainsi de 1,105 libérations, en 1893, à 1,279, en 1896, pendant que les libérations provisoires augmentaient de 230.

874. — Parmi ces libérés, plus de moitié des jeunes filles, de 50 à 60 % des garçons, rentrent dans leurs familles. C'est là un fait très regrettable, car, s'exerceront sur eux, après leur sortie, les mêmes influences qu'avant leur entrée. Mais il paraît bien difficile de le prévenir. Le nombre des engagés militaires semble suivre un véritable rythme. Après avoir augmenté, de 1887 à 1890, il faiblit brusquement, et, de 100, remonte à 158, en 1893, pour tomber brusquement à 114, en 1896. Cela tiendrait peut-être à ce que l'administration, très volontiers, pousse vers le service militaire, mais que l'accroissement des engagés donne naturellement lieu à plus de remaques défavorables sur leur compte : d'où, par moments, une diminution très brusque, suivie aussitôt d'une nouvelle marche ascendante.

875. — Le nombre des libérés confiés à des sociétés de patronage ou à des institutions d'assistance est à peu près égal pour les garçons et les jeunes filles : de 20 à 35 chaque année. Enfin, le nombre des jeunes garçons placés comme ouvriers ou domestiques augmente rapidement et passe, de 162, en 1893, à 423, en 1896. On n'en peut dire autant pour les filles : le nombre est bien plus variable.

876. — Disons maintenant quelques mots de deux institutions créées par la loi de 1850 : nous voulons dire la libération provisoire et le patronage, deux compléments essentiels d'une loi dont le premier but était l'éducation correctionnelle de l'enfance et sa régénération morale.

877. — C'est l'article 9 qui consacre le principe de la mise en liberté provisoire des jeunes détenus. La question n'était pas neuve : une circulaire du 3 décembre, due à M. le comte d'Argout, dont le grand souci était de soustraire les enfants à la contagion des maisons centrales, avait déjà permis de leur accorder une libération anticipée, mais provisoire et conditionnelle, afin de faciliter leur placement en apprentissage.

878. — Le ministre se rendait bien compte du triste effet que produisait dans les maisons centrales la confusion de toutes les catégories de prisonniers ; mais il y avait la question de légalité à résoudre : était-il possible d'autoriser la mise en liberté provisoire d'un enfant détenu en vertu d'un jugement régulier? Le ministre des travaux publics examina la question avec le garde des sceaux et il fut reconnu que l'espèce de détention autorisée par l'article 66 du Code pénal n'était pas une peine et qu'elle devait être considérée comme une mesure de police pour rectifier l'éducation, comme un moyen de discipline, comme un supplément à la correction domestique. Il suivait de là que le Gouvernement pouvait en faire cesser ou en atténuer les effets, sans recourir à la clémence royale, dont l'intervention n'est nécessaire que pour la remise d'une peine.

879. — La circulaire réglait ensuite les conditions de la mise en liberté provisoire : nous allons résumer cette partie de la circulaire du comte d'Argout, qui a encore aujourd'hui un grand intérêt, car le règlement d'administration publique qui, aux termes de l'article 21 de la loi de 1850, devait régler toutes ces questions, n'a jamais été fait. Une commission avait été instituée, dans les dernières années du règne de l'Empereur Napoléon III, par les soins de M. de Forcade; elle s'occupait de préparer la rédaction définitive des règlements, lorsque survint la révolution du 4 septembre 1870.

880. — Aux termes de la circulaire de 1832, voici comment on devait procéder :

Le préfet, lorsqu'il se trouvait dans les prisons du département un enfant jugé en vertu de l'article 66 du Code pénal, devait s'informer des personnes de la ville ou de la campagne qui consentiraient à le recevoir pour l'élever et l'instruire.

Le préfet traite alors avec une de ces personnes : le traité est annulé, si le maître maltraite l'enfant.

Le maître peut rendre l'enfant si ce dernier se conduit mal.

Le traité cessera encore, si le Gouvernement veut remettre l'enfant à sa famille, avant l'époque fixée par le jugement.

Une condition essentielle de tous les contrats, c'est que la justice conserve ses droits et que les enfants peuvent être réintégrés à première réquisition du ministère public.

Le traité doit régler à l'avance l'indemnité à donner au maître, au cas d'interruption de l'apprentissage par la réintégration de l'enfant ou sa remise à sa famille.

Les conventions arrêtées entre les autorités locales et les maîtres ne seront obligatoires que par l'approbation du préfet.

Le préfet, avant de l'accorder, demandera l'adhésion du ministère public, en lui communiquant les renseignements pris.

En cas de dissentiment, il en sera référé au ministre de l'intérieur.

Dès que le contrat d'apprentissage sera approuvé par le préfet, il en adressera une copie au ministère public, qui fera lever les écrous et autorisera les gardiens des prisons à remettre les enfants aux personnes désignées.

Enfin, l'autorité administrative et le ministère public ont un droit et un devoir de surveillance à exercer sur ces enfants placés en liberté provisoire.

881. — Il nous reste à citer, au sujet de cet article 9, les paroles de

M. Corne, dans son rapport sur la loi : « L'expérience, » d't-il, « a prouvé
» qu'un système excellent pour établir parmi les jeunes détenus une
» louable émulation dans la voie du bien et de la régénération, c'est de
» graduer leur condition d'après leur conduite. La mise en apprentis-
» sage de ceux dont la moralité semble le mieux affermie a presque
» toujours produit de bons effets. Elle encourage tous les jeunes détenus
» à obtenir d'être bien notés et, pour ceux qui jouissent de cette faveur,
» elle sert d'utile transaction entre deux genres de vie bien différents ; elle
» éprouve leurs véritables dispositions et les prépare à bien user de la
» liberté, quand elle leur sera rendue. »

882. — L'article 21 de la loi disait qu'un règlement d'administration
publique déterminerait le régime disciplinaire des établissements pénitentiaires et, par conséquent, toutes les questions relatives à la libération
provisoire. Ce règlement n'a jamais été fait, mais l'administration s'est
attachée dans différentes circulaires (circulaires des 4 novembre, 14
décembre 1865, 5 octobre 1867), à prescrire des mesures tendant à favoriser et à développer le placement au dehors des libérés provisoires.
Une autre circulaire plus récente, du 10 avril 1873, rappelle aux préfets
et directeurs de colonies qu'ils ne peuvent, sans méconnaître les intentions formelles du législateur, retenir dans leurs établissements les
enfants que leur bonne conduite et leurs aptitudes mettent en situation
d'être libérés à titre provisoire : « Les directeurs des colonies résistent
» tant qu'ils peuvent et mettent en avant toutes sortes de bonnes raisons.
» La vérité est qu'ils ont un intérêt évident à exploiter le plus longtemps
» possible le travail des enfants, principalement des bons sujets, et des
» ouvriers les plus expérimentés et les plus habiles, c'est-à-dire, préci-
» sément ceux qui devraient être admis à l'épreuve de la libération pro-
» visoire. Aussi, le nombre des libérés provisoires est-il chaque année
» assez restreint, principalement dans les colonies privées, car il est à
» remarquer que la proportion des libérations provisoires est sensible-
» ment plus élevée dans les colonies publiques que dans les établisse-
» ments privés. En 1869, sur 365 libérés provisoires, on en comptait
» 145 sortant des colonies publiques, soit, par rapport à l'effectif, une
» proportion de 10,70 $°/_0$ dans les colonies de l'État et de 3,07 $°/_0$ dans
» les établissements privés. »

883. — Un arrêté du ministre de l'intérieur, du 9 janvier 1899, a institué au ministère de l'intérieur une commission chargée d'élaborer des projets de règlements nouveaux pour les colonies pénitentiaires publiques et privées, ainsi que pour les colonies correctionnelles et les écoles de réforme. Cet arrêté a été pris, sur la proposition du sous-secrétaire d'État, à la suite d'un rapport du directeur de l'administration pénitentiaire, en date du 7 janvier 1899, signalant la nécessité de reviser et de compléter la réglementation spéciale à chacune des trois catégories d'établissements destinés à recevoir les jeunes détenus : 1° écoles de réforme, où sont placés les enfants au-dessous de douze ans ; 2° colonies pénitentiaires, où sont envoyés les mineurs de douze à seize ans ; 3° colonies correctionnelles, sur lesquelles sont dirigés les indisciplinés des deux premières catégories.

884. — Cette commission est composée de MM. le sous-secrétaire d'État, *président*, Th. Roussel, Bérenger, Develle, Gouin, Dr Labrousse, Pauliat, P. Strauss, Baudin, Boucher, Maurice Faure, de Saint-Quentin, le Directeur de l'administration pénitentiaire, Cresson, Félix Voisin, Flandin, Guillot, Puibaraud, Vincent, Bouillard, Robin et Mme Dupuy. — M. Brun, directeur des Douaires, et Tabaraut, sous-chef de bureau, sont adjoints à la commission, comme secrétaires, avec voix consultative.

Cette commission n'a pas encore à l'heure actuelle, complètement achevé ses travaux.

885. — L'article 19 place les jeunes détenus, pendant trois années, à partir de l'époque de leur libération, sous le patronage de l'assistance publique. Mais le règlement sur la matière n'a pas non plus été fait, de sorte que cet article est resté lettre morte dans la pratique. C'était cependant une disposition très utile et très sage du législateur : le moment de la libération est un des plus rudes à franchir pour le jeune détenu, qui passe subitement de la discipline la plus sévère à la liberté la plus absolue.

886. — En cette matière toute spéciale, le rôle de l'État est de favoriser la création des sociétés de patronage et non d'en prendre la direction exclusive. Le patronage relève essentiellement de l'initiative privée, qui doit trouver, auprès de la loi et de l'État, un encouragement moral et un concours pécuniaire. Malheureusement le nombre des sociétés de patro-

nage est, en France, excessivement restreint. Parmi les principales,
citons : la Société de patronage des jeunes détenus de la Seine et la
Société de patronage pour les libérés protestants. Quelques colonies ont
aussi cherché à organiser le patronage de leurs libérés. C'est ainsi que,
sur ce point, Mettray a obtenu des résultats très satisfaisants. Enfin, il y
a quelque vingt ans, il s'est fondé, sur l'initiative de M. Fournier, une
société de protection des engagés volontaires élevés dans les maisons
d'éducation correctionnelle, autorisée par arrêté du 5 novembre 1878.
Cette société a pour but, comme son titre l'indique, « d'encourager les
» engagements volontaires des jeunes gens élevés dans les maisons
» d'éducation correctionnelle publiques ou privées, qui, ayant atteint
» l'âge de dix-huit ans, se seront montrés dignes d'aide et de protection
» par leur bonne conduite, leur assiduité au travail et leurs progrès à
» l'école. »

887. — Si la loi de 1850 a réalisé quelques progrès, tous les hommes
spéciaux sont unanimes à reconnaître qu'elle n'a pas tenu ce qu'elle
promettait. Sur bien des points elle a trompé l'espérance du législateur.
Il faut donc que certains des principes sur lesquels elle repose n'aient
pas toute la valeur qu'on avait cru pouvoir leur attribuer.

888. — 1°. — Un premier point qui nous semble sujet à critique,
c'est le maintien de l'emprisonnement des mineurs de seize ans dans les
maisons d'arrêt. Aux termes de l'article premier de la loi de 1850, nous
voyons que les mineurs de seize ans sont enfermés, pendant leur détention préventive, dans les maisons d'arrêt. Il est vrai que l'article 2
ordonne la création de quartiers distincts, mais bien souvent ce quartier
distinct n'existe pas.

889. — Nous avons vu aussi que, par *à contrario* de l'article 4, les
mineurs de moins de seize ans, condamnés à six mois d'emprisonnement
et au-dessous, doivent subir leur peine dans les prisons départementales.
On ne saurait trop regretter cette disposition qui fait subir à un enfant
moins coupable que d'autres le contact dégradant de la prison. Sans
doute, on peut pallier cet inconvénient, depuis que la loi du 5 juin 1875
est venue créer le régime cellulaire ; mais c'est encore trop de renfermer les enfants dans les mêmes murs que les adultes ; il eût mieux valu
les envoyer, eux aussi, dans les colonies pénitentiaires.

890. — II°. — Le législateur, dans l'article 3, n'a établi que le régime en commun ; mais, peut-être, sur ce point, n'a-t-il pas eu une vue nette des choses. Il y a des enfants profondément vicieux, malgré leur jeune âge, et pour lesquels la détention en commun ne peut être que le pire des maux. A ces natures là le système cellulaire est le seul qui convienne ; c'est un enfant soumis à ce système qui disait un jour : « Le » père X*** prêche bien, mais la cellule prêche encore mieux ! » D'ailleurs, on peut mitiger le régime cellulaire par des promenades, des récréations, des visites. Et puis, ce serait une erreur de croire que l'emprisonnement cellulaire soit pour l'enfant une souffrance au vrai sens du mot. La cellule ne pèse pas à l'enfant de douze ans, qui s'amuse de rien : elle l'isole, elle le fait réfléchir. Ce n'est qu'au moment de la puberté, d'après M. l'abbé Crozes, ancien aumônier de la Petite-Roquette, que la cellule devient pénible à l'enfant : elle pourrait alors cesser, mais aurait produit un effet salutaire.

891. — Ainsi donc, il ne faut pas ajouter une foi aveugle aux couleurs sombres sous lesquelles on dépeint le régime cellulaire et aux troubles moraux et physiques dont on lui attribue l'origine. En effet, d'après le docteur Mottet, médecin de la Petite-Roquette, la cellule ne produit pas forcément l'étiolement du corps ; et, quant à son influence délétère sur l'intelligence, il la nie. Toutes les fois qu'un cas d'aliénation mentale ou qu'une atrophie des facultés a été constaté à la Petite-Roquette, on a toujours pu en retrouver l'origine héréditaire ; et, quant au nombre de maladies qui se déclarent chez les enfants en cellule, presque tous en ont apporté le germe en entrant dans la prison.

892. — Le système de la vie en commun a certes beaucoup de bon, mais il faudrait que le régime cellulaire pût fonctionner simultanément pour certaines natures indomptables.

893. — III°. — Une autre idée domina encore la loi de 1850 : ce fut de n'appliquer les enfants qu'aux travaux purement agricoles. Il y eut là un excès.

Poser en principe législatif l'obligation du travail exclusivement agricole et de la vie en commun, c'était, dans la question de l'éducation correctionnelle, agitée et étudiée depuis 1830 par les hommes les plus éminents, porter un rude coup à l'existence d'un des rares établissements spéciaux consacrés aux jeunes détenus, à la Petite-Roquette, où, depuis 1836, près de cinq cents jeunes gens se trouvaient employés aux travaux industriels et soumis à l'emprisonnement cellulaire.

894. — Pour modifier ainsi l'état de choses existant, il fallait que le législateur fût poussé par de graves raisons. Il est certain, d'abord, que la merveilleuse fondation de Mettray, qui se trouvait en pleine prospérité, lors du vote de la loi de 1850, influa sur l'Assemblée nationale. La devise de M. de Metz était belle : « Améliorer l'homme par la terre et » amender la terre par l'homme. » A ces enfants, que l'oisiveté a mis le plus souvent sur une mauvaise pente, dont les passions ont été surexcitées de bonne heure, il faut, pour donner le change à ces passions, pour faire rentrer dans leurs âmes du calme, des idées sérieuses et douces, pour épurer le sang et donner à leurs corps une complexion robuste, il faut, disons-nous, l'air, la vie des champs, les habitudes paisibles et le travail fortifiant du cultivateur.

895. — Et puis, en 1850, on n'était pas bien loin de 1848 : l'Assemblée se souvenait des jours de fusillades et de luttes dans Paris, le calme régnait à peine dans la rue ; le travail industriel et le souvenir des ateliers de 1848 effrayaient tout le monde et l'Assemblée ne désirait rien tant que d'éloigner de Paris et des grands centres le plus grand nombre de bras possible ; c'est ce qu'exprime le rapporteur dans les lignes suivantes : « Le travail manufacturier, enseigné seul aux détenus, les pousse » nécessairement, après leur libération, vers les villes, vers les grands » centres d'industrie. Là, ils sont exposés à tous les dangers de la vie » manufacturière, aux chômages fréquents, aux conseils dangereux. Aux » prises avec la misère et la contagion du vice, ils forment au milieu de » ces vastes agglomérations d'hommes, un milieu corrompu, où s'élaborent des projets coupables, où se trament souvent des crimes contre » les propriétés et les personnes : c'est de là que sortent aussi, aux mauvais jours, des haines et des excitations antisociales, de nature à mettre » en péril les fondements mêmes de l'ordre public. »

896. — Il y avait du vrai dans cette idée, elle pouvait porter des fruits excellents, mais le défaut fut d'avoir repoussé tout autre travail. Il semble bien que, étant donné la population des différents établissements de jeunes détenus, population de ville et population de campagne, il eût fallu organiser à la fois le travail industriel et le travail agricole. Il y a de ces dégoûts qui sont dans le sang. L'enfant arrêté à Paris pour vagabondage ou tout autre méfait aura le plus souvent une horreur instinctive du travail agricole ; le seul qui puisse lui convenir, ce serait le travail industriel ; le seul moyen de l'intéresser à sa tâche, ce sera de lui faire confectionner ces articles qui lui rappellent encore Paris : « On » aura beau l'astreindre, pendant quatre ans, cinq ans, peut-être plus, » aux travaux des champs, en faire un agriculteur habile, au jour de sa » libération il s'enfuira vers Paris et il se trouvera jeté dans la Cité, » aussi exposé qu'au jour où il est entré dans la colonie. Il saura bien » un métier, mais dont il ne pourra tirer aucun profit ; et cet enfant de » la ville, qui eût pu être sauvé par le travail industriel, est fatalement » condamné à une rechute prochaine » (1). Or, c'est presque par moitié que se divisent ces deux catégories d'enfants dans les colonies pénitentiaires et correctionnelles ; aussi M. Voisin, dans son rapport sur les jeunes détenus, se prononce-t-il en faveur du travail industriel placé parallèlement avec le travail agricole. Il souhaite même qu'on y joigne l'instruction maritime. Dans les colonies proches des ports de mer, on créera une sorte d'école correctionnelle maritime pouvant former de bons marins, soit pour l'État, soit pour la marine marchande.

897. — Sur ce dernier point, l'administration s'est efforcée de donner satisfaction aux desiderata formulés par M. Voisin. Elle a, en effet, transformé la maison d'Aniane (Hérault), en une colonie industrielle ; de plus, une décision ministérielle du 29 mai 1880 a créé, à la colonie de Belle-Ile-en-Mer, une section maritime dans laquelle cent à cent vingt pupilles reçoivent, à partir de douze à treize ans, une éducation exclusivement maritime.

898. — IV°. — La loi de 1850 n'a pas assez nettement accentué la démarcation entre les mineurs acquittés et les mineurs condamnés. Des enfants dont la situation légale est essentiellement différente peuvent se trouver réunis dans les colonies pénitentiaires et être soumis au même régime et aux mêmes travaux.

---

(1) *Contemporains,* numéros de novembre et décembre 1880 : *Les enfants vicieux et abandonnés.*

899. — Bien plus, les condamnés sont dans une situation meilleure que les acquittés. Les premiers ne restent, en effet, enfermés que deux ans au plus et, en général, ils le sont beaucoup moins longtemps. Au contraire, les seconds sont envoyés en correction jusqu'à leur vingtième année quelquefois. S'ils ont été acquittés à douze ans ou à quatorze ans, ils restent donc enfermés six à huit ans. De là ce double résultat que, entre deux enfants qui ont comparu le même jour devant le même tribunal, c'est le moins coupable, c'est-à-dire, celui qui aura été acquitté, qui subira la plus longue détention ; et que le plus coupable, c'est-à-dire, l'enfant condamné, sera le moins longuement soumis à l'épreuve de l'éducation correctionnelle, dont il a cependant tout autant besoin que l'autre. Aussi n'est-il pas rare de voir de jeunes accusés soutenir effrontément qu'ils ont compris la portée de leurs actes, et cela, pour être condamnés plutôt qu'acquittés.

900. — Il serait bien facile de faire disparaître cette anomalie, en donnant aux tribunaux le droit de décider que l'enfant condamné sera, à l'expiration de sa peine, retenu dans une maison de correction jusqu'à un âge déterminé : c'est une réforme que nous considérons comme indispensable.

901. — V°. — La loi de 1850, n'ayant réservé exclusivement à l'État que les colonies correctionnelles, mais admettant le concours des particuliers pour les colonies pénitentiaires de garçons et les maisons pénitentiaires de filles, sans distinction des causes de la détention, arrive ainsi à confier à des établissements privés, non-seulement l'éducation correctionnelle des mineurs acquittés, — ce qui est une bonne mesure, — mais même l'exécution de la peine contre les mineurs condamnés, — ce qui est opposé au caractère de peine publique. Il serait à désirer que tous les établissements recevant des mineurs condamnés, au sens juridique du mot, fussent des établissements exclusivement publics, car, à la société seule appartient le droit de punir, et l'exécution de la peine ne saurait se faire par d'autres que par les agents de l'autorité publique.

902. — VI°. — Enfin, une dernière critique qu'on peut adresser à la loi de 1850 est de n'avoir fait aucune distinction entre les jeunes filles détenues. Elles doivent, en effet, être toutes placées dans des maisons pénitentiaires et l'article 17 n'organise pour elles que le travail sédentaire.

Pourquoi ne pas les appliquer, elles aussi, si leurs aptitudes le permettent, à des travaux agricoles ou industriels?...

Donc, la loi de 1850 appelle des réformes.

903. — Par une décision, en date du 25 mars 1872, provoquée par M. le vicomte d'Haussonville, l'Assemblée nationale institua une commission d'enquête sur le régime des établissements pénitentiaires. La loi du 5 juin 1875, *sur le régime des prisons départementales*, en a été le principal résultat; mais d'autres résultats avaient été préparés.

904. — Malheureusement l'Assemblée nationale fut obligée de se séparer sans avoir pu aborder l'examen des deux propositions de loi qui résumaient les conclusions du rapport de M. Voisin. Ces propositions de loi étaient.

905. — I° Une proposition de loi portant modification des articles 66, 67 et 69 du Code pénal.

Elle contenait les réformes suivantes :

1° Elle établissait une distinction entre les *maisons de réformes*, c'est-à-dire, les maisons d'éducation et de correction tout à la fois, où devaient être élevés et détenus les mineurs acquittés en vertu de l'article 66, comme ayant agi sans discernement, et les *maisons correctionnelles*, c'est-à-dire, les établissements où devaient être détenus et soumis à une discipline plus sévère les mineurs condamnés par application des articles 67 et 69, comme ayant agi avec discernement;

2° Elle parait à l'inconvénient reconnu des trop courtes peines applicables aux mineurs condamnés, en attribuant aux juges le pouvoir de décider que ces mineurs pourraient, à l'expiration de leur peine, être détenus et élevés jusqu'à l'époque de leur majorité dans des quartiers spéciaux d'éducation correctionnelle;

3° Elle étendait pour tous les cas, jusqu'à la vingt-unième année accomplie, la durée facultative du séjour des jeunes détenus dans les maisons de réforme, ou dans les établissements correctionnels proprement dits.

906. — II° Une proposition de loi portant revision de la loi du 5 août 1850.

Elle contenait les réformes suivantes :

1° Elle établissait et organisait pour les jeunes détenus, à côté de l'éducation agricole, l'éducation industrielle et maritime;

2° Elle appliquait plus largement et réglementait la libération provisoire;

3° Elle facilitait la formation nécessaire des sociétés de patronage pour les jeunes détenus.

Ces projets n'ayant pas été convertis en lois par l'Assemblée nationale, l'œuvre était à reprendre.

907. — Dans la séance du Sénat du 28 juillet 1879, furent présentés par MM. Théophile Rousseau, Bérenger, Dufaure et l'amiral Fourichon, sénateurs, deux projets de loi ayant pour objet :

1° La revision des articles 66, 67, 69 et 271 du Code pénal, concernant les mineurs de seize ans;

2° La revision de la loi du 5 août 1850 sur l'éducation et le patronage des jeunes détenus.

908. — Ces deux projets de loi, qui ne sont que la reproduction à peu près fidèle des propositions de loi préparées par la commission d'enquête de 1872, attendent encore le jour de la discussion.

909. — De son côté, l'administration s'est toujours appliquée à rendre meilleure la situation des jeunes détenus. Nous avons déjà noté ses louables efforts à faire prospérer l'œuvre de la libération provisoire et du patronage. Mais la création la plus importante qu'elle ait accomplie a été celle d'établissements spéciaux pour les délinquants de moins de douze ans, catégorie de jeunes détenus qui forment plus du tiers de l'effectif des colonies pénitentiaires publiques ou privées : « On comprend que ces enfants, à raison de leur âge et des soins de toutes » sortes qui leur ont manqué, réclament une sollicitude de tous les ins- » tants et qu'il importe, surtout, de ne pas les confondre avec des jeunes » gens plus corrompus, dont le contact, les imitations et les exemples » pourraient exercer sur leur moral une action des plus pernicieuses » (1).

910. — Les projets de loi de 1879 ont eu le sort de leurs prédécesseurs de 1875. Espérons, toutefois, qu'un jour viendra où les Chambres françaises consentiront à s'occuper d'une question palpitante qui fait, à bon droit, l'objet des préoccupations de ceux qu'intéresse l'avenir de notre société.

---

(1) *Statistique des prisons*, année 1876, p. 145.

CONCLUSION

911. — Et maintenant jetons rapidement un coup d'œil en arrière sur le chemin que nous venons de parcourir. Nous avons en face de nous une législation qui nous paraît, en dépit des critiques dont elle a été l'objet, profondément sage et tout au moins à la hauteur des législations voisines. Elle a, de plus, sur ces dernières, l'avantage d'une très grande simplicité. Au lieu de partager la vie humaine en un certain nombre de périodes plus ou moins arbitraires, elle se borne à distinguer l'individu mineur de seize ans de celui qui a dépassé cet âge, en couvrant le premier par une présomption d'irresponsabilité et en prêtant au second une responsabilité pleine et entière.

912. — Sans doute, elle ne fixe pas un âge au-dessous duquel toute poursuite est impossible ; mais nous avons vu que cela est inutile, les magistrats n'agissant jamais qu'avec prudence et bonté à l'égard des enfants.

Sans doute encore, elle peut se tromper quelquefois en attribuant à certains majeurs de seize ans un développement intellectuel qu'ils sont loin de posséder ; elle n'atténue pas les peines, pour la période qui va de seize à vingt et un ans. Mais, en revanche, elle permet d'infliger aux malfaiteurs dangereux qu'on rencontre si souvent, parmi les jeunes gens de cet âge, un châtiment en rapport avec l'énormité des crimes auxquels les poussent parfois des instincts exceptionnellement précoces ; et, par la combinaison des circonstances atténuantes et de la loi Bérenger, elle donne toujours au juge le moyen de proportionner exactement la peine au degré de responsabilité de l'agent reconnu coupable.

913. — Toutefois, si l'ensemble de notre législation est excellent, il existe certains points sur lesquels nous sommes les premiers à demander des améliorations. Nous avons, chemin faisant, signalé tous nos desiderata ; nous ne les mentionnons à cette place que pour en donner une vue d'ensemble :

1° Dans la section première de notre chapitre troisième, nous avons libellé un projet de loi contenant les modifications que nous voudrions voir apporter à l'article 66. Il est vrai que la loi des 19-21 avril nous a donné en partie satisfaction, mais nous regrettons profondément qu'on n'ait pas eu la pensée d'insérer dans le Code pénal les dispositions nouvellement créées ;

2° Les articles 67 et 69 appellent, eux aussi, une réforme importante : nous faisons allusion à la faculté donnée au juge de décider que l'enfant, à l'expiration de sa peine, sera conduit dans une maison de correction. Aussi, proposons-nous d'ajouter à l'article 67 un alinéa ainsi conçu :

« Le juge peut décider, en outre, que, à l'expiration de sa peine, il
» sera placé dans une colonie pénitentiaire, pour y être élevé et détenu
» pendant tel nombre d'années que le jugement ou l'arrêt déterminera,
» et qui, toutefois, ne pourra excéder l'époque où il aura accompli sa
» vingt et unième année. »

Le même alinéa, précédé du mot « mais, » pourrait être ajouté à l'article 69.

3° La publicité des audiences est, à notre avis, dangereuse pour les enfants : il faudrait la supprimer ; et, pendant tout le cours de l'instruction, — car nous répudions à leur égard la procédure des flagrants délits ou de la citation directe, — les jeunes délinquants devraient être toujours complètement isolés.

4° Enfin, nous appelons de tous nos vœux la refonte de la loi du 5 août 1850 dans le sens que nous avons indiqué au dernier chapitre de notre étude.

914. — Mais voici que le titre de cette loi appelle, en terminant, notre pensée sur le problème si difficile de l'éducation à donner à l'enfance coupable ou abandonnée. Cette question a soulevé bien des controverses, soit dans la presse, soit dans les divers congrès pénitentiaires, soit, enfin, au sein des multiples sociétés où l'on discute journellement sur les moyens de perfectionner notre régime pénitentiaire.

915. — Le but poursuivi par tous est le même : amender l'enfant et faire de lui un homme. Certes, la réalisation de cette œuvre présente des difficultés presque toujours grandes, — quelquefois, hélas! insurmontables, — quand on se trouve en face de certaines natures si prématurément et profondément corrompues, qu'elles sont rebelles à toute influence salutaire. Ceux qui consacrent leur vie à la noble mission de régénérer l'enfance coupable, savent ce que leur coûte de peines le peu de bien qu'ils font autour d'eux et ils déplorent à chaque instant avec amertume l'impuissance et la stérilité de leurs efforts.

916. — Mais, peut-être, les difficultés de l'entreprise, l'inanité des résultats obtenus tiennent-elles, en partie, à l'imperfection des moyens employés. On parle de relever l'enfant par la vue de la nature, le travail industriel et agricole, par le régime cellulaire ou la vie en commun. Tout cela est très bien et peut produire d'excellents effets; mais tout cela est et ne peut être qu'insuffisant. Il y a un côté de l'éducation qui devrait être l'objet d'un soin tout particulier et en quelque sorte jaloux : c'est le côté moral et religieux. Quoi qu'en disent certains matérialistes, il y a autre chose en l'homme que l'animal; il y a en lui quelque chose qui pense, qui veut et qui espère, quelque chose qui le pousse à interroger l'infini. Le « *jussit... erectos ad sidera tollere vultus* » n'est pas seulement une belle pensée, mais une réalité consolante. Ce vers s'est échappé, en un siècle païen, du cœur d'un païen, mais d'un païen intelligent que n'aveuglaient pas des préjugés sectaires. Aujourd'hui où l'on nie, et où l'on nie systématiquement et de parti-pris tout surnaturel et toute métaphysique, on cherche par tous les moyens à river à la terre les regards de l'homme. Au nom d'une prétendue neutralité, au nom de la liberté de conscience (!) on se borne à donner à l'enfant quelques notions de français, d'arithmétique et de sciences; on évite soigneusement tout enseignement confessionnel; puis, vers l'âge de douze ans, on le lâche dans la vie. Le voilà dans sa famille; mais le père est à l'usine, la mère fait des journées; la surveillance est donc impossible. Livré à lui-même, notre gamin court la rue, fréquentant les pires compagnies; comme il a appris à lire à l'école, il en profite pour dévorer les publications les plus obscènes que lui procurent des camarades toujours complaisants; bientôt le mal n'a plus de secrets pour lui, il est entraîné irrésistiblement : ce n'est pas la morale civique qui va l'arrêter sur la pente où il ne demande qu'à

glisser! Pourquoi, d'ailleurs, lutterait-il contre-lui-même? Au nom de
quels principes irait-il à l'encontre de tendances qui lui plaisent?... Il a
quatorze, quinze ans ; la bête parle en lui; la bête a ses instincts qu'il
faut satisfaire. On lui opposera la loi : mais la loi est l'œuvre de l'homme,
de l'homme son semblable ; or, on lui a dit que tous les hommes sont
égaux : dès lors, toute autorité, toute domination n'est à ses yeux que la
tyrannie du plus fort. Mais, avec de l'audace et de l'habileté, il peut espérer se dérober à ce joug qui l'importune. Il suivra donc l'impulsion de
ses instincts; le travail lui répugne : il volera, pour vivre, le bien d'autrui. Excité par l'amour-propre de dépasser les camarades, il ne recu-
lera devant aucune témérité, il ira même jusqu'au meurtre, jusqu'à
l'assassinat!

On l'enverra dans une maison de correction, soit! Malheureusement
il se trouvera en présence de camarades qui rongent leur frein, comme
lui, pendant un certain nombre d'années. Entre eux, ils vont s'exciter,
conclure des pactes pour le mal, combiner les bons coups à faire à la
sortie : ne faut-il pas se venger de cette société qui proclame l'égalité de
tous et, cependant, porte atteinte à leur liberté?...

Et qu'on ne s'imagine pas que ces lignes sont le produit de l'imagination : elles expriment, hélas! la plus triste des réalités. Les juges,
généralement, n'envoient les enfants en correction que lorsqu'ils n'ont
aucun moyen d'agir autrement. D'ailleurs, la réputation des maisons de
correction n'est plus à faire : elle est assez déplorable! L'enfant en sort
plus corrompu qu'il n'y était entré, beaucoup mieux préparé à l'accomplissement de ses exploits futurs, et pourquoi cela? parce que, dans la
maison de correction, on suit les errements de l'école primaire : on
néglige, si l'on ne laisse pas absolument de côté, l'instruction religieuse
du pupille. Quant il quittera la colonie pénitentiaire, il pourra savoir un
métier, on n'en aura pas fait un homme : il sera tout aussi désarmé
contre les entraînements de la misère et de ses passions. Il retournera
aux dangereuses fréquentations d'autrefois; c'est dans le cabaret et la
maison de prostitution qu'il ira chercher ses lettres de civisme; bientôt,
au lieu d'un homme régénéré, nous aurons en face de nous un fruit mûr
pour la relégation, le bagne où l'échafaud. On n'avait pas voulu soumettre sa conscience à des préjugés *bons tout au plus pour des peuples*

dans l'enfance, à des préjugés qui ont fait leur temps : mais, en revanche, le malheureux est devenu l'esclave des instincts les plus vils et, quand la société en a eu peur, elle s'en est débarrassée.

Oui, nous ne craignons pas le dire, toutes de les théories imaginées par nos philanthropes, modernes pour obtenir la régénération de l'enfance coupable, nous laissent dans le plus profond scepticisme, parce que nous n'y voyons pas grand'chose pour l'âme. Sans doute, il ne faut pas négliger le côté matériel de l'existence : il faut mettre le pupille à même de se suffire, quand il sortira de la colonie, en lui apprenant soit l'agriculture, soit un métier quelconque. Mais n'oublions pas que, pour régénérer l'enfant, pour faire de lui un homme au vrai sens du mot, nous devons travailler à fixer profondément dans son cœur un rayon d'espérance et de foi. Si nous atteignons ce résultat, oh, alors, nous aurons résolu le problème !

FIN

<table>
<tr><td>Vu et permis d'imprimer :
Bordeaux, le 23 janvier 1900.
Le Recteur,
GASTON BIZOS.</td><td>Vu :
Bordeaux, le 17 décembre 1899.
Le Président de la Thèse,
A. MARANDOUT.</td></tr>
</table>

Vu :
Le Doyen,
BAUDRY-LACANTINERIE.

BIBLIOGRAPHIE

Annuaire de Législation étrangère.

Appleton : De la fixation d'un âge d'irresponsabilité pénale.

Barbier : Codes égyptiens; Le Caire, 1884.

Baudry-Lacantinerie : Précis de Droit civil, 4ᵉ édition.

Bertauld : Cours de Code pénal.

Blackstone : Commentaire sur le Code criminel d'Angleterre, traduit par l'abbé Coyer.

Blanche : Etudes pratiques sur le Code pénal; édition 1888.

Bouteiller : Somme rural.

Bruns : Fontes juris, 1893.

Bulletin de la Société des Prisons, années 1892 et suivantes.

Chauveau et Faustin-Hélie : Théorie du Code pénal; édition 1887.

Cinquième Congrès pénitentiaire international, Paris 1895 : Rapports de la quatrième section.

Codigo pénal, 1888.

Cubain : Traité de la procédure devant la Cour d'assises; Paris 1851.

Dalloz : Répertoire alphabétique et Supplément.

— Recueil de Jurisprudence.

Desjardins (Albert) : Code pénal russe.

Faustin-Hélie : Traité de l'instruction criminelle.

Glasson : Eléments du Droit français considéré dans ses rapports avec le Droit naturel et l'Economie politique; Paris, 1884.

— Histoire du Droit et des institutions de l'Angleterre.

Grasserie : Les Codes Suédois; Paris, 1895.

Guillaud : Du Mineur de seize ans devant la loi pénale.

Guillot : Paris qui souffre; Paris, 1890.

Garraud : Précis de Droit criminel; 4ᵉ édition.

— Traité de Droit pénal français.

Haus : Principes généraux du Droit pénal belge, 2ᵉ édition; Paris, 1874.

Laborde : Cours de Droit criminel; Paris, 1898.

Lacointa : Code pénal d'Italie.

Lainé : Traité élémentaire de Droit criminel; Paris, 1879.

Lasserre (Em.) : Etude sur la condition de l'Enfant devant la justice répressive; Bordeaux 1888.

Le Sellyer : Traité de la Criminalité et de la pénalité.

Liszt (Franz Von) : La législation pénale comparée.

Locré : Législation de la France, Code pénal.

Martinet et Dareste : Code pénal hongrois (traduction).

Muyart de Vouglans : Les Loix criminelles.

Ortolan : Eléments de Droit pénal; 4ᵉ édition.

— Explication historique des Instituts.

Philastre : Le Code annamite; Paris 1876.

Pothier : Traité des Obligations; Paris, 1821.

Projet de Code pénal pour l'Empire du Japon; Tokio, août 1879.

Querenet : Condition du Mineur devant la loi pénale.

Rambaud : Le Droit criminel romain dans les actes des Martyrs.

Rein (Wilhelm) : Das Criminalrecht der Romer.

Rodière : Eléments de procédure criminelle, 1844-1845.

Rossi : Traité de Droit pénal.

Sirey : Recueil de Jurisprudence.

Sourdat : Traité général de la responsabilité ou de l'action en dommages-intérêts en dehors des contrats; 4ᵉ édition, 1887.

Trébutien : Cours élémentaire de Droit criminel; Paris, 1854.

Villey : Précis d'un cours de Droit criminel; Paris, 1877.

Walter : Histoire du Droit criminel chez les Romains.

Willem-Joan-Vintgens : Code pénal des Pays-Bas.

TABLE DES MATIÈRES

Damigny-Alençon — Imprimerie H. LORY.

RED.:

21

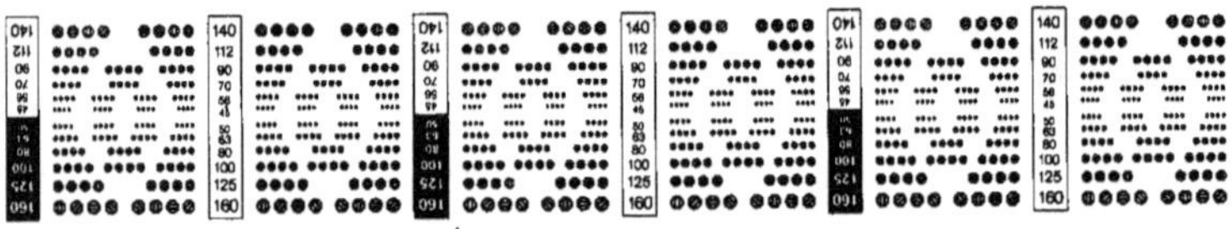

MIRE ISO N° 1
NF Z 43-007
AFNOR
Cedex 7 - 92080 PARIS-LA-DÉFENSE

379.89.70
graphicom

0 1 2 3 4 5 6 7 8 9 10

www.ingramcontent.com/pod-product-compliance
Lightning Source LLC
LaVergne TN
LVHW021223170726
843501LV00003B/642